老子哲学研究

朱晓鹏 著

商务印书馆
2009年·北京

图书在版编目(CIP)数据

老子哲学研究/朱晓鹏著.—北京:商务印书馆,2009
ISBN 978-7-100-06521-4

Ⅰ.老… Ⅱ.朱… Ⅲ.老子-哲学思想-研究
Ⅳ.B223.15

中国版本图书馆 CIP 数据核字(2009)第 008355 号

所有权利保留。
未经许可,不得以任何方式使用。

老子哲学研究
朱晓鹏 著

商 务 印 书 馆 出 版
(北京王府井大街36号 邮政编码 100710)
商 务 印 书 馆 发 行
北京瑞古冠中印刷厂印刷
ISBN 978-7-100-06521-4

2009 年 12 月第 1 版　　开本 880×1230　1/32
2009 年 12 月北京第 1 次印刷　印张 15⅛
定价:30.00 元

目 录

导论 …………………………………………………………… 1
第一章 智者之路——老子哲学的产生和发展 ………… 10
　第一节 老子：古代世界的大智者 ……………………… 11
　　一、老子生平 …………………………………………… 11
　　二、大变革时代的知识分子 …………………………… 14
　　三、"救时之弊"的哲学追求 …………………………… 20
　第二节 老子哲学的思想文化渊源 ……………………… 23
　　一、《易经》思想 ………………………………………… 24
　　二、史官文化 …………………………………………… 29
　　三、兵家传统 …………………………………………… 32
　　四、原始道家 …………………………………………… 38
　　五、氏族遗风 …………………………………………… 44
　第三节 老子哲学的逻辑结构 …………………………… 48
　　一、《老子》的文本结构：通行本、帛书本、竹简本 …… 49
　　二、老子哲学的逻辑结构："道"、"德"关系 …………… 55
　第四节 老子与道家哲学 ………………………………… 60
　　一、老子与庄子哲学 …………………………………… 61
　　二、老子与黄老之学 …………………………………… 64
　　三、老子与魏晋玄学 …………………………………… 66
　　四、薪尽而火传 ………………………………………… 67

第五节　老子及道家思想的基本精神及其现代意义 ……… 69
　　　一、崇尚自然、返璞归真 ………………………………… 71
　　　二、辩证的睿智 …………………………………………… 74
　　　三、古典人道主义 ………………………………………… 76
　　　四、批判现实主义 ………………………………………… 78
　　　五、无为主义 ……………………………………………… 80

第二章　以无为本——"道"的形上学 …………………………… 85
　　第一节　道论：老子哲学的本体论 ………………………… 86
　　　一、"道"概念的本体抽象历程 …………………………… 87
　　　二、超越宇宙生成论 ……………………………………… 92
　　　三、老子之"道"的意义和价值 …………………………… 98
　　第二节　否定性的形上学方法 ……………………………… 106
　　　一、哲学与方法 …………………………………………… 106
　　　二、否定性方法及其意义 ………………………………… 109
　　第三节　"无"和"有"：道本体的存在形式 ………………… 115
　　　一、道即"无"：有无统一 ………………………………… 116
　　　二、恍兮惚兮：有无相生 ………………………………… 120
　　第四节　有无模式 …………………………………………… 124
　　　一、以反求正 ……………………………………………… 125
　　　二、肯定与否定 …………………………………………… 129
　　　三、有无模式 ……………………………………………… 131
　　第五节　本末一体的形上学理论 …………………………… 137
　　　一、本末一体 ……………………………………………… 137
　　　二、以无为本 ……………………………………………… 140
　　　三、天人合一 ……………………………………………… 142
　　第六节　道家形上学的发展及其理论特质 ………………… 145

一、老子之后道家形上学体系的建构……………………145
　　二、老子及道家形上学思想的特质…………………………150

第三章　无知之知——"为道"的认识论……………………156
　第一节　认识论与本体论………………………………………157
　第二节　无知之知是谓真知……………………………………160
　　一、"知"的历史内涵……………………………………………161
　　二、认识的界限……………………………………………………165
　　三、无知之知………………………………………………………172
　　四、"为学"与"为道"………………………………………………176
　第三节　涤除玄鉴、静观直觉…………………………………179
　　一、涤除玄鉴：获得真知的条件…………………………………179
　　二、静观直觉：认识真知的具体方法……………………………186
　　三、直觉思维方式…………………………………………………190
　第四节　玄同论…………………………………………………197
　　一、主客统一的玄同论……………………………………………197
　　二、知行合一的玄同论……………………………………………202

第四章　反者道之动——否定的辩证法……………………205
　第一节　"玄"与"道"……………………………………………205
　第二节　"反者道之动"…………………………………………209
　　一、否定运动………………………………………………………209
　　二、复归运动………………………………………………………213
　第三节　尚同防变………………………………………………217
　　一、尚同的矛盾观…………………………………………………218
　　二、防变的发展观…………………………………………………220
　第四节　"弱者道之用"…………………………………………224
　　一、柔弱胜刚强……………………………………………………225

二、消极的辩证法 …………………………………… 227
　第五节　关于辩证法的建构方法 ……………………… 230
　　一、直观体悟 ………………………………………… 232
　　二、类比外推 ………………………………………… 234

第五章　小国寡民——"退化"的社会历史观 …………… 240
　第一节　天道与人道 …………………………………… 241
　　一、借自然以明人事 ………………………………… 241
　　二、老子定律 ………………………………………… 244
　第二节　退化与进步 …………………………………… 250
　　一、历史退化论 ……………………………………… 251
　　二、历史循环论 ……………………………………… 255
　　三、历史辩证法 ……………………………………… 259
　第三节　社会理想 ……………………………………… 266
　　一、小国寡民的社会 ………………………………… 266
　　二、自由的乌托邦 …………………………………… 269
　　三、平等的自然秩序 ………………………………… 271
　　四、无争的和平世界 ………………………………… 274

第六章　无为而治——无为主义的政治哲学 …………… 278
　第一节　"无为"三义 ………………………………… 280
　　一、"无为"即"自然" …………………………… 281
　　二、"无为"即"无事" …………………………… 283
　　三、"无为"即"善为" …………………………… 286
　第二节　无为思想三辨 ………………………………… 291
　　一、所谓"人君南面之术" ………………………… 291
　　二、所谓"愚民哲学" ……………………………… 296
　　三、老学与黄老之学 ………………………………… 301

第三节　批判哲学 307
　　　一、反权威与不合作 308
　　　二、社会批判系统的创立 315
　　　三、从内圣开不出外王 319
第七章　返璞归真——人生的睿智 325
　　第一节　老子道论的人学意蕴 326
　　　一、作为一种人学本体论的道论 326
　　　二、"道"的境界是一种人生境界 328
　　　三、"玄同于道"的人生智慧 331
　　第二节　自然人性论 334
　　　一、从自然中发现人的存在 334
　　　二、人的自然化与人文化 336
　　　三、批判现实人生的异化 338
　　第三节　自然无为的人生理想 341
　　　一、自然真朴的理想人格 341
　　　二、无为不争的理想境界 346
　　　三、自然无为思想的价值和局限 350
　　第四节　人生的价值取向 355
　　　一、肯定生命的本体价值 356
　　　二、对传统价值观的全面反叛 359
　　第五节　人生的艺术 366
　　　一、少私寡欲、知足知止 367
　　　二、谦下不争、以退为进 371
　　　三、贵柔处弱、致虚守静 374
第八章　道法自然——自然主义的审美观 382
　　第一节　自然主义的审美理想 384

    一、反世俗、反传统的审美追求 ……………………… 384
    二、以自然真朴为美——真与美的统一 …………… 390
  第二节　审美与自由 ………………………………………… 397
    一、自由与审美心境 …………………………………… 397
    二、审美人生与自由 …………………………………… 401
  第三节　直觉主义的审美方法 ……………………………… 406
    一、恍惚之象与曲涵之美 ……………………………… 407
    二、语言困境与直觉体验 ……………………………… 411
  第四节　有无、虚实之境 …………………………………… 417
    一、有无统一:"虚实结合"的美学原则 …………… 418
    二、"有无相生":"气韵生动"的审美取向 ………… 420
    三、"有生于无":崇尚"空灵"的审美意境 ………… 423

第九章　天人合一——自然无为的生态伦理意蕴 ………… 429
  第一节　自然主义 …………………………………………… 430
    一、道即自然 …………………………………………… 431
    二、师法自然 …………………………………………… 432
  第二节　"道通为一" ……………………………………… 434
    一、世界的整体性存在 ………………………………… 435
    二、自然的权利 ………………………………………… 438
  第三节　自然无为 …………………………………………… 441
    一、自然即无为 ………………………………………… 441
    二、"以鸟养养鸟" ……………………………………… 445
  第四节　知止知足 …………………………………………… 448
    一、知止不殆 …………………………………………… 448
    二、知足不辱 …………………………………………… 450
  第五节　尊重生命 …………………………………………… 454

一、物无贵贱、慈爱万物……………………………… 455
二、生命价值的多样性 ………………………………… 457

结语 ………………………………………………………… 462

主要参考文献 ……………………………………………… 470

导　论

（一）

　　公元前六世纪前后的几百年间,即中国历史上的春秋战国时代,是一段非同寻常的年代。在这段时期,中国社会的政治、经济在经历着深刻的变迁,逐渐实现着巨大的社会转型。同时在思想文化领域,此前尚处于散漫的、萌芽状态的各种意识形态、哲学观念、历史意识、宗教神学、文化艺术、科学技术等等,也都以成熟的形态凝聚、荟萃,如旭日东升喷薄而出,从而为后世中华文化的发展,奠定了一个意域深广的开放性基础,也为几千年来整个民族的精神生活世界打上了一个深深的烙印。

　　这正是一个典型的被人们称为在古代文明史上发生了"哲学的突破"的"轴心时代"。

　　这是中国文化史上的"英雄时代",是一个需要产生英雄和巨人,也的确产生了英雄和巨人的时代。

　　老子就是这一"英雄时代"的一位思想巨人,而且是格外光彩夺目的巨人,尽管老子本来并无意于当什么英雄和巨人。

　　不过,无论过去多么辉煌,毕竟已是过去了。老子也好,春秋战国时代也罢,都已在历史的流程中淌过了两千多年。然而,令人不解、使人惊奇的是,它们的影响、它们的意义和价值,为什么在两千多年后的今天非但没有消失,反而以空前的规模显示了它们的存在、散发着经久不衰的魅力呢?

在回答古希腊的神话、史诗、艺术等"何以仍然能够给我们以艺术享受,而且就某个方面说还是一种规范和高不可及的艺术"这一问题时,马克思(Karl Marx)认为这种范本的高不可及便根源于人的最原始、最本真的生命之中。马克思说:

> 一个成人不能再变成儿童,否则就变得稚气了。但是,儿童的天真不使成人感到愉快吗?他自己不该努力在一个更高的阶梯上把儿童的真实再现出来吗?在每一个时代,它固有的性格不是以其纯真性又活跃在儿童的天性中吗?为什么历史上的人类童年时代,在它发展得最完美的地方,不该作为永不复返的阶段而显示出永久的魅力呢?①

在马克思看来,古希腊的神话、史诗、艺术等的永恒魅力首先因为它们是来自人类童年期的杰出创作,是人类最原始、最本真的生命力的象征,因而使它们具有了作为人类生命之"原型"的意义。

其实,整个人类古代文明史上的"轴心时代"的一切伟大创造,之所以辉煌灿烂、魅力永存,都同样在于它们作为人类童年期的杰出成就所具有的"原型"性质。在中国文化史上,春秋战国时代的思想文化成就无疑就具有这种"原型"性质。相应地,那些第一次强有力地歌咏出或真实地记载下一个民族文化的"原型"精

---

① 马克思:《〈政治经济学批判〉导言》,《马克思恩格斯选集》第二卷,北京:人民出版社,1995年,第29页。

神的少数典籍,便可说是"文化原典"。

《老子》就是这样一部有着永恒魅力的"文化原典",特别是哲学"原典"。《老子》作为"原典"的根本意义和价值,就表现为它上承远古文化、下启百代后学,其思想富于深刻的原创性、其主题具有特别的恒久性和超越性。它的思考指向宇宙自然、社会人生等诸多贯通古今中外的普遍性问题,而它对这些问题的解答更是充满了深刻玄妙的东方智慧,所提供的并非实证性的结论,而是哲理式的原型;并非凝固的教条,而是开放性的框架,有着广阔的"不确定域",从而为历代阅读者和解释者保留了"具体化"和"重建"的无限空间,使之可以纵横驰骋、常释常新。

当然,我们今天去接近像《老子》这样的哲学"原典",绝不仅仅是为了理解老子说了什么,也不是为了建构一个自己的解释系统,而是归根结底要为今天的现实生活服务,特别是要为发展当代中国哲学、重建人类精神文化的理想家园服务。当代中国正在经历着一场前所未有的巨大变革,因而也就面临着希望和困境、进步和痛苦、自然和社会、个人和群体等诸多的矛盾冲突,而这些问题的真正解决无不需要启人心魄的哲学智慧。这是时代赋予当代中国哲学的一个重大使命,也是当代哲学发展的基本前途和契机。由于文化"原型"和"原典"是一个民族历史文化的结晶、是人类智慧的不竭源泉。因而回到对中国文化和中国哲学的"原型"和"原典"的研究,我以为正是发展当代中国哲学及中国文化的一条重要途径。

在长期的历史演变中,每一时代和社会都有其特殊的问题,而某种特定的哲学就是围绕着这些特定的时代和社会的"问题"而建构起的理论大厦,从这一意义上讲,哲学确是时代精神的精华。但另一方面,人永远生活在一定的自然和社会环境中,永远有着基本相同或相似的需求和渴望,因此人类一直被一些共同的难题所挑战,也积累了许多应付这些难题的共同经验和智慧,那些意蕴丰富的"原典"可以构成新的思想文化创造的强大背景或"支持意识"。这就是过去的文明为我们留下的最珍贵的遗产。所以,正像只有打好足够深度的基础才能使高楼稳健地上升一样,只有充分地复活古代的智慧启示和经验才具备文化新发展的深层动力,实现伟大的创新。也只有创造的心灵才能真正复活过去,赋予过去以新的意义、新的价值。从这一意义上讲,譬如像哲学领域,任何新哲学实际都是哲学史的延续、是以往一切时代精神的升华。这是古今中外哲学的发展所不争的事实,即使如尼采这样看似反叛一切传统、哲思如天马行空的思想家,实际上也非常重视吸取"原典"的精华,对古典文化下过很深的功夫。尼采自己就曾说:"要成为真正的思想家,必须先接受严格的古典研究的训练。"[①]这就是说,只有深深地浸染于伟大的传统之中,而后才可从传统中再生、从传统中创新。这也就是古人所谓入乎其内出乎其外的功夫。

(二)

那么,究竟应该怎样具体解读蕴涵了深厚的原型精神的哲学"原典",研究历史上的重要哲学思想呢?在此,笔者愿就自己在本书中从事老子哲学研究的一些做法和想法来略谈一点粗浅的感受,以求教于大家。

首先,应该主要以学理的而不是考据的方法为研究的基本范

[①] 转引自陈鼓应:《悲剧哲学家尼采》,北京:三联书店,1987年,第128页。

式。学术界关于中国哲学史的研究主要有两种基本范式:考据学的研究与学理研究。考据学特别是随着近代以来疑古思潮的兴起而产生的"新考据学"的研究,对于《老子》一书的年代作者、篇章文字,特别是帛书《老子》等的考辨厘定,取得了许多有价值的成果,它们为准确地研究、理解老子哲学思想提供了一些可靠的基础,同时,它们对于学术知识的积累也有着重要的贡献。但是,考据学的研究毕竟主要属于"学术史"的研究,它不是也不能代替学理上的"哲学的"研究,因为对于我们研究老子哲学来说,真正重要的并不在于《老子》这本书是谁写的、写于什么具体年代以及各种琐屑的文字歧义,而是在于《老子》这部客观地在历史上存在着的哲学"原典"本身说了些什么,它透过种种表象显示了什么样的内在思想和独特精神。因此,不管从学术史的角度看在老子其人其书及其思想的考证上还存在着什么问题,都并不妨碍我们把《老子》作为一个哲学文本来解读,也并不妨碍老子哲学之作为中国哲学的"原型"地位和巨大价值。这样,我们在研究老子哲学时,可以把一些学术史上存疑的问题先悬搁起来,而着重从其哲学的理论内涵,逻辑构架等方面去解读《老子》这一哲学原典。

当然,侧重于哲学上的学理探讨,并不等于说学术史问题与"哲学的"解读无关。从根本上说,它们实是相互依赖、相得益彰的关系。相反,如果它们相互割离,则会如蒋锡昌所言:攻《庄子》训诂者不懂其哲学,叙义理者不能董理其文字,则前者往往陷于琐屑而不成条理,后者往往流于空疏而浮泛无根,难以服人。[①] 较为理想的研究方法应该是在考证训诂方法与哲学方法有机结合的前提下侧重于学理的研究,真正做到既通其文,又知其学,在尽可能

[①] 蒋锡昌:《庄子哲学·自序》,成都古籍书店,1988年重印本,第1页。

地吸取各种学术史研究成果的基础上力求对其哲学的独特蕴涵有一个条理贯通、整体透析的深入把握。但就笔者目前的研究来说，这还只是一个前进的理想目标，而远未能达到运用自如的程度。

其次，努力复原古代思想世界的生态图景，以求在一个相互关联、富有生命的总体背景中去理解和阐释老子哲学。自《老子》成书后，两千多年来读者不断、注说无数，然而却是仁者见仁、智者见智，真正理解的极少，误解和曲解反倒极多，如有人认为它是人君南面术、混世哲学、兵学，有人斥之为阴谋权诈之术、弱者的哀鸣和自慰等等，自然，也不乏对它的极力尊崇。且不说这些不同的褒贬之间的孰是孰非，单单这些认识和评价上的巨大差异就足以证明所谓"理解"是一个多么困难和复杂的过程。不过，说理解是困难的并不能成为否认理解和解释的可能性的理由和根据。法国著名的解释学家保罗·利科尔强调写—读关系同说—听关系是完全不同的，因为在说—听关系中，说话者和听话者都处在共同的"语境"中，易于沟通理解。而在写—读关系中，作者和读者已分处于不同的环境之中，读者已不可能直接感知作者写作时所处的语境，从而为理解带来了阻隔和限制[①]，也为各种片面的、各取所需的理解和阐释提供了可能。但如果我们尽可能地在一定程度上"复原"或"再现"作者写作时的"语境"，重建该作品所处的历史上的思想生态环境，全方位、多角度地恢复相应的语境关联，是完全可以与古代思想家进行超时空的交流、沟通和"对话"的，从而达到较好的理解和阐释。如通过追溯老子哲学产生的社会历史背景、思想文化渊源来揭示道家思想的源流演变，通过考察春秋末期深

---

① 保罗·利科尔：《解释学与人文科学》，石家庄：河北人民出版社，1987年，第142—144页。

刻而巨大的社会危机，可以理解老子深切的人文关怀和无为主义的政治理想的基本宗旨等。总之，我们应将老子思想重新置于古代思想世界的情景交融、气息相通的"语境"之中去，以显示其鲜活的、立体的思想生命。

再次，追溯哲学运思的内在逻辑理路。一种思想学说之所以能经久不坠、魅力永存，除了需从当时的思想生态上去观察比较其生命力之外，还更需以其内在的思想生命证明其价值，从另一个角度说，也只有把握住一种哲学的内在思想生命及其基本精神，才能真正了解其存在的意义和价值。而要把握住一种哲学的内在思想生命及其基本精神，最基本有效的方法莫过于采用逆向追溯法追溯或"重复"一遍思想家哲学运思的内在逻辑理路，以揭示其思想的内在联系、演变脉络、逻辑构架及其深层意蕴等。海德格尔（M. Heidegger）曾说："我们的课题是：紧紧追溯思想家的原有思路重新随后思维一次，紧紧追溯他的探问重新随后探问一次。当然，我们的这一课题实与时常听到的'原原本本地去了解原来思想家原原本本的思想'这个要求大异其趣。这个要求是不可能兑现的，因为没有一个思想家能真正了解他自己的思想（M. Heidegger, Was heiß Denken?）。还可以加上另一个原因：并没有真正完全客观公允的理解和阐释。"事实上，也的确不可能有"放之四海而皆准"的所谓"客观公允"的诠释存在。日常语言分析学派主将奥斯汀（J. L. Austin）曾说："纯粹的记述是个神话。"我们可以套用此语，相信"纯粹客观的诠释是个神话"。但是，我们却可以通过遵循思想家的原有逻辑理路从逆向作寻本探源性的追溯，达到对其固有思想的深刻领会和把握，而要做到这一点，就须借助于如老子所说的"涤除玄鉴"的功夫，先予清除遮蔽在认识的主客体双方之上的各种蔽障，如因原有思想家的语言表现所产生的表面矛盾或模糊多义,阐释者固有的立场、成见和功利态度等心性的禁锢,从而索解原有的思想文本所包含的丰富意蕴,发现具有整体贯通性的基本理路与主导观念,并依此重建整个原有思想的本末层次,透过其表面结构发掘出其深层结构。显然,只有经过这种层层的梳理和剥落工作之后,伟大思想家的哲理奥秘和思想真相才会最终豁然展现出来。

最后,应以理性分析精神和现代批判意识作为审视和评价古代哲学的标准。我以为,评判一种古代哲学,可以从两个主要方面的内容入手:一是看其提出和解决的"问题"在当时具有什么样的意义和价值,这些"问题"至今是否仍有意义和价值。哲学所追问的都是关于世界的本质、绝对的存在、终极的价值等诸如此类具有最大普遍性、抽象性的问题,虽然这些问题在今天早已成为哲学的最基本的问题,似乎不再具有新意,然而对于像老子这样最早的哲学家来说,它们却都是具有重大原创性的问题,能够在哲学史上率先提出它们就足以表明这种哲学的历史地位和价值,何况老子哲学还对它们作出了深入系统的探讨,对后世哲学乃至当代哲学的发展都仍然具有重大的意义。此外,老子哲学还在关于人与自然、人的异化、价值相对论等方面提出了一系列独特的问题和见解,最早敏锐地发现了人类文明的存在方式中潜伏着的某些巨大的、根本性的缺陷。老子所拨动的这些人类生命的琴弦上的重要音符,在越过两千多年的时光隧道后,不但没有消解湮灭,反而在现代人的心灵中引起了越来越普遍而强烈的共鸣,产生了经久不息的回响。因此,只要老子所关注过的"问题"还存在一天,老子哲学的意义和价值就仍然会存在一天。二是考察哲学家们围绕"问题"的提出及解决而建构起的理论系统所显示的哲学智慧。尽管对于哲学家们来说,所追问的那些具有最大普遍性、抽象性的哲学"问题"基本上大同小异,因而历史上不同的哲学家及其哲学理论之间在表面上似乎常常面对着相同或相似的问题,但是,他们实际上往往是从不同的角度和深度上提出这些相同或相似"问题"的,他们对这些问题的解决也毕竟各有不同的思维路数、方法和态度等,显示了不同的理论思维水平和解决"问题"、理解世界的独特智慧。可以说,古代哲学家们所提出的一些问题可以过时,得出的一些见解、结论及所反映的知识可以变得陈腐或失效,但他们在理解"问题"、把握世界时所显示的丰富而深刻的智慧,却往往历久而弥新,永远投射出照亮这个世界的理性之光。显然,这种智慧正是古代哲学所具有的一种最珍贵价值,也是我们这些拥有众多"知识"的现代人往往反而深为欠缺的东西。而在另一方面来说,古代哲学中所蕴涵的那些深刻智慧,只有在一个更为广阔的人类生活及其精神文化背景中,运用理性分析精神和现代批判意识去审视和检验,才能得到真正具有现代性的理解和建设性的继承,由此再进一步批判性地认识和超越以往思想的哲理局限性,为当代哲学谋求创造性的理路突破与发展提供一个丰富的思想资源,也为深入地理解我们今天这个时代、解决种种现时代的课题留下一些可资借鉴的心灵启悟。

第一章　智者之路
——老子哲学的产生和发展

　　中国哲学在中国古代的文化系统中是起着主导作用的,这样,要真正认识中国文化就必须深入了解中国哲学。而要深入了解和把握中国哲学的精髓,就不能不首先了解道家哲学。从中国哲学史上看,道家哲学是中国哲学的基本源头,这不仅因为从时间上说道家学派在中国历史上最早提出并系统地阐述和发展了一种真正的哲学学说,而且从理论内容上说道家哲学也为中国哲学作出许多基本的、独特的贡献,在很大程度上奠定了中国传统哲学的基本理论框架。

　　道家作为中国思想文化史上一个源远流长、内容丰富、极其重要的学派,其真正的创始人是老子。同时,老子也是道家学派的主要代表人物。因此,道家创始阶段的老子学说也可称为老学。老学的内涵博大精深、意蕴丰富幽远,具有极高的理论思维水平和多方面的思想价值。老学之所以能达到这样的思想成就,并不是一蹴而就、妙手偶得的,而是有其深厚的思想文化渊源和社会历史背景,有其产生、发展和演变的历史过程,此外,还有其思想自身的内在逻辑的展开运动。应该说,梳理清楚并且深入理解这一点,是真正懂得老子哲学的重要前提。所以,我们有必要先对这些有关老子哲学的总体性问题作一些概括性的考察,以便对老子哲学作基础性的了解和宏观性的把握。

第一节　老子：古代世界的大智者

任何事物都须在一定的环境、条件下存在，这一点于有生命的事物尤其明显。人类的思想学说是人类生命的一种集中表现，因而其产生和存在与一定的环境条件的关系尤为密切。这意味着，正像我们不能脱离开一定的"语境"来理解某种言说和对话一样，我们也不能脱离开包括一定的环境和条件的"语境"来理解某种思想学说，因而理解和阐释的一个重要使命或者说基本方法就是要尽可能重建那种"语境"，以便将某种思想学说重新置入与一定的社会历史环境、思想条件等情景交融、气息相通的"语境"中，显示其鲜活的思想生命。

自然，我们也应以此方法来理解和把握老学特别是老子哲学的产生、发展、基本内涵及思想特质等。

一、老子生平

关于老子的生平事迹，最早的较明确系统的记载见之于司马迁的《史记》。《史记·老子传》说：

老子者，楚苦县厉乡曲仁里人也，姓李氏，名耳，字聃，周守藏室之史也。孔子适周，将问礼于老子。……老子修道德，其学以自隐无名为务。居周久之，见周之衰，乃遂去。至关，关令尹喜曰："子将隐矣，强为我著书。"于是老子乃著书上下篇，言道德之意五千余言而去，莫知其所终。

对于《史记》里关于老子的生活年代、生平事迹的记载,人们常有疑问,学术界长期以来也争论不断。应该说,这些有关老子其人其书的争论和考证,对于推进老子思想研究是十分有益的。但我们在这里不准备继续这种考证和争辩①,而是认为,根据迄今为止的有关研究,特别是根据绝大多数老学研究者的意见,我们至少可以得出这样一个结论,即司马迁上述对老子生平事迹的记载基本是可信的,也是最具有权威性的。根据《史记》及各种史料的记载及迄今为止的考证研究所表明的老子生平事迹,简要地说应该是这样的:老子,又称老聃,约生于公元前571年,约与孔子同时而年长。老子大概出生于史官世家,其家族至老子时已为没落贵族。也可能老子就出身于平民,是当时随传统的世袭社会的解体而崛起并入仕的士阶层中的一位杰出代表。老子曾长期担任春秋末期周王室掌管典籍的史官,即大约是史家兼国家图书档案馆馆长,精通典章礼制,因此,才有孔子曾向他请教之事。后来,老子因不满于周王室的衰败和现实政治的黑暗混乱,弃官隐循,不知所终。老子身为史官,熟知并亲历了王朝兴衰成败及百姓安危祸福的经验教训,洞察了人类文明发展的负面影响,从而反对德教礼治,倡言自然无为,并在其晚年出关隐循之时,把自己的这些思想、体验概述为五千言,即后世所称的《老子》一书。《老子》一书分上、下篇,即"道篇"和"德篇",因此又被后人称为《道德经》。对于《老子》一书是否为老聃自著,人们有所怀疑,学术界也是众说纷纭。其

---

① 有兴趣具体了解有关老子其人其书、生平事迹的争论和考证情况的读者,可以参阅黄钊主编:《道家思想史纲》第二章"关于老子其人与老子其书",长沙:湖南师范大学出版社,1991年;周立升主编:《春秋哲学》第七章第一节"老聃其人及《老子》其书",济南:山东大学出版社,1989年,等。笔者基本上赞同他们对老子其人其书的考证和介绍,故对有关情况不再赘述。

实,《老子》全书仅五千余言,却文约义丰、哲理深邃、逻辑一贯、风格简古,似无可怀疑系老子本人自著。

关于老子其人及《老子》其书问题,在先秦时代是没什么争议的,这在《庄子》、《韩非子》等史料中可以得到证实。汉代以后,有关老子的传说及神话越来越多,反倒让人不相信那些原来简单明白的历史事实了。特别是自二十世纪二三十年代后,一些人主张老子后于孔子、《老子》书成于战国时代的观点,久而久之,这种观念便被学术界的一些人默认了,竟出现了积非成是的局面。有的甚至完全否认老子其人的存在,否认《老子》为老子自著或其成于某一人之手的看法。其实,这些观点往往沾染有严重的学派偏见,故意要搞乱先秦的学术顺序。事实上,老子(老聃)是我国古代第一位真正的哲学家,其自撰的《老子》也是中国最早的一部具有完整的理论体系的哲学著作,其成书早于《论语》。所谓"学术下于私",老子时期已蔚然成风;"私人著述之事",老子早于孔子。对这些,陈鼓应曾撰文论证,十分可信。① 总之,只要不带偏见地看待各种史料,我们是不难确认老子其人其书的一些基本事实的,而只有确认了老子其人其书的那些基本事实,才能够为先秦学术思想的演进顺序理出一条清晰的线索、寻出各派思想之间的内在联系,从中进一步发现人类认识发展的历史轨迹。

总之,不管怎么说,历史上曾写下了《老子》一书的人肯定是存在过的,这个人,我们就称之为老子。尽管由于其以"自隐无名为务"的生活和丰富、深邃而复杂的思想而使其生平事迹显得有些扑朔迷离、难以论定,以至连古人都把他看作一位神秘的人物,如孔子把他看作是难见首尾的"龙",司马迁称之为"隐君子",道

---

① 参见陈鼓应:《老庄新论·老学先于孔学》,上海:上海古籍出版社,1992年。

教奉其为至高的教祖。但是有一点却是可以无疑的,即这位老子确是一位古代世界的大智者。孔子曾说了一句很好的话:"智者乐水,仁者乐山。"①这是分别把"乐山"和"乐水"作为"仁者"和"智者"的标志,也可以反过来说"乐山"和"乐水"是"仁者"和"智者"相区别的重要标准。依据这一标志或标准,孔子本人可算是一位"乐山"的"仁者",因为孔子以"仁"为其思想的核心,且的确特别喜欢山,对山有很多赞美,并以"山"作为理想人格的象征。而相反,老子显然是一位真正"乐水"的"智者"。老子从来不谈"山",《老子》里不见一个"山"字,但他对水却充满了喜爱和赞美,经常以水及相关的江河、大海、溪谷等来比喻"道",象征理想的人格形态。老子喜欢水之柔及柔能胜刚的特性,喜欢水之谦下守弱、能利万物而不争的涵容深广的品格。当然,老子还喜欢水之迷濛恍惚、若有若无,如道的存在;喜欢由水组成的江河、海洋之浩瀚无涯;喜欢水的灵活多变、多姿多彩。总之,老子把水看作是"几于道"即接近于"道"的东西,具有最高的品德。其实,我以为,老子对水的描述和赞美,实是在倡导一种历史和人生的大智慧,在一定程度上何尝又不可以看作是对其自身所呈现的人格形态和人生智慧的描述,从而为我们活画出了一位"乐水"的智者形象呢!

二、大变革时代的知识分子

春秋时代是中国古代历史上的一个大变革时期,特别是在春秋末期,社会变革尤为剧烈。社会意识是社会存在的反映,因此任何一种思想学说总是与它所处的社会背景有着相互的关联或者说可以找到其所依存的社会历史根源。老子思想无疑也有其社会历

---

① 《论语·雍也》。

史根源,即春秋时代的社会存在。因而老子的哲学思想在春秋末期的出现正可谓应运而生,同时,这也使它充满了春秋时代的色彩,曲折地道出了世变无常、安危祸福进退相依的社会与人生的真相,成为这个大动荡、大变革社会的时代精神的真实写照。这正印证了"哲学是时代精神的精华"这一名言。

就春秋时代的历史发展和社会变革对老子哲学形成的影响来说,较突出的大约有以下两点:

1. 世袭社会的解体和士阶层的崛起。

周代社会是一种封建制社会,实际上也是一个世袭制社会。在封建制度下,社会成员的身份基本上是世袭的,参与政治、掌握知识是贵族阶级特有的身份权利和义务,与一般平民无缘。即使到了社会结构发生了较大变动、被有的学者称之为"卿大夫活跃的社会"即"大夫社会"[①]的春秋时代,社会的身份、权力、知识等仍是世袭的。但是到了老子所生活的春秋末期,传统的世袭社会终于解体了,具体表现为由于周室衰微和贵族政治的崩溃,封建性的身份结构和贵族特权逐渐消失了,文化上的贵族垄断局面也被打破了。这样,原有的世袭的且具氏族性的君臣关系,逐渐发展成为流动的且具个人性的君臣关系,社会矛盾也主要集中于具有土地和商业资本优势的新兴的地主阶级及其政治势力与没落贵族之间的相互竞争,从前西周时代天子与贵族大一统的相对稳定的社会状态已不复存在,而代之内乱不已、征伐不断、篡位争权、威仪失范的混乱局面。

当然,一个旧的社会形态的消亡往往预示着另一个新的社会

---

① 参见何怀宏:《世袭社会及其解体——中国历史上的春秋时代》,北京:三联书店,1996年,第95页。

形态的降临。在这种新旧交替的变革过程中,总会有一些基本的历史事变具有特别的意义。在春秋末期的社会巨变中,一个特别引人瞩目的历史事变就是作为一个独立的社会阶层和政治势力的"士"的崛起。士阶层是中国历代社会最具特色的一个阶层,也是中国历史上最大的一个变量和动因,中国的政治、文化乃至整个文明性格的许多秘密都必须到这一阶层中去寻找。作为独立的知识阶层的"士"的起源一直是个纷纭复杂、引起众议的问题。我以为余英时对士阶层的起源的观点较为恰当,他说:"先秦士这一阶层有两大来源,一部分是从旧的'封建'制中游离出来的没落贵族,一部分则是由社会下层浮上去的庶民。"[①]不过不管"士"的早期历史起源于什么,至春秋末期这个阶层已从崩溃了的传统社会结构中逐渐游离、分化出来而形成为了一个新的独立的知识阶层。和其他新的社会阶层不一样的是,他们有着更多理解自身的社会功能、认同自身的社会角色的自觉意识,或者说一种较自觉的理性精神。具体表现为往往具有较强烈的历史使命感和社会责任感。从这一点上说,"士"阶层无疑是古代社会中的知识分子,它的出现打破了贵族对知识与权力的垄断,实现了知识与权力的初步分离,因为自上古时代起中国社会就不曾存在一个独立的知识阶层,垄断了政治权力的贵族也垄断了掌握知识的特权,而那些拥有较多知识的"巫"、"史"本身就既是最早的知识分子,也是贵族统治阶层中的一员。[②] 所谓学在官府、官学一体的传统正反映了知识与以血缘关系为基础的世袭制的贵族身份相一体的历史事实。而士阶层作为一种独立的社会角色登上历史舞台,首先就标志着知识

[①] 余英时:《士与中国文化》,上海:上海人民出版社,1987年,第74页。
[②] 参见张光直:《美术、神话与祭祀》,沈阳:辽宁教育出版社,1988年,第73-74页。

与权力一体化的传统社会结构开始瓦解了。

老子就是随着上述世袭社会的解体而崛起的士阶层中的一位杰出人物。当然,老子作为周王室的史官,很可能并不直接来自平民的士阶层,而是出自史官世家,但其思想、性格早已与世家贵族格格不入,而完全融入于新兴的士阶层中,具有浓厚的平民意识和鲜明的叛逆性格,体现出了典型的士人精神。面对春秋末期世袭社会礼崩乐坏、王权旁落、尊卑陵替,生产关系正在酝酿大变革的社会现实,老子以其史官的睿智和丰富的阅历、新兴士族的独立意识,敏锐地察觉到统治者"金玉满堂,莫之能守"的必然性,认识到正是那些如"盗夸"(强盗头子)一样的、"服文采、带利剑、厌饮食、财货有余"的统治者们"求生之厚"、"富贵而骄",才造成了祸乱不止、百姓饥贫的不平等不合理社会。老子相信,这样的社会是不正常不自然的社会,必然导致对立转化的反抗斗争,从而导致社会变革。老子说:

飘风不终朝,骤雨不终日。孰为此者?天地。天地尚不能久,而况于人乎?(《老子》第二十三章。以下凡引《老子》,只注章数)[1]

物极必反的变化是自然之道,人们只能"无为"以顺应这种自然之道而静观其变。老子这种对待时势的态度正代表了当时士阶层中那些对现实政治采取坚决的批判和不合作态度、具有隐逸倾向的士人的立场和观点。

---

[1] 本书所引《老子》原文,主要采自王弼《老子道德经注》(简称《老子注》)中的《老子》文本(简称"王弼本"),参见楼宇烈《王弼集校释》上册,中华书局,1980年。

2. 官失其守和学术下移

老子思想产生的另一重要社会背景是春秋末期所发生的由于"官失其守"、"学术下移"、"道术将为天下裂"引起的私学的兴起。如前所述,在上古时代中,知识与权力是合为一体的,垄断了政治权力的贵族也垄断了掌握知识的权力。知识、学术之所以要为贵族所专有,是因为拥有知识、学术不仅是贵族的身份、特权的象征,而且更是维护贵族的身份、特权的重要工具,是保证贵族政治统治的合法性的重要基础。这种知识学术以及与此有关的语言、文字、艺术等与权力之间的深刻关系无疑是古代文明中最重要的秘密之一。正是由于权力与知识合为一体,故官与师也不分,专门管理知识学术的王室官吏,既是王官又是那门学术的保有者和传授者。这些王官兼学师的身份角色依据世袭制在贵族内部代代相传,大多数普通人无从获得传授教育的机会,因而"学在官府",只有官学没有私学,知识、学术得不到普及和发展,而且那时所谓的知识、学术,是有其特定的历史形态的,基本上只是以伦理道德规范和政治统治术为核心的传统知识遗产。

中国古代封建制的根本崩坏发生于春秋末期。随着周王室统治的崩溃和世袭贵族的没落,原来把持和固守于官方的知识、学术逐渐散落、流传到社会各个阶层之中,包括许多原来附属于王室的作为各门学术的掌管者和传授者的官吏也逐渐流落到了普通庶民之中,他们在民间以私人身份进行讲学或传授技艺,于是出现了官、师的分离和"私学"的兴起。章炳麟在《国故论衡》中说:"老聃仲尼而上,学皆在官;老聃仲尼而下,学皆在家人",这是符合当时的实际情况的。私人传授学术和思想,是诸子之学形成的直接源头。因为在没有私人讲授学术形成"私学"之前,是不可能产生什么"家"的,更不可能出现某一家的思想。

《庄子·天下篇》曾对古代王官之学散为诸学百家、古代道术由合而分、"道术将为天下裂"的历史过程作过生动的总结性描述。从现代社会学的观点看，这一"道术为天下裂"的过程正是古代文明发展史上一个最重要的关键时期，即帕森斯（Talcott Parsons）所谓"哲学的突破"（philosophic breakthrough）时期，或略似于雅斯贝斯（Karl Jaspers）所说的古代文明的"轴心时代"（axial age）。而这可以说就是官失其守、学术下移、"道术将为天下裂"的历史巨变首先所引起的思想文化领域上的作用和意义。所谓"哲学的突破"或文明的"轴心时代"，是指在公元前一千年之内，希腊、以色列、印度和中国四大古代文明都曾方式各异却不谋而合地经历了一个文明的巨大突破性发展时期。在这一时期中，每一文明的宗教或哲学对构成人类处境的宇宙本质发生了一种深刻的理性认识，以及与这种认识随之俱来的对人类自身的根本处境、人与宇宙的关系、人类生存的意义等基本问题的新的理解和阐释，而这种认识所达到的层次之高、内涵之深完全是前所未有的，甚至也是后来罕见的。雅斯贝斯说：

以公元前500年为中心——从公元前800年到公元前200年——人类精神基础同时地或独立地在中国、印度、波斯、巴勒斯坦和希腊开始奠定。而且直到今天人类仍然附着在这种基础上……在公元前800年到公元前200年间所发生的精神过程，似乎建立了这样一个轴心。在这时候，我们今日生活中的人开始出现。让我们把这个时期称之为"轴心的时代"。在这一时期充满了不平常的事件。在中国诞生了孔子和老子，中国哲学的各种派别的兴起，这是墨子、庄子以及无数其他人的时代。……这个时代产生了所有我们今天依然在思考的基本范畴,创造了人们今天仍然信仰的世界性宗教。①

雅斯贝斯对古代文明中最重要的精神过程的产生所作的这种描述,的确可以在中国历史上得到证实。中国古代文明史上发生"哲学的突破"的"轴心时代"就起自春秋末期私学兴起代替王官之学的变革而兴盛于战国时期诸子百家争鸣的黄金时代。老子及其学说可以说一方面正是受这一新时代的风云激荡的产物,另一方面又是率先开风气之先、代表了一个新时代的伟大开端的一代思想文化大师。

顺便可以指出的是,以学术下移和诸子百家之学的兴起为象征的思想文化领域的巨大变革的另一个重大作用和意义,就是它们对世袭社会的最终解体给予了猛烈的一击。梁启超、梁漱溟都认为,中国封建制毁于士人的兴起,贵族政治的瓦解主要与文化知识的下逮直接相关。② 这正从一个侧面反映了社会历史变革有时也可以走由思想文化到政治经济的"自上而下"的独特道路,而不是通常的由经济基础到上层建筑的"自下而上"的道路。

三、"救时之弊"的哲学追求

按照《淮南子·要略》的说法,先秦学术起于"救时之弊"。这是有道理的。因为哲学作为时代精神的精华,它不仅仅像黑格尔所说的如密纳发的猫头鹰,只在黄昏时才出来飞翔,即只是跟在社

---

① 《现代西方史学流派文选》,上海:上海人民出版社,1982年,第38-40页。
② 参见梁启超:《先秦政治思想史》,上海:中华书局,1936年,第44-45页;梁漱溟:《中国文化要义》,《梁漱溟全集》第三卷,济南:山东人民出版社,1990年,第175-176页。

会历史进程的后面解释历史,而是也力图超越于时代的局限,成为引领社会历史行进的路标。面对春秋战国之际的社会急剧变革、政治上的混乱争斗、伦理道德秩序上的严重失调,思想家们纷纷出来寻求种种解决社会、政治矛盾的方法、提出各种思想学说,这实是时代的需要。所以,我们至少可以说,"救时之弊"即试图救治现实弊病、引领社会走上理想之途是促使老子提出自己的一系列理论和主张的一个重要的现实原因。

哲学代表一个文明或时代对自身的存在和命运的反思和批判,而这种反思和批判大多是属于对由文明或时代的缺陷所造成的文明或时代本身的困境的省察,因为一个极其健康的文明或时代对哲学的需要程度,是相对较低的,——它们只需要歌舞和艺术,而不需要哲学的反思和批判,这也正是为什么每当某种文明处于虚假的繁荣状态时往往需以大量的歌舞和艺术来粉饰太平的原因。《易传》说:"作易者,其有忧患乎?"[①]正是由于对现实弊病抱持着深沉的忧患意识,使《易》的作者要"以神道设教"、以"变通趋时",寻求人类社会发展的普遍规律。所以哲学在本质上是非知识、非技术的,是源于对文明的缺陷的弥补和对时代的困境的解救。而哲学的深度,往往也与一个文明或时代对自身所受到的伤害的感受深度成正比。在这个意义上讲,"哲学是乱世之子和文明的病"[②]。哲学的繁盛不是文明和时代的福音,相反,恰恰是其病态的表现。往往正是社会文明有弊有病,才有真正深刻的哲学。正像愤怒出诗人一样,忧患生哲思。

关于哲学的这一特点,早在哲学诞生之初的老子哲学那里就

[①] 《易传·系辞》。
[②] 玄峻:《联想与印证——对中国思想的重新理解》,北京:东方出版社,1994年,第194页。

被它以自己的独特方式指出来了,老子说:

> 大道废,有仁义;智慧出,有大伪;六亲不和,有孝慈;国家昏乱,有忠臣。(第十八章)

也就是说,仁义、智慧包括哲学等正是在人类文明有了缺陷之后才产生的,哲学的升华是以文明的堕落为代价的。老子这位中国历史上最早最重要的哲学家,其哲学思想的产生就具有这种象征意义,它本质上是对人类生存和发展所面临的深刻内在矛盾和两难困境及其解脱途径所作的独特探索,是人类在初入文明状态之后对自身缺陷的深刻解剖和反省,充满了人对自身存在及其苦难的觉醒意识和忧患意识。如果说孔子等儒家从一开始就是作为现存制度和既有文明的维护者而出现的,那么道家从老子那里一开始就是作为既有的文明和社会秩序的怀疑者和叛逆者而出现的。老子坚决地反对被儒家所竭力维护的那套貌似文明的典章制度和礼乐规范,更反对愈演愈烈的剥削、暴政和战争,认为这一切都不符合人类生存的本性,破坏了人类的天然自由与和谐。与儒墨等学派注重从社会的、伦理的角度来寻求救世之方的做法不同的是,老子着重从更加广阔的宇宙的、自然的角度来探讨解救时弊的良方。老子从自然界的万物枯荣、四时变化、天道循环中,悟出了"无为"的自然之理。他认为,既然自然界能在"无为"的状态下自我协调、化育发展,那么人类社会只要效法自然,以"无为"的原则去处理社会和人生中纷繁复杂的事物,无疑也会取得理想的成效,所以"无为主义"便成了老子所始终标举的治世良方。在老子看来,人的最高德行,并不表现为过多的人为努力和刻意求成,而是使人的言行能顺应自然、循道而行;而最为理想的社会,并不是远离自然的文明社会,而恰恰是最质朴、最自然、最本色的自然状态。

上述老子救时之弊的思想主张,体现了其代表的是普通的平民及士阶层的立场,其中也不乏小农社会里农民对古代农村公社生活的追忆和向往。当然,老子并不单单是普通的平民及士阶层的代表,而且更是杰出的哲学家,他的追求是要超越一般的知识、信仰、欲望和行动,而玄思宇宙之根本、探求存在之终极、把握意义之本体,把对人的关怀寓于对一切存在的终极关怀之中,从形而上的终极存在的根源处为人和社会确立其存在及其价值的基础。因而,老子首先是作为一位哲学家而存在的。由于先秦时期作为"显学"的孔、墨两家都绝少涉足纯哲学问题,因此老子堪称中国哲学精神的开创者和突出代表。

第二节 老子哲学的思想文化渊源

中国传统文化的基础,是在春秋战国时代奠定的。如前所述,这个时代也就是世界古代文明史上取得"哲学的突破"的时代或者说"轴心时代"。正是在这个时代,中国各种理性主义和人文主义思潮开始勃兴,多元化的价值标准得以建立,作为社会精英的"士"人集结为一个新的阶层,诸子百家竞相争鸣,思想文化自由发展,使这一时代成为中国思想文化史上真正自由繁盛的黄金时代。那么,这种思想文化上的繁盛局面和百家之学是怎么形成的呢?这是一个千百年来一直众说纷纭的文化之谜,正因此,探寻它们产生的深层次的历史文化根源,理清它们形成和演变的脉络,始终是思想文化史上的热门课题。譬如,就诸子百家的起源这个中心问题来说,自先秦两汉以至现在,人们就提出了无数的解释,总括而论,有《庄子·天下篇》的"六经说",《淮南子·要略篇》的"救时之弊说",《汉书·艺文志》的"王官说",及后来"史官说"、"黄帝说"、"道家说"、"社会政治变革说"等。其中,尤以"六经说"、"王官说"和"救时之弊说"最重要、最有影响。

具体到老子及道家思想的形成问题,虽然在总体上与上述诸子起源问题大致是相同的,但也有自己很独特的根源。因此,我们完全有必要对老子及道家思想的发生史作专门的探讨。上一节我们已着重从社会历史背景的角度探讨了老子哲学的产生问题,这一节我们将主要考察老子哲学产生的思想文化渊源问题。

以往人们考察老子或道家的思想文化渊源,虽提出了许多可贵的见解,但总起来说还是很不够的,其中最大的不足之处是他们往往只看到了老子思想的某一两个来源,而看不到或不承认其他的思想来源,以致各执一端,常常落入"单线追踪"的窠臼,不能全面、系统地考察老子及道家思想的源流演变。其实,任何一种宏大的特别是富有创造性的思想体系,往往是继承了以往的最丰富的思想成果,具有多种多样的理论来源的。像老子这样一位具有多方面的原创性的思想贡献,因而成为道家思想及中国哲学的开山鼻祖的大思想家,他吸收和改造了多种多样的思想源的影响是极为自然的。正如黑格尔所认为的,最晚近的哲学乃是吸收了以往哲学的成就、包含了先前的哲学发展阶段于自身的综合体。

根据上述看法,我们将在下面选择几个老子哲学的主要思想文化渊源暂作简要探讨,兹分述之。

一、《易经》思想

《庄子·天下篇》里认为诸子皆源于"六经",《汉书·艺文志》说九流十家都是"六经之支与流裔",这些都是说,"六经"是诸子的思想渊源。这确是有见地的。现在学术界已基本肯定：在诸子的思想渊源中，"六经"虽不是唯一但至少是最重要的渊源之一。不过由于"六经"中《诗》是文学典籍，《书》是政府公文总汇，《礼》和《乐》的哲学内涵不多、《春秋》是历史编年志，那么能够作为老子哲学思想根源的，主要就是《易经》了。所以我们可以说在老子哲学的形成中，是有《易经》这个源头的。换句话说，《易经》不仅是中国上古文化中的一部经典，而且是古代思想文化的基本源头之一，先秦诸子都或多或少可以溯源于《易经》的影响，道家思想更是如此。许地山说："道家思想的渊源也与儒家一样同出于《易》。"[1]但以老、孔而论，老子所受《易经》的影响尤大于孔子；《易经》和《老子》都是谈天人之际的著作，所以魏晋玄学以《易》、《老》并称，同奉为基本经典，并非偶然，盖以为两书精神有贯通之处也。邵雍说："老子知《易》之体"，即认为两者在思想路径上实有一脉相承的关系。所以陈鼓应说："以老、孔两家对古典文化的继承而言，孔子基本上是继承着西周以来的德治主义的文化传统，老子则继承着西周以来的自然主义的文化传统，而《易经》的思想特色则属于后者。"[2]

老子接受《易》的影响、承传《易》的思想，具体可从以下几个主要方面体现出来：

首先，《易》所体现的自然天道观引导老子进一步走向形上学的本体论的探讨。《易经》虽是一部占筮之书，且作于在巫术文化气氛还很浓厚的周朝初年，但其宗教迷信色彩已降至最低限度。从哲学角度看，《易经》可说是一部专论天道并以天道推演人道的

---

[1] 许地山：《道家思想与道教》，《燕京学报》第2期，1927年12月。
[2] 陈鼓应：《〈易传·系辞〉所受老子思想的影响》，《哲学研究》1989年第1期。

作品,它在早于古希腊哲学之父泰勒斯(约公元前600年左右)三百多年前就力图在纷杂的万象之中为世界探寻其基本原质及发展规律,以八种基本原素(八卦)及其对立面矛盾转化的观点来解释宇宙万物的生成、变化和发展,以这种初步的宇宙自然论取代了宇宙神创论。《易经》里的这种宇宙自然论在很大程度上开启了西周以来的自然天道观思想,这种自然天道观在尔后的春秋时期获得了巨大的发展。在本书第二章将说到,老子关于本体之道的形上学思想就是在继承和批判了这种自然天道观的基础上进一步发展起来的。《易经》与老子的这种思想联系,也被学界不少人所承认,如郭沫若就认为老子的天道观与《易经》是有渊源关系的,而孔子与《易经》的关系,也主要是通过老子受到的感染[1]。陈鼓应也指出:"先秦天道观的一条主要脉络,是由《易经》到老、庄而《易传》",也就是说,老子的自然观的形成,"可上溯《易经》而下启《易传》,并成为《易传》哲学思想的主要骨干"。[2]

其次,《易》的原始朴素的辩证法思想对老子辩证法的形成的影响。《易》、老在辩证法方面存在着血缘关系,而且它是《易》老关系中最重要的内容之一。黄钊曾对老子辩证法与《易》之间的血缘关系撰文作过论述,认为说老子哲学源于《易》,主要就表现在辩证思维的联系上[3]。的确,老子辩证法中关于变易的观念、矛盾及对立转化的观念,柔弱胜刚强的观念等等,差不多都可在《易》中找到原始胚胎和蛛丝马迹。《易》是讲变易之理,阴阳消长

---

[1] 参见郭沫若:《青铜时代·先秦天道观之进展》,《郭沫若全集》历史编第一卷,北京:人民出版社,1982年,第354—356页。
[2] 陈鼓应:《〈易传·系辞〉所受老子思想的影响》,《哲学研究》1989年第1期。
[3] 参见黄钊:《论〈老子〉哲学同〈易〉的血缘关系》,《广西师范大学学报》(哲学社会科学版)1985年第2期。

的,而"反者道之动"等对辩证运动规律的总结正是老子哲学的重要成就;《易》是讲休咎祸福的,而老子关于祸福相因的辩证思想触目皆是;《易》六十四卦中,没有一卦六爻都是好的,只有谦卦例外,而老子也正是特别重视谦下退让。但是,老子对《易》的发掘继承,不是简单地照抄照搬,而是站在他自己的时代高度,用他所具有的抽象思维方式,对《易》所提供的辩证思想资源,进行了去粗取精的再创造,因而老子得以创造出自己独特的辩证法体系。正如柳诒徵所说:"老子之书,专说对待之理,其原盖出于《易》。惟《易》在孔子未系辞之前,仅示阴阳、消息、奇偶对待之象;尚未明示二仪之先之太极。老子从对待之象,推究其发生此对待之故,得恍惚之一元,而反复言之。"[1]这也就是说,老子的辩证法因有其本体论作其形上学基础而实现了对《易》的辩证法的超越。

再次,《易》的巫术式思维方式和筮辞式的语言,都在《老子》中有所反映。《易经》本是巫术占筮之书,是古代巫术文化的一个直接产物。古今一些学者为了强调《易》的哲学性思想性,要否定巫术占筮是《易经》的文化基质,而只把它看成是一个"躯壳",这正是不了解巫术文化本是中国古代文明的一个主要特征的表现。哈佛大学考古学家张光直认为:"中国古代文明是所谓萨满式的文明。这是中国古代文明最主要的一个特征。"[2]所谓萨满(Shaman),相当于中国古代所谓巫、觋,萨满式文化就是一种巫术文化。所以我们承认《易经》中巫术占筮的文化基质地位,不仅不会抹杀《易》的文化价值,反而能更好地认识其思想特质和价值。道家学派与原始巫术文化的密切关系是十分显而易见的。庞朴指

---

[1] 柳诒徵:《中国文化史》上册,北京:中国大百科全书出版社,1988年,第227页。

[2] 张光直:《考古学专题六讲》,北京:文物出版社,1986年,第4页。

出:"道家与原始巫术是有明显可寻的血缘关系的。"①闻一多也认为:"我常疑心这哲学或玄学的道家思想必有一个前身,而这个前身很可能是某种富有神秘思想的原始宗教,或更具体点讲,一种巫教。"②如老子所尊崇的"无",即"無",其与"巫"、"舞"相通的本义,实透露出了被老子作为本体之"無"竟是吸纳改造了原始巫术中巫以舞所事不可捉摸却又似无实有、神奇玄妙却又可以交通的至高至上的神灵的原始意蕴的。又如老子及道家对自然的极大兴趣和尊崇,乃至追求"专气致柔"、入水不濡、蹈火不热的养身术、卫生经或气功术等,都可表明他们与巫的血缘关系。当然,作为一种哲学流派,道家已经舍弃了巫术的许多具体内容,而较专注于吸纳和改造巫术文化所体现的世界观的哲理内涵上。道家思想与原始巫术文化发生关系的一条主要途径,恐怕就是通过《易》的中介作用。因为《易》大概是老子在他那个时代所能接触到的上古文化典籍中不是唯一至少也是最主要的最富原始巫术文化色彩的典籍,何况其所包含的自然观及朴素辩证法的思想内容对老子哲学有那么重要的影响。《易》的巫术文化色彩对老子思想的感染,首先表现在文体、文句等筮辞式的语言形式上,如老子说:"不知常、妄作,凶"(第十六章),"道,常无名,朴"(第三十二章),它们与《易》的筮辞颇相似。又如《易》有损益之卦,老子也说:"为学日益,为道日损"(第四十七章)、"故物或损之而益,或益之而损"(第四十二章);《易》有观卦,老子也说:"以身观身,以家观家,……以天下观天下"(第五十四章);《易》有复卦,老子也说:"静曰复命"(第十章);《易》有随卦,老子也说:"故物或行或随"(第

---

① 庞朴:《蓟门散思》,上海:上海文艺出版社,1996年,第150页。
② 闻一多:《道教的精神》,《闻一多全集》第一册,上海:开明书店,1948年。

二十九章);《易·困卦》说:"有言不信",老子也认为:"美言不信"(第八十一章),等等。《易》和《老子》在这些用语方面的相似对应表明,它们在哲学思维的抽象运动和一般思维方式上实有殊途同归的性质,即在表现其都具有巫术式思维方式的性质上是相通的。《易》、《老》所共有的这种巫术式思维方式典型地表现于由《易》到《老》一脉相承的以天道推演人道的模拟外推的思维方式。作《易》者以为"八卦是天人之间的通路",[①]以此实现天地人神的交合互感,最终使人与天地合其德、与日月合其明、与四时合其序、与鬼神合其吉凶。老子也强调应以天道引领人道、以宇宙自然昭示社会人生,最终达到以人合天的天人合一境界。据此,它们许多富于辩证法气息的思想结论,主要是从自然的、生活的客观现象中模拟直推出来的,如从自然界之"否极泰来"、"无平不陂、无往不复"、"物极必反"可推演出人世的"祸福相因"、"柔弱胜刚强"的社会历史演变的规律和立身处世的原则,从自然界的"自然无为"可得出政治和人生中随应自然、"无为而治"的基本目标等。这种由《易》、《老》作为主要源头而形成的天人合一观念对以后中国文化及一般思维方式的影响是十分巨大的。

二、史官文化

如果说上面主要是从哲学的角度考察了《易经》思想与老子哲学的渊源关系,那么接下来要考察的是在哲学之外的史家和兵家的文化传统对老子思想产生的影响。

先说史家。班固在论及道家时总结道:"道家者流,盖出于史

[①] 郭沫若:《中国古代社会研究》,《郭沫若全集》历史编第一卷,北京:人民出版社,1982年,第57页。

官,历记成败存亡祸福古今之道,然后知秉要执本,清虚以自守,卑弱以自持,此君人南面之术也。"①班固对道家与史家关系的说明是不错的,只是其将道家思想归结为"君人南面之术"的观点是不能令人赞同的——它实际上反映了当时汉人对道家的普遍误解。说道家出于史官,除了因为老子本人及其他一些原始道家人物可能直接出身于史官(如《史记》称老子为"周守藏室之史")之外,更主要的应是指道家思想的形成主要接受了史官文化的影响。

中国古代历来重视修史,早在商周就有了最初的史家和历史典籍。不过,中国史书的一个最大特色是"官修",所以史家也都是官方任命的史官,在商周时代,这种史官还是由贵族所世袭的。《汉书·艺文志》谓:"古之王者,世有史官,……左史记言,右史记事,事为《春秋》,言为《尚书》。"其实,古代史官的职能不单是记事记言,而且负有掌管、解释和传扬历史文物、典章制度,并从历史事变中推演出古今兴亡的经验,以为统治者服务的职能。如前面曾说过的,官史合一造成了"学在官府"的局面,使官府成了后代学术的渊薮。而史官也就成了当时社会最主要的"知识分子"之一,深刻地影响了古代文化的面貌。梁启超曾指出:"先秦学术盖源于周与先周时代的巫祝和史官。"②的确,古代的"史官文化"和"巫术文化"是先秦诸子学术思想的深厚的文化渊源。受"史官文化"的影响,先秦诸子都有浓厚的历史意识,很重视研究历史,并善于从中引出应普遍遵循的原则。例如,正像班固所说的,老子的辩证法及一般哲学思想主要就是通过体察和总结社会历史发展和变革过程中的种种强弱、盛衰、成败、存亡、正反等等经验而产生的

---

① 班固:《汉书·艺文志》。
② 梁启超:《论中国学术思想变迁之大势》,《饮冰室合集·文集之七》。

理论概括。老子自己也反复强调其"道"得之于"古之道术"、"古之善为道者",表明"道"与古代历史有着内在的联系:"执古之道,以御今之有;能知古始,是谓道纪。"(第十四章)老子在这里简直是说,"观往者得失之变"以认识古代历史发展的辩证规律,是掌握"道"乃至学以致用、掌握现实的一个关键途径。

当然,史官文化的内涵是非常丰富的,因为如前所说,作为殷周时代的史官,其执掌的职责和接触的范围并不限于专门的历史,而是遍及一切历史文献,可说是包括了一切知识文化遗产的总汇。如被儒家捧为"六经"(原本称"六艺")的《诗》、《书》、《易》、《礼》、《乐》、《春秋》就都属于这个范围,而且它们最初的集结整理工作大概主要就是由古代的史官们完成的。有人正确地指出了"六经"或说"六艺"是源于古代的巫史之学[①],不过由于古代初期的史官便是巫官,巫史实为密不可分的一体,所以我们说所谓"六经"皆出于史官也是符合历史实际的。同时,"六经"的内容也可首先看作是一种具有历史内涵和价值的历史文献,故有章学诚等人所谓"六经皆史"[②]的说法。正因为这样,老子作为周王室的史官,或说掌管典籍的图书馆馆长,对以"六经"等为主的历史文化典籍应是非常熟悉的。通过吸纳古代文化典籍中的经验和智慧、加以总结和提升,应是老子思想形成的一个重要渠道。因为自从人类形成较为成熟的文字以来,思想文化的授受流传和革新创造的一个最重要途径就是各种文化典籍。如和老子一样开"私学"风气的孔子教授弟子,主要就是以"六经"这些文化典籍为教本和思想素材。老子自不应例外,其辉煌的思想创造也离不开以往的

[①] 参见孔祥骅:《"六艺"出自巫史考》,《学术月刊》1992年第4期。
[②] 章学诚:《文史通义·易教上》,上海:上海古籍出版社,1993年。

知识文化遗产作深厚的思想资源。像老子对前述《易经》以及《尚书》、《国语》、《左传》等历史文献中有关天道、自然无为、尚柔、谦退,及恶盈反骄、去奢崇俭、辩证思维等思想因素都可能影响过老子。还有像被《孔子家语·观周》和刘向《说苑·敬慎篇》里所记载的周人的《金人铭》,有很多思想与老子十分接近,很可能也影响过老子。所以有人认为:"《金人铭》中所包含的一系列基本思想,甚至每一句话,都在《老子》中得到了继承和发挥;换句话说,《老子》的许多重要思想,大多可以从《金人铭》中找到原始形态。由此可见《金人铭》是《老子》思想的主要理论渊源。"[1]我以为,这个结论虽下得过于肯定,但至少是可能有某种影响存在的。

三、兵家传统

现在再说兵家思想与老子哲学的形成的关系。唐代有位叫王真的将军写了一本《道德真经论兵要义述》,认为,"五千之言……未尝有一章不属意于兵也",首倡《老子》为兵书说。此后,将老子与兵家直接加以比附者代有其人。北宋苏辙、明末王夫之、近人章太炎、当代毛泽东等,都把《老子》看作是一部兵书。当然,同时也有更多的人不赞成这种看法,他们认为老子"不过借兵论道,决非以道附兵"等。

《老子》当然不是一部兵书。因为它既不像《孙子兵法》和《孙膑兵法》那样系统地阐述战略战术,也没有像《尉缭子》那样谈用兵的政策法令。相反,老子"禁攻寝兵"、和平反战的思想十分突出,不大可能去写用于战争的兵书。实际上,老子为了阐明哲理,多因近取譬,所以有时也举出用兵的例子,而其原意本非为用兵而

---

[1] 黄钊主编:《道家思想史纲》,长沙:湖南师范大学出版社,1991年,第19页。

发。这从其有关的上下文含义,便可知其本旨。可以说以兵事阐明哲理,是《老子》一书的重要思想特色。同时,不可否认的是,由于《老子》思想博大精深、意蕴宏富,具有多方面的思想价值,而且老子又确实有一些精辟的用兵思想和关于修道及政治、人生斗争的策略、手段,具有普遍的方法论意义,所以《老子》思想可以发挥包括对军事斗争、战争的战略战术等各种实际应用领域的启发指导作用,对后世的思想文化、政治军事、人生处世,乃至经济管理等各方面都有着深远影响也就不足为奇了。《老子》虽不是一部兵书,却不妨碍人们把它当作一部兵书(而且还是很好的兵书)来读,就像《老子》同样不是专讲人君南面之术、阴谋术、养生术、气功术、经营管理术等等,但却并不妨碍人们可以从上述角度去理解和运用《老子》一样。这不能不说是使《老子》思想具有复杂多样的意义,常常呈现出不同的面貌的一个重要原因。

但是,说《老子》不是一部兵书,并不意味着它与兵家就没有什么关系了。我以为这种关系不但有,而且很深厚。这种关系的一个方面就是上述所说的老子思想所具有的对军事斗争、战略战术等兵家文化的启发指导作用。不过,因为这一层关系不是此处论述的主题,故不多述[①]。这里需着重谈的是老子与兵家关系的另一层面,即兵家思想对老子哲学的形成产生了重要影响,使其成为老子哲学的重要思想来源。正如李泽厚认为的:"《老子》本身并不一定就是讲兵的书,但它与兵家有密切关系。这关系主要又不在后世善兵者如何经常运用它,而在它的思想来源可能与兵家有关。"[②]

[①] 这方面内容的详细论述,可参见高秀昌:《哲人的智慧·〈老子〉与兵家文化》,开封:河南大学出版社,1995年,第174-207页。

[②] 李泽厚:《中国古代思想史论》,北京:人民出版社,1986年,第78页。

兵家思想之所以能成为老子哲学的重要思想来源，首先是由于中国古代战争的频繁和兵家思想的发达。中国自新石器时代中期以来，就充满了极为频繁、巨大、复杂的战争。"自剥林木而来，何日而无战？大昊之难，七十战而后济；黄帝之难，五十二战而后济；少昊之难，四十八战而后济；昆吾之战，五十战而后济"。① 历史上著名的黄炎之战，黄帝蚩尤之战，不过是其中规模最大具有决定性意义的几次而已。至于后来夏、商、周三代改朝换代的征战，特别是春秋战国时代列国的争霸战争，其战争的残酷、频繁和规模巨大的程度是十分触目惊心的（仅仅《老子》、《庄子》书中，对此就有很多记述和反映），在同期的世界史上都极为罕见。中国古代兵书和兵家思想文化那么早就如此成熟和发达，几千年后仍有借鉴价值，正由于它们有这种长期的、繁复的、剧烈的战争的现实经验为基础。而中国古代兵书和兵家思想文化的早熟和发达，其所蕴涵的丰富的哲理和深邃的军事辩证法思想，自然很容易成为老子建构其哲学体系所要吸纳和熔铸的重要思想资源。其次，由于在人类五千年文明史中，战争行为始终伴随和困扰着人类自身的文明进程，战争与和平相互更替构成了人类历史的基本特征，尤其在古代，战争是国家的主要大事，所谓"国之大事，戎与祀也"。所以《孙子兵法》一开头就说："兵者，国之大事，死生之地，存亡之道，不可不察也。"②因之，寻找产生暴力与战争的制度和文化根源就成了人类思想史的重要内容。"实际上所有的古代宗教——道德文明国家不仅把战争视为政治——军事战略的问题，而且把它

---

① 罗济：《路史·前纪》卷五。
② 《孙子兵法·计篇》。

视为宗教和道德问题"①。可见,战争以及关于战争的思想文化是人类文化中的重要部分,中国古代自不例外。《老子》一书主要探讨具有普遍意义的哲学问题,作为重要社会现象的战争以及作为同样重要的关于战争的思想文化成果,同样在老子所关注和思考的视界之内,成为他总结和引申出宇宙观、人生观和社会历史观的重要出发点之一。

兵家思想作为老子哲学的重要理论源头,具体表现为以下几个方面:

一是老子直接吸纳和改造了来自兵家的思想。老子之前,已有源远流长的古兵家存在。《孙子兵法》的写作年代现尚不能确定是否早于《老子》,但如此系统成熟的军事理论专著,其前必有所本。事实上,《孙子兵法》之前,确已有众多军事著作见诸史籍文字,像《汉书·艺文志》里所记载的先秦道家类著录,就有《太公》237篇、《谋》(即《阴谋》)81篇、《言》(即《金匮》)71篇、《兵》(即《太公兵法》)85篇。这些著作尽管有些可能为后人伪托,但也可以说明道家与兵家的渊源关系。老子有许多讲用兵的话直接引用或吸纳了以往这些兵家的言论,如"用兵有言曰:吾不敢为主而为客,不敢进寸而退尺"(第六十九章)。"故善为士者不武,善战者不怒,善胜敌者不与"(第六十八章)。"以正治国,以奇用兵"(第五十七章)。因而我们不妨说,《老子》是由兵家的历史和现实的经验加上对历史的观察、领悟概括而为政治—哲学理论的。

二是老子继承了兵家那种极端清醒冷静的理智态度。李泽厚

---

① 詹姆斯·多蒂尔等:《争论中的国际关系理论》,北京:世界知识出版社,1987年,第207页。

认为,中国古代成熟发达的兵家思想具有以下突出的特点:

> 第一是要求有一种实用的冷静理性,在军事上,要有极端清醒的理智,不能凭情感狂热,也不能信仰鬼神,因为打仗是生死存亡的搏斗。第二是战争中情况很复杂,或攻或守,或进或退,或虚或实……都要迅速作出一种两分法的判断,含糊不得。第三是要求在主动的行动和运用中来思考、判断。①

我们知道,老子哲学也是以静观直觉的思维方式和冷眼旁观的超然态度为基本特征的,可见老子和兵家思想的共同特点是冷静理智而不动感情,而且在《老子》那里,这种源于兵家的特色显得更为突出,如提出"天道无亲"(第七十九章)、"天地不仁,以万物为刍狗;圣人不仁,以百姓为刍狗"(第五章)、"绝仁弃义"(第十九章)等冷静无情的主张。可以说,这种冷静理智的态度正是老子无为主义的基本前提。

三是老子辩证法吸取了兵家辩证法的思想成果。老子辩证法的一个主要特点就是在矛盾对立关系中特别重视"柔"、"弱"、"雌"、"贱"的一方,而这种"守雌"、"贵柔"的最终目的还是要以此达到以柔克刚、克敌制胜,这就是老子著名的"守柔曰强"、"无为而无不为"的辩证思想。那么,老子这种一反常识的独特的辩证法思想是怎么产生的呢?我以为它的一个重要思想源头就是传统的兵家辩证法。在先秦诸子中,兵、道两家学说最富于辩证法色彩,而且在思想内容上也颇多相通之处,说明它们很有近缘关系。

---

① 李泽厚:《中国思想史杂谈》,《复旦学报》1985年第5期;《新华文摘》1985年第10期,第177页。

中国古代的兵家辩证法有一个突出的特点就是注重军事上的防御而不是进攻的战略,而防御,尤其是积极防御战略的最高理想或最大成就是不争而善胜、不战而屈人之兵,如孙子就把"不战而屈人之兵,善之善者也"[①]视为其最重要的战略思想之一。这种军事辩证法思想对中国的兵家文化和军事实践产生了重大影响,使之形成了一系列如"哀兵必胜"、欲擒故纵、后发制人、以退为进、以弱胜强、以小胜大等战略战术。从这些兵家谋略中,不难看到与老子思想相通的影子。至于这种兵家辩证法思想的形成,实又与自远古以来中原从事农耕的定居的民族集团为抵御来自北方从事游牧的民族集团的不断侵袭而产生的民族斗争(包括战争)经验及民族文化心理有关,"这是农稼民族对付游牧群团的共识或普遍性的谋略"[②],当然,它也是春秋以来列国争霸所积累的残酷痛苦的战争经验的总结和升华。正因此,这种兵家辩证法思想也当仁不让地融入中国古代一般的思想文化之中,成为其传统的一个重要组成部分。而这个融入和转化过程的关键,我以为就是老子将兵家辩证法改造提升为一般的辩证法。总之,正像李泽厚所认为的,要真正了解中国古代辩证法(包括老子辩证法)不同于古希腊辩证法的特定形态,应该追溯到先秦兵家[③]。当然,老子辩证法毕竟已与兵家辩证法有很大不同,它对后者既有继承保留又有改造发展,从而建立了一种关于社会、政治和人生的辩证法,一种追求在较为久远的历史把握中获得应用的普遍的方法论。

四是促使老子形成了一种富于东方智慧的和平反战的人道主

[①] 《孙子兵法·谋攻篇》。

[②] 萧兵、叶舒宪:《〈老子〉的文化解读》,武汉:湖北人民出版社,1994年,第1191页。

[③] 参见李泽厚:《中国古代思想史论》,北京:人民出版社,1986年,第82—83页。

义思想。老子是一位以深切的目光关注着人类自身的命运和价值的伟大哲人,面对战争这个不断吞噬着人的生命和消耗大量社会财富的怪物,老子是深为忧虑的。老子主要从同情人民疾苦、减少社会危难的角度反对一切战争,以激烈的词句谴责好战、滥战、穷兵黩武的种种行为,提出了"兵者,不祥之器"(第三十一章)、"以道佐人主者,不以兵强天下"(第三十章)的战争观,充满了和平反战的人道主义思想。老子这种思想体现和贯穿于其整个哲学之中,成为富有特色的东方和平人道思想的古老渊源。老子的这种思想一方面得益于他对历史和现实中频繁而酷烈的战争的经验观察和反思,因为像老子这样的"反战者"并非不懂军事,反而恰恰是由于深知战争的惨烈和可怖才懂得必须从根本上去反对、避免和消除战争,所以老子的和平反战思想是出于对当时武力横行的争战现实而发出的一种人道主义的呼唤;另一方面得益于中国传统兵家的慎战观念。中国古人释"武"为"止戈为武"。在传统的兵家文化中,"武"既是战争观念,也是国防观念,战争的一项重要功能是防御性的而不是进攻性的,是"以战反战"。因此,中国兵家的一个基本战争观就是要慎重地对待战争,理性地制约和限制战争,以是否有利于"保国爱国"为战争的取舍标尺。老子发扬光大了这种兵家的慎战观,使之成为了一种彻底的反战论。不过,无论是兵家的慎战观还是老子的反战论,在总体倾向上都体现了农耕民族不好战、不好攻的保守、自足、平淡的生活情趣和民族文化心理定势。

四、原始道家

前面的考察主要侧重于老子哲学与一些外在的思想因素之间的关系,现在将进一步从道家思想的内在源流上考察老子哲学的形成的思想前驱,即进行老子哲学的前史或史前史的考察。

如果说老子是道家学派的创始人,则其思想前驱,便可称为原始道家。《老子》书中曾多处提到这些得道、行道、崇道的思想前驱。《庄子》中更描绘、假托了许多"古之真人",自也不可能全是虚设,会有一些真实的依据的。《庄子·天下篇》曾明确地指出过老子之学出于"古之道术"的渊源:"以本为精,以物为粗,以有积为不足,澹然独与神明居。古之道术有在于是者,关尹、老聃闻其风而悦之。"《老子》本身也引述过不少前人的思想,例如:

古之善为道者,微妙玄通,深不可识。(第十五章)
古之所谓"曲则全"者,岂虚言哉!(第二十二章)
古之所以贵此道者何?不曰以求得,有罪以免邪?故为天下贵。(第六十二章)
故圣人云:"我无为而民自化,我好静而民自正,我无事而民自富,我无欲而民自朴。"(第五十七章)

你看,连老子都要称这些思想前驱为已"深不可识"的"古之善为道者",相距的年代可见已很远,道家思想的传统源远流长,当不可疑了。《汉书·艺文志》的道家类著录在《老子》书前,录有《伊尹》、《太公》、《辛甲》、《鹖子》诸书,可见汉人亦认为在老聃之前,早有原始道家思想存在。《老子》书中亦透露其学源自古代"圣人"。综观《老子》全书八十一章,有二十二章凡二十六句提到古之"圣人"。老子主张"绝圣弃智",他所颂扬的"圣人",必不是宣扬礼教治国的儒家圣人,而是有原始道家思想的古代圣人。这种"圣人"是有治国经验的"社稷主"、"天下王",实则是古代原始社会的部落酋长。原始道家思想来自于遥远的古代原始社会祖祖辈辈流传下来的从政、立身、处事的经验和习俗，早已积淀在原始宗教文化传统之中，我国史书记载的古帝王，都曾继承过这种原始道家思想的传统。《吕氏春秋·制乐》云："汤退卜者曰：'吾闻祥者，福之先者也；见祥而为不善，则福不至。妖者，祸之先者也；见妖而为善，则祸不至。故祸兮福之所倚，福兮祸之所伏，圣人所独见，众人焉知其极！'"显然商汤的这种原始道家思想亦为《老子》所本。查三代以来的古文献，都含有原始道家思想的资料，载于史册的古帝王，几乎都带有原始道家思想。例如《书经》中有描述古帝王"允恭克让"、"直而温，宽而栗，刚而无虐，简而无傲"等句子；《诗经》中也可以找到原始道家思想的例句。如《考槃》、《十亩之间》、《衡门》、《蟋蟀》篇皆抒发了隐退知足、自得其乐的心情。《吕氏春秋·行论》云："诗曰：'将欲毁之，必先累之，必高举之。'其此之谓乎？"显然这段佚诗亦为《老子》所取，《老子》书中的许多话也很像流传下来的古诗。古帝王大禹治水用疏导的方法顺应水性，商汤为政"抚民以宽"，皆可看作以原始道家思想治国的例证。尧舜之禅让，乃至古代部落酋长的选举制，亦可视为老子"功成身退，天之道"的思想来源。我国古代社会含有原始道家思想的史料如此丰富，周朝守藏室的古代思想史料当比现在更多，这些史料便成为《老子》一书的重要思想来源。

三代以来的天子或诸侯，实际上都是世袭的部族酋长，天子是这些酋长的领袖，老子以前的原始道家思想，就是由这些部族酋长（古帝王）当作政治经验和人格修养世代承传下来的。"我们沿着三代的古帝王再往上追溯，原始道家的文化传统越来越浓，到了传说中伏羲、神农、黄帝的时代，便是原始道家思想开宗立基的时候。伏羲、神农、黄帝都是原始社会的部族酋长，他们被后世的道家和道教奉为始祖，成了道教神话的中心人物，显然是因为道家和道教的文化渊源同那个时代的社会有某种联系"①。老子自己也早指明过道家的传统,渊源甚古,他说:"执古之道,以御今之有,能知古始,是谓道纪。"(第十四章)所谓"古始",实为中国古代文明之始,也是道家的思想生命之始。

作为老子的思想前驱的原始道家,除了上述较为古远的"古之善为道者"们之外,实还应包括另一批在时间上较为晚近的重要人物,而这些人物大都属于隐逸者流。这也就是说,老子之前的许多隐者就是原始道家人物,他们的思想和行为对老子哲学的形成是颇有影响的。冯友兰认为:"道家的前身,是当时所谓'隐者'","道家出于隐士,故其理想中之人物,为许由务光之徒,此等人对于政治社会,皆取旁观态度,此态度在道家思想中,随时皆可见。"②冯友兰把原始道家完全归于隐士,不免以偏概全,因为道家并不完全起源于隐士,早期的隐士也并非全部都是原始道家,但他强调老学传承了隐士们的思想则是正确的。陈荣捷也认为:"在某种意义上面,说隐者是道家的先河,未尝不可。隐士避世离俗,自洁全生,或游于方外,独与天地往来,自古以来都有。"③

对于这批作为原始道家的隐士的形成及其他们对老子的思想影响,可以具体从"时"与"地"这两个主要因素去考察:

首先说"时"。中国古代隐士的产生大都是改朝换代之际或之后前一朝代的贵族或知识分子因不满于新政权、不甘于充当顺民、不愿合作而采取了隐逸的生活。这种类型的隐士,最早可以许

---

① 牟钟鉴、胡孚琛等主编:《道教通论——兼论道家学说》,济南:齐鲁书社,1991年,第29-30页。
② 冯友兰:《三松堂学术文集》,北京:北京大学出版社,1985年,第381页。
③ 陈荣捷:《战国道家》,台北:《历史语言研究所集刊》,第44本第3分册,1972年,第437页。

由巢父为代表,而且后代历史上代有其人。从这个意义上讲,最早的隐士应起源于殷周之际,而不是一般所谓后来的春秋末期。当然,随着春秋末期周王朝统治的衰落、传统贵族政治的破产、新的士阶层的兴起,在新兴士人当中才普遍地发生了仕与隐的取舍问题。在新兴士人包括一些由没落的王官贵族转化而来的士人中,一大部分人纷纷去求仕入仕,也有些人却不愿入仕,守道退隐。只有这时,作为一种独特的社会角色的隐士群体才开始真正地形成了。可以说隐士作为群体出现于周末社会动荡与学术下移的潮流中,他们不满社会现实,但又无力改变社会现实,因而远离社会,过着隐居的生活。不过,虽然他们大多从事一定的体力劳动,"耦而耕"、"以杖荷蓧",却并非是真正的农夫专事务农,不关心社会的现实问题,而是仍留心世事,以"隐居放言"的方式讽喻现实,讥刺像孔子这样"四体不勤,五谷不分"、"知其不可而为之"的夫子,从而用自己独特的方式关怀社会人生、抗拒不合理现实,表达自己的政治主张和思想学说。他们的思想和行为,无疑会影响到老子,或可以说,老子就是这些隐士中的一位代表。《史记》等古籍都把老子看作是"隐君子",其学说以"自隐无名为务",其本人最后也归隐西去,不知所终,可见从老子的生平行为到其思想学说,都是充满了隐逸的色彩,俨然是隐士阶层的化身和代表,这实是老子哲学与隐士思想有渊源关系的最有力证明。《论语》、《庄子》里对早期隐士的大量记载以及所反映的他们的"不事王侯、高尚其事"、孤傲独立的思想倾向明显地接近于道家,而像老庄这样一些道家的早期代表及后来者也大都以追求隐逸情调为重要特征,这些并不会是偶然现象。

当然,作为原始道家的隐士与一般的隐士还是有区别的。正如冯友兰所说的:"道家也不是普通的隐者,只图'避世'而'欲洁其身',不想在理论上为自己的隐退行为辩护。道家是这样的人,他们退隐了,还要提出一个思想体系,赋予他们的行为以意义。"①老子显然是源于这些隐士又高于这些隐士的突出分子,他吸取并高扬了他们追求自由独立、自然无为的人生态度和不满现实、对现实统治采取批判与不合作态度的政治观点,而且给予了系统的理论总结和空前的思想创造。

再说"地"。一种思想学说的产生、发展和传播,总需要一定的土壤,即一定的地域和社会环境。道家思想就是在楚文化及其以楚文化为代表的南方文化系统这一"土壤"基础上产生和发展起来的。中国先秦哲学从地域上可分为南北两个系统,如果说儒家思想是北方系统的代表,则道家思想是南方系统的代表。说道家思想代表南方系统,并不仅仅指其产生及人物来自南方,更指其思想与南方文化精神之间有血脉相通的关系。据蒋星煜对历史上隐士的地理分布的考察,发现历代隐士绝大多数都分布于多山谷和丘陵、自然环境优美的南方地区,②因为南方多山川河流、景色秀丽,且物产丰饶、容易自足,这些对于酷爱自然而卑视人为、喜欢宁静而害怕喧嚣、追求自由独立而要求远离政治权势的隐士们来说,是最为理想的生存环境。《论语》中所记当时的隐者之流颇有原始道家的倾向,他们多是孔子在楚地遇到的,如楚狂接舆、长沮、桀溺等。《汉书·艺文志》所载原始道家或隐士如鬻子、蜎子、长芦子、老莱子、鹖冠子等,也都是楚人。老子本人也是楚人。据《史记·老子传》说,老子为楚国苦县厉乡曲仁里人,其地大概在现今河南省鹿邑东部,接近安徽省的亳县。不过,《后汉书·郡国

---

① 冯友兰:《中国哲学简史》,北京:北京大学出版社,1985年,第75页。
② 参见蒋星煜:《中国隐士与中国文化》,上海:上海三联书店,1988年,第45－46页。

志》又说老子是"陈国相人",陆德明《老子音义》也认为老子"陈国相人也"。其实这些说法与《史记》大同小异,在地理上是指同一个地方。原来在历史上苦县原属陈国,春秋末年公元前479年,楚国灭掉陈国,以此陈国归属楚地。边韶《老子铭》说:"春秋之后,相县虚荒,今属苦县,故城犹在。"可见,春秋时陈国的相县,即是后来楚国的苦县。司马迁并未说错。以此人们把老子称为楚人,把老子所开创的道家文化看作楚文化的一部分,是有一定道理的。冯友兰曾从地域差异、社会环境等方面论述了道家隐士与"楚人精神"之间的密切关系,任继愈、陈鼓应等人也强调了南方的区域文化特别是楚文化对老庄哲学的影响。张正明等学者还曾著书专门阐述从鬻子到老子、庄子等"楚的哲学"的发展历程,并指明"楚的哲学"即为"道家哲学"。[1] 总之,以楚地为代表的南方的自然环境和社会环境确是形成道家哲学的主要文化基地,而追求顺应自然、反对人为、厌弃政治、独立不羁的隐士作风正是楚文化及南方文化与道家哲学之间的重要结合点。[2]

五、氏族遗风

凡接触过《老子》的人都可以发现,老子思想的一个突出特点是,与儒家尚右贵尊、推崇积极的、事功的东西、追求独占统治的地位的倾向相反,老子尚左贵贱、推崇防御性的、阴柔的、非功利的东西,追求无为的境界。《老子》书中屡有"母"字,而把"道"称为"天下母",又比之为女阴(玄牝之门)或女性生殖神(谷神),认为道即如不死的谷神、不竭的生生之门。针对老子思想的这一突出

---

[1] 张正明主编:《楚文化志》,武汉:湖北人民出版社,1988年,第十五章。
[2] 朱晓鹏:《试论庄子哲学与楚文化的关系》,《江汉论坛》1988年第2期。

特点,许多学者将老子哲学概括为是一种阴性的或女性的哲学,而儒家思想则是阳性的或男性的哲学。① 的确,与《易传》所追求的"天行健,君子以自强不息"的阳刚之美和孔子所说的"中和之美"相比,《老子》更强调"阴"与"柔"的涵盖性与容忍力,倡导守雌贵虚的阴柔之美,从而使老子哲学富有阴性的色调,笼罩着一片女性的雾霭。由于"阴""阳"是贯穿中国文化的两个对立互补的基本倾向,所以老子及其道家思想实占据了中国思想文化中"阴"这一个二分之天下。老子相信,通过显示女性的、阴柔的人类本性最容易导致生活与道的完美的平衡。

现在我们要问的是,老子思想的这一突出特点及道儒的这种区别是怎么来的呢？我以为老子思想的这一突出特点与上古社会的妇女生活及其原始宗教文化有密切的关系,简单地说是与原始氏族公社的母权制社会及其女性崇拜有着密切的关系。儒道在这方面的区别反映了它们所传承的上古文化传统的不同:孔子思想只明确地上溯到周初社会,而周初社会是完全确立了父权家长制的封建宗法礼教社会,因而孔子思想实与这种父权制社会尊崇严格的权力等级和伦理秩序,维护家长或统治者的权威等观念是相契合的;而老子思想则直追上古的原始时代,是母系氏族社会的观念和习俗的抽象化与哲理化。正如刘尧汉指出的:"道家典籍《老子》保持了原始母系制社会重'母权'即女性或雌性'母'、'雌'、'牝'的特点。"②李约瑟也一再强调老子及道家重母性贵柔弱的特

---

① 程伟礼:《〈老子〉与中国"女性哲学"》,《复旦学报》(哲社版)1988年第2期。
② 刘尧汉:《彝族文化对国内外宗教、哲学、科学和文学的影响》,《彝族文化研究文集》,昆明:云南人民出版社,1985年,第65页。

点是母权制残余的反映。① 由此可见,即便像老子哲学这样震撼时代的伟大思想,也并非从空而降的,而有其发生的历史和逻辑依据,有其深厚的思想文化根源。对于老子哲学来说,原始母系氏族社会的观念和习俗就构成了其总体的历史背景和久远的思想渊源。虽然这种总体的背景和渊源经过老子哲学的理性筛选和过滤已逐渐退隐、表现得相当淡化,但实际上它仍作为一个极其深潜的背景存在着,或明或暗地支配着老子对各种问题的思考和对各类现象的阐释。因此,要想了解博大精深的老子哲学的种种奥秘,就必须深入到作为其深潜的总体背景而存在的古代世界之中去,作一番认真的省察。

所谓母系氏族社会,是以女性祖先为部落酋长,以血缘纽带联系在一起的氏族公社社会。在这种母系氏族社会里,其治理部族的政治传统自然以慈爱后辈、少欲不争、忠信朴素、贵阴尚柔、无为自然的方式为主,不可能像父系祖先那样严刑峻法、繁文缛节,更用不着维护父权的原始儒家伦理束缚部众。②《庄子·盗跖》篇所谓:"神农之世,卧则居居,起则于于,民知其母,不知其父,与麋鹿共处,耕而食,织而衣,无有相害之心,此至德之隆也。"这就是道家眼里的母系氏族社会传统,也是道家的社会理想。这样看来,《老子》讲的"其政闷闷,其民淳淳"、"治大国若烹小鲜"、"一曰慈,二曰俭,三曰不敢为天下先"等政治原则和原始社会母亲氏族部落的实际情况、政治传统颇为一致,而和后来的父权专制社会判然有别。所以,老子曾这样描述他所理想的社会图景:"小国寡

---

① 李约瑟:《中国科学技术史》第二卷,《科学思想史》,北京:科学出版社,1990年,第116页。
② 参见牟钟鉴、胡孚琛等主编:《道教通论——兼论道家学说》,第30页,济南:齐鲁书社,1991年。

民。使有什佰之器而不用;使民重死不远徙。虽有舟舆,无所乘之,虽有甲兵,无所陈之。使民复结绳而用之。甘其食,美其服,安其居,乐其俗。邻国相望,鸡犬之声相闻,民至老死,不相往来。"(第八十章)这种描述和母系氏族部落的社会现实是十分相似的。民族学的资料证明,母系部落确实是"邻国相望"、"不相往来"的社会。历史上也只有原始部族社会及其残余形式(如周初社会的氏族公社残余)符合老子的这种描述,不过这种社会尚处于野蛮时代,原始人的生活绝没有传说的那么美好罢了!可见,老子道家之学很大一部分就渊源于原始社会母系氏族酋长的政治经验和社会习俗,这种习俗延续数千年形成传统,通过古代的原始宗教文化被伏羲、女娲、神农、黄帝等传说的古帝王所接受,并最终被老子概括、提升为关于自然、社会、政治和人生的一般原则。

在母系氏族社会里,盛行着各种原始宗教和神话,其中最有原始宗教文化特色的是以女始祖崇拜和女阴崇拜为主要内容的女性崇拜。从考古学上看,女性崇拜的痕迹遍存于我国各新石器时代母系氏族公社的遗迹之中,在各种古代典籍、神话传说中也多有反映。[1] 由于原始宗教在漫长的原始社会中逐渐形成为一种传统的力量,女性崇拜的思想和习俗也就经过世代的遗存而积淀为传统文化的一部分,对后世的思想文化发展产生着或直接或间接的影响,譬如原始宗教中的这种女性崇拜,就使人们养成了尊重女性的阴柔、守雌、好静、谦下及慈爱等品质的传统,尚阴贵柔的道家哲学显然受到了这种传统的滋润,并将其抽象概括为普遍的原理。总之,既然母系氏族社会原始宗教的观念习俗已作为一种传统的染

---

[1] 可参见萧兵、叶舒宪:《老子的文化解读》,武汉:湖北人民出版社,1994年,下篇。

料投放并溶化入中国文化的大缸里去,那么追求返璞归真、回归原始和谐状态的老子及道家思想深受其浸染就不足为奇了。闻一多曾指出:"我常疑心这哲学或玄学的道家思想必有一个前身,而这个前身很可能是某种富有神秘思想的原始宗教,或更具体点讲,一种巫教。"①这是很有见地的看法,老子思想与上古文化的确存在着密切的联系,而这种联系并不像儒家那样所谓上承夏商周三代,特别是上承周代文化那样地明显。老子所上承的不仅是三代文化,而且主要是原始文化,特别是母系氏族社会的文化。老子思想可说是上溯原始母系氏族社会并对三代以来社会历史经验和生活智慧的最高结晶。

第三节　老子哲学的逻辑结构

要真正理解一种哲学思想,必得深入把握其思想的内在逻辑关系、体系结构,这样才能抓住纲纪、从而纲举目张,既可体察其思想的精微细部,又可领略其学说的总体面貌。所以,我们接下来有必要对老子哲学的逻辑结构也作一番深入的考察。事实上,这种考察除了可以有利于把握老子哲学的总体结构之外,还是一种思想的溯源,即通过对追溯老子哲学思想的内在展开过程,展示老子哲学自我形成、自我发展的内部历史。如果说前述二节我们通过考察老子哲学产生的社会历史和思想文化根源等外部因素展示了其形成的"外史",那么通过考察老子哲学思想的逻辑结构及其内在展开过程,则是展现和重建了老子哲学形成的"内史"。

---

① 闻一多:《道教的精神》,《闻一多全集》第一册,上海:开明书店,1948年。

一、《老子》的文本结构:通行本、帛书本、竹简本

要了解老子哲学的逻辑结构,不能不先了解《老子》的文本及文本结构。而之所以如此,是因为《老子》有不同于一般古籍的独特的文本问题。

《老子》一书是否为春秋末期老聃自著,是学术界长期以来争论不休的问题,我们这里取老聃自著说[①]。《老子》一书分上、下篇,分别称为"道篇"和"德篇",因此后来《老子》一书又被称为《道德经》。全书虽然仅五千言,却文约义丰,哲理深刻,千百年来,注说无数,见仁见智,也出现了各种不同的版本。其中,汉代河上公的《老子章句》和魏晋时王弼的《老子注》是历史上最流行的两种"通行本"。朱谦之说:"河上本近民间系统,文句简古,其流派为景龙碑本、遂州碑本与敦煌本,多古字,亦杂俗俚。王本属文人系统,文笔晓畅,其流派为苏辙、陆希声、吴澄诸本,……此为《老子》旧本之两大系统。"[②]历代《经籍志》或《艺文志》著录的二百多种《老子》注本,大都依傍这两种版本,与它们大同小异。

不过,自1973年长沙马王堆汉墓出土了两种《老子》的帛书抄写本,1993年湖北荆门郭店楚墓出土甲乙丙三组《老子》的竹简本以后,情况有了比较大的变化。帛书甲乙本《老子》、郭店楚墓《老子》竹简本是目前所发现的最古老的几个《老子》文本,在语言文字、篇章结构等文本方面都与通行本有许多显著的不同之处,它们的面世无疑为老学研究提供了新的重要材料,现已成为

[①] 有关《老子》一书作者的争论及本书所赞同的《老子》系老聃自著说的主要依据等,可参见刘建国:《中国哲学史史料学概要》上册第四章第三节,长春:吉林人民出版社,1983年。

[②] 朱谦之:《老子校释》,北京:中华书局,1984年,第1页。

《老子》的第三大版本系统,对于进一步研究老子其人其书及其思想,探讨道家思想的演变等重大问题都具有珍贵的价值和重要的意义。

马王堆汉墓帛书两种《老子》的抄写年代在汉初,是《老子》在先秦至汉初流传过程中一个十分重要的传本。帛书本《老子》与通行本的主要差别,显著的有二点:一是语言文字上的。帛书本存在大量的假借字、异体字及因衍误、避讳等的错漏改替字,据统计,帛书甲本与通行本文字异者约三百二十四字,帛书乙本与通行本文字异者共约四百零九字。① 同时帛书本还有大量的楚方言、口语,②使之与通行本大相迥异。二是篇章结构上的。通行本均分章,而帛书本不分章。更重要的是,通行本"道篇"在前,"德篇"在后,而帛书本则都是"德"先"道"后。这样也就发生了《老子》通行本与帛书本的文本与文本结构的异同问题。而这个问题实际上又是这样一个问题:到底《老子》的原本应是什么样的呢?特别是在文本结构上应如通行本"道篇"在前"德篇"在后还是应如帛书本"德"先"道"后呢?我们在这里就主要讨论这后一个问题。因为这个问题直接关系到对老子哲学的逻辑结构的理解问题。

自帛书《老子》出土面世后,许多学者十分重视它的价值,这当然是对的。但是,此后就有不少研究者进一步提出要以帛书本为老子研究的基本材料或者说是唯一版本,并以它为准绳"纠正"、"校改"通行本。他们的逻辑是:既然帛书本是目前所见的最古老的本子,所以它自然是最可靠的、最权威的本子。如张松如

---

① 参见毛远明:《帛书〈老子〉和通行本的文字差异》,《四川师范学院学报》(哲学社会科学版)1991年第2期。

② 参见李水海:《老子〈道德经〉楚语考论》,陕西人民教育出版社,1990年。

说,他的《老子校读》、《老子说解》就是以帛书本为标准,用来校读后世诸本的。他还认为:"先秦之际,原以《德经》部分为上篇,《道经》部分为下篇,不分章,这从《韩非子》中《解老》、《喻老》引文及帛书《老子》甲乙本内容都可得到验证。大约在汉朝以后迄于晋宋,逐渐变作以上篇为《道经》、下篇为《德经》,并分上篇为三十七章,下篇为四十四章,共八十一章。今河上公本、王弼本、傅奕本俱如此……《德经》在前,《道经》在后,实当符合古义。"①

我认为,这种看法是不对的。帛书本与《老子》原本之间还是有比较大的距离的。据有关专家考定,帛书《老子》甲本字体介于篆书和隶书之间,推算抄写的年代,至晚在汉高祖时期,约公元前206年至公元前195年间。乙本字体是隶书,抄写年代可能在惠帝时期,约公元前194年至公元前180年间。这两种写本,距今都已两千多年。它们的抄写年代,上距《老子》原始本的成书年代,至少已有三百余年。在这几百年的时间里,《老子》原书在流行传抄过程中,有的传本可能被保存得较好,有的则可能在散佚后被重新编辑整理,甚至也有可能被故意改造,从而出现不同的《老子》文本,帛书本就是其中之一。因此,真实的情况大概是这样的:

《老子》的原始文本是只分上下篇即"道篇"和"德篇",且道篇在前德篇在后,全书并未分章,一如《史记·老子传》所记述。老子论及"道"、"德"关系,总是把"道"摆在第一位,"德"摆在第二位,"道"为"德"之体,"德"为"道"之用,此义老子书中甚明确,所以《老子》置"道篇"在前,"德篇"在后,是文本结构与逻辑结构的统一(详见后述),顺理自然,无可多疑。此《老子》文本被先秦

---

① 张松如:《老子说解》,济南:齐鲁书社,1987年,第3页。

至魏晋的大多数道家所保存和承认,故河上公、王弼等都采用这一文本作注,成为后世研读《老子》的通行本(本书所引用《老子》也以通行本为基本文本)。

但《老子》还有另外的传本。《老子》产生后,至战国中后期,由于《老子》书在传抄过程中有的在散佚后被重新编排过,有的甚至由于学派分立,对《老子》思想各取所需,有意改造《老子》的文本,所以便出现了不同的传本。特别是在法家及道家内部的黄老之学兴起之后,以黄老之学、法家思想(黄老之学与法家思想本有相通之处)来改造、重塑老子其人及其学说的现象屡屡可见,这种改造、重塑不可能不影响到《老子》一书的文本结构,如将《老子》的"德篇"提前,而将"道篇"置后。因为黄老派及法家读《老子》,并不重视其中的本体论的内容,却特别重视人生与政治的部分,因之将相应的"德篇"移置于"道篇"之前,自也不难理解。如韩非对《老子》的注解,就表现了对"德篇"的特别兴趣和侧重。至汉,黄老之学大兴,而此时的黄老之学具有浓厚的法家色彩,故黄老之学实际上只是黄老之术(人君南面之术等)。这样,原先黄老派和法家所改造过的《老子》传本也就大为流行,帛书本《老子》可能就是在这样的氛围下被传抄留存下来的。当然,帛书本还反映了当时因地域差异引起的文本差别:帛书本实际上是《老子》在楚语方言区用楚方言改写过的黄老之学传本。

由此可见,《老子》原型本的文本结构应是"道篇"在前"德篇"在后,通行本与之较为接近,而帛书本则主要为黄老派的传本,对《老子》原型本有较大的扭曲。我们若以此粗糙、扭曲的传本为《老子》的标准本,实非明智之举。正如台湾老学专家严灵峰所说:"如果从内容上加以探究,帛书老子却具备了伪字、脱文、衍误、错简之诸种缺点,明白地说,是一种从来最古的本子,但却不是最好的本子。"①

事实上,以上关于帛书本《老子》与《老子》原型本之间关系的争论,随着后来《老子》竹简本的出现而基本有了定论,即帛书本确实很难说是《老子》的原型本,因为他们的逻辑前提"既然帛书本是目前所见的最古老的本子,所以它自然是最可靠的、最权威的本子"已经被竹简本的出现而推翻,于是学术界关于帛书本《老子》与《老子》原型本之间关系的争论自然也消解掉了。对《老子》原型本的探讨开始转向竹简本《老子》与《老子》原型本之间关系的争论。

根据大多数学者的看法,荆门郭店楚墓出土甲乙丙三组《老子》的竹简本的抄写年代大约在战国中期,是目前所发现的最古老的《老子》文本,它在文字、篇章内容的多少、先后结构等方面都与帛书本、通行本又有很大的不同之处,为老学及道家思想的研究提供了十分重要的新材料,成为《老子》的第三大版本系统,对于重新认识先秦道家思想的演变和先秦学术思想史具有丰富的价值和意义。它于1998年公布后立即引起了学术界的高度重视和研究热潮。不过,虽然它是迄今为止我们所见到过的最古老的《老子》文本,但究竟能不能被认定为是最接近《老子》原本的、最权威的本子,学术界有很多不同的看法。我认为,在目前的研究中,过分地高估竹简本《老子》的价值和意义,特别是看不到它们与《老子》原本之间的差异的观点,可能会犯当初帛书本《老子》研究中的一些相同错误,因为他们持了几乎相同的逻辑思路和方法论。如只根据它是迄今为止我们所见到过的最古老的《老子》文本就认定为它是最接近《老子》原本的、最权威的本子,并以它为准绳

---

① 转引自陈鼓应:《老子注译及评介》,北京:中华书局,1984年,第2页。

"纠正"、"校改"《老子》的其他文本,甚至进一步去"纠正"、重新"厘清"以往的各种观点。这种以单一的资料和证据来说明如此复杂问题的做法实有方法论上的粗暴和简单化之嫌,而由此得出的结论自然也难以令人信服。

我认为,鉴于竹简本《老子》的各种文本情况,很可能它是《老子》的一种节选本,而不是《老子》的全选本,更不大可能是《老子》的原型本。因为就像帛书本的情况一样,它们的抄写年代上距《老子》原始本的成书年代,至少已有二三百余年。在这几百年的时间里,《老子》原书在流行传抄过程中,发生种种在散佚后被重新编辑整理、节选甚至故意改造,从而出现不同《老子》的文本的情况是完全可能的。就《老子》的竹简本来说,它抄写于大约在战国中期的楚国,而且由于它的墓主人很可能是楚国太子的老师("东宫之师"),因而竹简本《老子》作为一种节选本,大概就是老师选编抄写下来用来教太子学习的教科书。[①] 再者,这位楚国太子的老师可能学兼儒道,或者干脆就是儒家学派的传人"子思之徒"。[②] 因而竹简本《老子》在节选过程中会带有抄写者的主观偏好,所节选的内容显示出了淡化儒道对立、糅合各家思想的倾向。同时,竹简本《老子》还反映了《老子》在以楚国为主的南方方言区流传改写过的痕迹,应该是老子后学的多种《老子》传本中的一种。总的看来,作为节选本的竹简本《老子》在文字、内容重点和结构等方面与《老子》原本应该还是有所差别的。这样,我们如果过分地高估帛书本和竹简本《老子》的价值和意义,特别是看不到

---

① 参见李学勤:《荆门郭店楚简中的〈子思子〉》,《郭店楚简研究》(《中国哲学》第二十辑),沈阳:辽宁教育出版社,1999年。

② 参见廖名春:《荆门郭店楚简与先秦儒学》,《郭店楚简研究》(《中国哲学》第二十辑),沈阳:辽宁教育出版社,1999年,第71页。

它们与《老子》原本之间的差异是不妥当的。至少可以肯定的一点是,无论帛书本《老子》还是竹简本《老子》,它们固然是目前我们所见到过的几种最古老的《老子》文本,但毕竟它们都不是历史上曾有过的老子的最早文本,更还不是最原始的文本,因此,它不能被无条件地视为最好、最真实、最权威的《老子》文本。

二、老子哲学的逻辑结构:"道"、"德"关系

上述《老子》"道先德后"的文本结构,除了可以从文本上得到考证之外,更可以从《老子》书中的内在逻辑结构得到有力的证明。实际上,《老子》不但在文本结构上分"道篇"和"德篇",且"道先德后",而且在逻辑结构上也可分为道论和德论这两大部分。"道论"是老子哲学的形上学部分,"德论"是其形下学部分。在老子哲学中,作为形上学的道论是其哲学思想的理论依据和方法论,因而是其整个哲学体系的基础部分,在文本上主要体现在《老子》的上篇即"道篇"中;而作为形下学的德论则是对其形上学原理的展开和应用部分,其主要内容包括老子的社会历史观、人生观及其政治哲学等等,在文本上主要就体现在《老子》的下篇即"德篇"中。可见,老子哲学这种逻辑上的"道"、"德"结构与《老子》文本上的"道先德后"结构是完全一致的,体现了思想的历史与逻辑的统一。

"道"是《老子》及老子哲学中的一个最主要的概念,一个核心性的观念,老子哲学的整个理论系统就是围绕"道"这个中心展开的。老子的道论首先是一种形上学的本体论,老子正是以此建立了中国哲学史上第一个系统的、影响深远的本体论学说。老子率先发明了在中国思想史上所从未有过的本体观念,并将以往只表示道路、法则和方法等含义的"道"字提升为表示这一空前的本体

观念的基本概念。在老子看来,"道"是宇宙万物的本体,是为感官所不能接触的实在,一切由人的感官所生出的范畴不仅不能表达它,且都是由它所引申而来的;一切物质的和观念的存在,连人历来所尊奉的至高的存在"上帝"都是以它为基础派生出来的;在"道"这一最高的存在面前,殷周以来天、帝、神的至上权威被完全取消了。可见,老子所提出和阐述的道论是具有非常革命的意义的,正如郭沫若所说的:"老子对于殷周的传统思想的确是起了一个天大的革命。"[①]由于这一个"天大的革命",老子思想学说的出现实已成为中国古代民族文化发展进程已实现"哲学的突破"的象征。

老子道论的这种本体论性质决定了它在老子的思想体系中必然居于基础和核心的地位,从而使它在逻辑结构上自然而然地处于首要的位置上。实际上,老子正是以道论为中心和逻辑出发点,辐射出去构建其整个理论框架的。

不过,老子哲学所建构的理论体系,并不限于专门的哲学领域,而是包括社会、政治和人生诸问题。所以,老子的整个哲学系统的发展,可以说是一个由宇宙自然领域伸展到社会、政治和人生诸领域的过程。由于在老子看来,"道"是一个统摄一切存在的根本,它既是宇宙自然的本体,也是社会人生的本体,即人类一切行为的最高准则、一切意义和价值的终极依据,因而老子的道论可以说就是其整个哲学思想的形上学基础。而且,由于老子道论及其整个学说的真正动机和目的,并不在于对宇宙自然的本体玄思或科学探求,而是为了应和社会人生的要求而建立的,因此,社会、政

[①] 郭沫若:《青铜时代·先秦天道观之进展》,《郭沫若全集》历史编,第一卷,北京:人民出版社,1982年,第352页。

治和人生问题实构成了老子思想的真正重心和终极关怀、终极指向,而其道论不过是用以建构这些关于社会、政治和人生学说的"研究纲领"或"逻辑框架"。正如怀特海(A. N. Whitehead)所认为的,哲学在本质上是一种思维模式或思想框架,"任何起建构作用的思想都受某种这样的框架的支配"。

由此,老子哲学的逻辑体系便由"道论"引出了其"德论"。"德"在《老子》中共出现过44次,是一个仅次于"道"的重要概念。与老子对"道"的概念进行了根本的变革一样,老子对传统的"德"的观念也来了个大革命。在周人那里,"德"主要是一个伦理道德概念,也是一个崇高的、神圣的概念,因为周人正是用它来说明周人对天意的遵从与实践,为周代殷的变革的合理性作论证。而老子却认为:"失道而后德"、"孔德之容,唯道是从",把"德"当作是一个次于道、从属于道的概念,这样老子就把传统的"德"的神圣和权威地位打破了,使它变成了一个与"道"相应相从的哲学范畴。那么,什么是老子说的"德"呢?老子所谓"德",主要指德性,德性即事物的本性。高亨说:"今详审老氏之书,略稽庄生之言,而予以定义曰:'德者万类之本性也。'"[1]在老子那里,所谓"德"首先就是指"道"的德性,即道的本性以及这种本性的显现和外化。所以韩非解释老子的"德"为:德者,"道之功也",陆德明说:"德者,道之用也。"也就是说,"德"是道的体现,无形无迹之"道"因"德"而得以显现于或作用于物的世界;"德"是"道"的形式,"道"是"德"的内容,两者是相互依存的,若是没有"道",便不会有"德"的功用,若是没有"德",也就不能显示"道"的存在和力量。正因此,被认为是道家黄老派作品的《管子四篇》说:"虚无无

---

[1] 高亨:《老子正诂》。

形谓之道,化育万物谓之德","故德者得也。得也者,其谓所得以然也",①"德"也就是"得道",即物得之于"道"的本性,在这一意义上说,"德"与"道"相从,并无根本不同,"故道之与德无间"②,这种对老子之"道"、"德"及其相互关系的理解是合乎老意的。老子常以"常德"、"玄德"与"常道"、"玄道"相对应,并且说:"道生之,德畜之,物形之而器成之。是以万物尊道而贵德"(第五十一章),也说明了这一道理。

老子认为,天地万物虽然各有其德性,但它们都来自一个总的根源,这就是"道","道"及其德性就是万物的总德性,所以万物得"道"则生,失道则灭,一切事物均须以这一本体之道为其存在的依据,以这一本体之道为其意义和价值的标准。那么,万物所要获得的"道"或说道的"德性"是什么呢?"道"的德性就是自然无为。老子说:

   生而不有,为而不恃,长而不宰,是谓玄德。(第五十一章)

生养万物而不据为己有,施恩泽于万物而不求其报答,长成万物而不加以主宰,这种无为而顺自然的境界就是最高的德性。老子主张,这种至高的德性不仅应为自然万物所禀受,而且更应为人类社会所具有,人类只要像自然万物那样遵从和奉行这种德性,也就是取法于道、实行自然无为,那么人类一切社会的、政治的、人生的种种问题就都会得到完满的解决,整个人类也就臻至最理想的状态。

---

① 《管子·心术上》。
② 同上。

这也就是老子说的"上德无为而无不为"(第三十八章)。正因为如此,老子从形上学的道论出发,将本体论与社会论、人生论相结合,借自然以明人事、发天道以建人文,用道的本体论原理引申、推演出了一系列独特的关于社会、政治、人生等的思想学说,建构起了一个完整系统的理论体系,从而开创了博大精深的道家学派。

由此可见,老子哲学系统的总体发展过程,是一个由道入德、由形上学渐渐落实到社会人生和政治的应用层面的逻辑展开过程。我们知道,中国哲学向来是较关注社会人生和政治问题的,但一般人对这些问题的探讨,常常局限于伦理道德的范围里,而老子哲学的特异处,就在于它突破了这一个局限,把中国古代哲学的思考范围由社会人生而扩展到整个宇宙自然,并且将社会人生问题的思考建立在其深厚的形上学基础上——可以进一步说,这一点不仅是老学的特异之处,更是其深刻之处。

综上所述,我们可以得出一个结论,即老子哲学的总体结构基本上可分为"道论"与"德论"这两大部分,并且存在一个道先德后、道主德从的逻辑结构关系。而且实际上,这种逻辑结构关系不仅表现于老子哲学的总体结构上,甚至还在《老子》原文的章节中也得到了具体体现。我们若仔细分析一下就可以发现,《老子》的一个突出特点是,其绝大部分章节的文字都是先论"道"的一般原理,然后再以具体的自然现象、人事经验加以引申或证明,表现出与总体逻辑结构的一致性。有的学者甚至大胆地设想,《老子》一书与先秦的其他许多典籍一样存在一个经、传结构,即"道篇"在前为本经,"德篇"在后为传,是经解、经说。[1] 尽管这种见解还难

---

[1] 参见李炳海:《〈老子〉一书的经、传结构及编次》,《东北师大学报》(哲学社会科学版)1984年第1期。

以被证实,但它确是有一定道理的,至少它从另一个方面支持了我们这里对老子哲学中道德二分和道先德后、道主德从的逻辑结构的分析。

第四节　老子与道家哲学

根据上节所述可知,仅以《老子》一书来看,老子的思想学说也已经很成系统,具有博大精深、新颖独特、玄妙幽远的特点,体现了很高的理论思维水平。老学之所以能达到这样的思想成就,大概首先是由于它继承了前代丰富的思想文化成果,特别是吸取了传统巫史文化和原始道家中具有批判精神和隐逸倾向的思想因素的结果。但是,老子思想又不是对前代文化的简单吸取拼凑,而是在融摄内化之后的空前创造,是古代理论思维的一次巨大飞跃。老学几乎全面奠定了道家哲学的基础,蕴涵了尔后道家各派的思想因子。不过,与后来的道家各派相比,老学亦有自己鲜明的时代性和独特的个性。老学的基本特征,就在于它是以道本体的自然主义哲学为基本构架,以"道法自然"为根本宗旨,主张取法于道的自然性和自发性,使人性返璞归真,使社会无为而治,实现和谐、纯朴、安宁的美好社会和人生理想的哲学。因此,老子的思想并不如一般人所谓的是消极厌世的,而是对社会人生取积极的辩证的态度的,他主张贵柔守雌、谦下居后、无为不争,只是为了教人更好地遵循事物的本性和发展规律,做到顺应自然而不妄为、从容自得以养生、弃智绝圣以治国。老学在玄思宇宙之本源、探讨生命之真谛时,表现了冷静的理性态度和犀利的批判锋芒,以诗化的简练语言表达了深刻的哲思,给后学以无限广阔的发挥余地,成为先秦道家思想的总源头。

老子哲学作为中国哲学史上第一个较为完整系统的哲学体系,在中国哲学史上是有着极其重要的地位和影响的。它除了创立了道家学派并对其发展始终产生着深远影响外,在先秦诸子百家因互相争鸣而不断融合的过程中,其他各家各派特别是儒、法、易等家也程度不同地接受了老子学说的影响。在以后的历史上,老子哲学还一再地影响了各种新思想新思潮包括新的宗教思想的产生和发展(如魏晋玄学、宋明理学及道教、佛教等),表现了老子思想对中国文化的巨大的、多方面的意义和价值。限于篇幅,我们在这里仅以老子哲学对道家哲学发展的影响为主展示老子哲学在历史上的巨大的、多方面的意义和价值。

一、老子与庄子哲学

老子之后,道家学说开始传播、发展和分化,但是,由于老子一派的道家素以"自隐无名"为务,所以不像孔墨那样公开收徒讲学、很快成为当时的"世之显学",有关道家弟子及传播演变的记述,史料也极为有限。据《庄子》及其他一些古籍记载,老子弟子中有成就者,大约有庚桑楚、关尹、列御寇、杨朱等人。庚桑楚"遍得老聃之道"[1],但其具体思想已无从可考。关尹就是那位在老子西去将隐时,力劝其著书留世的著名守关之令。[2] 列御寇即庄子所称的能"御风而行"的列子[3],大概他精通气功,而气功也正是道家派的一种重要修炼方式。《吕氏春秋·不二》等书称"关尹贵清","列子贵虚",可见他们的基本思想倾向都是道家的"清虚自

---

[1] 《庄子·庚桑楚》。
[2] 《史记·老子韩非列传》。
[3] 《庄子·逍遥游》。

守、卑弱自持",合于老子的清静无为之道。杨朱是历史上著名的所谓利己主义者,孟子指责他"杨子取为我,拔一毛而利天下不为也"。① 其实这包含了很大的误解成分。《淮南子·氾论训》所说的"全性保真,不以物累形,杨子之所言也,而孟子非之",恐较符合实际,《韩非子·显学》以"轻物重生"来概括杨朱的思想,是抓住了问题的实质的。从各种史料上看,杨朱不但通达老子的"全性保真"之说,而且有"去盈守虚"、顺应自然的正统道家思想。总之,关尹、列子、杨朱等人都是择取老学体系中的某一方面而演为己说,但其共同点是他们都特别注重继承和发挥了老子学说中的人生哲学思想,对人的生命价值,个人与社会的关系、全性养生之道等各自进行了不无偏颇的阐发,日益扩大了道家思想的影响。这是老子思想传播的一条重要途径。后来的庄子,正是经由这条渠道,达到了道家思想的新高度。关尹、列子、杨朱等人实是道家学说从老学发展到庄学阶段的过渡性人物。

出现于战国中期的庄子及其后学是道家第二发展阶段上的真正代表。庄子是继老子之后的道家巨擘,由老子所开创的道家学说,只有经过了庄子的承续,才得到了空前的弘扬和光大,获得了关键性的发展,使道家思想在中国文化史上真正独树一帜,蔚为大观,具有了历久不衰的深远影响。因此,庄子实和老子一样,是道家的主要创始人和主要代表,世人常以老庄并称,正表明了这一点。

庄子,名周,战国中期宋国蒙(今安徽蒙城县,也有认为是今河南商丘一带)人。关于庄周的生平事迹,史籍记载甚少。庄子的生卒年已不可详考,《史记》称其与梁惠王、齐宣王同时,据马叙

---

① 《孟子·尽心上》。

伦《庄子年表》及其他史料考证,约生于梁惠王二年(公元前369年)、卒于魏昭王十年(公元前286年)。他曾在家乡做过管理漆园的小吏,后隐居不出,终身不仕。庄子是一位才华横溢的知识分子,但却不贪求名位厚禄;反而拒绝了楚王的重金高位之聘,对当时的统治者表示了坚决的不合作态度和对社会现实的强烈批判精神。因此,他宁肯在贫寒之中享受精神上的自由,也不愿出仕求禄,为"有国者所羁",最终在贫困中度过了一生。然而,庄子在精神上却非常自由和富有,《史记》称"其学无所不窥,然其要本归于老子之言。故其著书十余万言"。庄子留下的著作就保存在《庄子》书中。今存《庄子》三十三篇,分内、外、杂三类,为晋郭象所编定。其中内七篇一般断为庄子自著,而外、杂篇除有些为庄子自著外可能多为庄子后学之作。《庄子》一书表明了庄子既具有浩瀚恣肆、意蕴深广的惊人思辨力,又具有奔放飘逸、生动多姿的艺术风格,可谓"吐峥嵘之高论,开浩荡之奇言"。[①] 庄子藉此所表达的那傲视诸子,衣披万世的独特思想和情感,在哲学和文学领域都发生了深久的影响。庄子无疑是一位在中国文化史上乃至世界文化史上都可算作最有创造性的古代思想家一。

在道家思想史上,庄学实现了对老学的创造性发展和整体上的超越,它一方面使道家学说在内容上系统博大,在思想上深邃超迈,走向了成熟和定型,另一方面也使道家真正发展成为一个与儒、墨鼎足而立,并驾齐驱的大学派。庄子对老子思想的最大发展,是他把在老子那里主要是客观性的本体论意义上的"道"转化而为较主观化的心灵的境界,从而使庄子哲学主要成为一种境界哲学。因此,庄子不像老子那样去着力描述客观的、实在的本体之

---

① 李白:《大鹏赋》。

"道",而是较关注人在体"道"后的境界及达到此种境界的具体方法、途径。老庄的这种区别反映在哲学内容上,就表现为庄子对老子所特别强调的"道"的"反"的特性和规律以及"道"的无为、不争、柔弱、处后、谦下等特性予以了较多的扬弃,而对老子的关于人的自然性和自由性思想、对传统的伦理道德规范和不合理的社会现实的批判否定精神、对无为主义的政治理想的追求等方面则给予了最大的发挥和发展。总之,与老学相比,庄学的基本特色是十分注重个体人生,是一种充满了东方智慧的人生哲学。它所要解决的主要问题就是作为主体的个人如何消除种种祸害和束缚,获得完全的精神自由和开放独立的人格。[①] 庄子所追求的理想人生,主要是一种主体精神上的感受,是人在去常知忘情欲、内心虚静凝敛明觉的状态下的一种逍遥自得,是与生机盎然的大自然融为一体后的忘我境界。这实际上也就是一种艺术人生的境界。因此庄子实在也是一位杰出的艺术大师,《庄子》对中国文学和艺术及审美观所产生的重大影响,是其他学派难与匹配的。

二、老子与黄老之学

从战国中期开始,在经由关尹、列子、杨朱等到庄子、庄子后学的以人生哲学为主的道家思想的演进脉络之外,道家思想还开出了另一条以道家的政治哲学为主的重要的演进系脉,即黄老之学。黄老之学这一系脉由战国中后期的稷下道家率先开出,直至汉初黄老之学的兴盛及衰落。

战国中后期,道家学派已在诸子蜂起、百家争鸣中卓然挺立,与儒、法、墨诸家共同成为当时人数众多、最有影响的几个重要学

[①] 参见朱晓鹏:《探寻精神家园的庄子哲学》,《东方丛刊》1995年第4辑。

派。由于各个学派的思想观念经过交锋交流,各显出了自己的长处和短处,因而相互之间开始了广泛的相互吸收和融合。在这种形势下,道家也不例外,它在吸收和改造了其他学派的一些思想观点的基础上,熔铸了新的理论形态,稷下道家的黄老之学就是这样产生的。所谓稷下道家,指的是在齐国稷下学宫里从事学术活动而主黄老思想的那部分学者所组成的道家派别。而所谓黄老之学,是指由老学与黄帝崇拜结合而形成的学说,其思想如司马谈所说"因阴阳之大顺,采儒墨之善,撮名法之要"。① 可见黄老之学是借黄帝之名、宗老子之学,兼取儒、法、阴阳各家而建立起来的。黄老之学内部又可分不同的派别,但它们的共同之处是都吸取和改造了老子关于"道"的学说和无为主义思想。不过,归根结底,黄老之学主要是道家支派的一种政治哲学,其宗旨是以"因性任物"、"虚静自持",达到政治上的"无为而治"。稷下道家的著名代表有宋钘、尹文、田骈、慎到等,他们或有"因法重势"的道法家特点,或以黄老道家为主,兼具名、墨之特色。这些表现了道家已在各种思潮的影响下开始分化和变异。到了汉初,由于客观现实的需要和统治者的倡导,黄老之学受到了特别的重视,其主张的政尚简易、与民休息的"无为而治"政策,在汉初的政治实践中获得了成功,黄老之学隆盛一时,同时,在理论上也出现了空前的繁荣,并产生了集黄老之学的大成的《淮南子》,把汉代道家的发展推向了高峰。

汉武帝之后,由于统治者推行"罢黜百家,独尊儒术"的文化专制政策,道家黄老之学从此在政治上失势,变成一支时隐时显的学术流派,儒家学说成了占统治地位的意识形态。在此背景下,谶

---

① 司马谈:《论六家要旨》。

纬经学兴起,神学信仰主义弥漫全国,道家黄老之学乃向黄老道信仰转化,并由此在东汉末年,进而演化为神仙道教。因此道教实际上"是由黄老之学宗教化为黄老崇拜祭礼活动,并与神仙长生、民间巫术相结合,最后孕育出的民间宗教"。① 道家为道教提供了形上学的哲学基础,而道教在一定意义上可以说是道家发展中的旁支,它继承和膨胀了道家的人生哲学和黄老之学中的某些思想成分,却失去了道家主张天道自然和生死气化的本色,演为宗教神学,并依托于一定的宗教实体和活动,成为具有浓郁世俗化色彩的、对中国传统文化和社会生活发生了重大影响的最大的本土宗教。

三、老子与魏晋玄学

自汉末至魏晋南北朝,是中国历史上大分裂、大动荡,充满了战乱、恐怖和黑暗的时期,战乱和割据打破了集权帝国的一元化政治秩序,瓦解了定型于西汉中期的以经学为主干,以儒学独尊为内核的文化模式,出现了儒、道、佛多元化发展的新局面。魏晋玄学就是在这一时期崛起并极盛一时的一股新的哲学思潮。魏晋玄学致力于建立一套思辨性很强的形上学哲学体系,它的代表人物有何晏、王弼、阮籍、嵇康、郭象、张湛等,大致经历了"正始"、"竹林"、"元康"三个发展时期。到东晋末年,玄学已进入其尾声并让位于佛学。

魏晋玄学的创始人是何晏和王弼,他们侧重注解《老子》、发挥老学,通过有无之辩,以道释儒,致力于名教与自然的结合。至后来的阮籍、嵇康等,则着重发挥了《庄子》思想,要超越名教而纯

---

① 牟钟鉴等主编:《道教通论》,济南:齐鲁书社,1991年,第85页。

任自然。此为玄学的两大流派。从思想来源上看,魏晋玄学上接先秦老庄的自然无为和以无为本的基本思想,以《周易》、《老子》、《庄子》所谓的"三玄"为主要的经典依据,企图用道家学说来调整失衡的社会关系和知识分子的内心世界,其玄学之名亦来自《老子》的"玄",故玄学基本上可说是渊源于老子哲学,其理论内容也基本上属于道家思潮,是道家思想在新的历史时代下的复兴。正因此,玄学作为一种致力于超脱经验世界而玄思无限本体的形上学,其宗旨虽然是"贵无",但其最高主题乃是对个体人生意义和价值的探寻,其现实意蕴是对魏晋人所亟亟追求的理想人格作理论上的建构,表现了道家的本体论哲学与人生哲学在魏晋玄学中新的融合统一。在魏晋玄风的熏染之下,老庄之学轻人事、任自然的价值观以前所未有的规模进一步推入中国知识分子的心灵世界,进而铸造了中国士人玄、远、清、虚的生活情趣。同时,老子和庄子所特有的批判现实、反对异化等思想,也在魏晋玄学中得到了进一步的继承发展,如阮籍、嵇康在"越名教任自然"、"非汤武而薄周孔"的口号下,对当时压抑人性、钳制自由的礼法名教进行了尖锐的批判,强调社会和人性的自然和自由的发展,表现了强烈的批判现实主义精神。

四、薪尽而火传

隋唐以后,道家学说的发展呈现出以下两种显著的现象:一方面,道家作为一个学术派别,从此再没有出现过独立的强大的社会思潮,也没有产生纯属本学派的大思想家大学者。另一方面,即使如此,也并不意味着道家学说从此就湮灭不见了。实际上,道家思想只是以曲折一些的形式存在和发展而已。由于道家和道教日益交融难分,在一般人的观念中两者几乎混为一谈;道家学说借助于道教的兴盛和发展,在上至君王士大夫下至一般民众那里都获得了更普遍的尊崇,不少文人学士更是与道家道教结下了不解之缘,大批的道家、道教学者热心于诠注《老》《庄》,形成道家的章句之学,不断深化和改造了道家学说。因此可以说,隋唐以来及至近现代,道家学说始终在中国传统文化和民族精神中发挥着重大的影响。据当代学者陈鼓应搜列统计,仅初唐以来注解《老子》的较重要者就有二百五十多家[1],注《庄》者也大致如此[2],我们于此可见老庄之学在中国学术史、文化史上的地位之一斑。更重要的是,道家虽未再形成独立的思潮与学派,但它往往融入别家学术思想中,构成其有机组成部分,如道家及道教思想和中国化了的佛教哲学的渗透,实为宋明理学的哲理化思辨得以形成和发展的基本学术条件;道家独特的人生观、审美观、思维方式,社会批判意识等也不断地内化为文人学士们的基本精神,渗透到民族心理之中,无声地涌动在民族的历史文化长河里。

总之,老子是中国古代最早的哲学大师和智慧大师,《老子》书的思想深沉博大,它上承远古文化,下启百代后学,集古代哲思之精华,开中国学术思想之先源,是一座取之不尽用之不竭的智慧宝库,世世代代都有许多才学之士去那里探玄寻道,求得心灵的开悟和智慧的启迪。庄子在写到老聃之死时说了这样一句意蕴深远的话:"蜡烛和柴薪的燃烧是有穷尽的,火却传承下去而永无尽头。"[3]老子逝去已经两千多年了,他的学说却经过庄子、黄老道家、魏晋玄学等以及历史上众多的道家学者一直传承下来,对中国的哲学、政治学、军事学、文学艺术、自然科学等都产生了极其深远

---

[1] 参见陈鼓应:《老子注译及评介·附录三》,北京:中华书局,1984年。
[2] 参见谢祥皓:《庄子导读·庄学史简介》,成都:巴蜀书社,1987年。
[3] 《庄子·养生主》。

的影响,成为中华民族传统文化的一个重要组成部分,并将以新的形态与现代文化相结合,绵延不绝、传之久远。近现代以来《老子》又远播欧美,反响日炽,与《论语》、《周易》一起,成为在世界上影响最大的三部中国古代文化典籍,对于中国文化走向世界、促进世界文化的发展和人类的和平进步都具有重要的、多方面的意义。对此,我们留待下节阐述。

第五节　老子及道家思想的基本精神及其现代意义

　　道家是中国思想史上一个极其重要的学派,道家思想特别是其哲学思想以其博大精深、隽永多义的思辨内涵,超迈豁达、反对独断的开放胸怀以及古朴恢宏、神奇玄妙的独特魅力,经过几千年的传承繁衍而辐射到中国传统文化的各个领域,对传统文化的形成和发展产生了重大的影响。同时,它又以老庄哲学思想为基本内核,以文学、艺术、政治思想、人生观、养生术、处世术及道教、中医、气功、武术等为表现形式和社会化、泛化形态,内化于中华民族的思维方式、行为方式、价值观念、心理结构和人格类型之中,凝聚而为中华民族独特的民族性格和民族精神的一个重要组成部分。郭沫若说:"道家思想直可以说垄断了二千年来的中国学术界。"[①]英国著名学者、中国科技史专家李约瑟博士说:"中国如果没有道家思想,就会像是一棵某些深根已经烂掉的大树。"[②]鲁迅也曾有

[①] 郭沫若:《十批判书》,北京:人民出版社,1954年,第162页。
[②] 李约瑟:《中国科学技术史》第二卷,《科学思想史》,北京:科学出版社,1990年,第178页。

类似的说法,他说:"中国根柢全在道教,……以此读史,有多种问题可以迎刃而解。"①但长期以来,国内外却流行着一种模糊观念,似乎儒家文化就可以代表或代替整个中国传统文化,把传统思想文化单一化为儒学,造成"儒热道冷"的局面。这种无视或轻视道家思想在中国传统文化中的重要地位和作用的看法是错误的。实际上,道家思想至少和儒家思想一起,共同构成了中国传统文化的两大主流,两者各有侧重、互有短长,因而相互补充、相互渗透、相互对待,长期绵延不绝,汇合成中国传统文化和民族精神的滔滔大江。

当然,也毋庸讳言,和任何传统思想文化一样,道家思想既有精华亦有其糟粕。我们在总结道家思想的历史贡献时,也不应忽视其固有的历史局限性,而是应以现代意识和科学态度对道家思想所固有的历史局限性和消极面予以深刻的揭露和批判。例如,道家因崇尚自然高远,鄙弃狭隘功利主义,而常常走向极端,主张绝对虚无,反对一切作为,甚至进而反对一切人类文化、知识和技术的进步、否弃文明的价值;因反对权威和社会的等级秩序、批判社会弊端而放弃社会责任、淡漠参与意识、不信任甚至完全拒绝任何具体实际的社会改革措施;片面强调树立独立意志而忽视正确处理人际关系、群己关系的必要性;所追求的绝对自由主要是个体性的和精神上的,由于对确立外在的基本自由权利、制约权力扩张并没有提供可操作的规范原则或基本设想,因而其所追求的个体自由并没有真正的保障而极易滑入放浪形骸、玩世不恭、不谴是非的玩世混世,等等。应该看到,道家思想中的这些历史局限性和消

---

① 鲁迅:《致许寿裳》,1918年8月20日,《鲁迅书信集》上卷,北京:人民文学出版社,1976年,第18页。

极面,的确对中国传统文化产生了许多不良影响,也对中华民族精神具有一定的腐蚀性。

不过,虽然道家思想有一定的局限性和消极面,但这并不意味着它已可以作为僵死了的思想化石陈列在历史博物馆中。实际上,道家思想迄今仍具有"活的精神"。与其他的传统思想相比,它甚至包含了更多的具有持久生命力的真理颗粒,也包含了更多的可以走向现代化、走向未来的古老智慧。特别是由于道家所提出和关注的基本问题,往往都是一些贯通古今中外、属于全人类都必须面临的共同问题,具有最大的广泛性、普遍性和永久性的价值和意义,而道家思想家们对这些问题的探讨更是充满了深厚博大的东方智慧,因此道家思想的许多基本精神仍是一种"活的精神",仍具有多方面、多层次的现代价值和现代意义,值得我们进行深入的开掘和阐发。下面仅就老子及道家思想的基本精神及其现代意义的几个主要方面略作探讨。

一、崇尚自然、返璞归真

老子等道家的思想体系虽然是以"道"为核心,但其最基本的精神却在"自然"两字。道家哲学是一种以自然哲学为构架的、以"自然之道"一以贯之的思想体系,它的本体论、人生观、政治哲学等都无不主张"道法自然",体现了鲜明的自然主义色彩。可以说,道家都是一些热爱自然之美的自然主义者,道家哲学是一种歌颂自然之性的自然主义哲学。道家思想的种种基本特性和基本精神皆由此生发而来。

道家崇尚自然的真正旨意,首先就在于要求人类顺应"自然之道",返璞归真,以"自然"、"无为"作为社会、人生的理想状态。老子说:"人法地,地法天,天法道,道法自然。"(第二十五章)

"道"是最高的本体,人、地、天都要效法"道"。但"道"的根本特性又是"自然",所以人、地、天效法"道"最终又等于效法"自然","自然"是"道"及一切万物的根本精神之所在,故老子又说:"道之尊、德之贵、夫莫之命而常自然。"(第五十一章)道家所尊崇的自然,既指大自然的天然状态,又指由此引申出的顺其自然、自然而然的境界。道家人物都十分喜爱大自然,整部《老子》《庄子》以及陶渊明的诗等等,都充满了对大自然的赞颂,对和谐、纯朴、壮阔的自然之美和自然万物生机勃勃的生命力的由衷向往。在道家看来,与这种大自然相比,人类社会已经越来越失去了纯朴天真美好的自然品性,造成了种种丑恶和祸害,特别是看到人间的巧伪权诈、浮华奢侈、贪欲暴虐、厚颜无耻,真让人无限厌恶。而造成这一切的根本原因是由于人类一步步远离了自然之道,老子说:"失道而后德,失德而后仁,失仁而后义,失义而后礼。"(第三十八章)所以他们要求人们学习大自然的纯朴和谐,让一切事物都回复到其原始的自然状态,让事物显示其本来的面目,让人们保持质朴的天性,这就是返璞归真。他们认为,矫饰仁义、滥用礼乐、卖弄智巧,如同骈拇枝指,附赘悬疣,不合于自然之道。更有甚者,以钩绳规矩削性、以绳索胶漆侵德,这些皆有害于人性的正常发育,于社会人生无补,不如各顺其性命之情,让其自然而然的成长发展(参见《庄子·骈拇》等篇)。所以,道家的最大理想就是主张顺应自然、返璞归真、见素抱朴的自然主义理想。这种自然主义理想,在天就是自生自成的自然;在人类就是小国寡民的淳朴社会,在这种社会中人民得朴素之性而和睦合作,少私寡欲;在个人就是纯朴自由的真人赤子,人人保持真性情、追求自然之乐;在政治就是不施强权也不行仁政的无为而治;表现于美学,则追求平淡天真之美,反对雕琢和矫饰,形成以纯朴自然、平淡空灵为"至美"的审美风格;表现于人与自然的关系上,则一方面人类应承认并尊重所有物种的平等的、等价的生存权利、反对破坏自然秩序,另一方面人应"回归自然",回到"同与禽兽居、族与万物并"[①]的人与自然万物共生共荣的和谐状态。

道家崇尚自然、返璞归真的自然主义思想,是以将自然状态理想化为其逻辑前提的,这显然是其理论的一个内在缺陷。从自然状态的理想化这一基本前提出发,道家对一切人文创造往往都持批评和否定的态度,表现了一种消极的倾向,它表明了道家未能辩证地看待人类历史的文明和进步进程中的矛盾性,而只寄希望于以干脆否弃文明和进步的方式简单地取消这种矛盾。但从价值观上看,道家的自然主义思想还是蕴涵了多方面、多层次的现代价值和现代意义的。它首先提醒我们人类不应只知一味地往前走,无限度地追求人文创造乃至财富、成就、功名、利欲,而无视它们所同时带来的消极性和负面意义,看不到人类文明进程中的深刻矛盾性。因此,道家自然主义思想的一个内在意蕴,就是要批判和反省由文明进步所造成的人与自然分离的现象,寻找一种人与自然重新契合的生存方式。譬如,就人与自然的关系而言,依据道家的观点,人与自然不应呈现为一种对立、紧张的关系,人的文化创造不应无视自然之理,而是应当尊重自然、遵循客观规律;人类特别是现代人应该通过热爱自然,尊重自然秩序、保护生态环境,消除人类的自我中心主义,树立现代生态伦理观念,回归到人与自然融合无间的和谐状态。就人自身来说,自然主义的生活态度和价值取向无疑对消除现代社会生活所造成的紧张感,人与人、人与社会之间的异化性,人与自然之间的疏离状态,以及道德观念等方面的精

---

① 《庄子·马蹄》。

神危机等,无不具有巨大的启迪意义。此外,道家对自然的关注和热爱,一直诱导着人们去探索自然和生命的奥秘,为中国古代科学技术的发展作出了重大的贡献。正如李约瑟所说,道家作为一种自然主义哲学,它"发展了科学态度的许多最重要的特点,因而对中国科学史是有着头等重要性的"。[①] 道家的自然主义思想和态度对于我们今天探索自然、发展科学仍是一座蕴藏了丰富的思想资源的宝库。

二、辩证的睿智

道家思想是非常富有辩证精神的,道家辩证法是中国古代最重要的辩证法系统之一。但是,道家辩证法的一个基本特点就是它并非纯思辨的概念辩证法和客观辩证法,而是一种以社会斗争和人事经验为真正立足点的"实践的辩证法",即是一种"保持生存避免转化的政治辩证法和生活艺术"。[②] 正因为如此,道家思想在社会政治生活和个人生活、处世艺术等方面都表现了胜人一筹的辩证睿智,成为一种典型的"中国的智慧"。

由于道家具有深邃的辩证睿智,因此他们对所有事物往往有深入一层的看法,能透过事物的表象,而直探其底蕴,提出和一般常识完全不同的主张。譬如人们通常容易看到事物的正面,即其主动、显露的部分,前进的轨迹和刚强的威力,道家却要我们看重事物的负面,即其被动、深藏的部分,曲折的过程和柔弱的作用,并且认为后者在事物的发展中往往比前者更重要,所以道家主张因循自然,"无为"、"无智"、"无欲"、"无私"、"不争",主张处弱居

[①] 李约瑟:《中国科学技术史》第二卷,《科学思想史》,第175页。
[②] 李泽厚:《中国古代思想史论》,北京:人民出版社,1986年,第90页。

下,贵柔尚静,返璞归真。老子说:"弱者道之用"(第四十章),这一句话实概括出了老子人生哲学的一个基本特征。一般人会以为道家这种"无为""取弱"的哲学太消极,甚至太傻了,不适用于今日"优胜劣败,适者生存"的激烈竞争、积极进取的时代。其实,道家讲的守弱贵柔,是指坚守住万事万物的原动力,这种原动力虽然处于原始的、弱小的、沉静的状态,却蕴涵着强大深厚的生命力,最终可以以"柔弱胜刚强"(第三十六章),这就是所谓"天下莫柔弱于水,而攻坚强者莫之能胜"(第七十八章)的道理。再者,道家认识到,事物的强弱乃至人生的祸福穷达,在一定条件下都是可以转化的,表面上强的,实质未必强;此时强的,彼时未必强;强大繁盛之时,往往开始走向衰败毁灭。因此,道家教人"致虚极,守静笃",处变不惊、虚静自守、厚积薄发,实现以静制动、后发制人、以虚应实、以退为进、以屈求伸。可见道家的柔静之道并非是完全消极的哲学,而是"正言若反"、"进道若退"的辩证哲学,充满了历史和人生的智慧,具有境界高远、深沉超越的丰富内涵。它开掘了生命和历史的深度,能培养人的深沉持重的品格,加强人的韧性和灵活性,以便迎接和承受各种艰难险阻的挑战。在历史上,道家思想的这种基本精神形成了超越世俗、淡于名利、心怀广阔的道家风度(如"魏晋风度"就是其一种典型表现),成为传统知识分子特别是历代隐士的主要精神慰藉,成为中华民族战胜各种艰难险阻、走出困境的重要精神信念和精神力量。直到今天,它仍能为我们现代人谋求身心的平衡和心灵的安宁,提供抚平各种挫折、创伤、痛苦、不幸的安慰剂,特别是为继承弘扬中华民族自我超越、深沉持重、胸怀博大的品格和百折不挠、自尊自信、爱好和平的民族精神,继续发挥着巨大的影响。

三、古典人道主义

道家哲学虽然建构了一个以自然之道为基本框架的形上学体系,但它所说的"道"实际上就是人道化的自然之道,人道问题是自然之道问题的理论原点和逻辑归宿,所以,人的问题始终是道家哲学的一个内在主题。而道家哲学对人的问题的探讨则渗透了追求自由平等、个性解放的原始人道主义精神。

道家人道主义精神的一个重要方面就表现为对人的个体自由和个性解放的热烈追求。与儒墨注重强调人的道德化、社会化的意义不同,道家对人的个体价值和个人自由则予以了更多的关注。庄子说:"泽雉十步一啄,百步一饮,不蕲畜乎樊中"①,草泽中的野鸡走十步才找到一口食,走百步才饮到一口水,尽管如此,它也不愿被圈养在笼子里,因为保持天然的自由生存状态比免受饥渴之忧更重要。庄子在此高扬动物的自由,目的是为了比拟人的自由,为了给人的自由提供一个理论的支点。在庄子看来,人生的第一要义就是自由,而现实社会的仁义道德、世俗价值、名位利禄、政教礼法等等都不过是束缚人、奴役人的樊篱。为了实现自由,首先就要摆脱这一切奴役,使人的个性从各种樊篱的束缚中解放出来。庄子本人手持钓竿、谢绝楚王的千金之聘、宰相之位,还把国相的尊位比为"腐鼠"、把君王的宠爱视为文服牺牲,宁愿穿破衣、打草鞋,像泥鳅一样自由自在地戏游于污泥之中,"终身不仕以快吾志",就充分肯定了个体生命的价值就在于保持自由。庄子及大多数道家人物都之所以采取"独乐其志"、"汪洋恣肆以适己"的"避世"态度,正是在不得已的情况下,力图超越世俗的价值取向

---

① 《庄子·养生主》。

第五节 老子及道家思想的基本精神及其现代意义 77

和险恶的政治环境而追求个人自由和个性解放的一条重要途径。

道家的原始人道主义精神的另一个重要表现是其平等思想。道家大都是在野的思想家、平民知识分子,基本上是普通的士阶层及平民百姓的代言人。这种社会角色使他们有较多的机会体察社会下层人民的疾苦,反对不合理的等级秩序,产生平等思想。这使他们与主张"贵有差等"、"尊卑有序"的儒家思想形成了鲜明的对照。譬如庄子认为:"自其异者视之,肝胆楚越也;自其同者视之,万物皆一也。"①万事万物虽然在表面上千差万别,但从它们的根源看,都是基于同一个"道",又归于同一个"道",并没有什么根本差异,所以"以道观之,物无贵贱"。既然人与天地万物之间都没有真正的差异等级,那么人类社会自身中的尊卑贵贱又何足挂齿!"夫至德之世,同与禽兽居,族与万物并,恶乎知君子小人哉!"②道家认为,现实社会里人的尊卑贵贱、贫富差别,是人为的、非自然的,是对人的本性的扭曲和异化。老子曾愤慨地指出:"天之道,损有余以补不足,人之道则不然,损不足以奉有余。"(第七十七章)造成这种人类社会不平等的原因,就在于种种人为的器用技术、心机智巧,特别是礼法制度、仁义道德。"天下多忌讳,而民弥贫,人多利器,国家滋昏;人多技巧,奇物滋起;法令滋彰,盗贼多有"(第五十七章),"夫礼者,忠信之薄而乱之首"(第三十八章)。而在理想的自然状态里,由于自由纯朴、不尚智巧、不争名利,不仅人人平等、甘苦与共,而且还可以达到人与自然也平等和谐相处、身与物化、齐同万物的境界。道家思想从物性平等、齐同万物、"道通为一"的立场出发,反对把价值标准、审美标准等绝对化,主

---

① 《庄子·德充符》。
② 《庄子·马蹄》。

张相对论和多元论,赞颂"十日并出,万物皆照"的相容并包、一视同仁的平等精神和开放心灵。道家的平等思想试图为人们打开一个无穷的时空系统,使一切社会不平等制度、等级观念以及人类的自我中心主义都能在其中得到消解。

当然,由于道家所追求的自由、平等主要是个体性的和精神上的,并没有对实现人的外在的基本自由权利、消除现实际社会中的不平等现象提出切实可行的措施,因而往往具有主观的空想性质。但是,尽管如此,道家的人道主义思想在中国历史和传统文化中仍然具有不可忽视的重大意义。因为中国传统文化中历来有明显的重人伦轻自然、重群体轻个体的倾向,只强调个人的义务和道德人格,而不重视个人的自由和平等的权利。几千年来的封建专制制度也以扼杀人的自由、平等甚至基本的生存权利为突出特征,在本质上是反人道主义的。所以,道家思想从"道法自然"的原则出发,推崇人和社会的自然状态,批判人的异化物对人的限制,在消极的外表下,以浪漫的形式,肯定了人对自由平等的追求,是具有真正的人道主义的精神内涵。它对于填补中国传统文化中的人道主义空白,打破僵死的封建专制主义观念及不平等制度,都有着重要的理论价值和实践意义。而且,由于实现人的自由和人性的解放是一个漫长的历史过程,高举人道主义旗帜,仍将是现代社会和未来发展的一项基本使命,我们完全应该从历史上包括道家在内的各种人道主义精神中吸取丰富的思想滋养,建构起现代人道主义的崭新形态!

四、批判现实主义

道家思想从它产生的时代起,就具有愤世嫉俗的鲜明特色,渗透着强烈的批判现实主义精神。它以否定的目光审视周围的一切,看到了社会历史中普遍的异化现象、揭示了社会发展与文明进步中的二重性,以及文化价值的分裂,特别是对中国传统的宗法等级制度、道德说教、礼仪文化,以及黑暗的社会现实提出了根本的怀疑和否定,以激进的态度全方位、多角度地批判了人类文明的负面,实现了一系列的价值转换和价值重估。老子抨击仁义、礼智、孝慈和礼乐教化,主张"绝圣弃知"、"绝仁弃义"、"无为而治"的自然社会。庄子用齐物论从根本上破坏了人们对偶像、权威的崇敬心理,用逍遥游挣脱世俗名利的束缚,追求个性与精神的自由,用自然无为论批判政治礼教对人性的摧残,以终身不仕的行为表示与统治者之间坚决的不合作态度。庄子后学更是把批判的锋芒直指当时的统治者:"窃钩者诛,窃国者诸侯,诸侯之门而仁义存焉",故"圣人不死,大盗不止"[①],尖锐地揭穿了统治者及其道德说教的虚伪无耻,深刻地动摇了君权统治的合法性基础。老庄的这种批判思想,对后世产生了深刻的影响,后世的各种社会批判思想和异端学说大多与此有关。嵇康、阮籍"非汤武而薄周孔"、"以六经为污秽",主张"越名教而任自然";鲍敬言把社会的灾难归罪于有君王,而直接提出"无君论";李白、李贽、黄宗羲、戴震、谭嗣同、陈独秀、胡适、鲁迅等人对封建社会的尖锐抨击、鲜明的叛逆思想和性格等等,无不与道家思想中强烈的批判精神血脉相承。总之,在几千年的中国封建专制社会中,尽管道家思想在绝大多数时间都是作为非正统的民间思想存在和发生着影响,但它始终保持着可贵的时代忧患意识和社会批判意识,形成为一种着力批判官本位文化和不合理现实的异端思想传统,有着警世醒世的巨大社会功能。

---

① 《庄子·胠箧》。

道家对社会现实的批判是与其对自由、平等的合理化社会的追求紧密相联系的,前者作为时代忧患意识,后者作为社会参与意识,就像一把利剑的双刃,两者是互为条件、互相依存的对立统一关系。老庄等道家思想家虽然大部分都隐而不仕,但却不是简单地消极避世,而是坚持以独特的方式入世,其思想的基调往往是积极的,即所谓"遭治世不避其任,遇乱世不为苟存"①,既表现了"生于忧患"的忧患意识和批判意识,又充满"务为治者"的参与意识和以"无为"而达到"无不为"的历史使命感。老子"著书上下篇,言道德之意五千余言"②,既痛陈了时弊,又阐明了理想。庄子如果不关心社会和人民的命运,就不会"著书十余万言"来表达他对时代的沉痛感受和对理想的社会人生的向往。可见道家思想也是既有"破"又有"立"的。只是由于中国传统政治的黑暗和专制制度的阻隔,使具有独立意识、批判精神和自由人格的知识分子始终缺乏正常的参与渠道。这不能不说是传统中国社会未能走向近代民主政治和现代化社会的一个重要原因。不过,正是在这种历史的曲折面前,道家的批判现实主义精神虽然远非科学,但却始终有着不死的生命价值,能为现代乃至未来的合理社会的建构提供永恒的启迪,具有普遍的和深远的意义。

五、无为主义

先秦各派哲学在很大程度上都是一种社会论的政治哲学,道家哲学亦然。道家政治哲学的基本思想就是其著名的"无为主义"或"无为论"。道家无为主义的政治哲学对中国传统政治思想

---

① 《庄子·让王》。
② 《史记·老子传》。

和政治实践乃至人们的一般观念及行为均有着深刻的影响。

道家的政治哲学立足于"无为"的思想,是有其理论上的逻辑依据和客观的现实原因的。对此,我们可以作三个层次的分析。

第一,从天道自然到"无违"自然。道家的无为主义就植根于其形上学的原理中,体现了无为主义与自然主义的统一。如前所述,道家的形上学认为,道作为本体,其实质就是"无"。本体的"无"的性质表现在道的功能和运作上,就是"无为",所以"无为"是道之"德"的体现,"无为"是道的一种"上德",老子说:"道常无为","天之道,不争而善胜,不言而善应,不召而自来"(第三十七章、第七十三章),庄子说:"天无为以之清,地无为以之宁,故两无为相合,万物皆化。"①"无为"也就是"无违",即无违自然、因任自然而无所作为或不强作为之义。王弼以"顺自然也"一语来诠释老子的"无为",是深得其旨的。在道家看来,不仅道"无为",而且天地万物在其本性上也都是"无为"的,人当然也不例外。因此,根据"天人合一"的本体观和"天人同构"的方法论,既然天道自然无为,人道也不例外。因此,道家根据"天人合一"的本体观和"天人同构"的方法论,自然会得出结论说,既然天道自然无为,人道也应效法天道,做到常无为而任自然,这就是老子"人法地、地法天、天法道、道法自然"(第二十五章)的逻辑推演。

第二,"无为"是一种"君道"。道家无为主义在实质上首先是一种安邦治国的政治策略,即是针对统治者提供的一种进行政权建设和社会管理的统治术,一种理想的为君之道。历史上屡有人称道家学说为"君人南面之术",这若在上述层面上说,是有一定道理的。但是,"无为"作为一种"君道",其本旨绝不是给统治者

---

① 《庄子·至乐》。

提供一种权诈之术，它实际上是对统治者的不善作为和现实政治中的强制干预政策的一种反动，从而主张放任无为。老子说："圣人不行而知，不见而名（'名'借为'明'），不为而成"（第四十七章），"天下神器，不可为也"（第二十九章）。庄子说："故君子不得已而临莅天下，莫若无为。无为也，而后安其性命之情。"①"玄古之君天下，无为也，……无为而万物化。"②魏晋玄学家们更明确提出了"率性而动"、"纯任自然"的"无为论"。君王要治理国家，其"上德"就是应当效法和顺应自然，达到"无为而治"。只要"君无为"，人民就可以"自化"、"自朴"。老子强调"天地不仁，以万物为刍狗；圣人不仁，以百姓为刍狗"（第五章），就是要"天地"和"圣人"、"无为而任自然"，甚至连各种所谓"仁恩"都不要施予，因为谁能保证那不是借仁义之名行胡作妄为之实呢？所以，"圣人无常心，以百姓心为心"（第四十九章）。圣人没有一己私心，而以天下老百姓的心愿、利益为自己的心愿、利益，若能做到这样，难道不就是真正伟大的政治家了吗？道家要求统治者无心无为，目的是要限制他们的私心妄为，要他们放开百姓，给他们自由和自主，让他们走自己的路。

第三，"无为而无不为"。道家的无为主义，常常被简单地误认为是一种鼓吹消极出世的虚无主义，其实道家思想的基本格调是积极入世的，无为主义的政治哲学尤其如此，只是它采取的方式太特别罢了。老子的辩证法，强调"柔弱胜刚强"，认为"弱也者，道之用也"（第三十六章、第四十章），"无为"正是这种"弱之道"的具体体现和运用。由于以"天下之至柔，驰骋于天下之至坚"，

---

① 《庄子·在宥》。
② 《庄子·天地》。

第五节 老子及道家思想的基本精神及其现代意义

"守柔曰强",所以"道常无为而无不为"(第三十七章)。表面上守弱处静,无所作为,实际上遵循万物的本性而不违逆,顺应自然之道而知进知止,就已经是有所作为,也能无所不为。可见,正像鲁迅所说的,道家"尚无为而仍欲治天下。其无为者,以欲'无不为'也"。① 老子说的"治大国若烹小鲜"(第六十章)最生动形象地说明了"无为"与"无不为"的关系:治理国家犹如煎小鲜鱼,煎小鱼乱搅就会搅烂,不乱搅,就是无为。况且,把"治大国"当作"煎小鱼"一样的小事,也表现了道家对政治举重若轻、对权力不以为意的无所用心、顺其自然的超脱态度——这种超脱态度在《庄子》一书中是有很多生动的描述的。因此,煎小鱼也好,治理国家也好,最好的办法恰恰是不采取任何办法,无为而治、自然而然、放任自流。用这种"无为"的办法煎好了鱼、治好了国家,就叫水到渠成、瓜熟蒂落,这样也就达到了"无不为"的目的。可见,道家并不是要取消一切的作为,因为他们还是要讲"治",讲"无不为",提倡"君无为而臣有为"。所以,道家的无为主义讲的"无为",其实是讲应"善为","无为"只是真正善于作为的人用以达成"无不为"这个最终目的的最佳手段。

如前所述,道家的无为主义并非是简单的消极无为,面对黑暗的现实、"礼崩乐坏"的时代,道家也是想救世的,只是它反对儒家的道德理想主义和墨家的行动主义,即反对采用任何具体的社会改革理论和方案,而主张走另一条道路,这就是以超越的态度追求向自然状态复归的"无为主义"。

由于道家无为主义崇尚自然、追求超越,这使它包含了一种强烈的社会批判精神,其批判指向一是直接针对当时黑暗的社会现

---

① 鲁迅:《汉文学史纲》,北京:人民文学出版社,1976年,第15页。

实和胡作妄为的统治者,二是针对儒家等鼓吹的仁义道德,谴责它们对人性的残害和对不合理社会的粉饰。与别的政治哲学相比,道家无为主义所包含的这种社会批判精神,是十分可贵的,也是其鲜明的思想特色之一。

当然,无为主义作为道家所理想的政治哲学主张,其在理想与现实之间还是存在着一定的距离和张力的,因为道家的无为主义政治哲学并没有为社会的政治运行特别是统治者的权力制约提供可操作的规范,而且,它还包含了一些消极因素,如它容易被人利用而演为一种权诈之术,又如其反文化倾向是不足取的,它在中国传统知识分子的性格和行为中所产生的一些消极影响也是毋庸讳言的。但是,应该认识到,真正的"无为而治"是一种难以企及的极高的理想境界,它包含了东方古老文明中深沉的政治智慧。如果能合理地利用这种智慧,无疑是会取得良好的政治效果的。汉初统治者利用黄老之学,推行为政简朴、与民休息、无为而治的政治实践所取得的成功,便是最好的证明。现代社会所倡导和实行的政治民主、经济自由,以及"小政府、大社会"、与民自治的社会管理模式,也无不与道家的"无为主义"理想有着内在的相通之处。因此,积极开掘这一古老的智慧之源,为当代社会的政治民主化和现代化服务,当是非常具有现实意义的。

第二章　以无为本
——"道"的形上学

在哲学史上,所谓"本体"是指一切存在的根本凭借和内在依据,是多样性的世界赖以存在的共同基础,具有超越性、无限性和终极性的特点。因而,本体论也就是一种关于一切存在的凭借和依据的共同基础的学说,是某种哲学思想对自己所探求的终极存在的一种"终极解释"。这就是大多数哲学家都具有的形上学追求。不过,从哲学史上看,中国哲学与西方哲学关于"本体"一词的内涵是不同的。在中国哲学史上,与西方哲学中的"本体"(Substance)一词意义较为接近或近似的词是"根"、"本根"等概念,而"本体"一词本身则有另外的不同含义,它主要指人的本性、形质以及事物的本然状态等含义。然而,尽管中西哲学中的"本体"概念的含义各不相同,中国古代哲学中没有西方哲学中的那种"本体"概念,本体论思想也不够发达,但是,却不能由此否认中国古代哲学本体论的存在,那些认为中国古代特别是在先秦没有本体论哲学的观点是不合乎历史实际的。事实上,中国古代哲学早在先秦时代就产生了丰富的本体论思想,老子哲学就提出并建构了中国哲学史上第一个本体论模式。

当然,中西哲学本体论是有着许多差别的,除了用以表达的概念不同外,本体论的思想内涵、理论构架、论证途径、思维方法等都各有特点,不尽相同。本章将要探讨的老子哲学的本体论,就在上述各方面都较为典型地体现了中国古代本体论的一些基本特征。因此,探讨老子的本体论,既是深入研究老子哲学及道家哲学的一项基础性工作,又有助于理解中国古代本体论的起源及其基本的理论特色。

第一节 道论:老子哲学的本体论

"道"是老子哲学中的一个最主要概念,老子哲学的整个理论系统就是由"道"的观念开展出来的。因此,如何理解老子的道论,对于正确掌握老子的整个哲学思想是至关重要的,更直接关系到老子哲学的本体论问题。可以说,当我们一开始考察老子的道论,首先就会碰到这么一个问题,即老子的道论到底是一种宇宙生成论或发生论(cosmogony)呢,还是一种哲学本体论(ontology)?

许多人并没有意识到应区分老子道论是本体论还是宇宙论的问题,而将它们混为一谈,这显然是不足取的。但也有不少人却明确否认老子的道论具有本体论的意义,而这是导致他们会进一步否认先秦哲学具有本体论思想的一个重要原因。他们把老子的道论看作只是一种为了追寻世界的开始和万物的起源的宇宙生成论或发生论,而不是一种关于万物的本质和存在根据的哲学本体论。在这种观点看来,老子的"道"就是宇宙的本始,相对于宇宙万物及宇宙的演进过程来说,它是创生多样性的世界的本原,具有时间和空间上的优先性。老子所说的"天下万物生于有,有生于无"(第四十章)、"道生一、一生二、二生三、三生万物"(第四十二章)就被一些人认为是对宇宙起源和演化的自然图景的典型描述。

我认为,老子道论是一种已经超越了宇宙生成论水平的哲学本体论。虽然它作为先秦哲学中的第一个本体论学说,还未能与以往的宇宙生成论划分出明确的界限,甚至有时还不可避免地染上了一些宇宙生成论的色彩,但老子道论所具有的本体论性质却是毋庸置疑的。对此,像冯友兰、张岱年、陈鼓应等著名学者都曾予以确认。① 只是有关具体系统的论证辨析工作,仍有进一步深入进行的必要。因此,我们后面的讨论,正是在赞同上述各家观点的基础上,对老子道论的本体论性质及其特点作进一步的具体分析和论证的。

一、"道"概念的本体抽象历程

既然"道"是老子本体论及其整个哲学的一个最主要概念——它也是中国哲学所独有的一个重要概念,那么我们要研究老子哲学的本体论,就应先来考察一下关于"道"的观念渊源和演变,并藉此说明老子的"道"究竟是一个什么样的概念。

1."道"的观念渊源及其演变

我们知道,"道"的观念并非老子的独创,在老子之前或之后,都不乏"道"的观念。从"道"这个概念在古代思维中的演变过程来看,它有一个从具体到抽象的提升过程。"道"字最早出现在西周早期的金文中(迄今出土的甲骨文中无"道"字)。到了西周晚期"道"这一概念开始被广泛运用,"道"字的写法也骤然增多,仅《金文诂林》里就录有六种写法。最初"道"的含义是指具体的道路、途径。从"道"的字形上看,"道"字从行、从首,表示走、方向,因而具有道路、引导、通、由等含义,即如《说文解字》说的:"道,所

---

① 参见冯友兰:《中国哲学简史》,涂又光译,北京:北京大学出版社,1985年,第116页;张岱年:《中国古代本体论的发展规律》,《社会科学战线》1985年第3期;陈鼓应:《老庄新论》,上海:上海古籍出版社,1992年,第59页。

行道也",或《尔雅·释宫》说的:"一达谓之道。"正是由于"道"所具有的这些含义,使它可以进一步被引申借用为一种抽象的原则,逐渐上升而有了方法、原则、规律等意思。可以说,从这时候开始,"道"这个字就不断地超出其本义范围而朝着一个新的哲学概念演进,及至最终成为具有高度的哲学抽象意义的范畴。从"道"观念的发展历史发展来看,这一哲学的抽象化进程大概始于《诗经》和《尚书》的时代。《诗经》率先出现了一些以"道"(道路)言喻事理的诗句,《尚书》(仅指《今文尚书》)中已有"王道"、"皇天之道"等说法,其"道"已渗透进了"好恶"、"正直"、"法则"、理义等含义,这样,"道"就在由一个具体对象的名称向作为方法、原则、规律的哲学概念上升和抽象的过程中迈出了关键性的一步。到了春秋时期,出现了一个谈"道"论"道"十分风行的社会思潮,这在《左传》、《国语》中得到了集中体现。《左传》、《国语》中的"道"除了保有原有的道路、方法、规律等意义外,又把自然规律、社会规律及人伦法则的含义注入"道"中,从而既出现了说明自然的客观规律的"天之道",又出现了说明社会规律及人伦法则的"人之道"。这样,《左传》、《国语》就把"道"一分为二为天道和人道,并且进一步探讨了这两者对立统一的相互关系,这在"道"观念的发展史及整个中国思想文化史上都是具有极其深远的意义的,它预示出了天人关系将成为中国古代哲学的一个重大基本问题,同时它也规范了中国古代哲学道论思想发展演变的基本指向:"正是在深入探索天道、人道及其相互关系的过程中,道的涵义不断丰富,而上升为中国哲学的最基本的范畴之一。"[1]

---

[1] 张立文主编:《道》(中国哲学范畴精粹丛书),北京:中国人民大学出版社,1989年,第26页。

第一节　道论：老子哲学的本体论　89

　　许多人都认为，"道"作为一个哲学范畴无疑始于老子。其实，这种看法并不确切。从上面对"道"观念的发展过程的考察可以看出，"道"由一个具体对象的名称向哲学范畴的升华和抽象，早在《尚书》、《左传》和《国语》里就已开始了，并取得了重要的进步。但至此"道"的这种哲学抽象历程还远未完成，因为《尚书》、《左传》和《国语》甚至后来的《论语》、《孟子》等先秦典籍里所谓的"道"，其含义虽然具有了超越其原始本义而被赋予了一定的哲学抽象意味，但它们大抵还只是指由经验世界里概括、引申出来的方法、原则和规律，它们都还属于常识的经验范围里的、较确定的、可以言说和界定的"道"，因而这样的"道"还只是一个一般的哲学概念。老子道论的一个杰出贡献就是在此基础上把"道"由一个一般的哲学概念明确地上升和抽象为一个统摄宇宙和人生的最高本体概念，使"道"这一概念从表示具有一定的抽象色彩的一般存在演变为代表一切存在的终极性基础。就是说，只有经过了老子的巨大改造和提升，"道"这一概念才最终完成了其哲学的抽象化历程，成为中国古代哲学中最基本、最重要的范畴之一，在中国哲学思想发展史上产生深远的影响。

2. 老子对"道"的本体抽象

　　"道"的观念演变到老子之前，虽然出现了"天道"、"人道"、"王道"等抽象概念，但其抽象化程度还不够，还必须从这些较具体的、个别的、分散的"道"进一步抽象出一个最普遍的、统一的"道"，这就是由老子完成的对"道"的本体抽象工作。因此，在老子那里，"道"的概念经过他的巨大改造和提升，除了有时也还保存了"道"的上述原始质朴及经过引申的道路、方法、原则、规律等含义外，又被赋予了一个更重要的独特新意，即它第一次成为哲学的最高范畴——一切存在的根本凭借和最终依据、物之所以为物

的"所以然者"。老子说:"道者,万物之奥也,"(第六十二章)"渊兮似万物之宗。"(第四章)

韩非子对此曾进一步解释说:"道者,万物之所然也,万理之所稽也。"[1]老子认为道是万物之本、天地之根,他说:"大道氾兮,其可左右,万物恃之以生"(第三十四章)。它为其他事物所依托而其自身却不需依托,它可以生成万物而自身却不可被生成,它是自因自性的最高本体、是超越一切的终极存在。老子对道的特性的种种描述,如"无"、"玄"、"朴"、"浑"、"奥"、"根"、"无名"、"无象"等等,无不是为了把道从常识的经验世界里提升出来,使之成为具有形上学的高度抽象性意义的存在本体。

不过,要进一步理解老子如何把"道"从常识的经验世界里提升出来而使之成为一个最高的哲学范畴,关键还是要理解老子所强调的"常道"概念。老子明确区分了两种"道":"道可道,非常道;名可名,非常名。"(第一章)老子以"常道"("常",马王堆帛书本《老子》作"恒")指称自己的作为本体的道,用以区别普通所谓的"道"("非常道")。普通所谓的"道"都是有各种具体规定和特性的,因而是可以言说的,但老子的"常道"却是没有各种具体规定和特性的,因而是不可言说的。它寂寥无形,"视之不见"、"听之不闻"、"搏之不得","是谓无状之状、无物之象"(第十四章)、"敦兮其若朴,混兮其若浊"(第十五章)。所以"常道"不可道,"道常无名"、"道隐无名"(第三十二章、第四十一章)。"无名"即没有规定性,"不可道"即无法用言语去规定和界说。这样,老子的"常道"就是没有任何实际规定性的,从而也就是超越了任何具体的、可名状的、有限的存在物的无限本体。因此,万事万物可以

---

[1] 《韩非子·解老》。

有始有终,瞬生瞬灭,道却无始无终,或说本无所谓始终,始可以为终,终亦是始。老子说:(道)"迎之不见其首,随之不见其后"(第十四章)、"澹兮其若海,飂兮若无所止"(第二十章)。

"道"深远无际,浩瀚无涯,浑然一体,根本不存在什么始终和边际,正如庄子说的:"道无终始,物有死生。"①正因为道无终始,物有死生,才显示出了道与一般的"物"或说实有的区别。《易传·系辞》说:"形而上者谓之道,形而下者谓之器",老子的"常道"与"非常道"(或说物、实有)的关系,正是这种形而上之道与形而下之器的关系,所以老子的道论实实在在是一种形上学的本体论。

以上我们考察了中国古代哲学中"道"的观念渊源和演变,以及老子将"道"改造和提升为标志最高本体的哲学范畴的抽象历程。现在还需要讨论的一个问题是:为什么正是由"道"这一概念完成了本体抽象过程呢?或者说,老子为什么要选"道"来定名他所发现的最高本体呢?因为"道"只是本体之名,而"无"才是本体之实,但老子却不直呼之为"无",而要"强字之曰道",这必定有着深刻原因的。其中一个主要原因大概正是由于"道"概念所特有的哲学内蕴构成了道的本体抽象的内在根据。"道"概念所特有的哲学内蕴主要表现为:一是"道"字取象于"人行于途中",使"道"具有很强的实践性、可操作性的特点,可以用来作为需要遵循的一般的、普遍性的原则。如陆贾《新语》中说:"道者,人之所行也。夫大道履之而行,则无不能。"②二是"道"本身含有"始"、"大"、"本"的蕴义③,而"始"、"大"、"本"诸义正是老子所规定的最高本体所具备的基本内涵,故此老子正可以利用"道"的这些原

---

① 《庄子·秋水》。
② 陆贾:《新语·慎微》。
③ 参见孙希国:《"道"的哲学抽象历程》,《文史哲》1992 年第 6 期,第 69 页。

始蕴义将其抽象为最高的本体范畴。三是"道"与"导"(導)所具有的内在联系使"道"具有作为方法、法则、规律的本体一统万物的内涵。高田忠周说:"道、导原同字,初有道无导无疑",而"导"(導)的本义是指导、引导:"要诱人入道,由道诱人,即导也。"①这样,"道"就具有作为引导一切自然、社会和人生的方法、法则的方法论意义,这是符合老子把最高本体理解为既是客观自然的存在本体又是社会人生的价值本体这一本体规定的。总之,正是由于"道"概念所特有的哲学内蕴,使它能成为老子通过本体抽象而确立的一个最高哲学范畴。

二、超越宇宙生成论

一种思想学说的产生,即使单纯从思想史范围来说,除了有它自身的内在演进规律之外,更重要的是还在于其所处历史时代承续的思想意识的逻辑发展使然。老子之所以能够实现对"道"的本体抽象、初步完成中国哲学史上第一个本体论学说的理论建构,也是同样道理,它不仅基于"道"的观念本身特有的演进规律,而且还有整个历史和时代赋予当时中国哲学的发展所具有的逻辑依据,即对世界统一性问题的探讨已由宇宙生成论转向哲学本体论这一关于世界"本原"问题的主题转换。正是这一内一外的原因,共同使老子道本体的产生成为了中国古代哲学发展的必然进程。

哲学起源于对事物背后普遍本质的探求,哲学从其诞生起,就试图为所面对的这个具有纷纭复杂的万事万物的世界找到一个共同的本原、一个统一性的基础。可以说,哲学之作为哲学的一个本质特征就在于它表现了人们借助于思维把多样化的世界看成是一

---

① 见《金文诂林》959(2,539-0204),960(2,540-0204)。

个统一的整体并不断地追问这个统一整体的内在本质的精神冲动。哲学的这一特点尤其突出地体现在哲学的早期历史中。中国先秦哲学也不例外。不过，就一般哲学来说，对世界的统一性基础即"本原"问题的哲学探讨主要可分为两种形式，这也可以说是把握世界统一性的两种方式：一是从生成论上探讨宇宙间万事万物的产生和发展过程，对世界作"所以然"（怎么样）的解释。这种生成论把世界的"本原"理解为"本始"问题，即世界的起源、开端、原始问题，也就是多样化的世界起源于某种"本始"性的东西，或由这种统一性如何化生出天地万物的问题。二是从本体论上探讨宇宙间万事万物的存在根据和内在本质，对世界作"之所以然"（为什么）的解释。这种本体论从本体即关于世界的凭借、依据和本质的涵义上理解"本原"，致力于寻求多样性世界赖以存在的共同基础，并以此来说明世界的统一性。虽然从一般的理论形态上看，把握世界统一性的这两种方式并无绝对的高低上下之分，但从历史形态上看，这两种把握世界本原问题的不同方式既有出现时序上的先后之分，也有理论思维水平上的高低之别。总的来说，哲学史上最初总是先出现关于宇宙及万物起源和演化的生成论，然后在此基础上出现本体论，本体论的产生往往标志着人们在把握世界的本原问题认识多样性世界的统一性方面更深入了一步。我们看到，在这一点上，古希腊哲学的发展过程是如此，中国先秦哲学的演进也是如此，而老子哲学就正好处于对世界统一性问题的探讨由生成论转向本体论这一关于世界本原问题的主题转换的关节点上。

在老子之前，中国古代哲学尚处于初创期，在那些不够成熟、不够系统的哲学思想中，占统治地位的是那些关于宇宙及万物起源和演化的宇宙生成论思想，许多思想家都试图以天地、阴阳、五行、气等作为世界的本原来解释宇宙的起源及万物的演化,用以说明世界的统一性问题。如成书于殷周时期的《易经》就以阴阳这两种基本元素作为万物的本原,试图用阴阳这两种基本符号的不同排列组合来概括自然界和人类社会的种种现象。到了春秋时期人们已普遍地用"气"、"五行"(水、火、木、金、土)来说明自然界运动变动的原因,同时还借用来进一步引申出对社会、人事现象的解释。总之,从《易经》提出阴(- -)、阳(-)符号到春秋时期"气"、"五行"概念的形成,表明中国古代哲学已从萌芽状态逐渐发展起来,并开始产生具有本民族特色的具有普遍意义的抽象概念和范畴,以自己独特的理论思维方式去把握世界。可以说,提出并探讨宇宙万物的起源和发展等生成论问题,就是我国古代理论思维的一次空前发展。

但是,在古代的科学认识水平还十分有限的情况下,这种宇宙生成论也有其不可避免的缺陷,即它不得不以天地、阴阳、五行、气等一种或几种具体有形的物质形态作为本原来说明无限丰富多样的整体世界。正像恩格斯说的:哲学"在它发展的最初阶段,便十分自然地把自然现象和无限多样的统一看作自明的东西,并且就在某个一定的有形体的东西中,在一个特殊的东西中去寻找这种统一"。[①] 显然,这种以具体个别的有限之物去解释全面无限的整体世界的做法所面临的困难和所暴露的漏洞是很多的,它必然要被后起的哲学所超越和突破。老子就是在看到了以往的宇宙论探讨的这种内在局限性后,才加以超越和突破的,其"道"论就是在这样的历史和逻辑条件下产生的一种关于世界本原的学说。老子的"道"论应是对先前的本原学说"接着说"基础上的发展,但这种

---

① 恩格斯:《自然辩证法》,北京:人民出版社,1955年,第151页。

"接着说"的发展却不是简单的继续,而是包含了从话语、视角到方式上的根本转变。老子也提出了天地万物的起源问题,如他谈到的道的"始"、"母"、"生"的功能就涉及这个问题,认为"道"是天地之始,万物之母,道生万物。但老子的道论不同于以往的生成论之处在于,老子并没有就此止步,他更进而认为道是天地万物赖以存在的普遍根据和内在本质。老子说:

道冲而用之又不盈,渊兮似万物之宗。(第四章)

道为"万物之宗"即为万物所依恃的宗主、根本。老子又说:

道者万物之奥也。(第六十二章)

"万物之奥"即为万物之中深藏的内核或内在本质。总之,在老子看来,"道"是万物存在的根据,世界上多种多样的事物都是因为"道"而存在的,所以说:

道生之,德畜之,物形之,势成之,是以万物莫不尊道而贵德。(第五十一章)

大道氾兮,其可左右,万物恃之以生而不辞。(第三十四章)

"道"是普遍存在于一切事物之中的,并成为可以左右万事万物却深藏不露、功成不居的内在依据,"万物恃之以生而不辞"一句就明确地揭示了道与万物的这种决定和被决定的关系以及道作用于万物所具有的无形无为、顺任自然的特点。显然,老子这里所描述的"道",正是本体论所谓的"本体"。在别的地方,老子经常强调道的普遍性、整体性、无限性、终极性的意义,实际上也就是为了赋予道以最高度的抽象性和一般性,以便它可以成为能够被老子成功地用来概括世界的最一般本质的本体概念。老子对"道"的概念所作的这种本体规定,表明他已自觉地将其道论与一般的生成论划出了界限。老子的这种自觉,就其理论的价值指向而言,实可谓是一种"哲学的自觉",也是一种"哲学的突破"。

为了进一步论证老子之道的本体性质,我们还可以通过具体考察老子"天下万物生于有,有生于无"、"道生一,一生二,二生三,三生万物"这两个著名的命题来深入说明老子道论与宇宙生成论的关系。前面说过,老子是承认万物有起源的,如说:

天下有始,以为天下母。(第五十二章)
无名,天地之始,有名,万物之母。(第一章)
天下万物生于有。(第四十章)

老子认为天下万物都从一个原始的统一体派出而来,因此这原始的统一体也可称之为"一"。老子说:"昔之得一者,天得一以清、地得一以宁,神得一以灵,谷得一以盈,万物得一以生,侯王得一以为天下贞。"(第三十九章)许多解者认为这个"一"即是"道",其实这是误释。这个"一"尽管是原始的统一体,但毕竟仍然是实存的"有",它不仅不能成为万物存在的终极基础,而且其本身还需被生成:"有生于无"、"道生一"。也就是说,老子认为在"一"及天地、阴阳等等之上还有最根本的"道",道是一切存在的终极基础,是超越一切相对的绝对、是超越一切实有的"无",所以老子说:"有物混成,先天地生。"(第二十五章)其实,道不仅在天地之先,而且还在"象帝之先"(第四章)或如《庄子·大宗师》所说的"在太极之先",即最高的造物主(上帝)之先、在一切实体的原因之先、在初始的"一"、"太初"之先。准确地说,它根本上就不是某种实存的实体,不是"有",而是"无"。说道是"无"反映了老子的道正是超越于"一"、"太极"之类"有"之上的本体。这一点也可以从《老子》的"道"与《易传》中的"太极"的区别中体现出来:《易大传》说宇宙的本始是有,是太极。《老子》说宇宙的本始不是有,有的前头还有无,不是太极,太极的前头还有道。实际上,《易传》以"太极"为宇宙的本始,主要是从宇宙发生论的角度描述了世界万物的演化过程,并没有超出以有具体规定性的实有为宇宙本始的局限性。而老子的道之所以是"无"而不是"一"、"太极"等,正体现了它作为最高本体所具有的至上性、超越性和无限性。相反,如把老子的道混同于"一"、"太极"之类,等于把道作为一种在时间和空间上具有原创性和优先性的宇宙的本始,这就意味着道被赋予了某种时空的规定性,而"道"一旦被赋予了某种规定性——哪怕是像"一"、"太极"这类最原始、最单纯的规定——它就立刻成了一种"有",而不再是"无",就具有了局限性,而不再具有无限性。

由此可见,老子的"天下万物生于有,有生于无"及"道生一、一生二、二生三、三生万物"的命题不仅不是描述宇宙生成论的,反而正是阐述了一种与宇宙生成论有别的本体论。如果我们从宇宙发生论的角度来理解上述命题,那么老子把万物的起源归结于"无"的观点是确有唯心主义的或神学的性质的,但可惜这不符合老子道论的思想主旨。如果我们以本体论的角度来理解上述命题,则正好表明了老子把道看成是一个超越性的无限本体而不是宇宙万物演化的起点。老子认为天地万物弗作而自化,无为而自然,并不存在一个真正的起点或"最初的原因",假如硬要找这么一个东西,那么也可以说它就是"无",就是自然无为,即不是起点就是它的起点、没有原因就是它的原因。所以老子提出"天下万物生于有,有生于无",并不是真的要从发生过程上来说明万物之"有"起源于"无",而是要断然截止对宇宙发生过程的探讨。因为要是不断地追问事物的起源,抓到的必定是一串无穷尽的因果链条,陷入反复究诘所引起的循环论证。而如果为了摆脱这种无穷追溯造成的困境去假定的一个"最初的原因",其本身往往仍然是一个有待说明的原因。老子把所谓"最初的原因"干脆归之于"无",正意味着实际上判定了这种发生学探讨是不可能真正有结果的,也是无意义的。由于探究天地万物的产生和发展过程问题的宇宙发生论只关注"有"即现实存在物,具有实证科学的性质,而且它后来也的确逐渐退出哲学领域而划归入自然科学的问题,所以"无"是宇宙发生论及一切实证科学所拒绝和无法企及的问题。"无"的问题是形上学的本体论问题,哲学不同于具体的科学和知识的一个重要标志就在于此,它实际上是致力于对于超出现实存在物即各种"实有"的"无"的探讨,它以具体科学和知识终止的地方作为自己的起点。所以海德格尔也认为:"作哲学思考,就是要问:'为什么有现实存在物而没有无'?"这个问题,正是"形上学的基本问题"。[①]

三、老子之"道"的意义和价值

老子本体之道的提出,是具有多方面的重要意义和价值的。

[①] Heidegger, *Martin, An Introduction to Metaphysics*, English transiation by Kalph Manheim,Ne Haven(Conn.),Yale University Press,1959,p.7、17.

首先,老子把"道"看作是一切存在的本体、万事万物的终极基础,就在理论上直接否定了上帝等最高人格神的存在、推翻了当时普遍流行的天命神学观念,这无异于思想史上的一场重大革命。本来,我国古代先民也和其他处于幼稚期的民族一样,其思想观念基本上笼罩在原始的宗教迷信之中,相信天帝创世说。古代先民思想观念上的这一特点表现在宇宙观上,就是把天及天人关系当作整个宇宙观的中心问题。人们把天看作是至高无上的主宰,它有意志、有权威、能生成万物、赏善罚恶、决定人们的命运。因此,人们希望通过认识乃至巫术之类的方法与之沟通,达到遵从它顺应它,协调天人关系的目的。这种天命神学思想显然是以自然崇拜为特征的,还没有超出原始宗教的范围,也不具有哲学思维的性质。因为古代哲学必得冲破宗教迷信的桎梏之后才能诞生,所以,尽管春秋以来许多政治家和思想家都对传统的天命神学进行了批判和改造,试图剔除其所蕴涵的天神观念,抛弃意志之天、凸现自然之天,从天的自然本性出发来理解天及天人关系,提出了"天道远,人道迩"等自然天道观,但是,由于各种条件的限制,人们仍未能彻底打破天命神学思想的束缚,建立起一种能够超越天、帝等神性至上性存在的新的权威。直至老子的同时代,从殷周以来流传的天命神学仍有相当的市场,如儒家孔子信奉"天命",宣扬"死生有命,富贵在天";①墨子崇尚"天志",认为天有意志、能行赏罚:"顺天意而得尝,反天意而得罚",②他们把天尊奉为最高的人格神,认为世间的一切都是由这一至高至上的"天"安排的。老子提出以道为万物之宗,是最高的存在本体,同时老子没有把这个新的

---

① 《论语·颜渊》。
② 《墨子·天志上》。

最高存在看作是一种具有神性的存在物,而是继承和发展了春秋以来的自然天道观,认为"天道无亲"(第七十九章)、"天地不仁",把道看作是一个完全自然性的存在,它既无仁无义、无私无欲,又自然无为,并不充当什么主宰者和创造者,而是"道"性自然、无为自化。这样,老子的道论实际上批判和否定了殷周以来传统的天命神学,以自然之道打倒了主宰一切的上帝,推翻了天国,把道置于天、帝、神之先、之上。他说:道"先天地生"(第二十五章)、在"象帝之先"(第四章)、"地法天、天法道"(第二十五章)。这样,老子就毫不犹豫地剥夺了天、帝、神至高无上、主宰一切的资格,彻底剔除了天的神圣属性,恢复了天的自然本性。在老子以后,大多数思想家都受其影响,不再以天为最高的主宰,所论及的"天"基本上也不再是意志之天,而是自然之天。郭沫若说:"老子的最大发明,便是取消了殷周以来人格神的天之至上权威"[1],张松如说:"老子是中国古代第一个以理论的形式来宣传无神论的思想家,他提出了'道'这个至高无上的宇宙本体,批判了殷周以来以'帝'、'天'、'鬼神'观为基础的宗教神学宇宙观。他的'道'理论的出现,标志着春秋以来在某些人那里形成的无神论思想,发展到了一个理论化的阶段。"[2]总之,老子的"道"是一个具有完全革新意义的概念,它是对殷周以来神权观念的强烈冲击和挑战,是春秋末期理性觉醒和思想解放的时代潮流的集中反映,是老子在古代思想史上的一个巨大贡献。

其次,因为受老子道论的影响,在老子之后,"道"这一观念逐渐成为中国哲学及整个思想文化领域中一个最核心的观念。

---

[1] 《郭沫若全集·历史编》第1卷,北京:人民出版社,1982年,第351页。
[2] 张松如:《老子校读》,长春:吉林人民出版社,1981年,第455页。

一方面,由于老子的道论既超越了把某种具体的物质形态当作世界万物的基质和把有限的实有当作宇宙的本始以及猜测性地描述宇宙演化过程的种种理论形态,又推翻了传统的天命神学的统治地位,否定了一切神性的乃至伦理道德性的宇宙秩序的权威,从而在中国哲学史上第一次较系统地探讨了形而上的存在本体问题。陈鼓应认为:"老子'道'的问题,事实上只是一个虚拟的问题。'道'所具有的种种特性和作用,都是老子所预设的。老子所预设的'道',其实就是他在经验世界中所体悟的道理,而把这些所体悟的道理,统统附托给所谓'道',以作为它的特性和作用。"① 实际上,老子所虚拟的这种道论,就是一种关于形而上的存在本体的假说或猜想。著名科学哲学家波普尔(Karl R. Popper)说,任何科学理论都是一种猜想。② 其实,所谓哲学本体论也就是某种哲学思想对自己所探求的关于一切存在的凭借和依据的共同基础及内在本质的猜想和假说,任何伟大的哲学思想都必定要以某种具有猜想性的形上学假说作为自己的理论基础和逻辑前提。老子的道论就具有这种鲜明的猜想性质,因而我们可以把它看作是一种理论上的"虚拟"。但是,正像波普尔说的,如果"由此得出结论说,理论的不确定性,也即理论的假说或猜想性质总是削弱了它所隐含的描述实在东西的主张,那就会是一个莫大的错误"。③ 怀特海也说:"形上学的范畴,并不是对明显事实所做的独断陈述,而是对终极性普遍性所做的试探性的陈述。如果我们将任何哲学范

---

① 陈鼓应:《老子注译及评介》,北京:中华书局,1984年,第1页。
② 参见卡尔·波普尔:《猜想与反驳》,上海:上海译文出版社,1986年,第162页。
③ 参见卡尔·波普尔:《猜想与反驳》,上海:上海译文出版社,1986年,第164页。

畴的构架当作一项复合的断言,并且要运用逻辑学家非真即假的标准来判断此构架的真假,则答案一定是:该构架为假。这一回答对于所有的科学陈述同样适用。"[1]可见,理论上的假说并不会由于其猜测性质而失去认识价值,即使一种理论假说通过检验被成功地证伪了,它也可以帮助我们据此发现新的理论,从而推进认识的发展。老子形上学的道论的意义首先也在于此,尤其是它以其特有的善于从负面的、非存在的方面去把握事物本质的方法,揭示了一种否定性的辩证方法、一种"无"的智慧,为人类认识在新的层次上寻求世界的统一基础找到了一个良好的开端,因而我们可以说,老子所发现的表示本体的"道"的观念,实是中国思想史上前所未有的一个伟大观念,正是从老子开始,"道"开始上升为中国哲学中一个最高的哲学范畴,也带来了中国哲学发展进程上的一个根本突破(也就是所谓"哲学的突破"),即促使老子哲学开创了中国古代本体论思想的先河,提出并建构了中国哲学史上的第一个本体论模式,从而也为道家哲学及整个中国哲学以后进行系统的形上学建构打下了深厚的基础。

另一方面,老子之道作为统摄宇宙自然和社会人生的最高本体所具有的丰富的文化内涵和意义结构使它成为中国传统思想文化中一个最核心的观念。中国哲学一向是较为关注人生和政治问题的,而这些问题的探讨,又常常落入单纯的伦理道德的圈子里,思想的范围受到极大的限制。老子哲学的一个特异处和贡献,就在于他借助于"道"的观念冲破了这种传统的局限而独树一帜地把人类思考的范围由人生及伦理道德扩展到整个宇宙,因为老子的"道"乃是一个统摄宇宙自然和社会人生的最高本体概念,所以

---

[1] 怀特海:《过程与哲学》,1929年英文版,第11页。

第一节 道论:老子哲学的本体论

老子能够着重从宇宙的、自然的角度来观察社会人生的种种问题,老子整个哲学系统的发展,就是一个从宇宙自然的本体论伸展到人生论、再由人生论延伸到政治论的过程。也可以说,老子之道作为形而上的本体,已不单纯是宇宙自然的本体,更是社会人生的存在根据和价值本体,是传达着人的内在生命的呼声、应和着人的内在生命的需求和意愿所预设出来的一种理论约定。这样,老子哲学系统的发展过程,又可以理解为是"道"的观念如何地由形上学的性质渐渐落实到人生和政治等社会层面的过程。也正是在这一过程中,"道"的概念获得了越来越丰富的文化内涵和意义结构。老子之道的这一特点,是"道"在意义上的一个重大转变和创新,对整个中国传统思想文化的发展及其民族特色的形成都产生了难以估量的重要作用。金岳霖说:"每一文化区有它的中坚思想,每一中坚思想有它的最崇高的概念,最基本的原动力。……中国思想中最崇高的概念似乎是道。所谓行道、修道,都是以道为最终的目标。思想与情感两方面的最基本的原动力似乎也是道。"[①]的确,主要是由于受老子道论的影响,在老子之后,"道"的观念逐渐成为了一个在中国哲学乃至整个传统思想文化领域都极有影响的最重要观念,而且,它还通过对中国传统的哲学、文学、艺术、政治思想及人生观、养生术(养生之道)、处世术(处世之道)等等的影响,进一步内化于中华民族的思维方式、行为方式、价值观念、审美趣味、心理结构和人格类型之中,对于形成中华民族独特的民族性格和民族精神具有深刻的意义。

再次,老子道论具有重要的宇宙论意义。前面曾强调过,老子的道论是一种超越了宇宙生成论或说发生论的本体论学说。但

[①] 金岳霖:《论道》,北京:商务印书馆,1987年,第16页。

是,这并不意味着老子的道论就不再与宇宙发生论有什么关系,或不再具有任何宇宙学意义,因为那是两回事。就像老子学说本身并不是人君南面之术、兵术、经营管理之道,但这并不妨碍它可以对人君南面之术、兵术、经营管理之道发生重大的影响。老子道论的宇宙论意义主要表现于以下两个方面:

一是其历史意义。一方面,老子道的本体论是从以前的宇宙生成论基础上发展而来的,它还不自觉地含有一些宇宙生成论的观念杂质,未能与之划分出十分明确的界限,因而导致了其本体论有时还会不可避免地与宇宙论混杂交织在一起。这大概也是导致一些人看不到或不愿承认老子哲学有本体论,而只承认其道论的宇宙发生论性质的一个重要原因吧。许多人都认为,中国古代本体论具有与宇宙论交互混杂不分的特点。我以为,这一特点的形成大概与中国古代本体论的奠基者老子本体论所具有的这一特点是有着内在联系的。(当然,在道家哲学内部,其本体论的发展逐渐淡化并最终消除了这一特点。例如到了庄子那里,老子本体论的这一缺陷已得到有意识的纠正,庄子的本体论已基本上摆脱了宇宙论的染指。魏晋玄学更把老庄所开创的道家本体论发展成为一种系统完备的形上学体系。)另一方面,老子道论对后来宇宙论的发展有着重大的影响,如道家黄老之学的宇宙论、汉代宇宙论等都显示了老子道论的直接作用或间接影响。

二是其现代意义。老子道论所具有的科学价值和现代意义,现已被越来越多的中外学者包括国外一些著名科学家所肯定。[1]老子道论的这种科学价值和现代意义的一个典型体现,就是它对

---

[1] 参见葛荣晋主编:《道家文化与现代文明》,北京:中国人民大学出版社,1991年,第十二、十三章。

现代宇宙学的巨大启发作用。这种启发作用主要表现为两个方面：一方面，老子道论启发和支持了现代宇宙学对整个宇宙图景的新理解。现代宇宙学的一条基本原理就是认为没有任何一个点是宇宙的中心，由此我们可以推知没有任何东西存在于宇宙之外，没有任何东西比宇宙大，所以宇宙是无限的，无限的宇宙就存在于一切可能的存在之中，它就像是老子的"道"，可以说是最大的"有"，因为它是真实的而又无限的存在；也可以说是最大的"无"，因为它作为最大的存在是不可能对它作任何具体的规定的，它包容和超越了一切有形有象的"有"。老子说：道"迎之不见其首，随之不见其后"（第十四章）、"澹兮其若海，飂兮其无所止"（第二十章），认为道无边无际、无始无终，实与现代宇宙学所描述的宇宙图景相吻合。庄子曾说："有实而无乎处者，宇也；有长而无本剽者，宙也。"[①]我认为庄子的这种宇宙观是对老子观点的很好概括和发挥，它与传统的"上下四方曰宇，古往今来曰宙"的宇宙观及时空观是相反的，而正与现代宇宙学的观点相似。从老庄和现代宇宙学这种宇宙在时空上具有无限性的观点必然进一步得出结论，即作为宇宙总体的存在，是根本不存在"创生"及"初始"、"终极"这类问题的。至于现代宇宙学中所谓"我们的宇宙"，作为一个有限的存在，按照暴胀宇宙学的观点，它起源于原始火球的大爆炸，而这个原始火球也不过是物质演化的无限过程中的一个环节。这样，在时间上具有优先性的"第一推动"的问题也就不复存在了。这种宇宙观无疑将彻底剥夺神学所占据的"神创论"地盘。由此也可见，许多哲学史教科书和研究论著根据老子之道"先天地生"、"有生于无"的性质就断言其属于神学唯心主义，这是不正确

---

① 《庄子·庚桑楚》。

的误解。

另一方面,老子关于道的存在的描述对现代宇宙学关于宇宙原始基质的认识是富有启发性的。老子把作为一切存在的本体"道"看作是无形无象的客观存在。有些学者认为,宇宙的原始基质就是一种相当于老子的"无"的无形无象的未成形质的真空态连续性物质存在,"我们的宇宙",包括有形有象的天地万物,都是从这一原始基质演化而来的。"按照暴胀宇宙学,宇宙的极早期是纯粹的真空态物质的演化史,只是经过暴胀时期的真空相变,才产生了大量的实物粒子,开始了连续的真空物质和间断性的实物粒子二者并存、相互作用和不断演化的历史。"[①]因此,实际上,对于作为存在的总体的宇宙而言,就像老子的道是有无统一、有无相生的存在本体一样,无形无象的连续物质和有形有象的实物粒子永远是同时并存、相互作用和相互转化着的,共同组成了整个物质世界。这种基于现代物理学和现代宇宙学所描绘的新自然图景,引导我们回归到了对老子这位站在中国哲学史起点上的无与伦比的伟大思想家提出的关于"有生于无"和"有无相生"等古老命题所包含的宇宙学意义的重新关注。

第二节 否定性的形上学方法

一、哲学与方法

一种真正的哲学总是包含有它的"内容"和它的"方法"这两

[①] 谭暑生:《老子的"有生于无"和现代科学的自然图景》,《自然辩证法研究》1990年第1期。

个方面,但是,这并不意味着对一种哲学来说存在着"内容"和"方法"这两种不同的东西,相反,"内容"和"方法"是具有内在统一性的,正如黑格尔认为的,真正的哲学方法不是某种和自己的对象和内容不同的东西,"因为这个方法就是关于逻辑内容的内在自身运动的形式的意识"。[①]也就是说,哲学方法应是适合于在科学认识中运动着的内容的本性的方法,是能够展示内容本身的内在灵魂的方法。因此,哲学"方法"不仅是哲学家建构和阐述其哲学"内容"所必不可少的工具,而且是可以用来解释一切思想"内容"的逻辑框架,是赋予思想"内容"以生命活力的内在灵魂。一个哲学家为了要建构其哲学体系的逻辑系统,必然要用与其思想内容有密切联系的方法;而且为了要论证其思想内容的合理性,其方法必然会深刻地反映着其哲学内容的特点。正由于这样,我们先去把握哲学家建立哲学体系的方法,将是解读其体系的重要门径。

根据上述对哲学方法的看法,我们对老子本体论的进一步解读,就应先从探究其哲学方法入手。前面说过,哲学"方法"不仅是哲学家建构和阐述其哲学"内容"所必不可少的工具,而且是可以用来解释一切思想"内容"的逻辑框架,是赋予思想"内容"以生命活力的内在灵魂。这正如英国哲学家怀特海曾说过的,"建立哲学的正确方法是构成一套思想的框架,然后坚定不移地探讨用那套框架来解释经验。"这一点在老子哲学那里表现得尤其突出,其哲学方法无疑是其思想内容的"解释框架"和"内在灵魂"。不过,我认为对于一种真正的哲学来说,其哲学方法首先是指认识和把握其最高本体的形上学方法。也可以说,一种哲学的特点和价

[①] 参见黑格尔:《逻辑学》上卷,杨一之译,北京:商务印书馆,1981年,第36 – 37页。

值,本质上就在于认识和达到这种哲学的最高范畴的方法。对此,二千多年前处于哲学开创期的老子竟就已经具有十分明确的自觉,是应令我们感到惊奇和佩服的。在老子那里,所谓哲学方法首先就是认识和把握"道"这一最高本体的形上学方法,这是因为,一方面,在老子的哲学体系里,既然道是一个具有本体性质的最高范畴,那么它也就是其哲学体系的核心的、总体性的范畴,老子的整个哲学系统都是围绕"道"这个观念而展开的,毫无疑问,"道"也就是一切认识的最高对象。这样,认识和把握"道"的方法也就是老子哲学的基本方法,这种方法也正是所谓阐述和解释其他一切思想内容的"逻辑框架",老子思想的方方面面都是依据这一"逻辑框架"搭建和填充起来的。另一方面,在老子那里,"道"之所以能够在其哲学体系中占据核心的地位,根本原因在于它本身的特点,即它在宇宙中所处的核心的、独一无二的地位。在老子看来,"道"是一个统摄宇宙一切包括自然和社会人生的根本,是一切存在和价值的终极依据。既然道可以支配一切,那么抓住了道,也就等于抓住了根本纲领,从而可以达到"纲举目张"的效果。老子认为:"执古之道,以御今之有,能知古始,是谓道纪"(第十四章),抓住了恒古之道,就可以把握现在的一切,得"道"将使"天下正"、使自然生态平衡、社会安宁、政治清静、个人安乐。"道"既如此重要,自然老子要把求道、得道、体道作为其哲学的根本任务,而那求道、得道、体道的方法也就是其哲学的根本方法了。

然而,由于老子的本体之道是极为独特的,所以其求道、得道、体道等把握道的方法也就非同一般。老子已认识到并反复强调,道作为形而上的存在本体,不能受具体形象、具体属性的局限,它不属于日常经验世界中的存在物。因而它不能借助于感官经验性的认识方法来把握。然而,它也不能借助于理性的认识方法。它既不能用定义的方法从更高的概念导出（没有比它更高的概念了），也不能用较低的概念来描述，也就是说，我们无法用理性、概念等去达到它、穿透它，也无法用语言传达它，不然，一落言筌，便成有限，便失去了道的真貌。正因此，老子才说道"不可道"、"道无名"，道是超验的，不可言说的。但是，本体之道的不可定义性并不意味着可以取消它的意义问题，反而更显示出它具有不寻常的意义。所以，老子还是不得不用某种特殊的方式对"道"有所言说，于是只好"著书上下篇，言道德之意五千余言"，并勉强给它一个"道"的称号（参见第二十五章）。"道"只是无名之名。

那么，老子究竟是用什么特殊的方式，去阐述和把握这个"无名"的、不可言说的"道"的呢？那就是其独特的否定性方法。

二、否定性方法及其意义

老子认为，一般人只知道"有"的作用，却不知道"无"的用处。而事实上，"无"的用处要比"有"大得多，他举例说：

> 三十辐，共一毂，当其无，有车之用。埏埴以为器，当其无，有器之用。凿户牖以为室，当其无，有室之用。（第十一章）

同样对于"道"或本体，许多人也只知道从肯定性方面去理解，把它看作一种实在性的"有"、存在，但老子以为这是一种囿于日常经验的庸见，并不能真正达到对终极性的存在本体的把握。老子另辟蹊径，强调应从相反的方向即否定性的方面去理解本体，认为道是"无"，即否定性的"非有"、"非存在"。诚然，道作为本体，是一种终极性的存在，在这个意义上可以说，它是绝对的肯定性存在,即"有";但是,由于"规定性是肯定地建立起来的否定"、"任何规定都是否定",绝对的肯定也就是绝对的否定①,所以,这绝对肯定性的"有"不是一般的"有",而是等于绝对否定性的"无"。"无"就是一种最大的否定性,或者说,是一种否定之否定。

具体来说,道的否定性可以逻辑地理解为:一方面,老子把道的根本特性规定为"无",就意味着赋予了道以内在的否定性质,也可以说,道的本质特性就是"否定性"。道作为最高的存在本体,其最高的规定性就是必须否定掉一切具体的有限的规定性。道只有不是任何东西,它才能成为一切的基础、才具有最大的普遍性、包容性、超越性。另一方面,说道本体是"无",就意味着道是没有任何具体规定性的,也是超验的、不可言说的。不然,一落言筌,便成有限,就不能抓住道的真相。所以,对于道这个最高本体,我们只能说它"不是什么",却无法肯定它"是什么"。老子籍此否定性思想表达了一种需要通过彻底否定以达到对终极存在的领悟的独特的形上学方法。这种否定性的形上学方法,就是老子为自己的理论建立的一种特殊逻辑和特殊语言形式。当然,有些人也看到了老子所采用的这种特殊的否定性方法,但却还没有人能进一步看到老子的这种否定性方法首先是以其道本体的否定性本质及道的否定性运动为深刻的本体论基础的。如前所述,在老子看来,由于道本体的普遍性、无限性、整体性等特点,我们对道这个最高本体,只能说它"不是什么"、却无法肯定它"是什么"。"是什么"是对对象的肯定性说明,而"不是什么"则是对对象的否定性理解。一般人只注重对"是什么"的肯定性认识,却不懂得有时候

---

① 参见黑格尔:《逻辑学》上卷,杨一之译,北京:商务印书馆,1981年,第36页,第105-106页。

对"不是什么"的否定性认识是更深入一层的甚至是更为根本的认识。尤其对于哲学来说,如依前述海德格尔的观点,它恰恰是以一般的经验知识和具体科学终结的地方为自己的形上学出发点的,即以否定性的"无"为形上学的出发点。从这个角度说,老子的本体论是深得形上学主旨的。老子始终不愿从正面的角度对道作肯定性的界说,而只从负面对道作否定性的描述,如他说道"无名"、"无形"、"无状"、"无象"、"无物"、"无为"、"不言"、"不争"、"不仁"、"不德"等等,目的就是为了通过一步步的不断否定,来否定掉道的具体性、有限性,以最终肯定道的普遍性、无限性和整体性。又如老子认为"为学日益、为道日损"、"其出弥远,其知弥少"(第四十七章)、"知者弗言,言者弗知"(第五十六章)、"大音希声"(第四十一章),所以主张行"不言之教"(第四十三章),对道的真相保持沉默或运用"正言若反"(第七十八章)的方法从负面进行理解。总之,在老子看来,真正的哲学方法,必须从否定入手,一层层剥除去表面的现象、偏见、错误等,然后穿透到玄奥的深层本质里去。自然的奥秘和人生的真相,都是在层层的庸见和外形剥落之后,才会最终豁然展现出来。实际上,老子的这种否定性方法,并不单单证明了道的否定性本质以及道的否定性运动,而且以此为基础,老子还进一步否定了世俗的道德观价值观的绝对性与永恒性,否定了时俗与常人认识上的浮浅性、局限性和机械性,否定了独断论的思维方式及一切外在形式的束缚,为其无为而治的社会理想和顺应自然的人生追求提供了形上学层次上的理论依据。

综上所述,老子的上述思想,已明显地反映了他已具有了"通过否定达到肯定"的否定性形上学思想及其否定性的方法。我们看到,能够认识到存在本体的否定性本质并用否定性的方法来描述这种存在本体,是人类认识发展史上的重要里程碑,它标志着人类已能够从无限性、普遍性的抽象思维高度来把握存在本体。黑格尔说:"把原则规定为'无限',所造成的进步:在于绝对本质不再是一个单纯的东西,而是一个否定的东西、普遍性,一种对有限者的否定。"①老子把道本体规定为"无",就是为了着重说明"道"的否定性或负的作用,表明老子已力图从无限性、普遍性的意义上来理解形而上的本体,老子所说的"正言若反"就是他对自己的这种否定性的思维方式和形上学方法的总结。老子这种否定性思想和否定性方法,对老子产生其一系列深刻独特的思想及建构其整个哲学体系,具有十分重大的影响,它决定了老子哲学思想和方法的一个突出特征就是注重从相反的方面、否定的方面、负的方面来表达他所要肯定的和建立的。冯友兰曾把否定性的形上学方法,称之为"负的方法",并指出,形上学有两种基本的方法,即正的方法和负的方法。正的方法的实质,是说形上学的对象是什么;负的方法的实质,则是主要说它不是什么。"一个完全的形上学系统,应当始于正的方法,而终于负的方法。如果它不终于负的方法,它就不能达到哲学的最后顶点"。② 我们可以说,老子的形上学正是在哲学史上率先发现并运用了这种"负的方法"的一个典型,它也因之实现了哲学本体论思想上的一个重大进步。西方的传统形上学历来是以"存在"(如亚里士多德)和"应当"(如康德)为根本原则的,即是以肯定性的"有"为根本原则的。它认为,有就是有,无就是无,"非存在"或否定性的"无"只被简单地看作是存在或有的丧失,并未被当作本身自存的东西。"任何东西都不能从无中产

---

① 黑格尔:《哲学史讲演录》,第一卷,北京:三联书店,1956年,第195页。
② 冯友兰:《中国哲学简史》,北京:北京大学出版社,1985年,第394页。

生"这句话,实可以说就是西方传统形上学的一个基本思想。① 因此,"非存在"或否定性的"无"未曾在西方被视作一种基本的形上学原则。但是在中国传统哲学中,由老子所开创的道家哲学却很早就意识到了"非存在"比一般的"存在"概念更有意义,"无"所包含的内涵比单纯的"有"更为丰富。老子的道论就是以"无"为根本原则或最高本体的否定性形上学,它的产生是哲学本体论思想的一个重大突破,是古代理论思维在深刻性和辩证性方面的一个巨大飞跃。老子哲学的巨大贡献并不仅仅是在中国哲学史上提出第一个系统的本体论学说,而且更在于它在中国乃至世界哲学史上第一个用否定性的概念描述了存在本体。

老子的否定性方法在中国哲学史上的影响是十分深远的。这一方法不仅为庄子等先秦道家所继承,而且直接影响了魏晋玄学提出"得意忘言"、"言不尽意"等思辨方法,也影响了中国禅宗普遍推崇"负的方法"。甚至中国的古典美学和文学艺术,追求"言外之意"、"弦外之音"、"象外之境",崇尚平淡空灵的审美趣味,也不能不说和老子的这一否定性方法或"负的方法"有密切的关系。那么,为什么老子的这种否定性方法会有如此深远的影响呢? 若从方法论本身来说,主要是因为它所表达的否定性认识在内涵上往往比一般的肯定性认识要深刻得多、丰富得多、灵活得多。例如许多重要科学定律的界定方式就是采取否定式的。像物理学中许多定律的表述就并不是肯定性的,而是一种全称否定判断,如能量守恒定律,最初的表述是:没有任何办法造出第一架永动机;狭义

---

① 参见阿部正雄:《禅与西方思想》,上海:上海译文出版社,1989年,第五章,第143-158页。

相对论的相对性原理的表述是：没有任何办法能测出绝对速度。又如在宇宙学中，宇宙基本原理的表述就是：没有任何一个点是宇宙的中心。此外，在东方宗教和哲学中，对作为至上者的终极实在主要是从否定性方面而不是肯定性方面来领悟的。如在古印度教教义和神话里，最终的实在，即梵被认为是所有事物的灵魂或内在的本质。它是无限的，超越所有的概念；它既不能用理智来理解，也无法用语言去描述。"梵没有开始，至高无上，既超越是，又超越不是"。"至高无上的精神是无法理解的，是无限的、无源的，是无法推理的，也是不可思索的。"[①]对于这种相当于老子所说的"无"的至上者，只能用否定性的词句进行表达。实际上，古印度甚至没有"无"这个词，而只是用"有"的否定式"非有"来表示：因为"梵语没有'无'词根，只是用表示否定的前缀 α -"。[②] 甚至在一般语言中，我们也可以常见到不敢或不便用肯定性名称而以各种"无名"等否定性方式称指至尊至圣者。由此可见，"否定性方法"或"负的方法"是一个具有普遍意义的方法，它不仅可以作为形上学及一般哲学的基本方法，而且可以作为人类的思想认识活动的一个普遍方法。本书后面各章节的论述将表明，老子正是在上述意义上理解和应用了他的否定性方法的，从而使他的这一否定性方法成为其哲学思想的一个总体性方法。

---

① 参见灌耕编译：《现代物理学与东方神秘主义》，成都：四川人民出版社，1983年，第64页。

② 金克木：《印度文化论集·试论梵语中的"有—存在"》，北京：中国社会科学出版社，1983年，第15页。

第三节 "无"和"有"：道本体的存在形式

老子的形上学方法，是一种否定性方法，即"负的方法"。用这种否定性的、负的方法所描述的存在本体（"道"），并不是本体（"道"）的实体形态，而只能是道这一本体所"呈现"出来的"存在形式"。本体所"呈现"的存在形式并不直接等于本体自身，而往往只是本体的某一部分和某一侧面。就像海洋中漂浮的冰山、云雾笼罩着的山峦，其真实的面貌是难以直接地、完整地展示出来的，它所"呈现"的存在形式要么是无限中的有限、整体中的一隅，要么就是若隐若现、似有似无、犹抱琵琶半遮面。总之，在老子看来，道作为最高本体必然所具有的普遍性的品格，使道必然是一种无限性、超越性、整体性的存在，我们面对它"迎之不见其首，随之不见其后"，而且又"视之不见，听之不闻，搏之不见"，因而我们无法从正面直接地对它作"是什么"的肯定性的形上学追问和逻辑思辨，而只能从反面或侧面对它间接地作"不是什么"的否定性的或不确定性的描述，从而着重揭示其"**本体是以什么形式或方式存在的**"这样一个问题。应该指出，在形上学中，"本体是以什么形式或方式存在的"问题实比"本体是什么"的问题具有更深层次的意义和价值，老子在哲学史上率先以其否定性的形上学方法提出并探讨了这一深刻问题，这正是老子哲学的一个卓越之处和独特贡献。

一、道即"无":有无统一

在老子那里,道作为一切存在的本体,并不是一种具有具体的、确定的形态和性质的实体。相反,对于我们的感官和认识来说,它是超验性的;就它自身来说,是无限性的。正是在这个意义上,老子认为"道"即是"无"。说道是"无",其意思主要是指从道本体的存在状态或存在形式来说,道不是实体性的,而是虚体的或虚状的。老子曾把道分别譬喻为"冲"(盅)、"玄牝"、溪谷、风箱等等,目的都是为了说明道的这种虚无性质(参见第四章、第五章、第六章等)。因此,我们不能从西方式的实体论思想来理解老子的"道"。"道"不是独立存在的、不依赖任何事物的绝对单纯者或永恒不变者,也不是构成万物的最后基质。

然而,道作为最高本体毕竟不是绝对的虚空或空无,相反,就它作为本体自身来说,是确实存在的;而且惟其有虚无的属性和品格,才能永恒而常在,即所谓"常道"。所以所谓道是"虚无",不仅不是说它是不存在,反而恰恰是最真实的存在,而且它还含蕴万物、万象皆具,是一切存在者之所以存在的终极基础或说最后根源,正是从这个意义上说,道又是一种"有",而且是最大的、最真实的"有",只是由于它是至大的,以至于无边无际、超越时空,从而也超越了具体的形象、声音、颜色等,使之难以被我们一般的认识所把握而已。因此,"道"本体就是最大的"无",也是最大的"有",这两种作为"绝对的否定"的最大的"无"与作为"绝对的肯定"的最大的"有",在实质上是一样的,因为有所肯定就是有所否定,绝对的肯定等于绝对的否定,反之亦然。这样,道作为本体可以说就是"无"和"有"、"绝对的否定"和"绝对的肯定"的统一体。这种"无"和"有"、"绝对的否定"和"绝对的肯定"的统一正是道的"玄之又玄"的玄妙之处。《老子》第一章劈头就点明了"道"与"无"、"有"的这种内在统一的"玄妙"关系：

> 道可道，非常道；名可名，非常名。"无"，名天下之始；"有"，名万物之母。故常"无"，欲以观其妙，常"有"，欲以观其徼。此二者，同出而异名，同谓之玄。玄之又玄，众妙之门。

老子认为，本体之道同时兼有"无"与"有"这两种基本属性，"无"是指道作为本体的无限的、超越的形上性，"有"是指道不离实有的实存性，道就是"无"与"有"这两种基本属性的统一体。然而，"有"、"无"并不是道的两个各自独立的属性，而只是道的两种因侧重点和视角不同而呈现出的不同的存在形态，两者相反相成，不可分离而独立存在，如一体之正反、利刃之双面，可谓无中含有、有中含无、从无中可以观照到似无实有的微妙，从有中可以观照到似有若无的虚空。因此，"无"、"有"虽有所区别，却是同出一源而异名，都是用来指称"道"的，都是道的存在形式，我们观道的正确方法就不能滞于有无之别，而应懂得道实非有非无、似有似无、于无显有、于有观无，有无浑然如一。在老子看来，道的真义深奥难识，但其"玄妙之处"就在于有无的这种统一性。

此处很值得注意的一点，也是很不易让人理解的一点是，老子为什么要把这种有无的统一性称之为"玄"而不直称为"道"呢？其实根本原因恐怕就在于"玄"这一概念本身就含有有无统一的意思，因为"玄"的本字是"镟"，为旋转之义，后来"玄"字就具有了由旋转（"玄之又玄"）而引起的物我不分、似有似无、浑沌不清的引申义，老子正是借此用以形容道的有无统一的存在形态的，可见"玄"实可为"道"的代称或比喻（详见后面第四章考证）。当然,对于道的这种奥妙,不少人是已经有所认识的。王弼《老子注》说:"欲言无耶,而物由以成,欲言有耶,而不见其形。"①沈一贯说:"老子兼'有'、'无'而名'道'也,岂但以'无'为'道'也。"②陈鼓应说:"老子以'无'、'有'来指称道,用以描绘道由无形质落向有形质的活动过程。就道的无形质、无限性而言,是'无';就道的实存性、含蕴万有而言,是'有';'无'为究极之意,'有'为统摄万有之意。"③总之,在老子看来,说道本体是"无",是因为道作为本体不能是某种具体实在的"有",但它又不能是绝对的"虚无",不是 nothing,因为本体又是确实存在的。所以老子一方面说道是"视之不见"、"听之不闻"、"搏之不得"的"无状之状"、"无物之象"(第十四章),另一方面又说:"道之为物,惟恍惟惚。惚兮恍兮,其中有象;恍兮惚兮,其中有物。"(第二十一章)老子这些似乎矛盾的说法正是为了说明道既是无形的、超感觉、超具象的,又是客观存在的,是包含了"有"的"无",是"有"、"无"的统一体。

对这种"有无统一观"的最有妙趣的进一步证明,还可能从对《老子》中"无"的本字"無"的考证中得出。据庞朴在《说"無"》④一文中对"无"字历史演化的考证,古籍上曾有三个"无"字:"亡"、"無"、"无"。它们的本义各有不同,出现的时序也有先后。最先出现的是"亡",其含义为"先有而后无",它同"有"直接对待

---

① 王弼:《老子注》第十四章。
② 沈一贯:《老子通》。
③ 陈鼓应:《老庄新论》,上海古籍出版社,1992 年,第 70 页。
④ 参见庞朴:《稂莠集——中国文化与哲学论集》,上海人民出版社,1988 年。较早从远古的巫术神话角度来考证老子的"无"及"巫、舞、无"三字关系的观念渊源的,似乎是日本学者井筒俊彦在其所著《苏斐教与道家思想中主要的哲学概念之比较研究》(东京,1967 年)中做的,参见萧兵、叶舒宪著:《老子的文化解读》,武汉,湖北人民出版社,1994 年,第 427 页。

而成立,是有的缺失或未完。其次出现的是"無",其含义为"似无实有"。"無"的本义是指原始初民通过舞蹈与他们认为似无而实有的神灵交通。后来,以舞事"無"就分工由专门的"巫"担任。《说文》解"巫"说:"祝也,女能事無形以舞降神者也。"这样,巫、無、舞,是一件事的三个方面,因而,这三个字不仅发一个音,原来也是一个形。受这种巫术文化的影响,人们逐渐把那些无形无象、看不见、摸不着但又实有的神秘性、普遍性、超越性的存在物都视之为"無"了。而大概到了战国后期,人们才形成绝对空无的观念,并以"无"字表示。所以"无"字是最晚出的。那么,老子所崇尚的"无"究竟应是三个无字中的哪一个呢?庞朴认为,"即使按最保守的估计,老子也应是战国中期人。其时,人们尚未达到'无'的认识,因此,《老子》中'有生于无'的'无',便不可能是'无之而无'的'无',而只能是'無'"。

老子的'无'就是表示似无而实有的"無",体现着"有"与"无"的统一,这个结论完全证实了我们前面从本体论角度对老子之道的性质所作的分析。实际上,与其说是古文字发展的历史性决定了老子的"无"的观念正是"似无而实有"的"無",不如说是老子哲学本身所具有的形上学本体论的内容和性质决定了老子之道必然具有"似无实有"的有无统一性。况且,从文化学角度看,据说老子、庄子及许多先秦道家都是楚人,生活在巫风尚很盛的楚地,其思想观念是不能不深受其独特的文化传统的影响的。"無"就是老子从楚文化的巫术传统中借用、移植过来用以说明自己哲学本体论的一个重要符号。当然,老子已进一步发挥、改造和提升了"无"的原始意蕴,使之成为一个能描述其形而上的存在本体的最高概念。

二、恍兮惚兮：有无相生

在老子看来，道作为本体并不是一种凝固不动的实体，而是包含着运动变化于自身之中的。我们前面说老子把道的本质特性理解为"无"这一否定性规定，而"无"这种否定性规定恰恰是通过一种否定性的运动表现出来的。老子常以"玄"来形容道，正是为了描述道具有旋转性的运动本性的，而老子说的"反者道之动"（第四十章）"归根复命"（第十六章）等就是他用来说明道的这种否定性运动的一些重要命题（此部分的具体论证请参阅本书第四章有关内容）。所以，老子眼中的"道"是"虚而不屈，动而愈出"（第五章）、"独立而不改，周行而不殆"（第二十五章）的，即包含着循环往复不断的运动变化的。这种包含着循环往复不断的运动变化的"道"就是所谓"常道"，因为"常道"之所以能成为"恒常"、"永久"之道，正是由于道具有那种"常中有变"、"变中有常"的辩证运动性质。换言之，普通所谓"常"是相对于"变"而言的，"常"的意思就是"不变"；但老子却把"常"和"变"统一起来了，把"常"看作是在一种"归根复命"的运动变化过程中所体现出来的普遍性、规律性的东西。可见，道的运动变化（"变"）恰恰是其能够永恒常存（"不变"）的内在根源。这种"变常统一"的辩证法思想无疑是老子本体论及其整个哲学最有价值的深刻内涵之一。

既然道是运动变化的，我们必须从运动变化中认识和把握道的存在形式，那么道与无、有的关系也就必须在其运动变化中来理解。可以说，老子讲有无统一，不但如前所述讲了为什么要统一的问题，而且还进一步讲清了怎样统一的问题。在老子看来，有无的统一并不是在绝对静止、寂然不动的状态中统一的，而是在"虚而不屈，动而愈出"、"周行而不殆"的否定性运动中实现统一的。也

第三节 "无"和"有":道本体的存在形式

就是说,本体世界就像一个巨大的风箱一样,既是一个虚空之体,又贯注着生命之气,"无"中有"有"、似无似有,虚中有实、实里含虚,虚无、实有在像拉风箱一样生生不息的运动变化中相互生成、相互转变,组成了一个流动不止、绵绵无尽的生命过程。用老子的话说,这就是:

  有无相生。(第二章)

"有无相生"表现的是道本体在不断的运动变化中实现有无的相互生成、相互转化的"道之动"过程。本体之道就是通过这种有无的相互生成、相互转化而获得了一种生生不息的无限生命力,也可以说,这"有无相生"、一虚一实的运动变化是一切存在的最内在本质及生命。它从一个方面证明了一切事物内部矛盾的对立统一关系是事物存在和发展的根本原因。

总而言之,在老子看来,本体之道的存在形式就表现为"有"、"无"的相互生成、相互转化的不断的运动变化过程。或者说,本体之道就通过"有无相生"即"有"、"无"这对矛盾的对立统一运动体现出自身的存在和作用。由此可见,"道"、"无"、"有"这三者是一种三位一体的关系,而三者合一的纽结和关键就是"道之动"的本性。为了说明道、无、有这三者的这种三位一体关系,老子曾从许多角度给予过描述和阐释,其中,最值得注意的是老子用"惚"、"恍"所做的说明。

老子多次以"惚"、"恍"来形容道的性质,描述道的存在形态,老子说:

  (道)绳绳兮不可名,复归于无物;是谓无状之状,无物之象,是谓惚恍。(第十四章)。

道之为物,惟恍惟惚。惚兮恍兮,其中有象;恍兮惚兮,其中有物。(第二十一章)。

要弄懂老子这两段话,关键是理解"惚"、"恍"两字的意思。一般语言中及以往注老者,都把"恍"、"惚"看作是同义词,而不予深究、区别,这样"恍惚"就被理解为复合形容词,表示模糊、不清楚、仿佛之意。如奚侗、蒋锡昌等即持此看法。但实际上,至少在老子那里,恍、惚两字各具有很实在的意义,不可混同,乃是分别表示"道"在否定性的循环运动中所呈现的"有"、"无"这两种存在状态的。惚、恍二字在历史上及《老子》的各种传本中,都有许多不同的写法,如"惚",马王堆汉墓帛书本写作"沕"、"忽",傅奕本、范应元本作"芴"。"恍",马王堆汉墓帛书本写作"望",傅奕本、范应元本作"芒",河上公本、龙兴碑等作"怳"。不过,虽然这两个字各有多种不同的写法,其义却基本相同。关于"惚"义,《说文》说:"忽,忘也。从心,勿声。"《尔雅·释诂》:"忽,尽也。字并作'惚'"。《音辨》:"芴,音忽。于无非无曰芴。"关于"恍"义,《说文》曰:"望,出亡在外,望其还也",《广雅·释诂一》:"望,视也。"《音辨》:"于有非有曰芒"。根据这些材料,王博认为,"惚"具有暗、尽、忘、无等义,结合第十四章,可知"惚"实指"复归于无物"中的"无物"状态;而"恍"则具有明、有等义,与"惚"正好相反。[①] 应该说,这种看法是颇合老意的。由"惚"、"恍"的不同,使老子所使用的"惚恍"和"恍惚"两词,其含义也就有别。从老子说的"是谓

---

① 参见王博:《老子哲学中"道"和"有"、"无"的关系试探》,《哲学研究》1991年第8期。

第三节 "无"和"有"：道本体的存在形式

无状之状,无物之象,是谓惚恍"和"惚兮恍兮,其中有象;恍兮惚兮,其中有物"可以看出,"惚恍"是说明"有象"的,"恍惚"是说明"有物"的。那么什么是"象"和"物"呢？"象者疑于有物而非物也,物者疑于无物而有物者也"。①"象"就是"无状之状,无物之象",是某种确实存在却又不明显的"无物"、"非物"状态,"惚恍"就是形容这种似有却无之境的；"物"也并不是指某种具体的物质实体,而是指较显著的、较确定的存在状态("有物"),"恍惚"就是形容这种似无却有之境的。台湾学者严灵峰在引述《老子》第十四、二十一章后说:"我们看到这段文字,很可以发现老子用语的巧妙风格。他在上一段用'恍惚'二字形容有物,在这里便用'惚恍'二字以形容'无物'、'无状'。两字颠倒一下,则意义全异。"②从上述可见,简单地说,老子以"惚恍"和"恍惚"来分别表示道的两种存在形式,即"惚恍"相当于"无"的状态,"恍惚"相当于"有"的状态。然而,特别值得注意的是,在老子那里,关于"惚"、"恍"的描述极富有动态感,由"惚"、"恍"所表示的"无"、"有"关系并不是静态的,而是动态的,也不是单向的,而是双向的。也就是说,老子对"惚"、"恍"及其相互关系的描述表明了"有"、"无"是处于相互生成、相互转化的运动变化过程中的,老子所说的"惚恍"、"恍惚"两词的不同含义,传达的正是在道的运动过程中"从无到有"和"从有到无"的"有无相生"的双向运动。在老子看来,所谓"道"就存在于这种"有无相生"、对立统一的双向运动过程中,就在这种由有无变化所体现的虚实互动、阴阳轮回、消长的生动图景中实现最普遍的存在和真正永恒的生命。也可以

---

① 吕惠卿:《道德真经传》第二十一章。
② 严灵峰:《老列庄三子研究文集》,转引自上述王博文。

说,"道"的存在就表现在"有"、"无"两极间往返运动的过程中,表现为万事万物在任何两个对立的性质间往返运动的过程中。从这个意义上说,无论"惚恍"还是"恍惚",实际上都是老子运用高超的语言艺术,为我们描述的一种道的存在的"有无之境"。而老子这种"有无之境"所寓含的存在形式和精神意象,对中国古代的本体观及人生观、审美观等都发生了深刻的影响。

第四节 有无模式

老子哲学因其具有的种种独特的思想内涵和奇异的思想特质,如其作为形上学的道论、否定性的思维方式、无为主义的政治原则等等,从而使道家哲学在中国古代的思想世界中成为独树一帜的一个大家,并且至今还散发着夺目的光彩。那么,面对这些富有深邃智慧的"奇珍异宝",人们自然会深感兴趣的是,老子究竟是怎么提出这一系列独特的思想观念的呢? 其整个哲学体系的展开又具有什么样的内在逻辑? 显然,这些问题的探讨对于重新认识解读老子哲学的独特内涵、历史价值和现实意义都是有着重要意义的。

如前所述,老子哲学的整个理论系统是由"道"这个观念开展出来的。但在老子哲学中,道作为最高本体,实际上是一种虚拟性的假设,具有无限性、超验性、非认知性等特点。这样就使它既不能采取以经验为基础的归纳法,也不能使用以逻辑分析为主的演绎法来进行说明,而不得不采用一种独特的哲学方法,这就是老子哲学的否定性方法。正如前所述,否定性方法作为老子哲学的基本的方法,无疑就是老子用以解释和阐述其道论和其他一切思想观念的内在灵魂和总体性方法——对于这一点,前面已有论述;而同时,它也构成了其整个哲学体系得以展开的内在逻辑框架。而这正是我们这里将要着重进行考察的主要问题,即老子哲学在运用否定性的基本方法展开其整个哲学体系的构建时究竟依循了一个什么样的内在逻辑的问题。

一、以反求正

老子哲学的否定性方法具体应用到其道论及整个哲学体系的内在逻辑的构建和展开上,首先就是一种以反求正的方法,即通过否定达到肯定的方法。这种以反求正的方法,就是说老子哲学主要不是从正面、以肯定性的方式来表达他所要肯定和建立的是什么,而是侧重从相反的方面、负的方面,以否定性的方式来达到他所要肯定和建立的东西。所以这种方法也被冯友兰称之为"负的方法"。

1. 老子哲学首先运用以反求正、以否定达到肯定的方法来阐述其道论。

老子把"道"作为最高的存在本体,实际上是确认了其作为最高的肯定性的绝对地位。但是老子已经懂得,任何对某些方面的肯定就意味着对另一方面的否定,因此,要达到对道本体的绝对肯定的目的,恰恰不能通过绝对肯定的方式来实现。由于反过来说,任何对某些方面的否定也就意味着对另一些方面的肯定,绝对的否定也就是绝对的肯定,所以老子相信用否定性的方式来达到对道的肯定性的说明会有更好的效果,即更能有效地表达、体现道的普遍性、无限性等形而上的本体性质。正因此,老子把"道"的根本特性规定为"无",就典型地体现了他力图从否定性方面去理解和阐述道本体的形上学方法。老子说道"无名"、"无形"、"无象",道"不可道"、"不可见"、"不可搏",又提出"天下万物生于有,有生于无"这类命题,就是希望能借此说明道的"无"的特性和本质。在老子看来,天地万物的存在必定要有一个先于天地万物存在的原因,而这个原因显然是要否定掉一切有名有形的"有"之后的"存在",也就是消解了任何始终、高低、长短、老少等具体的"有"的规定性之后的"无"。总之,道作为最高的存在本体只有不是任何东西,它才能生成任何东西;只有没有任何规定性,才是最高的规定性。

由此可见,当老子把"道"作为形而上的存在本体,对它作绝对的肯定时,也就赋予了道以绝对的否定性:道不是任何东西。因此老子才说道是"无"。"无"就是最大的否定性。这样,当老子将"无"看成就是"道"时,实际上是把这两个概念当作同等程度的概念,以具有绝对否定性的"无"来说明具有绝对肯定性的"道"。既然如此,我们也就可以说,"道"的根本特性就是"无",亦即否定性,因为道的根本规定性就是没有任何规定性。

着重从否定性方面去理解道的本体性质,表明老子已超越了从感性经验和直接推论的角度来认识形而上之道的局限,打开了人类运用抽象思维认识普遍本质的一个无限空间,也标志着老子哲学在理论思维水平方面有了一种巨大的飞跃,在先秦哲学中开创了真正富有中国特色的辩证的形上学传统,具有深刻的意义和影响。马克思说:"辩证法在对现存事物的肯定理解中同时包含对现存事物的否定的理解。"[1]即把否定性理解为事物自身固有的内在特性,从而把辩证法理解为"否定的辩证法"。老子辩证法

---

[1] 马克思:"《资本论》1872年第2版跋",《马克思恩格斯选集》第2版,第2卷,北京:人民出版社,1995年,第112页。

也正是这样一种"否定的辩证法"。可以说,在整个古代哲学传统中,老子哲学是最早在理论上以系统的否定性的原理来表达"道"这种具有无限性、普遍性的存在本体概念及其本质内涵的哲学。在古希腊哲学中,似乎也只有阿那克西曼德(Anaximandros)的"无限"思想与之相似。而在绝大多数古代哲学传统中,历来是较为注重实有、存在等正面的、肯定性的东西,而较忽视无、非存在等负面的、否定性的东西。

2. 老子哲学运用以反求正方法来阐述其道的运行观。

老子已认识到,道作为本体并不是一种寂然不动、绝对静止的虚无,而是具有内在的自我运动特性的存在本体,是蕴涵着动静统一的有机整体。而老子所发现的"道"的运动的总规律及其基本特征就是"反",即"道"的否定性运动。"反者道之动"(第四十章)就是老子为了说明这种道的否定性运动而提出的一个基本命题。也就是说,老子把道的运行看作是一种否定性的运动过程。老子说:

> 有物混成,先天地生。寂兮寥兮,独立不改,周行而不殆,可以为天地母。吾不知其名,强字之曰"道",强为之名曰"大"。大曰逝,逝曰远,远曰反。(第二十五章)

在老子看来,道的运动不仅在本质上是一个不断逆向追溯性的否定过程,而且其运行的最终取向也是否定性的,真正体现着"以无为本"的形上学特质。正因此,在老子哲学思想的逻辑展开中,总是自觉不自觉地通过这种逆向追溯法将其终极的价值关怀偏重于否定性的一面,老子说:

> 天下皆知美之为美,斯恶已,皆知善之为善,斯不善已。故有无相生,难易相成,长短相较,高下相倾,音声相和,前后相随。是以圣人处无为之事,行不言之教。万物作焉而不辞,生而不有,为而不恃,功成而不居。夫唯不居,是以不去。(第二章)

与一般人只知追求和执守着正面的一端相反,老子则提醒人们要重视甚至学习对立面的作用,提倡要着重从反面的关系中来把握正面的深刻意义。例如在雄雌、先后、高下、有无等等对立状态中,一般人多要逞雄、争先、登高、据有;老子却要人守雌、取后、居下、重无,因为在老子看来,雌、后、下、无等正是雄、先、高、有等的基础,所以是更根本的、更有意义的。同样,在美丑、善恶的矛盾对立运动中,真正的美善往往是在否定掉一般的美善之后的否定性形态,甚至是不美、不善的状态。因为,在老子看来,真正的大美、大善犹如大道一样,是不易知不易得的,被普天下的人都易知易得的美、善,往往只是一种小美、小善,甚至是假美、伪善,几乎等于丑、恶。而且,由于真正的大美、大善具有素朴自然的特点,所以它们往往表现为不美、不善,即所谓"信言不美,美言不信"(第八十一章),"大音希声、大象无形"(第四十一章)。可见美丑、善恶不仅是相对的,可以相互转化的:"美之与恶,相去若何?"(第二十章)而且由于本体的"无"的属性,对立的两极通过运动转化,最终指向于否定性的一端,即把终极价值取向定位于否定性的形态。如"明道若昧,进道若退,……大白若辱,大方无隅"(第四十一章)、"大直若屈,大巧若拙,大辩若讷"(第四十五章)、"正言若反"(第七十八章)等等。显然,这种否定性的价值取向的确典型地体现了其"以无为本"的形上学特质。

二、肯定与否定

由于老子的本体之道是没有任何确定规定性的最大存在,因而它也可以看作是一种"纯存在"或"纯有",相当于德文中的"Sein"。但这样的"纯存在"、"纯有"和"非存在"、"非有"并没有根本差别。实际上,连老子自己也认为它就是非存在、无。正像黑格尔说的:"有,这个无规定的直接的东西,实际上就是无,比无恰恰不多也不少。""无和纯有是同一的规定,或不如说是同一的无规定","无和纯有是同一的东西"。①这样,存在与非存在或有与无在本质上是同一的,它们是一而二、二而一的关系,所不同的仅仅是名称而已,所以《老子》中开篇就说:"无,名天地之始;有,名万物之母。故常无,欲以观其妙;常有,欲以观其徼。此两者,同出而异名,同谓之玄。玄之又玄,众妙之门。"(第一章)显然,这里作为"同出而异名"的"无"与"有",并不是具有规定性的、我们日常的经验世界里的有和没有,而是没有任何具体规定性的有与无的纯粹抽象,即老子明确所指的作为"天地之始"的"无"与"万物之母"的"有"。道作为幽隐无形的纯存在,是"玄之又玄"的"无状之状"、"无物之象",它是一个仅仅被意味着的存在,不能够说出它是什么,是超经验和不可感知的,因此可称之为"无"。然而,这并不意味着道是绝对虚无的,与存在、有截然隔离的。道虽然幽隐无形,但"其中有象"、"其中有物"、"其中有精",是真实的存在,因此又可称为"有"。有与无统一于"玄之又玄"的道。这样,就可以从"无"去观照道的奥妙,从"有"去照观道的作用,认识"天下万物生于有,有生于无"的道理。

---

① 黑格尔:《逻辑学》上卷,北京:商务印书馆,1977年,第69、70页。

所以,在老子的哲学结构里,讲"有生于无"只是道的一个方面;另一方面,老子也强调"无也生于有",因此,老子又说"有无相生"(第二章)。"有"与"无"是一种相互生成的关系,既可以"无中生有",也可以"有中生无",两者构成了道的统一的完整的运动。陈鼓应说:"老子以'无'、'有'来指称道,用以描绘道由无形质落向有形质的活动过程。就道的无形质、无限性而言,是'无';就道的实存性、含蕴万有而言,是'有';'无'为究极之意,'有'为统摄万有之意"。[1] 在老子那里,道是有无的统一体,而有无相生、对立转化正是构成其统一体存在的基本条件。黑格尔在论及矛盾的相互对立时指出:"在每一种情况下,每一对极是它自身,又不是它自身。""同一和对立包含着它们的相互肯定和否定,每一极都在与它正相反对的他物中发现自身。"这种矛盾的对立及转化就包含在同一统一体中的思想,老子也认识到了,而且他的形上学的道论正是建立在这种对立统一观念基础上的。高与低、动与静、阴与阳、生与死、美与丑、善与恶、大与小……这无数的对极不仅普遍地并存着,而且可以统一为一体。更重要的是,这种对立中的同一之所以可能,其深刻的根源在于在对立的两极中肯定和否定的相互转化。正如日本著名哲学家西田几多郎所说的,实在世界在其自身的肯定中就包含了自我否定。他在其著作《哲学基本问题》中说:

> 在生命的深处有着既是作为肯定的否定,又是作为否定的肯定的某种东西。我们通常称这种东西为物理物质,而且也只有物理物质才具有相对生命的否定意义。如果我们把生

---

[1] 陈鼓应:《老子与孔子思想比较研究》,《哲学研究》1989 年第 8 期。

命的基础理解为这种意义上的一个终极点,我们就必须承认正是在生命深处有着绝对的作为否定的肯定和绝对的作为肯定的否定。①

我们可以进一步说,不但是生命,而且是一切存在的深处都有着绝对的作为否定的肯定和绝对的作为肯定的否定。在西方哲学史上,斯宾诺莎和黑格尔曾分别提出了两个辩证的命题:"肯定就是否定"、"否定也就是肯定"。② 这两大命题结合起来,就出现了"作为否定的肯定"和"作为肯定的否定"的统一。老子的"道"正是这样一种绝对的肯定与否定的同一体。这种同一,或如马丁·海德格尔(Martin Heidegger)所说的,是"进入同一的本质起源"。

老子这种"有"与"无"相互生成、相互转化、对立统一的思想是相当深刻的,它直接根源于老子关于有与无相统一、绝对的肯定与绝对的否定相统一的基本思想,并由此展开了其哲学体系的整个思维构架,我们不妨将老子的这种由"有"与"无"关系的道论展开到整个哲学体系的构架称之为"有无模式"。也可以笼统一点说,老子对其道论及其哲学体系的构建,就是一种"有无模式"的展开过程。

三、有无模式

老子哲学中的"道"在其整个哲学体系中的展开运动,就表现为"有"与"无"的同一、生成和转化运动,这种运动可以概括为一个"无"——"有"——"无"的"有无模式"。虽然如前所述,这种

---

① 转引自 Chang Chung-yuan:《人的本性是道》,《中国哲学史研究》,1984 年第 1 期。
② 参见黑格尔:《逻辑学》上卷,北京:商务印书馆,1977 年,第 36 页。

"有无模式"首先是老子的本体论,但老子的哲学的整个理论系统、逻辑构架就是从这个本体论中演化而来的,所以,"有无模式"不仅是老子之道的运动模式,同时,也是"道"由形而上转化、落实到形而下,构成其哲学体系的内在逻辑的展开过程。

值得注意的是,在老子那里,"有"与"无"的关系是多层次的:

首先,有无同一的"纯存在"状态:这是绝对的肯定与绝对的否定的同一,有与无的同一。如"常无,欲以观其妙,常有,欲以观其徼。此两者,同出而异名,同谓之玄。玄之又玄,众妙之门"。

其次,"有无相生"的演化过程:不但"有生于无"、"无中生有",而且"有归于无"、"有中生无",有无相生相灭。

再次,有无同一的复归趋向:"绳绳不可名,复归于无物"、"夫物芸芸,各复归其根。归根曰静,静曰复命"(第十六章)。

上述层次也构成了有无关系运动的一个周期(同一——生成——复归)。但是,道的运动并不止于这一个周期,而是通过这种多层次的"有"、"无"关系的不断生成和转换,"动而愈出"(第五章),"绵绵若存,用之不勤"(第六章),"周行而不殆",形成了道的永恒的循环运动。老子自己曾用"反"、"复"这些概念来指称这种道的反复运动(见第四十章、二十五章、十六章)。他所说的这种"反"同于"返",与"复"同义,都表示回归的意思。张岱年说:"中国古代哲学中,所谓'复'有两层意义,一为终则有始,更新再始;二为复返于初,回到原始。"[①]

这样,在《老子》中,"有无模式"作为道的运动,表现为两个基本的序列:

(1)"道生一,一生二,二生三,三生万物"(《第四十二章》)。

---

① 张岱年:《中国哲学大纲》,北京:中国社会科学出版社,1982年,第101页。

"天下万物生于有,有生于无"(《第四十章》)。

(2)"失道而后德,失德而后仁,失仁而后义,失义而后礼"(《第三十八章》)。"人法地,地法天,天法道,道法自然"(第二十五章)。

这两个基本序列是很不相同的。历来人们都十分重视第一种序列类型,认为"道生一,一生二,……"的序列是老子之道的运动的基本模式,却很少注意到"失道而后德,……"这种序列作为道的扩展、创化运动的重大意义。实际上,第一个序列是一种肯定性的顺序运动,表示"有道然后有一,有一然后有二,……"因此,也可以说是一种以"有"为主的模式。而第二个序列是一种否定性的逆序运动,表示"无道然后有德,无德然后有仁,……"因此也可以说是一种以"无"为主的模式。这两个序列正好一正一反,"有"的模式和"无"的模式相结合,就组成了一个道的运动的"有无模式"。当然,无论是肯定性的顺序运动,还是否定性的逆序运动,在各自序列的具体运动过程中,又都始终贯穿着有无关系的周期性的生成和转换,因为"有"中本有"无","无"中本有"有",绝对肯定的"有"和绝对否定的"无",本身就存在着同一的、相互生成的关系。所以,不同的序列只是道的运动的"有无模式"的不同体现,它们是统一的、完整的道的运动的两个基本方面。

那么,"有无模式"的这两种序列,哪一个更主要、更根本呢?它们又展开了什么样的运动特点呢?

我认为,"失道而后德,……"的序列模式鲜明地体现了道的根本性质——否定性,更符合老子的形上学的本义,因而是更根本的道的运动模式。否定性不仅是老子的道的根本性质,也是道的运动及其"有无模式"的根本性质。因为:

首先,在第二个序列即否定性的逆序运动里,其否定性的特点是相当突出的。前面说过,"失道而后德……"这一段话实际上就是"无道然后有德,无德然后有仁,……"这与老子的"大道废,有仁义,智慧出,有大伪"的说法是一致的。那么,从逻辑上,我们就可以反推出如下的结论,即礼义仁德"废"则大道"存"。因为对于"先天地生"的无限存在("道")来说,天地万物包括德仁义礼的发展变化越伸展则离"道"越远("逝曰远"),但至极必反,它们最终仍然要返回于作为其起点的"道"("远曰反")。这样,在"先天地生"的道与天地万物、德仁义礼之间就形成了"周行而不殆"的否定性的循环运动。老子就这样通过否定达到了肯定,通过否定天地万物独立存在的可能性和本原性,肯定了"道"是一切存在的所以然者。而且,这种否定性的逆序运动还使我们可以运用由果求因、追根溯源的办法,即根据天地万物的存在而反求其存在的根源,根据道的运作和表现来认识道的"似无实有"、"先天地生"的本质。这也就是老子说的"万物并作,吾以观复","人法地,地法天,天法道,道法自然"的方法论意义了。

同样,第一个序列虽然表现为肯定性的顺序运动,但实际也隐含着根本的否定性。因为道"无为",道本身不是一个积极的概念,所以道不会主动去生成什么东西,道之所以"生一",正和"失道而后德"一样,是道的"有所失"的结果。根据这种阐释,"道生一,一生二,……"的模式就可以转换为"失道而后有一,失一而后有二,……"依此类推;变成了和"失道而后德"的序列完全一样的模式。可见,第一个序列和第二个序列在本质上都是相同的层层递减的否定性运动,只是表现形态正好相反而已。这也体现了相反相合、对立统一的道理。也正是由于道的运动及其"有无模式"所具有的层层递减的否定性运动的根本性质,决定了道必然具有在运动中不断地寻求"复归"的特点。由老子之道的"无"(本体)——"有"(万物)——"无"(本体)的本体结构及其运动的"同一——生成——复归"的运动周期所共同体现的"有无模式"的全部奥秘,尽在于此。

这样,在老子的"有无模式"里,道的否定性运动实质上就表现为"无"对"有"的不断的消解过程。试以下列对比说明:

1. 有"为"——有"败",无"为"——有"成":"天下神器,不可为也,为者败之,执者失之。"(第二十九章)"道常无为而无不为"(第三十七章)。"不为而成"(第四十七章)。

2. 有"身"——有"患",无"身"——无"患":"吾所以有大患者,为吾有身。及吾无身,吾有何患?"(第十三章)

3. 有"争"——"处下",无"争"——"处上":"天之道,不争而善胜"(第七十三章)。"兵强则灭,木强则折"(第七十六章)。"夫唯不争,故天下莫能与之争。"(第二十二章)

4. 有"德"——"失道",无"德"——"上德":"失道而后德,失德而后仁,……""上德不德,是以有德。"(第三十八章)

5. 有"智慧"——有"大伪",无"智慧"——无"大伪":"绝圣弃智,民利百信;绝仁弃义,民复孝慈;绝巧弃利,盗贼无有。"(第十九章)

6. 有"仁义"——"大道废",无"仁义"——有"孝慈":"大道废,有仁义;智慧出,有大伪。"(第十八章)

7. 有"五音,五色"——令人耳聋、目盲,无"五音,五色"——令人恬静安适:"五色令人目盲,五音令人耳聋,五味令人口爽。"(第十二章)

8. 有"自见"——"不明",无"自见"——有"明":"企者不立,跨者不行,自见者不明,自是者不彰,自伐者无功,自矜者不长。"(第二十四章)

在老子看来，真正道的境界是没有任何规定性的，是超越于一切有限的，所以从"道"到"万物"或"义礼"，实际上是与"道"本身的不断疏离、脱落的过程，这就是所谓"失道而后德，……""大道废，有仁义"之义。而且，外化得越多，"道"丧失得就越多，离"道"就越远。所以老子在谈及"失道而后德"之后，接着指出"前识者，道之华，而愚之始"，即是说前述的德仁义礼忠信，都不是道之实体，而是失道后的虚华、愚昧的祸首（参见第三十八章）。自然，道的运动是不能驻足于这种"道之虚华"的，必须抛弃这种虚华，回返到存在的本真状态去。

所以，相应地，从"万物"、"义礼"回溯到"道"，就是"道"的复归过程了。在不断剥离纷纭万物、否定掉各种具体的规定性（礼、义、仁、德，……）之后，便只剩下了空茫无碍、无所遮蔽的本真的存在状态，此即大道的存在状态。这样，"道"通过否定性的运动，又追根溯源回归到了其自身。即所谓"绳绳不可名，复归于无物"（第十四章），"夫物芸芸，各复归其根。归根曰静，静曰复命"（第十六章）。难怪老子要说："进道若退"（第四十一章），"反者，道之动"（第四十章），"为学日益，为道日损，损之又损，以至于无为"（第四十八章）。可见，这正是老子自己对这种道的否定性运动所作的很好说明。

从这里还可以反映出，实际上，老子的道"无为"的思想同这种道的否定性思想是紧密相联系的，由于"物壮则老"，过分的有为（"万物"、"德仁义礼智巧"）反而是对道的损害，违逆道的本性，所以应消解否定掉这一切"作为"，使道保持"自然无为"的本性。道无为反而能够无不为。"无为"是最大的否定，正因此，它才又是最大的肯定。"无为而无不为"正是典型地体现了老子哲学中"通过否定达到肯定"的否定性方法。而与此同时，它也构成为哲学发展演变所依据的内在逻辑框架,老子哲学的整个理论系统就是据此得以展开和发展的。

第五节　本末一体的形上学理论

我认为,老子对道本体的存在形式的描述,实际上是从两个不同的角度展开的:一是道本体自身的存在状态,二是通过道与万物(本体与非本体)的关系及其相互对照而显现出的道的存在形态。相应地,道、无、有的相互关系在老子那里也就可以从两个方面表现出来:一是作为道本体自身存在状态的有无及其相互关系、相互运动,二是作为道与万物(本体与非本体)的关系的有无及其相互关系、相互运动。如果这个看法不谬,那么以上讲的有无统一、有无相生、"有物"与"无物"都是局限于道本体本身的范围内讲的,而与天下万物等无涉。也就是说,前面所谓"有"、"有物",并不是指有了天下万物,而只是指道本体自身在其否定性的循环运动过程中所呈现出的一种存在形式或存在状态,借用后来《易传》里的话说,无与有、"无物"与"有物"都仍然属于单纯的形上学的领域。而下面我们将从作为本体与非本体、道与万物的关系的意义上来考察有无及其相互关系、相互运动,以求从另一个方面凸现老子之道的存在形态。同时,我们也可以从中看到老子形上学体系的进一步展开。

一、本末一体

西方传统的形上学讲本体论,有实幻之分、本质与现象之别,它认为形而上的本体是真实的,而形而下的现象是虚幻的,这种本体论往往造成了本体与现象、客体与主体的二元世界的分隔与对立。但中国古代哲学家普遍反对这种"二元论","中国哲人讲本根与事物的区别,不在于实幻之不同,而在于本末、源流、根支之不同",[①]中国传统形上学只讲本根(本体)先于和优于枝末,不讲本体与现象之真假虚实。这是中西方传统形上学的一个根本区别。就此而论,正是老子的本体论最先开创了中国古代形上学的这一传统。这是老子本体论的一个重要的理论特质。

在道与万物的关系上,老子首先承认道与万物这两者是有区别的。《庄子·天下篇》述关尹老聃之学是"以本为精,以物为粗",这就是说老子认为道与万物之间有精粗本末之别。《老子》书中十分注意并经常谈到道与万物的区别问题,如老子对道作本体抽象、区分"常道"和"非常道"时,实际上就已明确地对道与万物作了划界。在老子看来,道与万物的区别,概略地说,有以下一些要点:一、道是无限的、普遍的,万物都是有限的、具体的;道可以超越一切而无所滞碍,万物却是相对的,偏滞于一端的。二、如果把具有有限特性的具体事物称作"有",那么道就是"有"的反面,老子把它叫做"无"。道之为"无"标示的是其超越有形实体的形上性,万物之为"有"标示的是其作为有形实体的形下性,因而,这种分别代表道和万物的"无"、"有"关系,就是一种形而上和形而下的关系。三、道是自本自根,独立无待的,万物皆是被生的,各有所待,因而道是万物之存在的内在本质和根本原因,是一切存在的终极基础。四、万物是繁杂的、多样的,道是统一万有、含蕴万物,而为一切之宗主。等等。总之,道与万物的这些区别,其实只是道之能作为本体所应有的内涵,这在前面我们对道本体的种种论述

[①] 张岱年:《中国哲学大纲》,北京:中国社会科学出版社,1982年,第9页。

中已多有论及,所以此处不再细述。

然而,在老子关于道与万物的关系思想中,最值得重视的还是老子关于道与万物相统一的观点。老子形上学虽然认为道与万物有精粗本末之别,却并没有像西方传统形上学那样否定万物(现象)的实在性,从而把道与万物、本体与现象完全对立起来,反而认为它们在本体论层次上就包含着内在的统一性。在老子看来,万物现象之所以不是虚幻的,最根本的原因就在于作为本体的道是万物产生和存在的"本根",天地万物的一切都是以此为基础的。老子经常以"根"来喻道,如他说:

谷神不死,是为玄牝。玄牝之门,是为天地根。(第六章)

本体之道就像具有永恒的生殖能力的伟大母性,可以成为天地万物的总根源。不过,虽然道是本根,天地万物是枝末,但作为枝末的天地万物与作为本根的道毕竟是一体的,因而具有同构型,这种本末一体的同构型正是道与万物具有内在统一性的本体论依据。可见,道虽是天地万物存在的基础,却并不在天地万物之外独立存在,而是就存在于天地万物之中;而天地万物皆以道为其本体,由天地万物的生长、变化显示道的本体存在。因此,老子又常以溪谷、风箱、玄牝等喻道,说明道就像虚怀若谷的巨大空间,可以含蕴万有、统摄一切,使天地万物("有")就容纳于道这个虚体("无")之中。这样,本体之"无"并不是脱离万物之"有"的纯粹的"无",而是包含着"有"的"无"。本体之道的存在形式就表现为这种"有"、"无"的统一体。

二、以无为本

老子讲本末一体、有无统一,但有无统一,"统一"于什么呢?老子主张统一于"无",也就是说,在老子看来,在终极性的意义上说,道与万物、"无"与"有"这对矛盾是以虚无之道为主要方面的,即以"无"为根本。老子说:

> 万物并作,吾以观复。夫物芸芸,各复归其根。(第十六章)

这是说万物是生长变化的,万物之生长变化是有"根"的,这个"根"就是"道"。万物的生长变化都不能离开这个"根",最终都要复归于这个"根"。而这个"根",既然就是"道",那也就是"虚无",因为道以虚无为体。这样,说道是天地万物之根,等于说天地万物的根源处即是一种虚无的状态。正是在这一意义上,老子提出了这样一个著名的命题:

> 天下万物生于有,有生于无。(第四十章)

正如前面曾指出的,老子这一命题并不是一种宇宙发生论的描述,而是从本体论上对有无关系的说明。老子认为,作为本体之道的"无"是万事万物的存在根据和本真状态,因而也是一切存在的原始状态、最初的出发点。同时它也是一切存在的终结点。根据老子说的"夫物芸芸,各复归其根"的看法,万事万物都将在其各自的运动中复归于本根,即回到其最初的出发点("无"),可见"无"既是万物运动的原初状态,又是终极状态。万事万物这种不断地

"返本复初"的循环运动,是道的"终则有始、更新再始"的否定性运动的体现。通过这种具有否定性运动性质的"返本复初"运动,"有"、"无"实现了不断地相互生成和转化,使之既可以"无中生有"——有生于无,也可以"有中生无"——有复归于无。有生于无又复归于无,这构成了道的统一的完整运动,也体现了"有"、"无"的内在统一性。可以认为,作为道与万物之间关系的这种"有"、"无"统一性,其真正基础就是道的"终则有始,更新再始"的否定性循环运动,老子说的道"虚而不屈,动而愈出"、"周行而不殆"、"绵绵若存,用之不勤"等,就是形容道的运动所具有的这种生生不息的无限性和规律性的。

老子上述关于"有"、"无"对立统一运动的思想,强调了把本体之道应看作是在"有"、"无"的相互生成、相互转化过程中显示自己的存在形态的有机整体,这无疑包含了深刻的辩证法原理,极大地丰富和深化了老子本体论的内涵,对老子本人及以后道家哲学形上学体系的系统建构具有重要的理论价值。当然,老子这种通过"有"归本于"无"以证明以无为本的思想也是有其局限性的。由于老子把道生万物、"有生于无"这一运动过程看作是一个对本体之道的否定性过程,认为万物产生得越多,尤其是人类越是文明化,就越是对道的疏离和异化,因而要求在价值上对它们进行否定,要求它们实现向道的回归。老子这种观点在强调道的本体地位时,不自觉地掺进了主观的价值选择,把以无为本、以无统有的本体论变成了重道轻物、尊无贬有的价值取向,从而在实际上割裂了一般与个别的统一关系,违背了自己曾主张过的有无统一的辩证法。老子思想中的这一内在矛盾对他在社会历史、政治人生领域中的一系列观点都产生过一些消极影响。

三、天人合一

老子这种有无统一、本末一体的一元论形上学具有丰富的意蕴,其中最有意义的是它使老子产生了"天人合一"思想并为其提供了一个形上学基础,而这对"天人合一"论在以后能成为中国传统哲学中一个普遍的基本思想是至关重要的一步。前面曾说及西方传统的形上学往往造成了本体与现象、客体与主体等二元世界的分隔和对立问题。西方有些现代哲学家已意识到并力图克服西方传统形上学的这一弊病,如马丁·海德格尔《存在与时间》一书的主要目标之一就是要破"本体"与"现象"之二分,除却对"存在"理解上的千年之弊,主张人与自然、主体与客体在存在意义上的重新统一。老子有无统一、本末一体的形上学使中国古代本体论从一开始就避免了西方传统形上学中本体与现象、客体与主体等二元世界的分隔与对立问题,强调应以整体统合、有机发展的眼光来把握存在本体,把本体与万物的关系看成是本末、源流、根枝的关系,突出了存在世界的整体性及其蕴涵的内在生命。应该说,这种本体观虽然具有未经"主客二分"式思想洗礼的原始质朴性,未达到在再高一级水平上对本体与现象、主体与客体的统一的辩证把握,但它无疑还是具有与西方传统形上学不同的独特价值和积极意义的。特别是老子由这种本体与现象等的有机整合观进一步引发出了关于自然与人和谐统一的"天人合一论"思想,对于中国传统文化中形成关于人与自然及其相互关系的独特思想有着重要的影响。在老子看来,既然天地万物和道本体一样是真实存在的,与道具有同构型、内在统一性,那么人类作为天地万物之一部分,自然也就与道具有同构型、内在统一性,老子以道、天、地、人同为"域中四大"(第二十五章),就说明了这个意思。老子还认为,道对万物不偏不倚,因此一切事物在本体上就可视作是平等的,这表明了在老子道的观念中实包含着本体论上平等的观念——不但一切事物之间相互平等,而且道与万物之间也相互平等。老子的这种平等观,后来在庄子那里得到了更加全面系统的发展,并成为道家思想的一种基本精神流传不绝。显然,老子及道家的这种平等观也是建立在其关于道与万物的内在统一性的本体论基础上的。老子的这些思想表明了,他虽然没有明确提出过"天人合一"的概念,却不乏相应的"天人合一"的观念。老子"天人合一"观的核心就是承认天道与人道、自然与社会之间有着内在的关联性和统一性,其目的就是要借自然以明人事、以天道引领人道,希望人们走一条以人合天、由天之人的"天人合一"之路。由老子的这种"天人合一"思想可以看出,老子形上学中的本体,不仅是外在的自然世界的本体,同时也是内在的人文价值和意义的本体,即一切社会人生的意义和价值的终极根据和最高准则。老子说:"孔德之容,惟道是从"(第二十一章),天道是人道所要效法的最高准则,而天道的本性就是自然无为:"道常无为"、"天之道,不争而善胜,不言而善应,不召而自来"(第三十七章、第七十三章),因此,所谓人要遵从道、效法道,就是要做到常无为而任自然。这就是老子所提出的一个著名的逻辑推论:

  人法地,地法天,天法道,道法自然。(第二十五章)

这意思是说,人要师法天地,天地要师法"道",这等于说"道"也就是人所要师法的对象。但"道"最终又师法于"自然",因而可以说人最终所师法的是"自然"。不过,说"人法自然"、"道法自然",并不意味着在"道"之上还有一个"自然",而是说"道"的本质就是"自然"。因为在老子看来,无论是作为"道"的存在状态及其道的运动,还是"道"作为万物产生、存在和变化的根源,其存在和作用都是自然而然、无为自化、本来如此的,并不是有什么主宰者给予作为的结果。由此可见,"自然"就是"道"之本然,这种本然状态,既是道的本始状态,也是道的终极状态,因此,在这一意义上说,人及万物向道的复归,即所谓"返本"、"归根",其实就是回归到那种作为存在的最根源处和终极形态的自然而然、无为自化的本然状态。老子认为,对于人来说,这种自然无为的本然状态是背"道"离"德"之后的人类所应回归的最理想状态,它体现了人与道"玄同"的真正的"天人合一"。这样,自然无为的本然状态就被老子当作人和社会在"体道"、"得道"之后所臻至的最高境界,也是老子为现实人生和现实社会开出的一副解蔽救世的良方。

总起来说,老子的有无统一、本末一体的一元论形上学虽然以自然之道为出发点,却是以对人的生命价值的开发和人与自然的整体和谐为最终的形上学追求的。老子的形上学指出了一种终极性的人生本体价值,体现出了一种对人类命运的终极性关怀、一种从本源性的形上高度为人生寻求安身立命之所的努力和执著。这无疑是老子之道的最深层的意蕴。至于老子这种以"天道"来推论"人道"、以自然比拟人生的思想方法所具有的历史局限性,也是整个传统形上学所共有的局限性。对此,我们将留待后文作分析和批判。

第六节　道家形上学的发展及其理论特质

前面我们从各个方面探讨了老子的本体论及其形上学建构，这些探讨表明了，老子哲学的确在中国哲学史上第一次深刻地描述了形而上的存在本体问题，开创了中国古代本体论思想的先河，对道家的形上学及整个中国传统形上学的形成和发展都产生了深远的影响。

现在，我们将从纵横两个方面总结老子的本体论及其形上学：一是从纵向上考察老子之后道家本体论的演进过程，总结它对道家形上学的发展的作用和影响；二是通过分析老子形上学的思想特质考察它对中国传统哲学中的形上学及一般思想的深远影响。

一、老子之后道家形上学体系的建构

老子之后，道家哲学因对老子之"道"这一基本概念理解不一和阐释各异，道家学派遂分离为二，即"有黄老之学，有老庄之学"（清魏源语）的两派分野。不用说，这两派的区别在哲学上首先就表现为各自具有不同的形上学倾向，由此形成了道家哲学内部两种述道各异的形上学传统，对后来中国哲学中传统形上学的发展具有完全不同的影响。当然，虽然这两派都是在利用了老子哲学中的一些思想因素的基础上来阐释和发展自己的形上学，所谓"各有所本"，但就其在思想内容和观念取向上与老子学说的主旨相吻合的程度来说，毕竟有很大的不同，这是我们需特别注意的。

1. 黄老之学的道气论

"黄老之学"对道家形上学的发展,主要表现于从战国稷下道家到汉代道家的思想发展过程中,其有关思想资料主要保存在由稷下道家所作的《管子》四篇、《文子》、《黄老帛书》等先秦道家典籍中,而汉初的《淮南子》是其集大成者。黄老学派根据老子论道时说"其中有精"、"冲气以为和"等思想,认为老子的无形之道即是气或精气,建立了"道"—"气"论。黄老学派明确地以气或精气解释老子的道,把它看作是万物的本源,是构成事物的基本元素。也就是说,黄老之学主张以一种具体的细微之物——"气"来说明事物的起源和本质,这种观点显然是不符合老子的本体论原则的。老子通过否认"道"具有具体事物的特性,划开了"道"与具体事物的界限,使"道"向着一般升华,从而自觉地试图阐述本体的普遍性、一般性,这本是老子的一大贡献和进步。但黄老学派没有接着老子的思路朝着把"道"规定为一般的方向继续努力,反而坠回到了老子所反对和超越了的宇宙生成论那里去。因为尽管黄老之学也极力地赋予"道"(气)以普遍的本质规定,但"气"毕竟只是一种具体的物质形态,它实际上并没有摆脱以往以"阴阳"、"五行"、"六气"等具体物质形态来说明万物本质的思维模式的局限,从而轻易地把老子所迈出的重要一步又收回来了。因此在本体论上可以说,这不仅没有比老子进步,却是退步了。本来,哲学所说的"本体",就是一个必须放弃其感性形式,能够表现存在的普遍性的概念。

黄老之学将形上学的核心由"道"转向"气",倾力建构道气论,试图为天地生机和人的生命活动寻找一个形上学的依据,这种形上学的努力虽不合于老学主旨,却自有其独特的意义和作用。正由于道家黄老之学道气论的影响,"气"便成为后来哲学家们解释世界本原及其物质构成的重要范畴,黄老学派可以说是中国传统气论哲学的先驱。像后来的王充哲学、唐代的柳宗元、宋明的张载、王夫之等人的气论思想都是沿着这同一思想脉络演进的。不过,由于这一系脉的哲学演变已偏离老子形上学的主线愈来愈远,我们就此按下不再详述。

2. 庄子哲学的本体论

我以为,在老子之后,真正对道家形上学的发展作出了巨大贡献的是庄子哲学。由老子到庄子的"老庄之学"代表了老子之后道家形上学演进的另一条基本脉络,它由老子首创,经由庄子发扬光大,而在魏晋玄学那里达到了高峰。由于这一系脉较吻合老子思想的内在逻辑展开的需要及其形上学主旨,因而可以说它是道家形上学演进的一条最主要脉络。同时,这种思想史的演进过程,也在逻辑上表现为道家形上学体系的系统建构过程。

庄子对道家形上学体系的系统建构所作出的巨大贡献,主要表现为两个方面:

第一,庄子自觉地剔除了老子本体论中的宇宙生成论成分。老子的道论虽然已经是一种本体论,超越了各种单纯的宇宙生成论,但它作为中国哲学史上最早的一种本体论,毕竟还难于完全挣脱那些宇宙生成论的影响。老子有时把道又比喻为"天地之母"、"玄牝之门"等等,就含有一种生成的意味。庄子的道论在基本上继承了老子的本体论观点的同时,又想努力使之彻底化。庄子认为:"夫道,……自本自根,未有天地,自古以固存。"[1]"道无终始,物有死生。"[2]"未始有始"[3],道作为最高的存在本体是没有任何确定的规定性的,它自本自根、无始无终、无边无际、无时不有、无

---

[1] 《庄子·大宗师》。
[2] 《庄子·秋水》。
[3] 《庄子·齐物论》。

处不在,实际上就是消解了一切"上下"、"四方"、"古今"、"长短"等等时间性空间性规定的大宇宙:"有实而无乎处者,宇也;有长而无本剽者,宙也。"①庄子所说的这种绝对的存在本体,也就是老子所说的"无"。但庄子本人由于不满意于老子道论中含有的"始"的观念杂质,为示区别,干脆连"无"都不肯承认:"有始也者,有无也者,有未始有无也者,有未始有夫未始有无也者"②,所以庄子以"无有"、"无无"、"无无有"等来规定道,从而把道提升为最抽象化的一般存在,这样也就比老子更明确地拒绝了追溯万物起源演进的宇宙生成论,净化了道家的本体论思想。

不过,庄子在其净化本体论的过程中也表现出了某种超形上学的倾向。庄子认为,一般人执迷于"有"固然浅陋,但像老子那样弃"有"取"无",知雄守雌,仍"未至于极",囿于"蠡见"。所谓有无、是非、虚实等等不过是人为思辨所构成的二元对立概念,实际上并无所谓有无,甚至连无无、无无无之类都没有,一切只是相对的。庄子的相对论首先就是要破除这种有无之二执,所以,庄子虽然讲了本体,但又有取消本体问题、使本体问题"悬置"起来(存而不论)的超形上学倾向。庄子实是在人类思想史上第一个明确地对传统的形上学本身提出质疑的哲学家。

第二,庄子从"道"与"物"、"无"与"有"、"有用"与"无用","本"与"末"、"大"与"小"等对立关系的思辨中丰富了"道"的本体内涵。例如,在道与具体物质形态的关系上,庄子一方面提出了"物物者非物"的重要命题,强调万事万物的终极性存在根据不能是具体的"物"而只能是超越于具体物质形态的"非物",即"道"。

---

① 《庄子·庚桑楚》。
② 《庄子·齐物论》。

庄子相信，"道"作为最一般的存在本体，是客观存在的，但它却不可能像具体之物那样是感性的、有限的实体存在。上述庄子对"道"所作的"无无"、"无有"等规定，其主要目的还是要否定"道"的实体性，把"道"净化为最一般的存在本体。但另一方面，庄子又认为："物物者与物无际"①，即这个超越性的道并非真的如天马行空、独立自存，是存在于万物之外的独立实体，而是就体现于具体事物之中，遍存于一切对象，即使低微污秽之物，亦与道无间隔。庄子曾明确断言道就在藜稗里、蝼蚁里，甚至在屎溺里（故而才会引出后人所谓"屎里觅道"之说），就是为了说明这个一般存在于个别之中的思想。庄子的这一思想，表明他相信道与万物之间有着内在的统一性。根据这种统一性，庄子认为，万事万物虽有差别和对立，但从更根本的道的立场上看，这些差别和对立都是相对的、微不足道的，它们在本质上是一样的，即庄子说的"天地一指也，万物一马也"②、"道通为一"。③庄子的这种本体观，过于建构起道家的形上学体系具有重大的意义，而且，它也为庄子走向其著名的相对论和平等观提供了方法论依据。

3. 魏晋玄学的贵无论

道家形上学建构的最终完成者是魏晋玄学。魏晋玄学特别是其中以何晏、王弼为代表的玄学贵无派把先秦道家的道论推到了形上学思辨的最高水平。贵无派玄学家发挥了《老子》"有生于无"的命题，接受并扩展了庄子侧重本体的观念，以"无"释"道"，明确提出了以"无"为"本"的本体论。他们认为，"道者，无之称

---

① 《庄子·知北游》。
② 《庄子·齐物论》。
③ 《庄子·齐物论》。

也"①,道是"无"的别名,道就是无。"无"是世界上一切多种多样的万物(有)的根本性存在,是形形色色的现象(末)的本体,"天地万物皆以无为本"②,"天下之物,皆以有为生。有之所始,以无为本;将欲全有,必反于无也","有皆始于无"。③"无"(或道)是统摄万有、囊总一切、无物不经的"宗主",它通过万物,存在于现象世界之中,却又不局限于具体万物,它"寂然无体,不可为象"④,却又不是绝对的虚无,而是其中有物、其中有精、其中有信、其精甚真的"大有"之"无"。可见,"无"是包容万有、超越实在之上的绝对。

为了进一步论证"无"在世界万物中的本体地位,魏晋玄学深入讨论了"一"与"多"的关系问题。他们认为,多种多样的"万有"必须由一个"至寡"的"一"来统率,而这个"一"就是"无":"万物万形,其归一也。何由致一?由于无也。由无乃一,一可谓无。"⑤这就是说,"多"统于"一"、"万有"统于"无"。此外,他们还进一步通过"无—有"、"本—末"、"体—用"、"一—多"、"静—动"等对立关系的思辨推理,把本体之道同天地万物的关系深化为一般与个别、本质与现象、共性与个性等矛盾关系,极大地丰富和提高了道论的思辨性,深化了道家的本体论哲学,使之成为一个完整的形上学体系。

二、老子及道家形上学思想的特质

以上略述了道家本体论的演进过程,从中展示了老子对道家

---

① 王弼:《论语释疑·述而》。
② 《晋书·王衍传》。
③ 王弼:《老子注》第四十章,第一章。
④ 王弼:《老子注》第二十五章。
⑤ 王弼:《老子注》第四十二章。

形上学的发展所起的作用和影响。现在我们对老子及道家形上学思想的发展特点及其理论特质作些简要的总结。

1. 道家形上学思想的发展特点

前面曾说到,中外许多学者都怀疑乃至不承认中国古代哲学中存在着本体论,而不少承认中国古代哲学有本体论的学者又相信中国古代本体论不存在于先秦,而起始于魏晋玄学。如汤用彤认为,以王弼为首的魏晋玄学倡言"以无为本"的思想,摆脱了汉代盛行的宇宙论而关注于存在本体问题,标志着中国哲学史上开始形成本体论哲学,为中国哲学开辟了一个新时代。① 汤用彤的这一观点在学术界的影响是极大的,许多学者特别是治魏晋玄学者都接受了这一观点。应该说,中国哲学在汉魏之际的确发生了一个重大的转折,即由探究宇宙的发生及构造的汉代宇宙论转到了探寻宇宙万物之本体的魏晋玄学,这两者在哲学思想上显然判然有别。但是,汉魏之际宇宙论向本体论的根本转向并不能等同于中国古代哲学思想史上的根本转折,因为由宇宙论向本体论的真正转向应起始于老子哲学而不是魏晋玄学。所以,由前述道家形上学思想的演进过程可以看出,从老子到魏晋玄学的形上学演进过程,并不是像有些人认为的那样,是一个由宇宙生成论逐渐发展到本体论、由初步的、模糊的"无"的观念过渡到明确的以"无"为本体的形上学体系的过程,而应该是一个具有以下思想发展特点的过程:首先,这是一个对"无"这一本体的内涵不断深化的过程。我认为在老子那里已对"无"的本体地位作了肯定,《老子》中的"无"已具有真正的本体性质。只是这个"无"的本体规定还较

---

① 参见汤用彤:《魏晋玄学论稿》,《汤用彤学术论文集》,北京:中华书局,1983年,第233-234页等。

简单,不够丰富。老子之后,经过庄子、魏晋玄学的发展,"无"这一范畴的本体内涵不断丰富化、多样化,并着力从"无"与"有"、"本"与"末"、"体"与"用"、"一"与"多"等等方面深化了"无"的本体意蕴。因此,这一过程同时也就表现为是道家以无为本的形上学体系的系统建构过程。其次,从老子到魏晋玄学的形上学发展也是一个本体论思想的不断净化过程。如果说在道家形上学的创始人老子那里其本体论仍明显地杂有宇宙论的残余,那么庄子的一个重要贡献就是他已自觉地努力剔除老子本体论中的宇宙论成分,净化了本体论学说。而魏晋玄学的本体论取代由战国黄老之学到汉代道家所代表的宇宙论这一事实,则从历史和逻辑两方面表明了魏晋玄学已在道家本体论思想史上较为彻底地剔除了宇宙论的影响,达到了道家形上学体系建构的完成形态。所以,从思想史上看,魏晋玄学的本体论是对老庄的本体论的复兴和发展,却不能说是全新的创造。

2. 老子及道家形上学思想的理论特质

道家形上学是中国古代哲学中形上学建构得最早、最发达的一派,从先秦老庄、稷下道家到汉代道家、魏晋玄学等,都从不同层次、不同方面丰富和发展了道家的形上学体系,成为至少在宋明理学以前中国传统形上学发展的高峰。而且,由于道家形上学所具有的丰富深刻的思想内涵和鲜明的理论特质,使它在很多方面奠定了中国传统形上学的基本理论框架及其理论特征,对传统形上学的发展有着重大的影响。

从哲学史上看,老子及道家形上学有不少突出的理论特质,值得进行认真的探讨和总结。限于篇幅及论题,这里只略述几个要点。

第一,它是一种以本末一体的存在论为基础的一元论形上学。

此点详见本章第四节论述。需要顺便指出的是，道家这种以本末一体的存在论为基础的一元论形上学的理论特质，很大程度上也成了整个中国传统形上学的理论特质。而通过这种理论特质，我们可以重新审视中国传统形上学的另一个突出特点，即宇宙生成论与本体论的结合问题。虽然道家形上学因不断地自觉剔除了宇宙论的观念杂质而实现了对宇宙发生论的超越，但宇宙论与本体论的混杂的确是中国传统形上学的一个基本特征。那么，为什么会有这一特点呢？我认为这主要是由中国传统形上学所具有的这种以本末一体的存在论为基础的一元论形上学的理论特质所造成的。因为这种形上学把本体看作是一切存在的总根源（"本根"），而作为"枝末"的万物就是在此基础上生长起来的，它们本是一体的，是同一存在的不同层次；世界就是一个不断进行着生成和变化的发展过程和有机整体。这样，这种形上学就强调应从一种活泼泼的富于生命气息的视界上来理解存在世界及其本体，其本体观充满了自觉的生命意识和生命情调，亦即暗含了走向生成论的可能性或理论倾向。在不同哲学家那里，其世界观是侧重于本体论还是宇宙生成论抑或两者兼杂，区别就在于他们是否把那种潜在的可能性或理论倾向予以凸现化及其凸现的程度。

第二，它是一种以负的方法为基本特征的否定性形上学。此点详见本章第二节论述。

第三，它是一种追求"天人合一"境界的"自然的形上学"。此点详见本章第四节及第七章第一节有关论述。值得补充的是，老子及道家这种追求"天人合一"境界的形上学实际上代表了整个中国古代形上学的一个基本传统。不过，不同的哲学派别所追求的"天人合一"境界的具体内涵是有很大区别的，有的甚至是根本对立的。就儒道这两大家来说，儒家形上学中的本体所赋有的人文价值和意义内涵，主要是伦理道德原则，其形上学可称为是一种"道德的形上学"，因此，儒家形上学最终所追求的"天人合一"境界乃是一种体现社会的伦理秩序和个体的道德修养所臻至的最高境界。与此相反，老子及道家形上学中的本体，是一种"自然之道"，它不具有伦理道德的含义，老庄甚至公开反对将伦理道德的含义纳入其道的规定。因而老子及道家的形上学可称之为是一种"自然的形上学"。根据道家这种"自然的形上学"原则，其"天人合一"论的一个基本观念就是以为人仅仅是万物之一物，是道所引导出来的一个现象环节，所以所谓"天人合一"实际上是以人合天，人作为主体必须自觉地服从自然、保持与自然之道的和谐统一。换句话说，个体生命只有当它呈现为一个完满的自然过程时，才是最为合理的、亦即最为理想的，一切存在（包括生命）的价值和意义就存在于吻合于道的自然性之中。道家形上学所追求的这种理想的"天人合一"境界，实可谓自然的及自由的境界。可以说，与儒家的道德形上学相比，道家的自然形上学在对本体的思辨和对生命价值的开发、主体自由的追求等方面，都表现得更为深沉、丰满和开放，蕴涵了更为广阔的意义空间。

第四，纵观前述几个特点，我们可以看出，老子及道家的形上学在总体理论形态上实是一种典型的传统形上学。这种传统形上学普遍地存在于一切古代哲学包括中国古代哲学中，其一个突出特点就在于，哲学家所预设的本体论居于其整个哲学的核心地位，既是其哲学思考和逻辑构建的起点、原点，又是其重心和终点，是其他一切思想理论的"研究纲领"或"逻辑框架"。道家哲学正是从其以无为本的本体论出发，去推演建构了其认识论、人生观、政治哲学等学说的。可见，在道家哲学中，本体论实际上已被泛化和全能化，成为一种普遍适用的思维模式，其典型表现就是"天人合一"论。道家的"天人合一"论作为一种基本的致思模式,强调从自然存在及其本体的角度看人,于是,人变成为自然世界的一部分,人的本质和行为被还原为自然的存在和行为,实际上是要在天与人、本体世界与人类社会之间依据自然存在的本质和面貌进行"模式同构"。尽管这种"模式同构"所表达的思想内容不乏积极的意义,但从形上学的方法论上说,这种将"天道"与"人道"作简单模拟、以自然直接推演人事的致思模式是有着深刻的局限性的,因为它抹杀了天与人、自然与社会之间的本质区别,并且把天道、自然无条件地予以美化和理想化了,这样便会有意无意地贬低甚至取消了人类存在的独特价值和生命意义。显然,现代哲学中所普遍流行的"反形上学"倾向在很大程度上就是针对这种传统形上学的内在矛盾及其局限性,特别是其将本体论神化、非人化的倾向,从而实现对传统形上学观念的解构的。

第三章 无知之知
——"为道"的认识论

　　老子作为中国古代第一位真正的哲学家,其哲学是博大深邃、蕴涵着丰富多样的思想内涵的,其中除了作为整个哲学的理论基础和核心的形上学本体论之外,认识论也是其中的一个重要组成部分。不过,学界对老子的认识论却存在着很多的误解。通常人们根据老子的某些言论,普遍地认为老子由主张其"道"的超验性、不可言说性,到进而主张不可知论、否定一切知识,成为一个不可知论、神秘主义和虚无主义的典型。其实,老子思想的真相并非如此,虽然它不可避免地具有一些明显的缺陷,但由于它在先秦哲学史上所具有的一系列基本的、具有原创性的认识论思想,特别是由于其独特的认识方法和思想路径,使其成为了一种具有典型的东方文明特色的认识论体系。它为扩大和深化人类认识的视野,开辟古代理论思维发展的新道路作出了重大的贡献,对道家哲学和整个中国古代哲学认识论的形成和发展发生了深刻而持久的影响。这种影响在两千多年来悠久的历史进程中,逐渐积淀在整个民族思维的深层结构中,构成了中国传统文化乃至整个东方文化的某种引人瞩目的底色。尤其是现代自然科学和认知科学的理论研究已经在很多方面对这种具有典型的东方文明特色的认识论思想作出了肯定性的响应,使我们不能不承认它不仅具有历史的意义,而且更具有现代的意义。因此,研究老子的认识论思想,不但可以拨去芜繁、廓清是非,而且可以发掘其合理价值,丰富我们现代人的理论思维宝库。

第一节 认识论与本体论

在先秦哲学中,老子率先把"道"的问题引入了认识论,把认识问题与本体论问题结合了起来,从而也就把认识问题提升到了形上学层次上来进行探讨,这在哲学发展史上是具有划时代意义的进步,也是老子认识论思想的一个突出特征。

老子认识论与本体论的结合及其意义,主要表现为以下三个方面:

第一,老子之"道"的产生是人类认识发展史上的一个重大成果。老子的形上学以"道"为本体,使道成了一个最高的哲学范畴,即一切存在的根本凭借和最终依据。老子道论的提出,不仅具有重大的本体论意义,而且具有深刻的认识论意义,它标志着人类已能够超越感性直观和经验世界的限制,而力图从无限性、普遍性的抽象思维高度来把握存在本体。因为老子之"道"不是对具体现象的经验折射,而是对整个客观世界作理性思考的抽象概括,表现了人类在较高的认识水平上对于自然和社会、主体和客体统一起来的一种尝试,代表了主体在把握客体的广度和深度上的新的探索方向,这无疑是人类认识发展获得巨大进步的结果。所以,老子道论的提出,实际上就是把人的认识眼光从零乱破碎的经验事实引向现象背后更深层次的存在本质,把人类认识终于推进到了具有无限性、普遍性的本体世界。

第二,确立了以本体之道为最高的认识物件。在老子之前,天及天人关系是整个宇宙观的中心问题,也是人们认识的最高对象。人们把天看作是至高无上的主宰,它有意志、有权威、能生成万物、赏善罚恶,决定人们的命运,因此,人们从事各种认识活动的一个最大目的,就是要认识这君临一切的主宰、遵从它的意志、协调天人关系。这种天命神学思想带有浓厚的自然崇拜特点,还没有超出原始的、朴素的经验性认识的局限。尽管春秋以来许多政治家和思想家对传统的天命神学进行了批判和改造,努力剔除其所蕴涵的天神观念,恢复天的自然本性,从而抛弃意志之天,强调自然之天。但是,由于受到各种条件的限制,人们的理性思维还不能将感性具体升华为理论的系统,建构起系统的自然哲学体系。只有在老子的道论出现之后,原始的天及天人关系的观念束缚才算真正被突破了。老子的道论一方面批判和否定了殷周以来传统的天命神学,以自然之道打倒了主宰一切的上帝,推翻了天国,否定天、帝、神的至高无上地位,强调道"先天地生"(第二十五章)、"象帝之先"(第四章)、"地法天,天法道"(第二十五章)认为只有自然之道才是一切存在的根本依据和终极基础,是在天、帝之上的存在本体;另一方面继承和发展了春秋以来的自然天道观,认为"天地不仁"(第五章)、"天道无亲"(第七十九章),从而剔除了天的人格神的含义,把道看作是个自然的存在,它无仁无义、无私无欲、自然无为,并不充当什么主宰者。可以说,老子的"道"是一个具有完全革新意义的概念。老子以这种道论为基石,以自然之道取代了人格性的或自然性的天,使"道"成为具有本体性质的最高范畴,也是其哲学体系的总体性范畴,从而建构起了中国哲学史上的第一个本体论。在老子看来,既然道是一切存在的根本,毫无疑问也就是一切认识的最高对象。这种哲学认识对象由"天"到"道"的转变,是具有积极的、重大的历史意义的,因为老子将认识的对象推进到了人们日常经验所能感知的范围之外,无疑极大地解放了人的认识能动性,拓展了认识活动的领域,对人类的认识提出了更高的目标。这是古代认识史上的一次巨大变革,是对当时人们所习惯的朴素直观的思维模式的一种超越。

第三,提出了以其否定性的形上学方法为认识论的最基本的、总体性的方法。老子虽然确立了以本体之道为最高的认识对象,但他却否认用一般的方法可以认识这个最高的认识对象。《老子》第一章就开宗明义地指出:"道可道,非常道,名可名,非常名。"道作为最高的存在本体,其最根本的规定性就是不能有任何具体的规定性,所以,相对于有貌、有象、有声、有色的具体的"有"而言,它是"视之不见"、"听之不闻"、"博之不得"的"无",是"无状之状、无物之象"的"惚恍"(参见第十四章),因之相对于可感知的实物而言,它也就是超验的、"不可道"之道。这样,由"道"的超验性、无限性的性质和特点,就决定了它不能依靠人们的感官经验来认识。感觉只能认识有形的、有限的东西,而对于无形的"道"则无能为力。认识"道"时不能使用建立在感性观察基础上的经验认识方法。

既然经验性的认识方法不灵,依靠理性的判断、推理、概念、定义诸方法能把握"道"吗?老子认为也不行。由于道是最高的主体,它是不能用定义的方法从更高的概念导出的(没有比它更高的概念了);由于"道隐无名"(第四十一章)、道无定性、"微妙玄通,深不可识"(第十五章)、"不可致诘"(第十四章),它也无法用概念进行描述,难以用判断、推理的方法来认识。也就是说,由于"道"的整体性、至上性等性质和特点,我们无法用判断、推理等去达到它、穿透它、也无法用定义、概念等语言形式去传达它。

那么,老子的本体之道是否就无须认识,也真的不可认识了呢？当然不是。老子之道的超验性及其不可言说性、不可定义性，并不意味着它是无意义的、可以取消其认识问题的，老子自己就不得不经常"强为之容"，并且"著书上下篇，言道德之意五千余言"，这些表明了他不仅没有放弃对"道"的认识，反而力图以某种特殊的方法对"道"有所言说。这个特殊的方法就是其否定性的形上学方法。关于这个否定性的形上学方法，由于上一章已有详论，此不再赘述。仅需特别指出的是，否定性方法既是老子的一种形上学方法，也是老子哲学的一种总体性方法，老子哲学的整个逻辑结构及其各部分的思想内容，都是以此作为最基本的方法进行建构和阐述的。自然，这种否定性方法也是老子用以建构和阐述其认识论思想的最基本的、总体性的方法。因此，抓住了这种否定性方法，就等于找到了一把解读老子认识论乃至整个哲学之奥妙的钥匙。

第二节　无知之知是谓真知

老子哲学的认识论主要讨论了两个基本问题：一是有没有真正的"知"、什么是真正的"知"的问题；二是怎么获得这种"真知"的问题。整个老子认识论的理论系统无非就是围绕这两个层次展开的。

我们先来考察分析一下老子认识论第一个层次的基本问题，即有没有真正的"知"、什么是真正的"知"的问题。

在关于"知"的问题上，老子曾普遍地被视为是一个著名的不可知论者和反智主义者，《老子》书中也的确有很多关于"道"不可知以及反对"知"的言论，如说"绝圣弃智"、"绝学无忧"（第十九章)、"常使民无知无欲"(第三章)等。然而,如果更深入一层来看待老子对"知"的态度,就会发现问题的复杂性。譬如说,老子的哲学及其认识论固然否定了知识的作用和功能,但又在某种意义上成为中国古代科学技术发展的思想观念基础。正如李约瑟指出的:"中国的大部分科学思想都必须在道家中去寻根究底。"[①]道家哲学与中国古代科学技术之间的这种内在联系已从一个侧面明确地提醒我们必须重新全面地理解老子哲学对待"知"的态度。

一、"知"的历史内涵

要正确地理解老子对待"知"的态度,首先必须把老子所说的"知"放回到老子时代社会生活和思想文化观念的大背景中,梳理清楚其特定的历史内涵。在上古时代,并没有一个独立的知识阶层,知识与权力是一体的,垄断了政治权力的世袭贵族也垄断了知识,或者说,正是对知识的垄断构成了世袭贵族垄断政治权力的一个深刻基础,古史中所谓学在官府、官学一体的局面正是这种知识与权力相统一的事实的反映。与此相联系,上古时代中的所谓"知识",也就有其特定的历史形态,它首先是指既定的整个传统知识遗产,包括以历史文献和口口相传的形式保存下来的文化典章制度、伦理道德规范和饱含兴衰成败经验的政治过程的历史记录。从内容上看,这些知识遗产基本上是以政治统治权为中心的,如"六经"是我们现在所能看到的这种知识遗产的集中代表,而"六经"的真实面目不过是一些以政治权力系统为中心的历史文献,学界所谓"六经皆史"的说法正从一个方面反映了六经的这一

[①] 李约瑟:《中国科学技术史》第二卷《科学思想史》,北京:科学出版社,1990年,第63页。

特点。章学诚说:"六经皆史也。古人不著书,古人未尝离事而言理,六经皆先王之政典也。"①说"六经""皆先王之政典"恐怕极端了点,但这至少表明它们并没有超出政治权力系统的话语范围。正因此,考古学家张光直认为,"巫"和"史"可以说是远古知识遗产传承中两种基本的知识形式,因为"巫"即"掌握占卜知识的人也就可能是最早的'知识阶级'",而"史"掌握历史文献、"占有知识是沟通过去和未来的关键,……是能否从古代统治术中获得预言能力的关键。"②当然,作为社会身份,巫史往往是合为一体的,即二者统一于当时垄断着政治权力的贵族集团。虽然在春秋末期即老子的时代,随着世袭的贵族政治的衰落,新兴的士阶层作为一种独立的社会角色登上了历史舞台,传统的知识与权力一体化的社会结构开始瓦解,出现了"学术下移"、像孔子这种首开私人讲学之风的新局面,但真正新的、独立的知识系统并未能够很快建立起来——实际上它在随后几千年的历史过程中也从未真正地建立起来过。所以,无论是从传统文化遗产的传承上看,还是从现实社会生活所提供的知识形态来看,老子所面对的"知"无疑是以历史上传承下来的政治统治术、伦理道德规范及各种文化典章制度为基本内容的。

其实,不仅老子,而且整个先秦诸子所面对的都是这样一部相同的文化知识遗产,大家特别是儒道两家都须以这部遗产为共同的传统资源,须以对这部遗产的自觉的理性批判为其新的思想创造的起点,还同样须对这部共同的遗产表明各自不同的态度或立场。区别只在于,以孔子为代表的儒家是以继承这部遗产为自己

---

① 章学诚:《文史通义·易教上》,上海:上海古籍出版社,1993年,第1页。
② 张光直:《美术、神话和祭祀》,沈阳:辽宁教育出版社,1988年,第74、73页。

的基本立场的,而以老子为首的道家则是以拒绝这部遗产为自己的基本立场的。老子说:

  大道废,有仁义;智慧出,有大伪;六亲不和,有孝慈;国家昏乱,有忠臣。(第十八章)
  失道而后德,失德而后仁,失仁而后义,失义而后礼。夫礼者,忠信之薄而乱之首也。前识者,道之华而愚之始也。(第三十八章)

  孔子把礼乐、教化看作是人类文明进步的标志,也是其思想学说的核心。与此相反,老子把仁义道德、政教礼制等一切所谓人文化成的结果都看作是人类社会在背离和废弃真正的"大道"之后不断退化堕落的祸端。老子对仁义道德等的这种否定鲜明地表示了老子哲学拒绝传统知识文化遗产的基本态度,划清了儒道两家的分野。人们一般认为,儒家是主"知"(智)的,道家是反"知"(智)的。我们根据上述分析可以得出结论,无论是儒家的主"知"(智)论还是道家的反"知"(智)论,其主要对象首先是指向这种传统的知识文化遗产。

  那么,是什么原因造成了他们对传统知识遗产的不同态度呢?这主要是由于他们各自不同的政治立场及由此产生的不同的价值取向的影响。因为老子、孔子的学说都是以政治思想为基本主题的,其思想充满了深切的政治关怀,而他们所共同面对的传统知识文化遗产又正好是以政治权力问题为中心话语、以维护封建制度及等级秩序为基本宗旨的,所以对其所反映的政治立场是赞成还是反对,就成了他们在思想上对其是采取继承还是反对态度的主要依据。这也就是说,儒道的主智论或反智论并不单纯是一个哲学认识论问题,而首先是一个社会政治立场问题。余英时指出:"儒家在政治上不但不反智,而且主张积极地运用智性、尊重知识","老子的反智言论中有很多是直接针对着政治而发的,故道家的反智论影响及于政治必须以老子为始作俑者"。① 李约瑟也认为:"为了说明道家所赞成的是哪种知识,就必须说明他们反对的是哪种知识,而不阐明他们的政治立场,就做不到这一点。"② 那什么是道家的政治立场呢? 按李约瑟的说法,"说道家思想是宗教的和诗意的,诚然不错;但它至少也同样强烈地是方术的、科学的、民主的,并且在政治上是革命的",③因为"道家实质上是一种反封建力量,"它"对整个封建制度展开了尖锐而激烈的抨击,"具有鲜明的反封建专制特点。④ 既然如此,就难怪老子等道家总是与尊崇这种以维护封建制度和等级秩序为宗旨的传统知识文化遗产的儒家格格不入了。

从以上对"知"的历史内涵的考察分析可以看出,老子对"知"的否定首先是针对当时社会所特定的"知"的表现形态即传统知识文化遗产而言的,正像李约瑟说的,道家"他们攻击'知识',但他们所攻击的'是儒家关于封建社会的等级和礼法的学究式的知识,而不是关于大自然之道的真正的知识'"。⑤ 李约瑟据此进而认为,在老子等道家那里实际上存在着两类知识,即社会知识和自然知识,他说:"道家严格区分了两种知识,一种是儒家和法家的

---

① 余英时:《中国思想传统的现代诠释》,南京:江苏人民出版社,1995年,第66、71页。
② 李约瑟:《中国科学技术史》第二卷《科学思想史》,北京:科学出版社,1990年,第145页。
③ 同上书,第37页。
④ 同上。
⑤ 同上书,第35页。

社会'知识',这是理性的,但却是虚假的;一种是他们想要获得的自然的知识,或洞察自然的知识,这是经验的,甚或是可能超越人类逻辑的,但却是非个人的、普遍的和真实的。"① 也许李约瑟的上述说法有不够准确之处,但他用两种知识的分类来疏理、解说道家的反知主义立场既非常新颖独特,也大致符合先秦思想史的实际状况,是具有相当的理论说服力的。总之,道家普遍地赞赏"自然知识"而反对"社会知识",并且认为虚假的"社会知识"和真正的"自然知识"是相对立的,如老子所说的"为学日益,为道日损"(第四十八章)的区别首先就是指这两种知识的对立。又如庄子曾轻蔑地把儒家的烦琐的"社会知识"描述为不过是"君牧之分"(见《庄子·齐物论》),它与道家所追求的有关道和自然界的真正知识是有原则区别的。显然,这种区分两类知识的观念是道家思想史中的一个重要线索。从方法论上说,我们一经掌握了这条思想线索,就可以较好地解读许多看似矛盾复杂的思想史现象。

二、认识的界限

以上我们通过分析老子思想中"知"的历史内涵考察了老子对"知"的态度。不过实际上这种考察主要侧重于老子在社会政治层面上对传统知识的批判和否定。而仔细推究起来,老子对"知"的态度还体现在另一个重要的层面上,即在哲学认识论的层面上对认识的可能性的批判,以及由此导致的他对一般知识的否定。与前一层次相比,这后者才是真正属于哲学领域的。但是,这样说并不等于表示这两个层面是各自截然独立、互不相关的。相

---

① 李约瑟:《中国科学技术史》第二卷《科学思想史》,北京:科学出版社,1990年,第109-110页。

反,后者正是在前者的基础上形成的,因为老子对知识文化遗产的批判,实就是在广义上对人类自身的理性能力及其结果的批判,而唯有通过对自身的批判,人类的理性才能得到提升,才能把它建立为一个真正的主体。从根本上说,这也正是作为爱智慧的哲学思维的一个基本特征和逻辑出发点。

《老子》第一章可视为是整个老子哲学的总纲,也是历来争议最大、歧解最多的一章。我认为老子在这开篇第一章中主要讲述了其哲学本体论和认识论之间的关系问题,特别是人类认识的可能及其限度问题。对此,我们可以从两个方面来看:

1."道可道,非常道":本体之道是不可言说的。

老子认为,本体之道虽然是客观存在的,甚至可以说是最真实的存在,但由于其"恍兮惚兮"、"周行而不殆"的运动性质和作为本体的无限性、超越性的特点,又使这种存在不是具体的实物,而是有无统一、虚实相生的实在。具体来说,这个"道"具有如下的性质:一是无形无象,不是某一实物。老子说过"道之为物",又说"其中有物",前一个"道之为物"之"物",不是实指一物,而只是说"道这个东西";后一个"其中有物"之"物",虽然有事物、实物之义,但在这里应泛指作为事物存在的客观性,所以"其中有物"并不等于说"道即是物",而是说无形无象之道有象物那样客观存在的一面,这实际上是关于道是有无虚实相统一的一种说法,表示无中含有、虚中有实、虚能生物。这样的虚无之道作为本体存在,实是"无物"。对于这种"无物"之道,当然是视之不见,听之不闻,搏之不得,不是感知觉的直接对象,无法进入人的认识领域。二是无规定性,即没有任何具体属性。既然如此,道便没有"名",因为凡"名"必有所指之"实",中国古代的语言哲学是强调"名以指实","实以定名"的名实统一观的。但老子之道没有具体的属性、

没有确定的规定性,即道不是"实",故道便"无名",老子说:

> 道隐无名。(第四十一章)
> 吾不知其名,强字之曰"道",强为之名曰"大"。(第二十五章)

道是"无名"的,既然"无名"便不可言说。但说道"无名",没有规定性,并不是说道是一个真正的空无,而是为了强调它的无限性、超越性。老子认为"道"是勉强给予这个本体的一个称号,意思是说"道"这个名称显然未能概括这个本体的全部意义。所以老子又接着补充说这个本体也可称之为"大",所谓"大"正是标明"道"的无限性、扩散性的状词,表示一种可能的存在状态。对于这种具有无限性的可能存在状态,我们只能去体认、体验,却不能作为确切的对象去认识、去言说,因此,关于"道"的种种描述或解释,都不是概念分析式的认识,而只能是本体的显现或"透视"。实际上,若我们对"道"实在要有所言说,也不能说它"是什么",而只能说它"不是什么",因为惟有"不是什么"的描述才可以用某种挂一漏万的形式勉强展示这个无限的、越超性的可能存在形态中的丰富内涵。总之,在老子看来,"玄之又玄"的本体是人类的认知和名言(概念和逻辑)所不能羁络的,即在人类认识的视界之外。维特根斯坦认为存在着一些神秘的不可言说的领域[1],老子之道就如维特根斯坦所说的那个"不可言说的领域"。当然不可言说不等于不存在,也并非它是荒谬,而是它处于言语所及的范围

---

[1] 参见维特根斯坦:《名理论》(逻辑哲学论),张申府译,北京:北京大学出版社,1988年,第88页。

之外,一说即错,拟议即差。所以老子认为"大音希声、大象无形"(第四十一章)、"希言自然"(第二十三章),无形之道超越了声音、语言,不言说才是符合道的自然本性的。这样,要体认道,就要不落言筌,不拘理路。这也就是说,道本体诚然是不可言传的东西,但它却可以用某种方式"显示"自己的存在,而我们只能根据其"显示"的形态用相应的"观"等独特方式去把握这种存在(见后面详述)。

2."名可名,非常名":认识本身的局限性。

在老子看来,除了道本体自身具有不可知性质之外,作为人类认识主体本身的知性及一般认识方法所存在的局限性也导致了对存在的终极根据的不可知性。

第一,认识的相对性。老子在本体论上主张以"有无统一"、"有无相生"来描绘道的存在的辩证性质,其实这种有无关系模式也被老子用来当作认识的基本模式。在老子看来,在我们认识的意义结构中,"有""无"总是相伴而生、相对存在的,某一事物"有"的意义是建立在它的"有的不发生"之"无"的意义基础上的,也就是说,任一特定的意义主张总是立基于否定了它们对立面意义之上的,因而在认识中,我们的认知活动及其结果总是具有相对的性质。《老子》第二章曾非常精辟地阐述过这个观点:

> 天下皆知美之为美,斯恶已;皆知善之为善,斯不善已。有无相生,难易相成,长短相形,高下相盈,音声相和,前后相随。

在这里,"美恶"、"善不善"、"难易"、"长短"、"高下"、"前后"等对立性概念,首先是从认识论意义上说的,显示了它们在人类认识活动中一体并存、相伴而生的普遍规律。然而,老子认为,对于这一普遍规律,人们在认识活动中总是容易加以忽略,总是难以认识到在其采取某一认识观点背后实已蕴涵着对立面的意义或观点,因而常常有意无意地固执于用片面的眼光撷取所欲,囿于相对的认识。人们总是在事物发展到了极致之后,才会注意到它的对立面,而这时它向对立面的转化往往已不可避免,所以"反者道之动"的事物发展规律也一再地在人们的认识活动中呈现出来,成为人类思维活动的固定错误。老子由此证明了人类认识的相对性质,并进而得出了其认识论上的无为主义结论:既然认识总是相对的,以此来认识真正的道的终极存在是无能为力的,那么我们不如放弃认识的努力,转守清静无为沉默不言的原则。这就难怪老子在上述第二章文字之后,紧接着就提出:

是以圣人处无为之事,行不言之教。

第二,语言的局限性。前面说过,老子认为道本体是不可言说的。那么为什么呢?这固然首先是由于道自身特有的越超性质,但更主要的是由于语言作为人类一种重要的认识工具本身存在着内在的深刻局限性。老子说的"名可名,非常名",其意思就是认为凡可以言说和命名的都不是真正永恒的,譬如说,像可以言说和命名的"道",就并不是真正的本体之道;反过来说,真正的本体之道是不可言说的,这就是老子所谓"道可道,非常道"的意思。实际上,老子以开篇的"道可道,非常道;名可名;非常名"这两句话先声夺人地在本体与认识之间划下了一条不可逾越的鸿沟或界限:人类的语言是有限的,它并不能真正地、完全地把握世界的本体存在。

既然语言名称和真正的存在之间并不等值，那么如果偏执于语言名称的话，人的认识就可能被引向歧途，反倒离本体存在的真相更遥远了。老子正是基于语言与存在之间的这种矛盾性，得出怀疑和否定人类知性的结论：

  知者不言，言者不知。（第五十六章）
  信言不美，美言不信。善者不辩，辩者不善。知者不博，博者不知。（第八十一章）

语言文字本来是用来记述事象、传达意义的符号工具，然而它们却常常被使用者用来当作饰辩的工具，从而造成了知与言、言与意、真与美之间的普遍分裂和对立。可以想象，这种具有局限的，甚至异化的性质的语言显然是极不适合于作认识本体真谛的工具的。不但不是有效的工具，反而是人类认识本体的枷锁，须大力破除才是。不然，若拘执于名言（概念与逻辑）去认识本体，"如标月指"，了指所标，终非是月。正因此，老子五千言一开篇就首先要破除人们对本体的终极存在"可道"、"可名"的幻觉，实是意义重大，如当头棒喝，其旨既在警醒人们在使用语言时应有不偏执、不拘泥的灵活态度，开创了中国古代注重"大智不言"、"言不尽意"的超验智慧、追求意境空灵、直觉妙悟的艺术精神等文化传统，更在于以其对语言功能的局限性的清醒认识和对语言异化的深刻批判，否定了人类早期文化中普遍存在的、具有浓厚神话思维色彩的"泰初有言"的语言创世观[①]，为人类冲出当代西方语言哲学所乐道的

---

① 参见萧兵、叶舒宪：《老子的文化解读》，武汉：湖北人民出版社，1994年，第218页。

"语言的牢房"、克服语言异化作了可贵的探索。

第三,认知主体的局限性。人作为认知主体对认识活动是有着重大影响的,因此人这一认知主体所具有的种种局限性,也就在很大程度上限制了人对终极存在进行真实全面的认识,换言之,它使人类由这认知主体所得出的一切认识和知识均只具有相对的意义,不足以把握道这个深奥玄妙的本体。

造成认知主体种种局限性的原因是很多的,老子认识到的主要有这么两方面:一是受"欲"的影响。老子认为,人的知识是和欲望结合在一起,同步增长的,人有了各种欲望之后,就必然要求满足,而要满足这些欲望就得寻找各种方法、技巧,从而促进了知性的增长;反过来,知性的增长又催化了新的欲望,促使欲望不断膨胀。老子认为,"罪莫大于可欲"(第四十六章),正是无限的贪欲成了人类生活的总祸根,也阻碍了人们对根本之道的真正认识,因为由欲望而推进的人类一般知识和知性的发展只会越来越遮蔽了道的存在真相。道的存在本是一种澄明之境。所以老子要求以"无欲"、"寡欲"的清静无为、"复归于朴"、"复归于婴儿"的单纯作为体悟道的基本前提,此即所谓"常无欲以观其妙"(第一章)。二是受主观性的影响。由于认识主体在社会地位、政治倾向、活动能力、生理特征等方面的差异造成了主体各自的主观性,也就是我们通常所说的人们各自具有的一定的立场、观点、方法。这种认识主体的主观性,庄子将其称之为"成心",并作了较为细致的分析,而老子所谓"自见者不明,自是者不彰"(第二十四章)说的也正是这个问题,故此老子提出要"不自见"、"不自是"(第二十二章)、"去甚、去奢、去泰"(第二十九章)、"塞其兑、闭其门,挫其锐,解其纷、和其光,同其尘"(第五十六章)——这些主张都包含着要消除人的主观片面性、极端性才能达到对道的全面深入的体悟的意思。

总之，老子在哲学认识论层面上从认识对象、认识方法、认识主体等方面论及了认识的可能性及其界限，从而强调了存在的终极根据的不可知性。在老子看来，既然道的存在真相不可知、不可言说，人们的认识活动与道的实存性之间有着很大的距离，甚至可说有着不可逾越的鸿沟。正因此，老子是完全否定这种认识或者"知"的实际意义和价值的。

三、无知之知

以上我们已试图从历史的、全面的角度来深入地理解老子对"知"的否定态度。由此我们可以得出一个结论，即老子并非一味地反对"知"。老子所反对的"知"、"智"、"学"，是有其特定的内涵的，那就是主要指以政教礼法、仁义道德为主的传统文化知识遗产和由人类的认识途径所提供的一般知识及日常经验。对于这些所谓的"知"、"智"、"学"，老子断然否认了它们在认知上的可靠性和价值上的绝对性，认为它们所包含的一切概念和价值都是人为所设定的，知与不知、真与假、美与丑等等区别都是相对的，其中充满了人的主观的偏执和专断的取舍，因而它们并不能成为真正的"知"。老子所说的"绝圣弃知"、"绝学无忧"（第十九章），"不尚贤"、"常使民无知无欲"（第三章）等不可知论和反智主义的主张，主要就是针对这种"知"提出来的。

那么，什么是真正的"知"呢？在老子看来，既然道是一切存在的根本，所以认识"道"这个本体也就是抓住了认识一切的根本，真正的"知"就是对道的体认领悟，体认了道、掌握了道，也就掌握了最高智慧。老子说：

> 执古之道，以御今之有，能知古始，是谓道纪。（第十四

章)

> 孔德之容,惟道是从。……(道)自今及古,其名不去,以阅众甫。吾何以知众甫之状哉?以此。(第二十一章)

所以,老子认为,认识的根本目的并不是为了单纯的求知,而主要是为了体道。老子所谓的"知常"、"得母"、"闻道"之类的说法,就是表示这个意思的。老子说:

> 夫物芸芸、各复归其根。归根曰静,静曰复命。复合曰常,知常曰明。……知常容,容乃公;公乃全,全乃天;天乃道,道乃久,没身不殆。(第十六章)

又说:

> 天下有始,以为天下母,既得其母,以知其子;即知其子,复守其母,没身不殆。(第五十二章)

这"常"和"母"就是指具有永恒的、根本的性质的东西,即指"道","知常"、"得母"就是体道。因为由体道而得到的"真知"是对万有的根源性的把握,而不是关于万有的具体知识,是对存在的究极性探寻,而不是对现象的枝节之论,所以这种真知具有"常"、"母"的特点。这也就是说,老子认为关于道的真知是完全不同于前面他所否定的那些"知"的。实际上,老子在这里已明确区分了两种"知":一种他所否定的那些"知",一种是他所赞颂的关于道的真知。用老子自己的话说,前者是"为学"之知,后者是"为道"之知(参见第四十八章)。老子认为,关于形而下的各种具体事物的认识就是"为学"之知,这是一种可以通过感觉经验和理性活动获得的知识,在老子那里,那些以政教礼法、仁义道德为主的传统文化知识遗产和由人类的认知途径所提供的一般知识及日常经验,都属于这种"为学"之知。它们的特点都是属于具体的、相对的"知",即所谓"小知"、"前识",不具有绝对的、永恒的价值。而关于形而上的道的体认和把握就是"为道"之知,它是一种在否定和超越"为学"之知之后才能获得的"真知"。这种真知的特点在于它具有最普遍的、根本的性质,因而具有绝对的、永恒的价值。我认为,很显然,老子本人对"为学"与"为道"两种"知"的划分比前述李约瑟对老子及道家两种"知"的区分要准确得多。

但是,我们不要误会了,以为老子关于体道的"真知"真的是一种什么"知",其实,它只是一种"无知"或说是"无知之知"。因为道作为一种形而上的本体,其本身就是似无实有的"无",是不可道之"常道"。对于这样一个"视之不见,听之不闻,搏之不得"、"不可致诘"的存在,正如前面一再说明的,要去认识和描述它是困难的,"夫唯不识、强为之容"(第十五章),连给它一个"道"的称号,也是勉强的,少数得"道"的人,更是难以名状的:"古之善为道者,微妙玄通,深不可识"(第十五章)。这样,一般的感性经验、理性认识是不可认识这种"道"的。相反,人的心智活动愈向外驰求,外在的经验知识积累得愈多,不但不能获得关于"道"的"真知",反而与之疏离得愈远。老子认为:"智慧出,有大伪"(第十八章),"其出弥远,其知弥少"(第四十七章),"多闻数穷"(第五章),"知者不言,言者不知"(第五十六章)。这是为什么呢?这是因为老子所提倡的虚静无为、守弱不争等关于"道"的"真知",其实都是非常简单自然、明白易懂的,"吾言甚易知也,甚易行也"(第七十章)。正由于它极其素朴单纯,以致它不需要任何文饰、雕琢,甚至不需要任何言辞、心智,而表现为一种无知无觉、不言不辩、浑浑噩噩、空荡无物的状态。老子认为:"虽知大迷"(第二十七章)、大智若愚。这种"真知"是对一般的"知"的彻底否定,是通过不断否定"有知"而达到的"无知",因此老子主张"绝圣弃智,……绝学无忧"(第十九章),"学不学"(第六十四章)、"塞其兑,闭其门,终身不勤"(第五十二章)。而且,在老子看来,真正的智慧,不仅在于这种对道的"无知",而且在于要进一步知道这种否定掉一切"有知"之后的"无知"就是对道的"真知"。他说:"知不知,上矣。"(第七十一章)张湛《列子注》中说:"无知之知是谓真知。"老子正是把"真知"看作这样一种"学不学"、"知不知"的"无知不知"。这种真知论也可以说就是老子认识论的真理观。

老子这种以"无知之知"为"真知"的真理观,对后来道家认识论的影响是十分巨大的,以至它成了道家哲学的一个基本思想。正如冯友兰所指出的:"道家求最高知识及最高境界的方法就是去知,去知的结果是无知",当然这种无知并非原始的无知,而是一种去知之后的"后得无知"。[1] 像庄子认识论就不仅继承而且大大发展了老子的上述思想。庄子说:

> 夫大道不称,大辩不言,……故知止其所不知,至矣。[2]
> 不知深矣,知之浅矣,弗知内矣,知之外矣。……弗知乃知乎,知乃不知乎,孰知不知之知。[3]

---

[1] 冯友兰:《新原道》,《冯友兰学术论著自选集》,北京:北京师范学院出版社,1992年,第308页。
[2] 《庄子·齐物论》。
[3] 《庄子·知北游》。

> 无思无虑始知道,……所以论道而非道也。①

庄子以知为不知,以不知为知,因为对大道的认识不能靠一般认识,只能靠无知之知;不能靠一般的言说,只能靠不言之言。无知之知,是为大知;不言之言,是为真言。

为什么"不知"、"无知"比"知"更为深刻呢?因为老庄所谓"无知之知"基本上是一种体验、感悟性的"知",这种"知"是无限的、绝对的,也是整体性的,正适合于对无限的、超越性的、没有分别的整体性之道的把握,而对一般对象的认识则是有限的、相对的,也是部分的。

四、"为学"与"为道"

由此可见,如果笼统地说老子是不可知论者和反知主义者是并不确切的。实际上,老子否定"知",只是否定一般经验性的"有知"及各种仁义道德、政教礼法的所谓"知",却并没有否定有真正的"知"即对道的体认;同样,老子说的"不可知",只是指"道"在经验世界和理性范围里的"不可知",强调不能以有限的语言、见闻、经验或概念去界定和规范"道",却没有把"道"看作是一个绝对超认识的、"不可知"的本体。显然,老子在认识论中要通过批判和否定经验性认识和理性认识,煞费苦心地划分一般的"有知"与作为真知的"无知",目的与他在本体论中要严格地区分"常道"与"非常道"一样,都是为了突出其"道"的形上学意义。总的来说,老子对经验性认识和理性认识的批判既包含了深刻的积极意义,也包含了复杂的消极意义。

---

① 《庄子·知北游》。

首先,老子区分"为学"之知与"为道"之知,以后者的"无知"否定前者的"有知",老子以这种否定性的方法促使人们超越习以为常的经验和知识,要求把人的眼光从具体繁杂的经验事实中引向现象背后更深层次的存在本质,这表现了人类认识对原始的简单性思维的超越和向更高的认识目标的追求。但是,老子要求人们彻底否弃各种"为学"之知,仅仅追求和满足于"为道"之知,又难免走向了片面性,在客观上具有不良影响。例如,这种"为道"不"为学"的价值选择,对中国传统哲学形成重道轻学的致知模式就有着重大的影响,而传统哲学中这种重道轻学的致知模式在历史上既有注重人的个体自觉和修养,高扬人的主体性,肯定对本体之道及基本价值的追求高于单纯的知识积累等积极意义,也有容易导向只重道德修养和个性体验,而排斥各种具体的知识、专门的技艺,从而最终阻碍科学文化和社会文明的发展的消极后果。

其次,老子这种以"无知"否定"有知"、强调"无知"即"真知"的思想,表达了他作为一位杰出的智者对人类的经验和理性的沉痛怀疑和批判。由于老子已认识到,人的经验和知识是有局限的,理性也并不是万能的。所以如果让经验和理性过分地膨胀,支配和垄断了社会生活及人类文化的一切领域,那也会和让野蛮统治一切一样可怕:

五色令人目盲,五音令人耳聋。(第十二章)
民多智慧,奇物滋起;法令滋彰,盗贼多有。(第五十七章)
夫礼者,忠信之薄,而乱之首。前识者,道之华,而愚之始。(第三十八章)

老子看到了伴随着人类文明的进步必将滋生种种与人类文明的初衷相违背的负面因素，批判了历史发展的二重性和文化价值的分裂性。但是，由于老子未能辩证地看待这些人类文明的消极面和矛盾性，而只寄希望于以干脆否弃文明和进步的方式简单地取消这些消极面和矛盾性。所以，在认识问题上，老子不仅要求人们认清语言、知识的有限性，不为文字所累，不死于言下，而且进一步要求干脆放弃人的经验、理性这类一般的认识工具，取消认识活动。人们不仅应该像古希腊的哲学家苏格拉底一样敢于说"我不知道"、承认自己的"无知"，还应满足于这种"无知"、以自知其"无知"为最高的"知"，用老子自己的话说就是："知不知，上矣。"

平心而论，许多人把老子的这种观点看作是一种为统治者提供驭民之术的"愚民哲学"，实在是冤枉了老子。尽管老子的确认为：

> 圣人之治，……常使民无知无欲。（第三章）
> 古之善为道者，非以明民，将以愚之。民之难治，以其智多。故以智治国，国之贼；不以智治国，国之福。（第六十五章）

但老子在这里表达的主观意图是要人返璞归真，恢复到无知无识的赤子婴儿状态，并要求"善为道"的统治者首先"自愚"，以真朴自砺，不以巧诈治国。他相信，只要整个社会都处于愚昧混沌的状况，也就实现其无为而治的最高理想了。我们可以说，老子关于"弃智"、"绝学"、"愚民"的主张固然显得有些天真，却不可恶，似不必怀疑其包藏了什么阴险的用心。因为老子既主张愚民，也主张自愚，并以"愚人"自许：

> 我愚人之心也哉,众人昭昭,我独昏昏;众人察察,我独闷闷;众人皆有以,我独顽且鄙;我独异于人,而贵食母。(第二十章)

在老子看来,"愚"首先是真朴之意,当"愚人"不仅不是可鄙之事,反而是所要追求而又很难达到的最高境界呢。难怪老子要认为大智若愚、"大巧若拙"(第四十五章)呢。所以,我们应对老子思想先作同情的理解,然后再谈得上批判和改造。

第三节 涤除玄鉴、静观直觉

前面考察分析了老子对"知"及"真知"的看法,现在接着考察老子认识论第二个层次的基本问题,即怎么获得"真知"的问题。

这个问题可以具体分为两个方面来考察:

一、涤除玄鉴:获得真知的条件

前面曾指出,在老子看来,其本体之道是一个不可认知、不可言说的领域。老子认为,本体之道不仅不可认知、不可言说,而且它的真相之所以难以发现,正是由于被人们的认知和言说遮蔽起来了。本来,道作为一个本体,其本性是清静无为、素朴单纯的,因而也是敞开的、澄明的、易于体认和把握的。然而,由于人的存在及能力的有限性,人的过多的"有为"不仅没有使人到达道的终极存在领域,反而正与道的本性相违逆和疏离,就像在歧路上的行走,越走反而越远离了目标。这一点体现在认识上,道之所以不可知、不可说,正在于无为清静敞亮之本体已被人为的种种作为特别是过多的认知和言说活动所遮蔽掉了。既然如此,我们也可以反过来说,如果要想展示道的真相、获得道的"真知",一个基本条件就是要去除掉那些遮蔽在道上面的一切蔽障,即要摒弃一切人为的"有为"、一切具体的、有限的知识,以恢复道的本真面貌。所谓"无知之知是谓真知"就是表明真知是对知的弃绝,或者说是无知于物而真知于道。

可见,由于"无知之知是谓真知",关于道的"真知"不仅不能通过一般的"知"的路径去通达,反而需要走一条独特的通道:老子希望通过否定一般的"有知"来获得关于"道"的"真知"。这是一种"通过否定达到肯定"的否定性方法。这样,在老子那里,整个求道、体道的过程恰恰表现为一系列否定"知"、消解"知"的非认知过程。只有把所有一般的"知识"完全剔除之后,由"有知"变为"无知",才能获得"道"的"真知"。老子之所以要把对各种具体事物的认识称之为"为学",而把对"常道"的追求和把握称之为"为道",就是要强调由于两者认识对象、认识目的的不同,形成了两种截然相反的认识途径和认识方法。老子说:

> 为学日益,为道日损,损之又损,以至于无为。(第四十八章)

对于"为学者"来说,求知过程就是知识的积累过程,具体知识积累得越多越好;而对"为道者"来说,由于对道的体验是与各种具体知识的多寡成反比的,具体知识越多就越遮蔽了道的真相,所以具体知识应日益减少才好,减之又减,直到一无所知、无所作为的程度。这种"损"的方法,实质上是老子强调应从负面、逆向来把握道,把体认道的过程看成是一个"进道若退"、"明道若昧"(第四十一章)的不断否定过程。"损"的方法,实是老子认识论中典型的否定性方法。老子相信,只有采用这种"损"的方法,否定掉各种"有知",做到"绝圣弃智"、"绝仁弃义"、"绝学无忧"(第十九章)之后,才能"见素抱朴"(第十九章)、"虚其心、实其腹"(第三章),"涤除"一切成见、偏见、庸见,以空无虚寂的姿态为认识"道"的真知作好准备。

上述以"损"的否定性方法来消解覆盖在"道"之上的一切遮蔽,敞开道的本真面貌的"去蔽"过程,实际上就典型地表现为老子所说的"涤除玄鉴"的过程。所以我们有必要具体考察一下"涤除玄鉴"这一著名命题。

老子提出:

> 涤除玄鉴,能无疵乎?……明白四达,能无知乎?(第十章)①

这几句话的意思是说,洗清杂念以深入观照,能洗除得彻底而不留一点瑕疵呢?……虽通晓四方洞察一切,却仍能不用智虑心机吗?这实际上是老子用这种反问式表明:能涤除玄鉴而无疵、明白四达而无知,是一个难以企及的、最高的理想境界。

对于"涤除玄鉴"这一命题的具体含义,历来人们有很多不同的理解。其实,要理解其真义,还得先搞清其文字。"涤除",帛书本作"修除","鉴",通行本均作"览",帛书乙本作"监",甲本作"蓝",当为"监"之误。"监"即"鑑","鑑"与"鉴"同,也就是镜

---

① 此章文字不同于王弼本,系依帛书本、河上公本及多种古本改写。

子。而据高亨考证,"鉴"、"览"古通用,都指镜子。① 可见通行本的"玄览"应读为"玄鉴",即"玄镜"。河上公解"玄览"为"心居玄冥之处,览知万物,故谓之玄览"的说法是不确切的,原因就在于他把"览"当作了动词(看)而不是名词("鉴",即镜)。这也就是说,老子作为哲学术语或"譬喻"的"玄鉴"的原型形象应是一种古镜。有的学者还根据一些考古资料进一步考证老子所谓"玄鉴"很可能就是"黑漆古铜镜"。② 据说这种黑漆古铜镜黑虽黑矣,却不明亮,所谓"明镜暗不治",这样映照物象就无法清晰,所以必须经常擦拭、摩挲,即"涤除"(或"修除")其表面的尘垢杂质,才能明亮照物。

那么,老子用这"玄鉴"代表或譬喻什么呢? 我认为主要有二层意思:一是指认识主体的澄明状态。一般人都认为老子的"玄鉴"是以心譬镜,即"心镜",这固然是不错的。如庄子就曾说"圣人之心静乎,天地之鉴,万物之镜也"③,《淮南子》说:"执玄鉴于心,照物明白"。④ 这些地方都明确地以心譬镜,并以"鉴"为镜,大概皆本于老子的玄鉴说。不过,我以为老子的"玄鉴"之喻也可以理解为是泛指认识主体自身的空灵澄明的精神状态的。也就是说,老子以"玄鉴"比喻认识主体的心灵及整个精神状态为能观照万物的形上之镜。老子主张要用"损"的方法,把内心打扫得干干净净,清除心灵的各种蔽障,摒弃一切外在的知识,净化纷杂的欲念,以本明的智慧、虚无的心态、宁静专一的精神、开放无碍的胸

---

① 参见高亨:《老子正诂》,北京:中国书店,1988 年,第 24 页。
② 参见萧兵、叶舒宪:《老子的文化解读》,武汉:湖北人民出版社,1994 年,第 398~403 页。
③ 《庄子·天道》。
④ 《淮南子·修务》。

怀,使主体成为一面明亮光澈的镜子。人只有成为这样的镜子,才具备了观照万事万物背后的玄妙本质的条件。正如禅宗的北宗领袖神秀偈云:

> 身是菩提树,心如明镜台;
> 时时勤拂拭,莫使染尘埃。

此意当与老子的"涤除玄鉴而能无疵"的说法在对认识主体自身的规定上的意趣是一致的,即都强调主体应成为虚静纯洁、空灵明净的"镜子"才能正确无误地反映出道本体的飘忽窈冥、精湛微妙。庄子说的"至人之用心若镜,不将不迎,应而不藏"。[①] 也是形容主体的精神状态如能达到静、明如镜,不染有一丝主观的成见和欲念,就可以如实地映显外物,以至小可以明察秋毫之末,大可以通观宇宙之本质和规律,而这大概就是老子一再所说到的"明"的境界:"见小曰明"(第五十二章)、"知常曰明"(第五十五章)。总之,在老子看来,用"虚心"、"凝静"等方法对贪欲和智巧做洗净的工夫,可使心灵不被贪欲所蒙蔽,亦使精神不致被智巧所误导,从而可以使人的主体功能发挥最自由、最富有创造性的作用。

二是指认识对象(客体)即道本身所呈现出的纯真素朴、简单空明的存在状态。老子"玄鉴"的这层含义几乎未被人提及过,但我认为却是更深刻、更重要的含义。因为上一层含义几乎是可以不言而喻、简单易懂的,而这后一层含义则复杂一点,须联系老子的本体思想才可理解。前面说过,在老子那里,道作为本体,其本性是清静无为、素朴单纯的,因而也是敞亮的、澄明的。有人看到

---

① 《庄子·应帝王》。

这里可能会说:老子不是把道描述为"幽"、"玄"、"惚"、"恍"、"沌,"即具有一定幽深的、阴暗不显的、浑沌不清的、似有似无的存在吗? 怎么又是敞亮的、澄明的呢? 其实这并不难理解,因为老子之道本来就是一个具有辩证性质的存在本体,它既是有与无、虚与实的统一体,也是阴与阳、强与弱、明与暗、黑与白等等的统一体,老子曾称这种道的原理为"微明"(第三十六章),即"虽幽微却显明"[①],正是很好地概括了道的这一特点。实际上,道的"虽幽微却显明"的特点可以具体理解为:就道的本真形态来说,它是清静无为、素朴单纯、自然而然的,因而也是敞亮的、显明的;但由于受外物的遮蔽作用,特别是由于我们认识能力的局限性所造成的知识、经验等的遮蔽作用,我们所看到的道所呈现出来的存在形式或表现形态却往往是幽微的、浑沌的,甚至是神秘的。总之,在老子看来,由于种种遮蔽被附加到了道的存在之上,使之失去了其本真面目。而一旦清除掉那些附加的遮蔽之物,道的自然存在的本真形态就可显现出来,而所谓"道"的本真形态就是虚空、无物,就是自然而然。这层意思,就如禅宗的南宗创始人慧能针对神秀偈语所说的:

菩提本非树,明镜亦非台;
本来无一物,何处染尘埃?

慧能偈语中那种体现佛家"四大皆空"的虚无思想与老子对去除掉一切遮蔽之后虚无空寂的本真之道的规定是十分相近的,当然,老子并没有达到慧能那种彻底的虚无立场,所以老子只承认在道

[①] 张松如:《老子说解》,济南:齐鲁书社,1987年,第236页。

的原始、本真意义上是虚无、空明的,而在随后道的退化性演变过程中,却有一个被蒙蔽、遮盖的过程。故此老子要求"返本归根"、作追本溯源性的推求,以达到"见素抱朴",复归于原始、本真的虚无、空明之道。王纯甫释老子"微明"之义云:"能据其已然,而逆睹其将然,则虽若幽隐,而实至明白矣。故曰是谓微明"。① 这里王纯甫已明确地把老子的"微明"理解为是一个用追本溯源性的逆向推求方法"由幽微而(返至)显明"的过程,我以为是颇合老意的。

当然,上述"涤除玄鉴"的两层含义并不是互不相关、更不是相互矛盾,而是相互补充、一体两面的关系,因为它们实际上是从不同的方面共同表明了老子认识论的一个基本主张,即强调关于道的真知应是对一切具体的、有限的外物和知识等的弃绝,我们只有在消解和去除由那些东西组成的蔽障之后,才可获得"真知"。可以说,它不过是像现象学(Phenomenology)所主张的那样呼吁"回归事物本身",让事物本身自己呈现出来。它实际上是要求通过清净的修养功夫和否定性的方法去除各种预设的先决条件及认识的偏见,"剥落"所有不属于事物本身的东西——既要使客体超升净化不带丝毫附加之物,也要使主体超升净化而不执著于任何认识的观念。这就是老子"涤除玄鉴"的一体两面的含义。由此也可见,我以为禅宗的南北两派的区别就像老子对认识物件和认识主体所作的上述不同规定一样,恐怕并没有像通常所认为的有那样巨大的差别,至少在认识论的意义上是如此。它们更多的只是因认识的角度、所指的对象的不同而有所不同。②

---

① 王纯甫:《老子》。
② 禅宗的北宗和南宗在主张自悟、发明本心、不拘泥文字经典、不执著名相诠释等反叛佛教传统的基本方面实是一致的,只是后者比前者更为彻底。

二、静观直觉：认识真知的具体方法

"涤除玄鉴"虽是老子提出的获得真知的条件,但在总体上它又未尝不是认识真知的方法,也可以说它是老子认识论的总体性方法即"损"、"无为"等否定性方法的具体表现。老子"涤除玄鉴"思想的方法论意义就在于,老子认为一般的经验、知识、语言等都是有局限性的,道的真相也是容易被一些表象、外物所遮蔽的,因而认识真知的方法首先就是要否定这一切,使认识主体和认识对象都成为被"涤除"得干干净净、光亮可鉴的镜子,有了这种被"涤除"得干干净净、光亮可鉴的镜子,自然就可以直接观照道的真知奥秘了。由此可见,老子认识真知的具体方法,与人们所普遍使用的方法是极不相同,甚至正相反的,在先秦哲学中,它既不同于墨家"原察百姓耳目之实"的经验论和名家注重辨名析理的逻辑分析方法,也不同于儒家"生而知之"的先验论,而主要是一种以"静观"为基本特征的直觉主义认识论。

"观"是老子认识论中的一个重要概念,老子经常谈到"观"这种认识方法,如说：

　　常无,欲以观其妙；常有,欲以观其徼。(第一章)
　　致虚极,守静笃,万物并作,吾以观复。(第十六章)

老子这里所说的"观"显然不同于一般的对具体事物的经验性观察,而是要"观妙"、"观徼"、"观复",即"观"那种具有普遍性、本质性的东西。那么,老子的"观"具体是什么意思呢？王博认为,正像《老子》书中许多词都是一名而兼有相反之义一样,"观"字也含有"视"和"示"两层相反的意思。① 王博所说很有道理,只是没能联系老子的认识论作具体阐发。《说文》曰:"观,谛视也",段玉裁注云:"凡以我谛视物曰观,使人得以谛视我亦曰观。犹之以我见人,使人见我皆曰视。"故《尔雅·释言》云:"观,示也"。因此,"观"一词实兼有"视"和"示"二义。这也就是说,《老子》中的"观",既有以我视物之义,又有以物示人之义。前者是从认识主体来说的,如说"吾以观复"中之"观",就应作"视"解,即从主体自身出发对认识对象(包括外物和主体本身)的"外观"和"内视"。而后者则是从认识物件来说的,如"常无,欲以观其妙,常有,欲以观其徼"中之"观",就应当作"示"讲,因为这句话的主语不应像许多人认为的是人,而应是道,——此句所在第一章的上下文都是论述道自身的,不可能在中间突然插入一句以人为主语的话——而由于道不可自视,只能示人,所以这句话说的实是道以"有"、"无"两种形式显示自己的存在,而这又不过是作为客观对象的"道"在拆除各种遮蔽之后直接显示自身存在的本真形态。

根据上面所述"观"的含义,我们可以进一步认为,在老子那里,"观"作为获得真知的方法,可以区分为"视"和"示"这两种具体形式或者说具体方法。不过,不论哪种方法,在反对以感性经验和理性认识作为契入本体的工具、主张寻求一种超越一般的感性、理性的智慧来作为体认本体的途径这一点上则是一致的,体现了在基本原则上与总的否定性方法的吻合性。那么,老子到底如何利用"观"的方法来获得"真知"呢?

这个问题可以分为两个前后依次推进的过程来看:

---

① 参见王博:《老子哲学中"道"和"有"、"无"的关系试探》,《哲学研究》1991年第8期,第43页。

首先，通过虚静的途径纯化主客体。这实际上是前述"涤除玄鉴"之后所产生的直接结果。老子的"观"并非人们通常所谓运用感官获得外界各种信息的"观察"，因而其"观"的方法不同于一般建立在观察基础上的经验论方法。老子主张认识主体应排除各种感觉经验，"塞其兑，闭其门"（第五十六章），关闭自己的感官，断绝与外界的交往，足不出户、目不窥牖，做到"不行而知，不见而名"（第四十七章）。当然，老子的这些主张如果仅停留在这里，是很有先验论嫌疑的，幸好老子的思路还在继续往前延伸：不仅感觉经验是不必要的，而且各种"知"、"学"、言说等等都是需要清除的，而清除这一切的最终目的是为了纯化主客体，使之达到绝对的虚无、宁静的状态，这就是老子提出的"致虚极、守静笃"（第十六章）即致虚守静达到极点而坚定不移的境界。老子相信，只有达到了这种绝对的虚静状态，既使主体摆脱了经验理智、功利欲望等的束缚，做到"不自见"、"不自是"（第二十二章），也使客体透破了形式、现象等的遮蔽，以一种原始、本真的形态呈现出来，"见素抱朴"，就可以实现对道及万事万物的真实面貌的客观把握。从这个意义上说，老子的"观"主要是一种"静观"，即通过涤除玄鉴、致虚守静，达到对道的一种客观把握。

其次，以天合天、以物观物的虚静直观。在虚静、纯化主客体之后，认识主体将完全融入到认识对象之中去、即"道"这一存在客体之中去，消除了一切主体特征、泯灭了主客体之间的差别和距离，从而使认识"真知"成为一种在认识的主体与对象之间没有任何中间环节的直接观照，或者说是没有任何遮蔽之物的敞亮开放过程。在老子看来，唯有这种认识才是最客观的因而也是最可靠的"真知"。可见，老子的"观"并不是指身与物外的经验性观察，更不是囿于主体自身的理性思辨，而是要把自身置于对象性存在之中或说"万物"之中进行的直接观照,因为只有这种主体才能在对象中随之运行,随之化育,感受其最真切自然的存在本质,才能产生内涵丰沛、意趣无穷的直觉体验。老子自己曾对这种直观方法作过比喻性的说明,他说:

> 以身观身,以家观家,以乡观乡,以邦观邦,以天下观天下。吾何以知天下然哉?以此。(第五十四章)

这是强调主体应以虚静无为、无知无识的无意识状态,沉潜于对象之中、身与物化、设身处地地从对象本身的性质、特点来认识对象,而不是以主观自身的特性及局限性来认识对象。这种深入到事物内部去进行直接观照,依据客观事物的本来面貌来认识事物的认识方法可称之为是一种以天合天、以物观物的认识方法,它正是一种典型的直觉体验方法。

综上所述可以看出,在老子那里,认识"真知"绝不是一个主动的、积极的、有意作为的过程,其"涤除玄鉴"、"致虚守静"乃至"绝圣弃智"、"绝学无知"等主张都是针对这一特点提出来的。相反,认识"真知"恰恰是一个自然而然的无为过程即"不为而成"、"不知而知"的过程。实际上,这与其说是一个认识过程,还不如说是道的本真存在状态的敞开展示过程,是对象存在的自我凸现、自我显示过程。这也就是"观"的"示"义。由此也可见,在老子"观"的方法中,"视"和"示"这两种具体方法并不是完全并行的,而是存在着表里主次之别:主体的"视"是表层的次要的方法,而客体的"示"则是深层的根本的方法。这也就是说,"观"的最高境界不是由认识主体去"视"而知之,而是由认识对象自身"示"以知之,即不视而见(现)、不知而知(示)、不为而成(无我)的境界。

它以试图消除主体自身的各种成见、偏见、知识、欲念等为特征,努力以客观对象本身来说明对象、以自然本身来说明自然,此即老子所谓"以身观身,……以天下观天下"的虚静直观的方法论意义,从而力求获得最客观的、真切自然的认识。老子的这一方法论思想,表达了其所追求的对真知的认识,实是一种没有主体性的认识——尽管我们认为老子不可能真的获得这种认识,而且事实上也不存在这样的认识。但是,值得我们在这里肯定的一点是,蕴涵在老子这一方法论思想背后的可贵之处,在于它至少体现了老子对知识的客观性的强烈追求。我们看到,老子认识论的这一思想特点显然已构成了东方哲学中一个富有特色的理论传统,像庄子这类道家哲学内部的例子就不必说了,就是像前面曾引的慧能的偈语,在本质上乃是强调要以存在本身来认识存在,以至完全否认认知主体的存在,正像铃木大拙所说的:"佛教哲学最根本的观点就是按实在本身来认识它。"①

三、直觉思维方式

上述老子主张的通过不断否定"有知"以达到"无知"、再由"无知"而获得"真知"的否定性方法,具有明显的直觉思维性质。下面就谈谈与老子的直觉思维有关的几个问题。

1. 老子的直觉思维方式

所谓直觉思维,其本质就是"在已往经验知识积累基础上突发性地把握事物本质的能力以及基于这种能力而产生的思想",②

---

① 转引自灌耕编译:《现代物理学与东方神秘主义》,成都:四川人民出版社,1984年,第25页。

② 引自《中国大百科全书·哲学卷》"直觉"词条,北京:中国大百科全书出版社,1987年,第1173页。

因而直觉思维方式就是指人脑中突然出现的、打破逻辑常规的顿悟和直接把握事物本质的思维方法。由于直觉思维方式的基本特点是思想认识活动的直接性、自发性和非逻辑性，所以直觉思维方式首先是一种与语言概念等逻辑思维截然不同的认识方式。如前所述，在老子那里，获得真知的一个重要前提正是要取消一切概念性认识，提倡完全的自发（自然）状态。在这种自发（自然）的状态里，对道的真知的把握，不是靠逻辑推理，也不是靠思维空间和时间的连续，而是靠思维中断的直接领悟，即直觉顿悟。因为在老子看来，由于认识对象"道"原本是浑然一体、不可分割的，而语言思维却硬要人为地把对象割裂开来，界定为一个个彼此孤立的名词概念，不可能绝对再现对象的全部性质，这种理性思维方法显然歪曲了对象的自然状态，违背了事物的本性，因此达不到认识真知的目的，而直觉方法却能够超越语言和逻辑的束缚，使心灵直接与对象契合，不受语言、知识等的遮蔽。总之，直觉是超越语言等工具的认识法，是"涤除玄鉴"之后心灵与对象的直接融通，是两者瞬间的交融。实际上，这种认识活动已成为在完全消解了物我之间的区别界限，使主客体融合为一，达到一种心灵上的无差别、无欲念、无执著的"无心之心"、"无我之境"之后，个体对宇宙本体的直观体验，因而它"只可意会，不可言传"。从这一点上说，直觉既是一种认识方法，更是一种独特的精神境界。

2. 直觉思维与经验

直觉思维方式除了不同于逻辑思维方法，还不同于一般的经验方法。前面曾指出，老子的"观"的方法是不同于一般建立在观察基础上的经验论的，老子所说的"观"主要是"静观"、"直观"，而不是利用人的感官对客观外界的直接观察。不过，我认为老子在强调直觉思维方式的同时，并没有绝对地排斥经验，相反还是以一定的经验为基础的。老子那些带有排斥和否定感觉经验倾向的言论①,其意旨主要是为了说明作为本体之道的形上学性质以及我们对这种形而上之道的认识应当透破经验的局限,警惕经验的误导,不可囿于感觉经验、止于感觉经验。老子所说的"万物并作,吾以观复"实含有从万事万物蓬勃生长的现象观看出事物发展变化的客观规律的意思,而老子思想中的很多认识结论,如果从思想的来源或形成过程上考察,则可以看出仍是在一定的经验观察与综合概括基础上产生的,如许多重要概念的原始意象或比喻原型("道"、"朴"、"婴儿"、"水"之喻等)就取自于一些经验性的存在物,一些基本命题("涤除玄鉴"、"柔弱胜刚强"、"反者道之动")则是与对一些经验性现象的观察有关(如说"万物并作,吾以观复")。总之,老子几乎处处借助于可以感觉经验到的万事万物如川谷江河、草木山水、日用器具来论道说理,同时,在对自然所作观察的深入性、对经验所作概括的准确性方面都表现了极高的智慧,对中国古代文化特别是人生观、文学艺术观和科学思想都产生了深刻影响。正因此,李约瑟在其巨著《中国科学技术史》中一再强调道家的经验主义色彩,并认为这种色彩使得道家哲学成为中国古代科学技术的理论基础。

尤其值得注意的是,李约瑟相信,老子的道家直觉思维方式虽然表面上排斥和否定了经验,但在实际上却与感觉经验有着深刻的内在联系。卡普拉也认为,东方的哲学和宗教是以注重直觉、顿悟等神秘主义思想为特色的,而"直接的神秘的经验是东方神秘

---

① 对于老子的这些言论,历来人们就有许多不同的理解,有些人认为它们表明了老子的认识论是一种否定感觉经验的唯理论,而有些人则认为它们并不足以证明老子就是否定感觉经验的,参见詹剑峰:《老子其人其书及其道论》,武汉:湖北人民出版社,1982年,第10章。

主义学说的核心"。① 的确,在东方的宗教和哲学传统中,超越经验的认识往往是借助于经验获得的。譬如说,道教的庙宇一直称作"观"("观",即道观),这个事实是很有意思的。"道观"之"观"的名称大概源于老子所说的"观",而其他宗教场所所用的一些名称如"寺"、"庙"等等从来不用于道教的庙宇。"观"的原意是"观看",它的字形是"雚"和"见"的结合,其最古形式应是一个鸟的象形,这种鸟或许是鹳。因此,这个字的含义主要是观察鸟的飞行,其目的无疑是从所得的征兆中得出预言来,这样,体现在今天"道观"这个普通的名称中的,乃是对自然界进行观察的古义,表示道教徒们把自己的庙宇看成是观察自然的观察站,对此,李约瑟在抗日战争时期登临中国南方的一个古道观时就曾有过极深切的体会。李约瑟认为,道教在注重观察自然的经验方面是与道家传统相一致的,而且正是在这一意义上,"'察其所以'(Cognoscere causas)就成了道家的座右铭"。②

不过,需要在这里强调指出的是,老子的认识论虽然具有某种经验论的基础,但是当它一旦形成却表现出了反经验的直觉主义特色。在一定程度上也可以说,超越经验的认识正是借助于经验而不是理性思辨产生的,这是老子哲学的一个突出特点,也是东方哲学的一个突出特点。那么为何会出现这一思想现象呢?原因大概主要有两方面:一是老子哲学中有无统一、本末一体的本体结构使然。老子既然以本体之道为最高的认识对象,那么其采取的认识方法、认识工具就必然受其性质的制约。老子的"道"具有无与

---

① 卡普拉:《物理学之道》,中译本见灌耕编译:《现代物理学与东方神秘主义》,成都:四川人民出版社,1984年,第24页。
② 李约瑟:《中国科学技术史》第二卷《科学思想史》,北京:科学出版社,1990年,第61页。

有、虚与实、无限与有限相统一的属性,老子说:

> 常无,欲以观其妙;常有,欲以观其徼。(第一章)

这也就是说,通过"无"的这一面来显示道的无规定性、无限性的属性,通过"有"的这一面来显示道的有规定性、有限性的属性,两者合起来统一说明道的存在。换言之,由于本根与事物有别而不相离,因而两者虽有不同却可互相表现、互相说明。可谓言本根不离枝末,说形上之道不离人伦日用。这也正是中国传统形上学的一个重要特色。二是人类认识中言与意、知与说等的固有矛盾(悖论)使然。无论是老庄,还是一般的人类认识,只要想进行有意义的思想认识活动,总是既不应该完全受经验及语言文字的束缚和支配,也不可能绝对地脱离经验及语言文字。那么我们的认识活动怎么才能够既借助于经验及语言又不受其局限呢?老庄所提出的理想的解决办法就是"得鱼而忘筌,得意而忘言"。也就是说,要明确地区分工具与目的、手段与宗旨,认为为了达到目的,可以使用各种手段,而一旦达到了目的,即可不再重视工具手段。所以对于老庄来说,经验、语言等都不过是达到对道的真知的手段而不是真正的目的,一旦达到了对道的真知,它们就不再重要和有意义,而是可以像"刍狗"一样随意丢弃。从这一点也可以表明,老子等道家所谓的"经验"也并不能从字面上而应从它隐含的意义上去理解,因为实际上这种经验更主要地是一种无法感觉到的经验或是一种感觉的状态。它可以包括视觉,但常常从本质上超越它们而成为关于实在的无法感觉到的经验。因此,与其说它是一种经验,不如说它是一种在经验积累基础上产生的直接洞察或顿悟、一种超越于经验和理性而与对象交融契合后所产生的直觉体验。

3. 关于老子直觉思维方式的评价问题

直觉思维方式作为老子及整个道家的基本认知模式或思维定式,是被人们所公认的。同时,由于它深刻地影响着我国古代的传统思维方式,因而对它的研究和评价是一个十分重要的问题。不过,总起来说,以往学术界对老子的直觉主义思维方式及其认识论,多持否定的态度,因为虽然人们普遍地看到了直觉思维是老子认识论的一个基本特色,但往往只看到了其否定知识、排斥经验和理性的消极意义。实际上,老子的直觉思维方式在思想史上还是有其合理性和积极意义的。现代科学和认识论证明了直觉思维的确是人类一种重要的思维方式,特别是老子所强调的在认识过程中应虚静无为、凝神静思,排除各种外在因素和陈知杂念的干扰性影响,才能达到对认识对象的整体性、根源性和本质性的把握,这是符合科学道理的,并没有多少无法理解的神秘性。现当代许多著名的科学家、科学哲学家都十分强调直觉思维方式在科学发现中的重大意义,如爱因斯坦、彭加勒等就是以倡导直觉方法著称的。爱因斯坦说:"逻辑是证明的工具,直觉是发现的工具"[1]波普尔说:"科学发现是一种创造性的直觉",也就是"灵感的激起和释放的过程"。[2] 日本著名科学家、诺贝尔物理学奖获得者汤川秀树更是把直觉思维方式看作是产生创造性的科学发现的重要方法,并且承认这种方法的获得主要就得益于他所十分喜爱的老庄哲学。可见,直觉思维方式对于最大限度地发挥人的潜能,进行创造性的思维,的确具有一般的常规思维方式所没有的意义,所以,老

---

[1] 《爱因斯坦文集》,第一卷,许良英编译,北京:商务印书馆,1983 年,第 284 页。
[2] Karl Popper:The Logic of Scientific Discovery(《科学发现的逻辑》),London,1977,p.32.

子的这种直觉思维方式,在东方古代哲学、艺术和宗教中受到了广泛的赞同和应用,影响很大。如佛家就认为"真如"是在一种不寻常的意识状态下产生的直觉经验,它永远无法成为理性的对象或用显现的知识来表达。这种观点实与老子的直觉思维方式有异曲同工之处。又如禅宗讲的"不立文字"、"直指人心"的顿悟方式,中国艺术中注重的虚静、空灵、自然、直觉等,都体现了老子直觉思维方式的影响。

不过,老子的这种直觉思维方式也存在着重要的缺陷。它实际上使老子的认识论走向了过分强调主体自觉、直观自省的极端,完全否定了感官经验和理性能力的积极意义,这样不仅使认识过程具有一定程度的神秘主义倾向,而且把认识过程看得简单化了,譬如以为只要内心"涤除"得像一面清澈的镜子一样,就可以直接观照"真知"了。实际上,空寂虚静、凝神专注的内心只是认识的良好条件和准备状态,却不能等同于认识本身,认识的结果、"真知"并不会因此自动地呈现出来,就像照镜子或摄影一样。这就如一只杯子之所以为杯子,当然要"中空"而不能"实心",但有没有实在的东西来填充显然又是另一回事。当然,似乎不能说老子完全不懂得这个道理,但在总体倾向上,由于老子过分强调"道"的否定性、强调无知之知、直觉思维等否定性认识方法的意义,过分排斥知识、经验和一切理性活动,就使老子在实际上自觉不自觉地把"空无虚静"直接当作了终极目的。自然,这样的"静观"、"直觉"只能成了无源之水,无本之木,所谓"真知"也就未免有些消极空洞。同时,直觉思维也应与逻辑思维相结合,并以逻辑思维为前提,才能发挥直觉思维的创造性作用,但由老子开端的中国传统的直觉思维,恰恰缺少逻辑思维作为其前提条件,从而使它的认识活动带有很大的模糊性、随意性和神秘色彩。这些不能不说是老子认识论中的主要错误和局限。

第四节 玄同论

老子哲学的一项基本内容是主张"玄同于道",我们把老子关于"玄同于道"的理论简称之为"玄同论"。"玄同于道"是老子哲学所倡导的最高境界,也是老子所追求的最高理想。可见"玄同于道"的思想即"玄同论"在老子哲学中具有十分重要的、多方面的意义。这里暂只考察一下它与认识论有关的理论内涵及其意义。

一、主客统一的玄同论

正如前面所指出的,涤除玄鉴、静观直觉只是为认识提供了良好的条件和方法,那么,我们必须追问:何以根据这些条件和方法就能够获得真知呢?这种追问,实际上也就是探究其认识论的深层次根据,即本体论基础。幸运的是,我们真的在老子那里找到了这样一个深层次的本体论基础,这就是他提出的"玄同于道"的思想即"玄同论"。"玄同论"作为老子认识论中一个深层次的本体论基础,在老子认识论中是具有十分重要的意义的,可惜人们很少认识到这一点。

什么是"玄同"?老子说:

> 塞其兑,闭其门,挫其锐,解其纷,和其光,同其尘,是谓玄同。(第五十六章)

此"玄同"之义,就是指"玄同于道"的境界。王纯甫说:

> 玄同者,与物大同而又无迹可见也。①

老子的"道"作为形而上的存在本体,是一切存在的终极性基础,天地万物与这个"道"之间并不存在真正的间隔,而有着如海得格尔说的"进入同一的本质起源"的内在统一性。也就是说,道与天地万物之间既包含着差别、变异和演化,又在根本上是同质的,"同而不同,不同而同,是谓玄同"。② 以这种"玄同"论的观点来看待认识主体与客体的关系,就可以推知作为万物之一的人这个认识主体与作为认识客体的"道"也是同质的,两者有着内在的统一性。主客体的这种内在统一性首先是植根于其有无统一、本末一体的形上学基础之中,老子依据这种形上学原理得出的天人合一论,在认识论上就体现为主客体的统一论。老子对这种主客统一思想,有很多具体的论说,如他提出的"四大说":

> 故道大,天大,地大,人亦大。域中有四大,而人居其一焉。(第二十五章)③

本来,"大"是"道"的特性,这个特性是说明"道"的遍存性、无限性的,而现在老子把这特性也赋予了人,把人也称为"大",是宇宙中的"四大"之一,这其实就是在说明和肯定人与"道"及天地万物的同构型,亦即内在统一性。那么为什么人与"道"、天地万物有

---

① 王纯甫:《老子》。
② 徐梵澄:《老子臆解》,北京:中华书局,1988年,第81页。
③ 此处两个"人"字,王弼本都作"王"字。据傅奕、范应元、奚侗等诸家之说改。

内在统一性呢？这是因为它们原本就是一体的。在老子看来，"道"作为本体虽具有"大"即广袤的、遍存的、无限的特性，但它并不是独立存在的，而是就遍存于一切存在之物中，就是一切存在物本身，或者说，所谓"道"就是从一切存在物之中抽象出来的其共同的、普遍的、根本的属性，正是从这个意义上说，"道"也就是"自然"，"道"与人、天地不仅是同质的，而且也是一体的。由于这种内在的统一性，人与天地万物之间才存在着天然的和谐，体现着一种原始的完美性，此即谓天人合一的境界。从认识论上说，正是这种体现着原始和谐的天人合一、与"道"、"玄同"的境界不但提供了认识的可能性基础，而且使认识和师法"道"成为自然而然的事情，因为要认识和师法"道"，不过就是要认识和师法"自然"，即认识和师法各种存在自身的自然而然的本性。换句话说，要认识和师法"道"，根本方法就是要与事物的固有本性相契合，或者说通过拆除遮蔽伪饰，返回本真自然，在深入到事物本身中去、与客观对象相互融合的状态中直接把握内在本质即"道"的真知。总之，在老子看来，正是基于人这一主体与"道"及万物这一客体之间的内在的统一性，人的认识才不必向外驰求，不必重视外在的经验知识，而只须解除主体的一切特性，不露锋芒、消弭纷扰、含敛光耀，使心灵与本体融为一体、浑然如一，达到物我不分、混沌未形、无知无觉、虚静无为、与"道"、"玄同"的境地，并坚守于这种境地，"致虚极、守静笃"，就可以"静观"纷繁现象背后的存在本质、透悟道的真谛。也正因此，那些得"道"的圣人才可以"不出户，知天下，不窥牖，见天道；……是以圣人不行而知，不见而名，不为而成"（第四十七章）。

老子的"玄同论"就其把认识局限于对"道"的体认，排斥其他外在的客观知识来说，其错误是不言自明的。但老子的"玄同论",也是对古代哲学史的一个重要贡献,因为它强调作为认识主体的人与作为认识客体的"道"有着内在的统一性,它们通过一定的途径可以达到"玄同"。而正是这种主体与客体、思维与存在的内在统一性,才是主观能够反映客观、认识能够获得真知的深刻基础。老子认识论能够认识到这一点,在古代哲学史上是具有首创意义的。

此外,由于老子的"玄同论"强调主客体的完全融合,从而就使老子的认识论实际上已在某种程度上冲破了那种盲目寻求所谓"客观知识",把认识对象设定为一个纯粹的认识客体的经验论思维模式。因为在老子那里,虽然主体由于玄同于"道"而具有了更多的客观规定,但"道"这个认识客体也同时被"内在于"主体和主体的认识过程中,这样,作为认识对象的"道"不再被看作是绝对独立的思想"文本",而是一种有主体的接受和阐释能动地介入其中的存在。因此,认识"道"的过程,就是主体与客体相互作用的过程,具体来说,即它既是"涤除玄鉴"之后的客观观照过程,也是"静观直觉"的主观体验过程,因之也可以是体验人自身的生命和激情的过程。大概也正由于这个原因,老子才觉得"涤除玄鉴"、"虚静直观"的直觉主义体验方式要比其他任何方式都要适合于体认"道"的真知。老子认识论的这一特点,在庄子哲学那里有更突出的表现,所以庄子更多地直接从主体感受的角度去描述"道",往往杂糅了主体和客体的双重内涵,有时甚至完全以主体感受代替了"道"的客观本质。这样庄子的"道"便从主体透升上去成为了一种宇宙精神、一种心灵境界。从哲学理论上说,老庄这种把握"道"的主观体验方式如果过分了就容易与其所追求的知识的客观性原则相冲突,但从另一方面看,它又未尝不是老庄哲学中蓬勃的生命意识和艺术精神的发源地,具有独特的理论价值。

更为奇妙的是,现代科学也在更高层次上肯定了主体的参与和体验对认识客体的影响,约翰·威勒说:

> 关于量子原理没有比这更加重要了,它推翻了关于世界可以"坐落在外"的概念。……他[观察者]必须进去。……要描述[量子世界]发生了什么事情就应该抛弃"观察者"这个词,而代之以"参与者"这个新词。从某种特殊的意义上讲,宇宙就是自己的参与者。①

现代物理学中的这种观点与老庄思想是十分相似的,这也许可以从一个侧面反映出老子玄同论所具有的积极意义。卡普拉指出:"这种'以参与代替观察'的思想在现代物理学中得到系统阐明还是最近的事。但是这种思想对于任何神秘主义的学者来讲都是很熟悉的,……而东方神秘主义则把这种观念推向极端。不但观察者与被观察者,主观与客观是不可分割的,而且是无法区别的"。② 事实上,对于老子的玄同论来说,上述观点不过是表明其最终认识到了所有事物的统一性。毕竟,在老子所描绘的玄同世界里,本来就不存在绝对对立的世界,因之老子哲学的一个基本精神就是要超越一切对立面的世界,这样,老子的认识论执著于超越主客体的区别和对立而达到对所有事物的统一性的认识,也就不足为奇了。

---

① 引见灌耕编译:《现代物理学与东方神秘主义》,成都:四川人民出版社,1984年,第113—114页。

② 引见同上书,第114页。

二、知行合一的玄同论

老子的"玄同论"除了解答了认识真知何以可能的问题,而且还解答了老子认识真知的最终目的问题。老子提出以关于"道"的真知为认识的主要内容,以涤除玄鉴、静观直觉为主要途径的认识论系统,其目的并不如一般人所以为的仅仅是为了获得关于"道"的真知,而是还有更深一层的目的,即通过体悟"道",而遵从"道"、实行"道"、"玄同"于"道"。这是老子"玄同论"的另一层意义。

我们知道,哲学理论的一个特点在于它既是一种世界观,又是一种方法论。老子哲学就十分典型地体现了这一特点。在老子看来,其"道"论不仅是客观存在的根本原理,也是人类行为所应师法的根本原则、是认识和处理一切问题的总方法,所以老子提出:

> 人法地,地法天,天法道,道法自然。(第二十五章)
> 惟道是从。(第二十一章)
> 上士闻道,勤而行之。(第四十一章)
> 从事于道者,同于道,……同于道者,道亦乐得之。(第二十三章)

老子这些说法虽然不同,但总的意思不过是认为,认识的最高目的就是要在认识到本体自身与"道"的内在统一性之后,时时处处都要遵循"道"的要求,以"道"的真知作为指导人的行动的最高准则和根本智慧,从而在实践上达到玄同于道,与"道"浑然一体。在老子看来,能够"几于道"(第八章)、"同于道"(第二十三章)无疑是人生所能达到的最高的理想境界。

老子提出玄同于道,在具体内容上就是要遵从于、师法于和实行"道"的本质特性。鉴于老子把"道"的这种本质特性称之为"玄德",所以老子这种遵从道、师法道、实行道的本质特性的要求又可以称之为是"同于道,合于德"的要求。由于"道"的本质特性或说"玄德"就是自然无为、守弱不争等,因而老子所谓"同于道、合于德"也就是要"玄同"于"道"的自然无为之性、合于"道"的守弱不争之德。为此,老子还进一步引申和推演出了政治和人生观上的一系列无为、不争、贵柔、守弱等"道之用",作为人所应效法的道的德性的具体体现。老子把得"道"之人,称为有"上德"之人,因为"德"即"得",也就是"得道"。"上德无为而无不为"(第三十八章),有"上德"之人是与"道"的本性完全一致的,故能"无为而无不为",在行动上玄同于道。总之,老子认为不但要"知道"、更要"行道",主张知与行、认识与实践应该是统一的,认识的最终目的是为了用以指导人的实践,认识不仅应该而且可以指导实践。这样,老子就在中国哲学史上第一次明确地提出了知与行的统一问题。老子相信,知以为行,行以合知,认识"道"的真知不仅可以指导实践,而且是安顿人生、治国平天下的根本法宝。正如老子说的:

执大象,天下往。(第三十五章)
昔之得一者:天得一以清,地得一以宁,神得一以灵,谷得一以盈,万物得一以生,侯王得一以为天下正。(第三十九章)
执古之道,以御今之有,能知古始,是谓道纪。(第十四章)

当然,我们说老子在中国哲学史上第一次明确地提出了知与行的关系问题,主要是指他已对知行关系问题作了一些基本的思考,如他所提出的德论、"为道"不为学的价值取向等,即从不同方面体现了他对知行关系问题的基本态度和深入思考。不过,老子毕竟还没有明确地提出"知"、"行"这对概念,也还没有对知行问题作过系统论述,所以老子对知行问题的探讨的重要意义主要在于它为中国古代哲学中极为重要且源远流长的知行关系理论开掘出了一个很深厚的思想源头。

不过,知行合一的"玄同"作为一种最高境界,主要是老子所追求的一种最高理想,但在实际生活中,老子却不免有时抱一种怀疑、消极的态度,因为老子相信,"知者弗言,言者弗知"(第五十六章)。知和言、知和行都是很难统一的。"不言之教,无为之益,天下希能及之矣"(第四十三章),老子曾自叹其学说虽然易知易行,可实际上却是其言不为世知,其"道"也难行于世:"吾言甚易知,甚易行。而天下莫之能知,莫之能行。言有宗,事有君。夫唯无知,是以不我知。知我者希,则我者贵。是以圣人被褐而怀玉"(第七十章)。其实,老子学说虽然很少大行于世,但却"其道不孤",它在几千年的历史长河中并没有真的被淹没,其包含的古老智慧在后世的哲理思想、文学艺术、政治实践等众多领域都始终产生着时隐时显的深远影响。况且,曲高和寡、不求闻达,正合于道的本性:"圣人内有真贵,外不华饰,不求人知,与道同也。"[1]可见,既然要玄同于道,也就必须要"处无为之事,行不言之教",任其自然了。

---

[1] 范应元:《老子道德经古本集注》。

第四章 反者道之动
——否定的辩证法

道家哲学对中国哲学的又一重大贡献是其所包含的深刻的辩证法思想，特别是其独特的"否定的辩证法"思想。所谓"否定的辩证法"，主要是指运用逆向思维的手段，注重从否定的、负向的方面去认识和描述对象，通过"否定之否定"揭示对象的辩证本质。古代"否定的辩证法"思想在道家哲学特别是老子哲学中得到了最早、最系统和最富有成效的体现。以老子辩证法为代表的道家辩证法以其深刻的否定性思想极大地推进了中国古代辩证思维的发展。

第一节 "玄"与"道"

老子之"道"作为本体，既是宇宙的本原、万物的宗主，同时也是万物生化的内在原因和事物发展的必然联系。"道"作为本体不是孤立自存的，而是需要在生化万物的过程中体现自己的存在，万物的生化死灭都基于"道"又归于"道"，都是"道"的自我存在、自我运动的体现。可见，老子之"道"并不是一种寂然不动、绝对静止的虚无，而是具有内在的自我运动特性的存在本体，是蕴涵着动静统一性的有机整体。就"道"的实存意义而言，它是绝对的，因而具有静止的性质;但就"道"与万物的关系而言,万物得"道"而为万物、"道"外化落实而为万物的过程,就是"道"的运作化育过程,老子谓之为"德";这种由"道"入"德"的运动,就是所谓"道之动"。老子哲学中讲的道与德、无与有、本体与万物的统一性,都必须在这种"道之动"中得到实现,也必须在这种"道之动"中得到理解。

老子的"道之动"思想,在其著名的"玄"的概念中得到了具体的体现。"玄"是老子所独创的一个哲学概念,后来成为了道家哲学所特有的重要的哲学范畴。老子把"道"描述为是一种"玄","玄"在一定程度上成了"道"的代称或写状。老子说:

> 道可道,非常道;名可名,非常名。无,名万物之始,有,名万物之母。故常无,欲以观其妙;常有,欲以观其徼。此二者,同出而异名,同谓之玄。玄之又玄,众妙之门。(第一章)
>
> 谷神不死,是谓玄牝。玄牝之门,是谓天地根。绵绵兮其若存,用之不勤。(第六章)

玄,甲骨文作👁,金文作8,古文作8,篆文作8,一般都释为幽昧、深远、黝黑之义。其实,这恐非其本义。观看"玄"的甲骨文,像钻之旋转,为"镟"之初文,所以郭沫若、庞朴都以"旋转"释"玄"。郭沫若说:"镟之旋运,眩晕之病亦以旋运为其特征。眩晕则头昏目黑,故玄转为昏黑之意。转义固定而初义失。然玄犹存镟形,实无疑问。"[①]战国时,人们犹有以玄作眩者,如《荀子》有"上周密则疑玄矣"[②],"水动而景摇,人不以定美恶,水势玄也。"[③]老子的"玄

---

① 转引自庞朴:《道家辩证法论纲》,《学术月刊》1986年第12期。
② 《荀子·正论》。
③ 《荀子·解蔽》。

之又玄",很可能比眩的用法更为原始,是旋转的意思,而不应直释为微妙和神奇。"玄"的这层初义,实际上在《说文》中也还有所显露。《说文》中说:"玄,幽远也,黑而有赤色者为玄,象幽而入覆之也"。玄有幽远、黑赤色、象幽而入覆之三种含义。前二种含义不难理解,第三种含义即"象幽而入覆之"却不是很好理解。"幽,隐也","隐,蔽也",入即进入,覆之即入之反,也就是出。而入覆之,即进入同时反出,"象幽而入覆之",犹言隐蔽幽暗、忽进忽出之状。这不正是物体旋转之状吗?因为只有旋转才会产生一进一出、隐约恍惚之状,并进而产生昏黑幽暗以及浑沌不清、似有似无之状。所以玄的幽远黑赤之义只是其旋转本义的引申而已。老子以"玄"喻"道",就是要揭示"道"的运动本性。"玄之又玄"的说法,形象地描述了"道"不断地做旋转运动的特点,以及其似有似无、浑沌一片的本性。老子说:

  常知稽式,是谓玄德。玄德深矣远矣,与物反矣,然后乃至大顺。(第六十五章)

稽式就是法则、规律,它表现为深、远、反和至于大顺,这正是"旋"的过程,所以谓之"玄德"。所谓"谷神不死,是谓玄牝","绵绵兮其若存,用之不勤"(第六章),所谓"天地之间,其犹橐籥乎?虚而不屈,动而愈出"(第五章),都是老子用来说明"道"的生生不息、动而不止的本性的。因此,这样的"道"也就不是一般的"牝母",而是"周行而不殆,可以为天地母"的"玄(旋)牝":

  有物混成,先天地生。寂兮寥兮,独立而不改,周行而不殆,可以为天地母。吾不知其名,强字之曰"道",强为之名曰

"大"。大曰逝,逝曰远,远曰反。(第二十五章)

总之,老子不仅承认"道"的运动变化,而且进一步认识到了运动变化是具有规律性的,如老子一再讲的"道"的"反"、"复"等概念,就是用以形容"道"的生生不息的无限性,以及"动而愈出"、"周行而不殆"的规律性的。不少人把老子之"道"区分为本体之道与规律之道,以为老子之"道"一身而兼数任,不同的功能甚至导致了老子思想的一些自我矛盾。其实这种看法是不正确的。如前所示,在老子那里,本体之道与规律之道是合而为一、混不可分的,所谓运动,是"道"这一本体的运动,即"道之动",同样,也并没有能脱离开运动变化而独立存在的本体,道为"玄(旋)道"。这种"道"与"玄"的统一,表明了老子哲学中本体论与辩证法实现了初步的统一。应该说,这种统一在哲学史上是有着独特的重要意义的,因为在先秦哲学中,老子借此率先把运动看作是关于世界的普遍原则,所以辩证法思想也就成为其整个世界观的基础和核心之一,而在其他一些哲学思想体系中,辩证法思想往往只是在某些个别的方面被接触到,只表现为一些辩证法的因素、成分和片段,还没有发展成为一种建立在与本体论相统一基础上的普遍原则和完整形态。当然,在这一点上,《易传》的辩证法思想是可以与老子辩证法相媲美的,但它毕竟是在老子之后并且显然是深受过老子辩证法思想影响的。[1] 张岱年说:"中国哲学有一个根本的一致的倾向,即承认变化是宇宙中一根本事实,变异是根本的,一切事物莫不在变易之中,而宇宙是一个变易不息的大流。"[2] 不少人据此

---

[1] 可参见陈鼓应:《〈易传·系辞〉所受老子思想的影响》,收于其著《老庄新论》,上海:上海古籍出版社,1992年。

[2] 张岱年:《中国哲学大纲》,北京:中国社会科学出版社,1982年,第94页。

把中国古代哲学称之为"变的哲学",这是有一定理由的。不过这种"变的哲学"的传统,很大一部分是可以在老子那里找到其思想源头的。

第二节 "反者道之动"

既然老子认识到了"道"及其万物是运动变化的,而且这种运动变化是有规律性的,那么,这种运动变化的规律性及其特点是什么呢?我以为,老子所发现的"道"的运动的总规律及其基本特征就是"反",即道的否定性运动。"反者道之动"(第四十章)就是老子为了说明这种"道"的否定性运动而提出的一个基本命题。

对"反者道之动"这个基本命题,人们历来有许多不同的解释,我以为其基本含义有二层:其一是说"道之动"是一种向相反方向的否定运动,其二是说"道之动"归根结底是一种返本复初的回复运动。相应地,"反"字也就蕴涵了二种意思:一是"反"为"相反",相反对立;二是"反"为"返"、为"复",即返本复初。

一、否定运动

在老子那里,"道之动"首先是一种向相反方向的否定运动。老子认为,"道"及各种事物的运动并不是直线式的,而是曲折迂回的,这种曲折迂回性首先就表现为"道"的运动往往通过否定对立面、向对立面相互转化实现的。老子认识到,"万物负阴而抱阳",事物及其矛盾总是相反相成,既对立又统一的,矛盾着的对立面,总要通过相互否定,向相对立的方向转化。《老子》在第一章论述了"道"本体之后,在第二章即系统地描述了"道"的辩证运

动的种种情景,使之成为我们理解老子的对立统一思想的关键一章:

>天下皆知美之为美,斯恶已,皆知善之为善,斯不善已。
>故有无相生,难易相成,长短相形,高下相盈,音声相和,前后相随。
>是以圣人处无为之事,行不言之教。万物作焉而不辞,生而不有,为而不恃,功成而不居。夫唯不居,是以不去。

现在,我们不妨结合这一章的内容,具体分析一下老子关于对立统一的思想。

第一,相反相成。"有无相生"一段,说的就是对立双方互为条件、互相依存的关系。老子认识到,"万物负阴而抱阳"(第四十二章),矛盾是普遍存在的,矛盾着的对立面既对立又统一。没有难,便无所谓易;离开了高,也不存在下;如此等等。一切实在的事物无不有自己的对立方面,无不同对立方面相伴随而存在。就是说,一切都不是自我满足、自我完成的绝对,而是相对于对方始得完成;对立适成为对待,相反正所以相成。老子认为,既然事物是在对立关系中造成的,那么我们认识事物就不仅要看到它的正面,也应该注意其反面。一般人只知追求和执守着正面的一端,而老子则提醒人们要重视甚至学习对立面的作用,提倡要从反面的关系中来把握正面的深刻意义。例如在雄雌、先后、高下、有无等等对立状态中,一般人多要逞雄、争先、登高、据有;老子却要人守雌、取后、居下、重无,因为在老子看来,雌、后、下、无等正是雄、先、高、有等的基础,所以是更根本的、更有意义的。

第二,对立转化。"圣人处无为之事"一段,说的就是对立双方的相互转化。老子认为,事物发展达到某种限度后,就会改变原有的状况而转化成其对立面,这就是"物极必反"的道理。老子说:"物壮则老"(第五十五章)、"飘风不终朝,暴雨不终日"(第二十三章)、"甚爱必大费,多藏必厚亡"(第四十四章)。事物达到强的顶峰、盛的极致时,也就是向下衰落的一个转折点。因此,通过对立转化,对立双方互相否定,从而实现事物的变化发展是"道的运动"的普遍法则。当然,这种"物盛必衰"、"物极必反"的"道"的运动规律只是矛盾对立转化的一种形式。其他的对立转化形式还有很多,如老子说的"祸兮福之所倚,福兮祸之所伏"(第五十八章)、"曲则全,枉则直,洼则盈,敝则新,少则得,多则惑"(第二十二章)等。又如众人有意追求作为,往往无所为;圣人无为,结果倒是无不为;"夫唯不居,是以不去"。这真是"有意栽花花不开,无心插柳柳成荫",世间的事情常有这种奇妙的转化。老子认为,懂得了这些对立转化的原理,就可以用以指导我们的行动,对于许多事情,当可先着一步,防患于未然,也可优先掌握情势,因势利导,转危为安。

第三,两极相通。"天下皆知美之为美,斯恶已"一段就是阐述这一原理的。在老子看来,真正的大美、大善犹如大道一样,是不易知不易得的,被普天下的人都易知易得的美、善,往往只是一种小美、小善,甚至是假美、伪善,几乎等于丑、恶了。而且,由于真正的大美、大善具有素朴自然的特点,所以它们往往表现为不美、不善,即所谓"信言不美,美言不信"(第八十二章)、"大音希声、大象无形"(第四十二章)。可见美丑、善恶是相对的,可以相互转化的:"美之与恶,相去若何?"(第二十章)对立的两极往往是相通的,可以达到直接的同一。对此,老子有很多相似的论述,如说:"明道若昧,进道若退,……大白若辱,大方无隅"(第四十一章)、

"大直若屈,大巧若拙,大辩若讷"(第四十五章)、"正言若反"(第七十八章)等等。老子关于两极相通的思想,无疑是对相反相成和对立转化思想的进一步深化。它提示我们要透过表面化的认识、戒除僵硬的、绝对化的认识方法,学会在对立中把握同一、在运动变化中理解万事万物的辩证睿智。

对立统一的这三种情形,在西方直到近代才在黑格尔的辩证法那里得到系统明确的表述。列宁在阅读黑格尔的《逻辑学》时总结道:

> 不仅是(1)一切概念和判断的联系、不可分割的联系,而且是(2)一个东西向另一个东西的转化,并且不仅是转化,而且是(3)对立面的同一——这就是黑格尔的主要的东西。[1]

其实,黑格尔辩证法的这些主要的东西,在二千多年的东方哲人老子那里,就已经基本具备了,只是它们没有采用严格的逻辑论证和系统的理论表述的形式罢了,体现了东方哲学擅长的注重直觉思维的特点。总之,老子以矛盾的相反相成、对立转化、两极相通的对立统一思想,生动地描述了通过否定达到肯定、通过否定之否定而实现事物的发展变化这一"道"的运动规律,体现了一种"否定的辩证法"思想。马克思说:"辩证法在对现存事物的肯定理解中同时包含对现存事物的否定的理解。"[2]老子的"否定的辩证法"正是表达了对"道之动"的否定的理解。

---

[1] 列宁:《哲学笔记》,北京:人民出版社,1974 年,第 188 页。
[2] 马克思:"《资本论》1872 年第 2 版跋",《马克思恩格斯选集》中文第 2 版,第 2 卷,北京:人民出版社,1995 年,第 112 页。

二、复归运动

其实,"道之动"归根结底被老子看作是一种返本复初的回复运动。

在老子那里,作为本体的"道"既然是万事万物的存在根据和本真状态,那么一方面它应是一切存在的原初状态,而这种原初状态在"道"的运动中也就是其最初的出发点,老子所谓"道生一、一生二、二生三、三生万物"的说法,从"道"的运动角度来看,正是说明以"道"本体为出发点的运动过程的。另一方面,它又应是"道"的运动所复归的终极状态。由于道的运动的这种最终目的地实际上只是其最初的出发地,终点与起点是相同的,因之"道"的运动实际上被理解为归根结底是一种返回到最初的原始状态即本体之道的复归过程。这种起点与终点相统一的运动显然是一种圆圈性的循环往复运动,这就如古希腊哲人赫拉克利特说的:"在圆圈上起点与终点是重合的。"[1]老子关于道"迎之不见其首,随之不见其后"(第十四章)、"周行而不殆"的说法正是描述这种集起点与终点于一体的圆圈性循环运动的。这样,在老子看来,事物通过矛盾的对立、转化所达到的运动变化,其突出的特点就是"返",即返本复初,这也就是老子所谓"反者道之动"中"反"的第二层含义。可以说,贯穿于整个老子思想的一个中心主题就是这个"返"的思想。抓住这一中心主题,对于正确地解读老子哲学的基本思想是至关重要的。

老子说:

---

[1] 赫拉克利特:《著作残篇》,见北京大学哲学系编译:《古希腊罗马哲学》,北京:商务印书馆,1982年,第28页。

(可将本体)强字之曰"道",强为之名曰"大"。大曰逝,逝曰远,远曰反。(第二十五章)

《老子想尔注》释此"反"为"还反",今人大都直释为"返",如王力注曰:"反者,返也。注家或以为正反之反,非也。"①关于这种"返"的特性,老子又常称之为"复",为"归"。其实从训诂学上看,反、返、复、归、还都是表达相似意思的同义词。《尔雅·释诂》二:"返,归也。"《尔雅·释言》上二:"还、复,返也",《说文》训返为"还"。返又可通作"反"或"彶"。《说文》训反为"复";《仪礼》注训"反"为"还"。"还"与"环"音义兼通,又通作"旋",这与前述"玄"字之义又可一致,表示道所做的周旋回环性的运动,所以不少注老者都正确地指出了"反"与"旋"的相通性,如王念孙说:"反亦旋也"②,高亨说:"反,旋也,循环之义。"③而"周旋"亦有"反复"之义。从这些训诂学材料来看,老子用来表达其"道之动"的总规律的"反"除有前述的"相反"之义外,还等于"返",就是回返、反复、循环、回归的意思,也就是说,道的运行具有循环回归的特性,这就是老子说的"物极必反"、道"周行而不殆",用庄子的话说又叫做"道无始终"④的运动特点。

为什么道的运动会具有这种循环回归的特点呢?为此,老子自己曾作过说明。他自称从万物蓬勃的生长中,看出了往复循环、返本归根的普遍规律,这个普遍规律就是万事万物都要遵循的自然之道。但现实万物的存在是对"道"这个本体基础不断疏离和

---

① 王力:《老子研究》,天津市古籍书店影印本,1989年,第1页。
② 王念孙:《读书杂志》。
③ 高亨:《老子正诂》,北京:中国书店,1988年,第91页。
④ 《庄子·秋水》。

丧失的结果,而且万物的运动发展只会越来越疏离于"道"。去"道"越远,就越不合乎"道"的自然本性,万事万物的烦扰纷争都是疏离于"道"、不合乎自然的结果。这显然是不完满的。这种弊端不能通过它们自身的完善来解决,而只能通过复归于"道"获得解决。所以老子主张只有通过种种否定性的方法(减损、守雌无为、不争、挫锐等)不断地否定、层层地剥离掉各种"道"的外化之物,返回到万物的本根、持守于原始的虚静之后,才能真正归于自然之道,也才能真正消解各种烦扰和纷争,臻于完美的和谐境界。这样,道通过这种回归的运动,走着一个始终合一、周行不殆、循环往复的圆圈,圆圈的起点和终点便是作为本真状态的"道"。实质上,这种循环运动是一种由"道"生成万物又使之复归于"道"、消解于"道",即"道——万物——道"的否定性运动过程。

那么,老子之"道"的运动所要回归的到底是一种什么样的终极状态呢?老子说:

致虚极,守静笃。万物并作,吾以观复。夫物芸芸,各复归其根。归根曰静,静曰复命,复命曰常,知常曰明。(第十六章)

绳绳兮不可名,复归于无物。(第十四章)

此外,老子还有"复归于朴"、"复归于无极"、"复归于婴儿"(第二十八章)等说法。尽管以表面看老子的这些回归目标各不相同,但其精神实质是一样的,即"道之动"最终将回归于一切事物所由发生的"根"、一切存在及其运动变化的本源,也就是返回到事物发生的初始状态。这种初始状态,无论称之为"根"、"朴",还是"婴儿"、"古始"(第十四章),都是一种"无"即虚无空寂的状态,这也就是老子所说的"无物"、"无极"、"无名"的状态。可见,前述"返"作为"道"的运动所具有的由"道"生成万物又使之复归于"道"、消解于"道"即"道——万物——道"的运动过程,实际上就是"有"生于"无"又消解于"无"即"无——有——无"的过程,"无"正是这种循环回复运动的起点和终点。

至于老子为什么要主张返回到这种虚无空寂的本根呢?这涉及到了老子思想中一个极为关键的问题,即老子对原始完美性的坚定信念。老子虽然承认矛盾,但他认为矛盾只应存在于世间的万事万物,而作为其原初状态的"道"是不应该有矛盾的,所以是混沌素朴、单纯如一的"无",具有原始的完美性,这样它也就是最理想的状态,"道"的运动、万物的归宿都应是复归于这种"无"的原始完美状态。这种对原始完美性的信仰,显然与老子所受的原始神话—文化观念的影响有密切相关性,萧兵、叶舒宪就指出过它与原始民族中曾普遍存在过的作为一切宗教和神话的基本主题的永恒回归的神话模式的关联性。[①] 而且,在古人那里,对原始完美性的信仰应是较普遍的现象,并不为老子所独有。只是老子在此不同于一般人的特别之处就在于,他把这种具有浓厚的原始神话—文化色彩的观念提炼、概括为"返"这一万事万物运动变化的普遍原则,赋予了其深刻的本体论意义,并使之成为构筑其整个理论体系特别是其政治哲学与人生观的本体论基础和方法论依据。也正是在这一意义上,我们前面才说"返"的思想是贯穿于整个老子学说的中心主题。如前所述,作为老子"道之动"的"返"是一种"道——万物——道"或"无——有——无"的否定性运动,通过这种返本复初的否定性运动,老子不仅证明了道作为一切存在的本

[①] 萧兵、叶舒宪:《老子的文化解读》,武汉:湖北人民出版社,1993年,第103页。

体的根源性、原始性的地位和"道"的运动的生生不息的无限性及其"动而愈出"(第五章)"周行而不殆"(第二十五章)的规律性，而且进一步证明了世俗和常人认识上的有限性、相对性，否定了独断论的思维方式和世俗的道德观、价值观的绝对性与永恒性，为其提倡的无为而治的社会政治理想和顺应自然的人生态度打开了逻辑通道。例如，老子说："大道废，有仁义；智慧出，有大伪"(第十八章)，又说："失道而后德，失德而后仁，失仁而后义，失义而后礼"(第三十八章)。这也就是说，虚伪的仁义礼智正是"大道"被废弃否定之后的结果，那么反过来，也只有在彻底否定掉仁义礼智及一切外化之物以后，才能重新返回到纯朴自然的本真世界。这无疑是老子要求"绝圣弃智"、"绝仁弃义"、"绝巧弃利"(第十章)，对一切人文创造和伦理道德持激烈的批判否定态度的根本原因。由此可见，老子的"否定的辩证法"思想不仅深刻地揭示了客观世界的"推动原则和创造原则"[①]，而且还是锐利的批判武器。同时，这也表明了，老子的"否定的辩证法"由于在哲学史上第一次超越了经验和直观的范围而达到了理性思辨形态，所以不但其内容丰富深刻，而且在理论思维水平上也实现了一个巨大的飞跃，成为先秦和中国辩证法史上的一座高峰，蕴藏了丰富的思想资源。

第三节　尚同防变

我们在前面已对老子辩证法思想的主要内容作了论述，现在再考察分析一下老子辩证法思想的基本特征，当是很有必要的。

---

① 马克思：《1844年经济学哲学手稿》，北京：人民出版社，1979年，第116页。

因为这些基本特征往往既是其辩证法思想的突出特点,又是其内在的局限性。而且,由于老子的辩证法是中国古代最早出现的系统的辩证法思想,无论是其辩证法的主要思想内容,还是其辩证法思想的基本特征及其局限性,都对中国古代辩证法思想的形成和发展产生了巨大的影响,所以深入地了解老子辩证法思想的各个方面,既有助于认识整个老子哲学,也有助于我们理解和把握中国古代辩证法的思想特点。

现在,我们先考察分析老子辩证法思想的第一个基本特征:尚同防变的矛盾观和发展观。

一、尚同的矛盾观

老子的辩证法思想已突破了殷周以来人们对矛盾的质朴认识,较系统地揭示了事物的相互对立依存的矛盾关系,提出了一个"万物负阴而抱阳"(第四十二章)的普遍性命题,认为矛盾是普遍存在的,《老子》五千言中就列举了六七十对矛盾概念。但是,老子的矛盾观是不彻底的,其"万物负阴而抱阳"的矛盾命题非常典型地表明了,老子只承认在具体的万事万物中普遍地存在着矛盾,却相信作为本体的"道"是不存在矛盾的,"道"与物是两码事,所以老子只说"万物"负阴而抱阳,却没有说"道"负阴而抱阳。老子用"无"、"混成之物"、"混而为一"、"无名之朴"等规定"道"就是要说明这一点。所谓"无"、"混"、"一"等,就是无所分别、混沌如一的意思,也就是说它不包含着差别、对立(即矛盾)。《说文》:"朴,木素也",没有经过分割制作为器的原始木料叫"朴"。"朴散则为器"(第二十八章),"道"如原始的"朴",混沌而没有矛盾,"朴"经过分割制作而为具体的事物,就有了分化和矛盾。老子强调"道无名"、"道"是"无名之朴",也是为了说明这一点的。因为在老子看来,"名可名,非常名"(第一章),"名"是用来记录具体事物的,有不同事物才有不同的名,一事物有"名"也就意味着其包含着差别和矛盾。"道"之所以无名,就在于"道"不包含任何差别和矛盾,所以矛盾不应是"道"的内在本质规定,具有矛盾性质的具体事物就是对"道"的背离。老子的这种矛盾观表明了他虽然看到了矛盾的普遍存在,却没有真正认识到矛盾存在的内在本质依据及其客观必然性,即没有认识到"一切事物本身都自在地是矛盾的"①这个根本的矛盾观,而把矛盾实际上看作是暂时的,局部的、外在的,因而是不应该有的。这种矛盾观的错误就像黑格尔在批判康德矛盾观的不彻底性时所指出的:"他似乎认为世界的本质是不应具有矛盾的污点的"②,老子正是把万事万物具有了矛盾看作是不幸之事,是对"道"的本真状态的背离,这也就是老子说的"大道废,有仁义"(第十八章)、"失道而后德,……"等观点所表示的意思。

然而,矛盾是怎么产生的呢?老子认为矛盾就产生于各种各样的"有为",像有知、有欲、名言、礼义仁德、政教法令等都是有为,都是导致矛盾的根源。譬如老子说:"不尚贤,使民不争;不贵难得之货,使民不为盗;不见可欲,使民心不乱"(第三章)。这也就是说,"尚贤"、"贵难得之货"、"见可欲"正是造成人们相争、为盗、心乱等矛盾现象的原因。老子又说:"礼者,忠信之薄而乱之首"(第十八章),"其政察察,其民缺缺"(第五十章),任何作为都会产生与自身作对的异己力量,即产生矛盾,发生斗争。

---

① 黑格尔:《逻辑学》下卷,北京:商务印书馆,1976年,第65页。
② 黑格尔:《小逻辑》,北京:商务印书馆,1980年,第131页。

既然老子认为矛盾是非客观必然的,不合于自然之道的,那么它自然也就被看作是应该取消的,也是可以取消的。他认为,面对矛盾应该"挫其锐,解其纷,和其光,同其尘"(第四章)。所谓"挫锐"、"解纷"、"和同"的实质就是要用统一来消解矛盾,最后达到无矛盾的"玄同"境界。他反复申述的"无为"、"不争"、"抱一"等道理,从方法论上看,就是教人如何消解矛盾的手段。

> 为者败之,执者失之,是以圣人无为故无败,无执故无失。(第六十四章)
> 我无为而民自化,我好静而民自正,我无事而民自富,我无欲而民自朴。(第五十七章)
> 为无为,则无不治。(第三章)

这也就是老子所采用的"反"的否定性方法。老子主张通过使用这种"反"的否定性方法,最终消除矛盾对立和斗争,返回到"素朴"、"柔弱"的原始和谐状态,认为这才是理想的永恒存在状态。否则,事物经过矛盾斗争发展到一定程度就必然会使自身走向衰亡("物壮则老"、"木强则折")。老子认为明智的人关键是要认识到事物发展的这种规律性从而主动地避免出现这种结局。

二、防变的发展观

老子哲学十分重视对运动变化的研究,它不仅承认事物的运动变化,而且进一步认识到了事物运动变化具有规律性,并用"反者道之动"这个基本命题来概括其否定性运动的总规律及其基本特征。然而,承认运动变化并不等于认识到了发展。哲学家们对于运动变化会有两种基本的看法:一是认为运动变化始终是无限的往复循环,一是认为运动变化包含着上升前进、除旧布新的发展过程。后者是彻底坚持了辩证法的发展观,正如列宁说过的,唯物辩证法就是"最完整深刻而无片面性弊病的关于发展的学说"。[①] 而前者则是背离了辩证法的循环论。老子的辩证法正是犯了这种错误,它在认识到事物有运动变化并提出了一些深刻的辩证观点后,就止步不前了,没能进一步认识到运动变化所具有的发展性质,从而最终陷入了一种循环论。

老子对发展的否定主要表现在两个方面:

第一,现象的"万变"与本体的"不变"。

如果说老子完全没有认识到发展问题,那是不符合实际的。如前所述,老子的"反者道之动"命题的含义之一就是讲矛盾的对立转化运动,这种运动由于具有终则有始、更新再始的性质,因而实际上就是一个生生不息的发展过程。然而,在老子看来,这种发展过程只是就具体事物而言的,就"道"的整个运动过程来说,它却不是向前发展的运动,而是一种否定性的逆向运动,即不断地向初始的本根复归的运动,这种返本复初的循环运动就是"反者道之动"命题的另一层含义。相比之下,老子认为这种复返于初、回归原始的运动是一种最根本的运动,老子说:

> 夫物芸芸,各复归其根。归根曰静,静曰复命。(第十六章)

一切事物的生长变化最后都将归结为向没有矛盾规定性的本始之"道"的复归,任何具体的发展过程最终全都纳入"道"的总体性的

[①] 《列宁选集》,中文第 1 版第二卷,北京:人民出版社,1972 年,第 442 页。

循环运动之中。这样,生长变化的发展性似乎只是具体事物的特性,而返本复初的循环性则被当作"道"的内在本质规定,这实际上等于把具体事物看作是变动不居、生灭发展的,而"道"本体是混沌未形、始终如一的,甚至是静止的,这就是"归根曰静,静曰复命"。因为在老子看来,"静为躁君"(第二十六章),静是动的根本,静支配动,也就是说具体事物的运动变化最终受制于"道"的总体不动,而"道"的总体不动又由具体事物的运动来维持,即以万变(现象)求(本体)不变,以不变应万变。这也就是庄子所说的"道无始终,物有死生"。[①] 老子反复讲"夫物芸芸"、"物壮则老"、"木强则折"、"为者败之"等人事和物的变化发展规律,却以"迎之不见其首,随之不见其后"(无始无终),"周行而不殆"(始终合一)等来描述道本体的运动,正是这个意思。因此,老子以返本复初的循环运动最终包容并消解掉了除旧布新的发展运动。

第二,无条件的对立转化

老子的辩证法,特别突出了对立面的相互转化问题,并对其作了许多深刻具体的阐发,为我们提供了丰富的辩证思维的实例。但是,老子的矛盾转化观也有一个严重的缺陷,这就是它过于片面地强调和夸大了事物之间向对立面的无条件的、甚至绝对化的转变。《老子》第五十八章有很典型的表述:

祸兮福之所倚,福兮祸之所伏。孰知其极?其无正邪。正复为奇,善复为妖。

"祸兮福之所倚,福兮祸之所伏"是《老子》中的一个著名命题,其

[①] 《庄子·秋水》。

所体现的"祸福相因"的辩证法思想及其观察问题的方法,对后世影响甚大,"祸福相因"的观念已成人们普遍的生活经验。然而,祸福之间的相互转化是需要有一定条件的,而不可能是绝对化的。但老子在下文却明确提出:"孰知其极?其无正邪。"也就是说,没有人能知道事物相互转化的究竟,因为它本来就没有真正的准则,所以"正复为奇,善复为妖",正与奇、善与妖都是可以随时转化的。

> 曲则全,枉则直,洼则盈,敝则新,少则得,多则惑。是以圣人抱一为天下式。不自见,故明;不自是,故彰;不自伐,故有功;不自矜,故长。夫唯不争,故天下莫能与之争。古之所谓"曲则全"者,岂虚言哉!诚全而归之。(第二十二章)

一切都是对立的,而对立面又可以通过相互的转化必然达到统一,这种无条件的转化论,很容易最终导向循环论,从而也就看不到事物通过转化所带来的发展。民间流传的所谓"三十年河东,三十年河西"、"分久必合,合久必分"之类的说法,正是这种将矛盾对立面的转化看作是一种简单的循环运动的体现。

既然事物对立的两极可以随时转化、无条件地相通,那么,为了避免事物的转化,就不要把事物推向极端,也就是说,只要事物的发展变化不达到极端,就不会向对立面转化,从而也就不会危及原有的秩序。根据这一道理,同样我们可以得出另一个结论:如果为了促使某一事物向其对立的方面转化(使其走向反面),最好的办法就是把该事物的发展推向极端:

> 将欲歙之,必固张之;将欲弱之,必固强之;将欲废之;必

固兴之;将欲夺之,必固与之,是谓微明。(第三十六章)

老子的这段话曾被普遍地认为是讲"欲擒先纵"的阴谋术,这是误解。其实,老子在这里阐明的首先是自然和生活现象中物极必反、对立转化的普遍规律,是对事物本然的辩证法的精炼概括。同时,老子也以此从反面表明了一个事物要想防止向对立面的转化就必须避免走向极端的道理,体现了老子"防变"的发展观。因此,与其说它是一种阴谋术,不如说它是一种可以根据"物极必反"的原理来应用于战胜敌手、保护自己的智慧策略,此即老子所谓"微明"。

第四节 "弱者道之用"

从上述老子的尚同的矛盾观和防变的发展观,我们可以进一步引申出老子辩证法的另一个突出特点,即特别重视矛盾对立关系中"柔"、"弱"、"雌"、"下"方面,把它看作是矛盾的主导方面,并力图保持其主导地位。这就是老子所说的:

反者道之动,弱者道之用。(第四十章)

老子在提出"反者道之动"这个描述"道"的运动规律的基本命题之后,紧接着又提出了"弱者道之用"这个重要命题,认为柔弱就是"道"的效用,或者说,"道"的作用和功能就表现为柔弱。可见,"柔"、"弱"、"雌"、"下"等不是别的一般东西,而是被老子当作体现其本体存在的价值和意义的"道之用"。

一、柔弱胜刚强

老子从自然、社会和人生的种种现象中看到,幼小的东西虽然是柔弱的,但却是充满生机的,可以在柔弱中壮大起来的,而强大的东西则往往丧失了生机而逐步迈向死亡,老子说:

> 人之生也柔弱,其死也坚强。草木之生也柔脆,其死也枯槁。故坚强者死之徒,柔弱者生之徒。是以兵强则灭,木强则折。强大处下,柔弱处上。(第七十六章)

在老子看来,为什么要守柔、处弱呢?这并不是单纯地为了守柔而守柔、为了处弱而处弱,而是因为老子相信"柔弱"能够胜"刚强"(第三十六章)。"天下之至柔,驰骋天下之至坚"(第四十三章),"弱之胜强、柔之胜刚,天下莫不知,莫能行"(第七十八章)。老子经常以水为例说明这种柔弱胜刚强的道理:"天下莫柔弱于水,而攻坚强者莫之能胜,以其无以易之。"(第七十八章)滴水虽小,长年累月可以穿破巨石;水虽柔软,洪浪滔天时却可以冲毁一切。水看似柔弱,却内含有无比坚韧不克的威力。同时,尽管水性趋下居卑,却可以因此而容纳万物、丰盈博大,体现了不争而成、居下而为上的辩证法则,所以老子高度称赞水之德:

> 上善若水。水善利万物而不争,处众人之所恶,故几于道。(第八章)

既然具有柔弱、善下的品性的水已接近于"道",那么像水那样的种种品性也就是体现着"道"的精神、应成为一切所效法的楷模,此即谓:"知其雄,守其雌,为天下","知其白,守其辱,为天下谷。"(第二十八章)老子认为,委曲可以保全,屈枉才能伸展,低洼反而充盈,蔽旧才可生新。所以,一事物如果经常处在柔弱的地位,避免向雄强转化,就可以保持自己的稳定和生命力,否则一任逞雄追强,难免很快走向死亡的结局。老子正是从"柔弱胜刚强"这一原则出发,提出了政治、军事、人生等领域中一系列维系自身存在、保持固有地位、并以此最终实现以屈求伸、以弱胜强、以小成大的方法论。如:

夫唯不争,故天下莫能与之争。(第二十二章)
是以圣人后其身而身先,外其身而身存,非以其无私耶,故能成其私。(第七章)
(道)以其终不自为大,故能成其大。(第三十四章)

由此可见,"柔弱胜刚强"是老子提出"弱者道之用"这一重要命题的理论根据,也是老子进一步阐发其著名的无为不争思想的逻辑基础。

然而,老子在中国哲学史上第一次明确提出了以柔克刚、以弱胜强、以后制先等辩证规律,是具有重大意义的理论贡献,是对客观世界中新陈代谢规律的深刻揭示,表明老子在一定程度上已能够用发展变化的眼光来看待事物的强弱盛衰。因此,老子守柔、处弱的思想,并非简单地是弱者在面对强者时懦弱无能、无奈自慰的表现,而是包含着合理的思想价值。柔弱不等于虚弱、脆弱,而是蕴涵着内在生命力的柔韧,具有一种不断发展、生长并能战胜强大的盎然生机。中华民族历来具有在逆境中不畏强暴、百折不挠的坚韧的民族性格,这种民族性格的形成和发扬与老子"柔弱胜刚强"的思想是有密切关系的。

二、消极的辩证法

不过,老子"柔弱胜刚强"的思想也存在着重大的缺陷。一方面,老子把"柔弱胜刚强"这一命题绝对化了。由于老子脱离了具体条件去看待柔弱胜刚强,就把柔弱向刚强的转化看作是绝对的,似乎世上一切柔者、弱者、小者、后者、下者都可以自然而然地胜过刚者、强者、大者、前者、上者,因而只需贵柔、守雌、居下、处弱,就可以克刚胜强、达到用逞雄争强的方法反而达不到目的。这实际上混淆了没落的、衰亡的事物的柔弱与新生的、上升的事物的柔弱在性质上的差别,也看不到事物的强弱等相互转化毕竟是有其客观的"度"的,这种无条件的转化论就包含了走向相对主义和循环论的可能。另一方面,老子把"柔弱胜刚强"这一命题片面化了。老子虽然在理论上认识到了矛盾双方是可以相互转变的,但在主观上却只愿意承认柔转化为刚、弱战胜强这一方面,而不愿意承认另一面即在一般情况下以刚克柔、以强胜弱、以先制后等是另一个普遍的法则。老子只强调柔弱胜刚强的道理并将之抽象为普遍性的法则,而否认刚强胜柔弱的普遍性意义,无疑是一种片面性的观点,具有消极的辩证法的倾向。例如老子看到刚强会带来折灭,就宁肯安于柔弱;抢先反而会落后,就甘居于后而不争先;有执必有所失,就放弃执著的追求;为了避免失败,就干脆清静无为。这种态度无论怎么说都只是表现为一种消极的应变、而缺乏积极的进取。它甚至会进一步引导我们防变惧变,极力阻止事物的转化和革新,只简单地努力保持原初的弱小地位和纯朴状态,拒斥真正的发展。老子认为"归根曰静,静曰复命"(第十六章),把万事万物所要复归的本根之处看作是虚静之极,也从一个角度展示了老子辩证法力图消解矛盾、崇尚同一,防止转化、反对发展的"消极的辩证法"的特点。老子辩证法的这一消极保守的特点,使其在看待社会人生问题时很容易造成委曲求全、消极避世的消极倾向,从而对中国知识分子和普通百姓的独立不屈、刚直不阿的人格塑造和价值追求具有一定的腐蚀作用,使人们面对邪恶缺乏真正的抗争,不能像卫国大夫史鱼那样"邦有道,如矢;邦无道,〔依然〕如矢"①,敢于挺身而出,积极地去维护基本的价值追求和人格尊严、而不是寄希望于以隐忍的态度等待邪恶的自然消亡。

总的来说,老子辩证法的一大贡献就是在很大程度上发现了客观事物本身的辩证法,并对此作了许多深刻的阐述。但老子的辩证法却是矛盾的、不彻底的辩证法,而老子辩证法的这种矛盾性、不彻底性就突出地体现在我们这里所分析的老子的"弱者道之用"的重要命题中。那么,老子的辩证法为什么会具有这种矛盾性和不彻底性呢?这主要是由老子哲学及其辩证法本身的一些特点所造成的。

首先,它是受老子哲学的根本目的影响的结果。我们知道,中国哲学的一个突出特点是重人事而轻自然、重经验而轻理论、重实用而轻思辨,是一种以经世致用为终极目的的实践型哲学。老子哲学也不例外,老子哲学的目的不仅仅在于建立一种本体论和世界观,而是要以此为基础,最终落实到人生哲学和社会政治哲学上去。诚如陈鼓应所说:"老子的整个哲学系统的发展,可以说是由宇宙论伸展到人生论,再由人生论延伸到社会政治论。然而,如果我们了解老子思想形成的真正动机,我们当可知道他的形而上学

---

① 《论语·卫灵公》。

只是为了应合人生与政治的要求而建立的。"① 正因此,老子哲学不仅要对"道"及万物的存在、运动和规律作出说明,而且更要从中确立起人生和政治的行为准则;不仅要认识"道之动",而且还要阐发"道之用"。老子哲学的这种历史使命,就决定了其辩证法的理论功能,主要是一种探求如何避免矛盾转化、维护某种理想状态的政治辩证法和生存艺术,是一种教人如何将一般的哲学原则落实到经邦治国、人生实践的"智慧术"。老子"弱者道之用"的认识和主张就是这样一种典型的"智慧术"。

其次,它是中国古代独特的社会历史类型的产物。老子的辩证法思想既源于对自然现象和宇宙规律的观察和概括,也源于对社会斗争、人生经验和历史过程的深刻总结,甚至可以说后者是老子辩证法的真正的立足点和根源地,因为老子本人曾作过周朝的守藏史,他通过"观往者得失之变"以认识历史发展、政治斗争乃至个人生活的祸福进退的辩证规律,将它们提炼、概括为一般的辩证法原理。至于为什么老子会从社会历史和人生经验中总结出"贵柔"、"守弱"这类主张呢? 这主要是因为中国古代社会是属于东方的"亚细亚的古代"的类型,是马克思所说的"早熟的儿童"。这种类型的社会在原始氏族公社解体之后,没有实现完全的土地私有化。由于土地没完全私有化,因此也就没有产生古希腊社会那样的鲜明的阶级分化。没有出现土地和财富都集中到"显著贵族"手里的现象,当然也就不可能产生"梭伦改革"那样的社会革命,历史演进走的是改良维新的路径,即所谓"人惟求旧,器非求旧,惟新"。② 这种没有剧烈的社会变革,没有除旧布新的革命,

---

① 陈鼓应:《老子注译及评介》北京:中华书局,1984年,第1页。
② 《商书·盘庚》。

而走渐进的、改良的、缓慢的甚至常常是因袭着沉重的历史负担,让"死的拖住活的"的社会历史进程的发展特点,必定给老子这样的辩证法思想家以深刻的影响,他通过观察社会历史事变和人世沧桑所产生的辩证法思想,无疑会反映出中国古代社会及其历史发展的这一特征,使辩证法也具有极力要消灭矛盾冲突,害怕和反对剧烈的质变,而主张"守柔"、"无为"的思想特点。这正如班固说的:"道家者流,盖出于史官,历记成败存亡祸福古今之道,然后知秉要执本,清虚以自守,卑弱以自持。"[1]验之于老子思想,可知此语确不虚矣。

第五节 关于辩证法的建构方法

在本章的最后,我们还要探讨一下一个与老子辩证法的思想的另一个重要的基本特征有关的问题:直觉式的辩证法建构方法。我们将在中西辩证法思想的对比这一较广泛的层面上讨论这一问题,以期借此不仅能进一步了解老子辩证法的基本特征,而且还能进一步了解中西方辩证法思想的一些重要区别及其一般特点。

辩证法理论的一个重要难题就在于,辩证法固然首先是客观世界中先于人的思维而存在的"自然过程的辩证性质"(恩格斯语)的体现,但是,人们如何能够认识这种客观的辩证法呢?所以,考察一种辩证法思想,实际上等于首先考察它如何反映客观存在的辩证法的认识方式及其认识深度。当然,这种认识方式及其认识深度同时也直接体现主体自身的思维活动是否具有辩证性质

---

[1] 《汉书·艺文志》。

及其所达到的程度。列宁说:"问题不在于有没有运动,而在于如何在概念的逻辑中表达它。"①黑格尔说:"辩证法是现实世界中一切运动、一切生命、一切事业的推动原则。同时,辩证法又是知识范围内一切真正科学认识的灵魂。"②因此,在完整的现代辩证法理论中,"辩证法"这一概念应包括两层基本涵义:(1)本体论涵义:辩证法是客观世界存在、发展、变化的辩证性质和普遍规律,即客观辩证法,包括自然辩证法、历史辩证法、生活辩证法等;(2)认识论的涵义:辩证法是人类认识、思维、概念的辩证性质和发展规律,即主观辩证法,包括思维辩证法、概念辩证法及辩证逻辑等。根据主观与客观、思维与存在相统一的原理,辩证法的本体论涵义与认识论涵义也是相统一的。正是在客观辩证法与主观辩证法相统一的意义上,才有了列宁所说的"辩证法、认识论、逻辑学三者的同一"。

在如何对待客观辩证法与主观辩证法的关系问题上,在关于"辩证法、认识论、逻辑学三者的同一性"问题上,也就是说,在如何认识和掌握辩证法这一重大的方法论问题上,中国古代辩证法和西方辩证法传统之间存在着显著的区别和各自不同的特点。由于西方哲学从一开始就是"爱智"的,是一种思辨型哲学,十分注重逻辑化、概念化、形式化的理性思维,而且这个哲学传统基本上一直延续下来了,所以受其影响,西方辩证法从内容上看,它是以自古希腊起就注重对逻辑思辨、概念推演的主观辩证法的研究为特征;从方法上看,它具有以逻辑思维方式为基础的、使辩证法与认识论、逻辑学紧密地结合在一起的鲜明特点。与西方哲学相比,

---

① 列宁:《哲学笔记》,《列宁全集》第38卷,北京:人民出版社,第281页。
② 黑格尔:《小逻辑》,北京:商务印书馆,1980年,第177页。

由于中国古代哲学是一种注重实用的实践型哲学,所以它在理论上的一个重要特点就是偏好于中国人所独擅的超理性的、体验式的直觉思维,而轻视以概念分析和判断推理为基点的逻辑思维。当然这并不是说它就不运用逻辑思维,而是说它不是自愿地有意识地运用逻辑思维,而希望把直觉思维方式作为认识本质、本体的主要方式。与此相联系,就中国古代辩证法的内容来说,它更多的是以对社会、历史、人生等客观辩证法或准确地说是"实践的辩证法"的探讨为基本特征;而就中国古代辩证法的方法论来说,它主要是一种排斥了逻辑的可证性、理论的可认知性及语言的可陈述性的直觉思维方式,表现了力图使辩证法与认识论、逻辑学相脱节的基本特征。

直觉思维方式作为一种辩证法的建构方法,它在中国古代辩证法思想的具体形成和理论的表述形式中,有两种基本的、具体的表现,即直观体悟和模拟外推。

一、直观体悟

中国古代辩证法思想在具体形成和表述形式中最常见的一种方式是借助于如老子所说的"涤除玄鉴"的直觉体验和"豁然贯通"的神秘顿悟,而不是对概念的辨析和语言的陈述,因此,中国古代各种辩证法思想都力图脱离开具体的认知过程和认知形式、以某种超语言的、直观的、意会和象征的方式直接把握事物的辩证性质。在这种倾向影响下,很少有人会对自己的范畴给予严格的概念界说,各种辩证法范畴往往是模糊多义的、随意流动的,更没什么人要着意建立一套自己独立的概念体系。

恩格斯曾把辩证法称之为"运用概念的艺术",列宁也强调关键是要"在概念的逻辑中"表达事物运动的辩证性质。那些排除了概念的逻辑思维而借助直观体悟所形成的辩证法思想，难免具有不彻底性、模糊性和神秘性。以《易经》和《易传》为代表的易学辩证法就有这种缺陷。由于它认为客观事物的辩证性质和发展过程就完全表现在卦爻变化的模式之中，所以它力图通过复杂的、具有浓厚的宗教巫术色彩的卦画符号的推演来直接把握客观事物的辩证性质，并用这种象数的框架结构代替辩证法的概念系统。这种对象数的神秘崇拜极大地掩盖和损害了辩证法的生动内容。正如黑格尔在批评毕达哥拉斯学派企图抛弃一切其他概念，而单纯地根据数目关系来直观地表达宇宙万物的秩序的错误时说的："他们费了说不出的力气，用数的系统来表达哲学思想，并且去了解他们用来表达的那些观念的意义——这些观念是他们从别人那里找到的，并且赋予了一切可能的意义；但是，如果抛弃了概念的话，数就成为种种无聊肤浅的关系。"[1]

老子辩证法在方法论上体现了一种典型的注重直观体悟的直觉思维方式。老子哲学的"道"是没有任何规定性的绝对本体，所谓"道常无名"。因而它既不能用经验感知也不能用语言、概念去界说，即不能用通常"知"的方法去认识。要把握"道"的奥妙必须"绝圣弃智"、"涤除玄鉴"（第十九章、第十章），在清除心灵的蔽障之后，以"无知之知"静观体道，从而透悟道的真谛，即所谓"知常曰明"。"明"就是通过直观体悟所达到的认知的最高境界。老子辩证法思想中的许多基本命题，如"有无相生"、"物壮则老"、"反者道之动"，以及大量的关于矛盾的对立和转化的辩证命题，都是直观体悟的产物。它们的提出没有经过完整的逻辑思辨过程、缺乏必要的概念论证作中介环节，而往往是仅有一个直接的

---

[1] 参见黑格尔：《哲学史讲演录》，北京，商务印书馆，1983年，第1卷，第240页。

结论。老子力图离开思维来研究存在、离开概念逻辑和语言陈述来讨论辩证法,这是错误的、有害于其辩证法思想的深化和发展的。

由这种直观体悟方法所带来的辩证法思想的模糊性、意会性等特点,就使许多古代辩证法命题总是多义的,这固然体现了辩证思想的巨大的灵活性和包容性,但也容易使它们变成无所不包的空洞命题。因为正是由于其无所不包,反而什么都不能解释透彻,就像一个试图解答一切的方程式是什么也解答不了的一样。例如,冯友兰曾把《周易》哲学称为"宇宙代数学"①,那么,具有丰富的辩证法内涵的阴阳二分模式学说就像一个代数方程式,阴阳是两个可以代表天地、刚柔、男女、吉凶等等的基本符号,方程式是一个空套子,任何东西都可以往那里装,什么现象都可以套过去进行解释,但又几乎等于对什么都不能作出具体的、确定的和本质性的解释。这种"无不为"的模糊性、直观性思维,由于缺乏必要的概念规定和逻辑构造,就只能提供种种笼统的、模糊的,甚至是似是而非的"无所为"的结论,而人们也往往满足于这种简单的、直观的、似乎是万能的认识方法。这显然是造成中国古代哲学及其辩证法思想的理论化程度不高、发展缓慢、不能充分发育成熟的一个重要原因。

二、类比外推

"近取诸身、远取诸物"、"以类万物之情"的类比法和观象取譬、推己及人的外推法是中国古代哲学家们提出和阐述辩证法思想时的又一种主要方式。他们习惯于从具体的感受中形成一般的

---

① 冯友兰:《中国古典哲学的意义》,《中国哲学史研究》1985 年第 2 期。

原则、根据特定的事例推出普遍性规律、用多角度的形象性的"取譬"类比抽象的结论。这是一种简便直接、具体形象的直觉思维方式。它使哲学家们在建构和表述自己的辩证法思想时,不重视严格的逻辑演绎规范和形式化的推导系统,具有突出的非逻辑可证性。

西方辩证法与其整个哲学一样,一直深受理性主义传统的影响。西方理性主义最具意义的特征是相信人有抽象和演绎的理性能力,并能藉此为知识建立抽象的和普遍的原则。因此,西方辩证法思想是以注重逻辑演绎规范和推理程序的逻辑思维为基础的,表现了辩证法与逻辑学相统一的特征。例如,亚里士多德是形式逻辑的奠基者,同时他也是辩证法大师,"已经研究了辩证思维的最主要的形式。"[1]黑格尔的辩证法曾以否定形式逻辑而闻名,但这并非全盘否定,他所建立的辩证逻辑本质上是对形式逻辑的局限性的扬弃和超越。他把矛盾学说理解为同一、差异、对立等一系列范畴推演的逻辑过程,体现了黑格尔辩证法重视严密的逻辑推理和体系的形式化构造的特点。西方辩证法的这一传统无疑是推动其辩证法思想不断深化演进的有力杠杆。两相对照,我们是不难辨认出中西辩证法思想之间的巨大差异的。虽然中国古代思想家一般都有很强的思辨能力,有的还很重视对"名"即概念的辨析和逻辑思维的研究,如墨、名、荀、韩诸家都重视研究逻辑问题,但是,一则由于中国的逻辑思维方式过多地局限于形式逻辑的范围,未能与辩证思维的深度开掘实现有效的衔接和贯通,二则由于在墨、荀以后它不仅没有发展延续下来,反而几近寂灭,所以它没有

---

[1] 恩格斯:《反杜林论》,《马克思恩格斯选集》第3卷,北京:人民出版社,1995年,第358页。

能够对辩证法思想及整个古代哲学的致思模式发生实质性的影响,自然也没起到更多的推进作用。非逻辑思辨性质的类比外推方法始终对古代辩证法思想起着主导性的影响。

在先秦哲学中孔子对推论的重视是很突出的。他说:"能近取譬,可谓仁之方也",①把"取譬"看作其仁学的基本方法。他很善于在天人之间、人人之间进行类比推论,如他阐述人伦关系的最常用方法是推己及人,即所谓"己所不欲,勿施于人","己欲立而立人,己欲达而达人"。② 孔子提出"叩其两端而用中"的矛盾观,就是用自然的、社会的、历史的、人生的种种现象来类比直推出来的。而且这中庸原则的应用还特别强调应根据条件的不同、情况的变化而具体实施,不固执于一点,当直则直,当曲则曲,能进能退,这也就等于不固执于一端,就符合"中"的要求了,即所谓"时中"。由"中"进而具体为"时中",这当然体现了中庸原则的灵活性,富有辩证法的气息。但从理论形式上看,这些辩证观点多为结论性的命题,孔子并没有提出许多对中正的规定以及对执中"如何可能"和"怎么如此"的理论论证和逻辑推演,却重在从各个角度各种事例中展示在对立两端的关系中如何"用中"、"时中"的方法。它们更多的是一系列实例的汇编而不是原理的系统阐述,反映了注重实用的"实践的辩证法"的特色。正因此,孔子的"执中"也好,老子的"守柔"也好,这些结论在理论上是经不住逻辑上的严格推敲的,在客观上是不符合事物发展本身的辩证性质的,因而往往是臆想的、猜测性的、似是而非的。

不仅如此,由于受"天人合一"思想的影响,古代辩证法思想

---

① 《论语·雍也》。
② 《论语·颜渊》。

家们在进行类比外推时还有两个突出的特点:

一是"无类比附"的类比法。古代思想家们所大量运用的类比法很大程度上是一种"无类比附"。他们面对不同类型的对象(如自然界和人类社会),往往不顾各种具体事物的性质、要素、结构、功能等的差异而无条件地直接加以类比,结果常常失之肤浅、荒谬。如以自然灾异比附人事吉凶,以山水象征人品,以昼夜四季的循环比拟人类历史的轮回等。孔孟等儒家尤其喜欢这一套方法,至汉儒董仲舒则把它发展到了极点。在董仲舒的《春秋繁露》中,他把人体器官一一比附为天地万物,以自然秩序类比封建等级制度,用天道不变来否定发展变化等等"无类比附"触目可见,非理性的虚妄荒谬真达到了可笑的境地。

二是"模式同构"的推论法。中国古代哲学中常用的推理,并不同于西方哲学中以命题为出发点的逻辑推理,而是大多从某一模式出发的直觉推理。中国古代哲学家总致力于建构某种普遍适用的基本模式,认为天地万物和人事活动都超不出这个模式,不同性质、类型的对象都可以放入这一模式中进行直接的推论。所以这种推论的前提就是先把各种不同类型、不同属性的事物都纳入一个"同构"的模式。这种模式同构的推论在《易传》里表现得最为典型。《易传》以阴阳二分模式使天地万物同构于一个卦爻体系之中,并以此推知万事万物的运动变化,即所谓"观变于阴阳而立卦"。[①] 老子的辩证法也具有模式同构的推论法的特点。老子从其建构的"有无相生"、"周行不殆"的"道的模式"推论出了"祸福无常"、"弗行而知、弗为而成"等关于矛盾对立可以无条件转化的普遍规律,又从"物壮则老"、"草木之生也柔脆,其死也枯槁"

---

① 《易传·说卦》。

(第五十五章,第七十六章)的自然现象错误地得出了只要"抱一"、"守柔"就可以防止向衰亡转化的一般性结论。

总的来看,非逻辑思辨的类比外推方法,在古代辩证法思想的建构和阐述中,具有形象具体、简便直接,举一反三的优点,但由于缺乏明确的逻辑规范和有层次的推理程序,特别是混淆了不同事物各自特有的本质、规律、过程等的区别,而很容易导致简单化的、主观随意的、神秘性的认识,最终走向辩证法的反面。这是包括老子辩证法在内的中国古代辩证法思想在方法论上的一个重大缺陷。

通过考察上述老子辩证法思想的基本特征,我们可以看出,老子辩证法思想是有着自己的鲜明特色的。这些特色有的是优点,有的是缺点,有的则两者兼而有之。但是,不管优点也好,缺点也好,我们今天的现代人都不能简单地全盘继承或抛弃,而只能进行批判地改造和创造性地发展。因为一方面,它们不仅反映了中华民族历史悠久内容丰富的哲学智慧和一般思维特点,而且反映了中华民族独特的文化性格,已经作为我们民族的文化—心理结构的重要组成部分,构成了我们走向现代化过程中的深沉的历史背景,要全盘否定抛弃是不应该和不可能的;另一方面,它们毕竟又是属于那个过去了的特定时代的历史文化遗产,有着那个时代的特点和局限,对它们全盘地加以继承也是不应该和不可能的,尤其是不符合中华民族走向现代化的客观需要的。恩格斯说:"一个民族要想登上科学的高峰,究竟是不能离开理论思维的。"[1]中国古代辩证法思想及整个古代哲学却表明了中国传统文化中还是缺

---

[1] 恩格斯:《自然辩证法》,《马克思恩格斯选集》第4卷,北京:人民出版社,1995年版,第285页。

乏较高的理论思维水平的。我们要向发达的理论思维和现代的科学技术文明迈进,还必须用科学的批判精神吸收借鉴古今中外的一切优秀文化成果,以实现巨大的历史跨越。

第五章　小国寡民
——"退化"的社会历史观

　　老子是春秋末期一位有着特殊地位和经历的思想家。老子曾做过周朝的史官，但他虽然置身于统治阶层之中，却与那些当权的统治者有着很大的距离，甚至可以说是格格不入。相反，他却更接近下层劳动者，在很大程度上成为了普通劳动者的意愿和利益的代言人。当然，老子本人不是普通劳动者，而应是当时新兴的知识阶层（士人）中的杰出代表，他在本质上是一位异常了解和关心社会历史和现实的知识分子，他以拯救社会为己任，以解决人类所面临的生存困境为目的，通过对历史的考察和现实的分析，批判现实、规划未来，提出了一整套社会、政治和人生的理论主张。有关这些方面的思想，构成了老子哲学中一系列独具特色的内容，即其社会历史观、人生观和政治哲学思想等。

　　老子的社会历史观、人生观和政治哲学思想不仅独具特色，而且极其重要。如前所述，《老子》五千言分为上下二篇，上篇以论"道"为主，下篇以论"德"为主，所以又分别被称为"道篇"和"德篇"。同样，老子哲学的逻辑结构也可分为二大部分，即"道论"和"德论"。"道论"主要是老子哲学的形上学部分，"德论"主要是老子哲学的形下学部分。在老子哲学中，作为形上学的道论是其哲学思想的理论依据和方法论，因而是整个哲学体系的基础部分，而作为形下学的德论是其对形上学原理的展开和应用部分，老子的社会历史观、人生观及其政治哲学等就是其主要内容。对于老子哲学的体系来说,基础固然十分重要,但却绝不是全部,甚至也不是中心,老子哲学的真正中心、着重点恰恰就是对其"道"的形上学原理作展开和应用的"德论",即其社会历史观、人生观及其政治哲学思想等。正因此,在老子哲学思想的宏观研究中,那种只重视老子的"德论",把老子哲学仅仅理解为是一种人生哲学、政治哲学乃至"人君南面之术",轻视甚至完全无视老子"道论"的深刻的形上学意义和价值的看法是不妥当的、错误的,同样,那种看不到老子的"道论"虽然重要,但毕竟只是为后面的"德论"作理论铺垫的观点也是很肤浅的。因为就像戏剧需从序幕开始,但序幕还不是高潮一样,老子哲学的高潮之处、精彩华章正是在其社会历史观、人生观及其政治哲学思想等领域才得到生动的体现。

第一节 天道与人道

一、借自然以明人事

为什么老子哲学的真正中心、着重点是对其"道"的形上学原理作展开和应用的社会、政治和人生等的种种理论主张呢？这主要是因为中国古代哲学家特别是先秦哲学家大都有一个突出的共同点,即都是崇内圣外王之道、立经世致用之说,将学术思想同社会生活密切结合在一起,所以不能不以社会历史、政治人生等的关切为理论的鹄的。从理论形式上看,老子的社会、政治和人生的种种理论主张就体现了从其"道"的哲学学说中直接逻辑地推演出来的特点。这样,老子哲学虽然建构了一个以自然之道为基本框架的形上学体系,但它所说的"道"不仅是外在的自然世界的本体,同时也是一切社会和人生的意义与价值的最原始最终极的根据。实际上,老子哲学正是以阐发后者,强调人与自然、人道与天道的统一为最终的形上学追求的。这就是所谓"借自然以明人事"、"发天道以建人文"的逻辑理路。它体现了中国传统哲学中一个典型的致思模式,即"天人合一论"。当然,在老子的哲学体系中,"天"本已不是最高的范畴,传统思想中的"天"的神圣至上地位已被老子新确立的本体之"道"所取代,而所谓"道"正是从"天道"、"地道"、"人道"中抽象出来的。老子认为,既然自然界现象都是按照"至则反,盛则衰"的规律运动变化着,那么人类社会也应按照同一规律发展变化。这样,与其说人应当遵从"天道"(天的规律),还不如说天、地、人、万事万物都应当遵从一个统一的规律——"道"来运动变化,这就是老子说的:"人法地、地法天、天法道、道法自然"(第二十五章)的意思。可见,在"道"与天的关系中,具有决定意义的是"道"而不是"天"。不过,尽管"天"丧失了至上性,但在天、地、人的不同等级划分中,它仍然是具有离"道"最近的优越性,"天道"是至上的本体之道的直接体现,在很大程度上可以作为"道"的代表。老子正是在这个意义上继续使用"天道"这一概念、并常常与"人道"这一概念相对应的。因此,就"天人合一论"来说,其中的"天"在老子那里其实是天道,也可以说就是自然之道;"人"乃人道,包括人类社会及其一切文化创造,"天人合一"就是人道与天道相统一。不过,虽然是说人道与天道相统一,却与说人道与本体之道相统一无异,因为天道就是至上的本体之道的直接体现。

在中国传统文化中,"天人合一"的观念体系有两大支柱,即儒和道。儒道两家的"天人合一"观念是各不相同的。儒家建人伦、行教化,主张从人类社会自身出发,引领现实世界符合天理,走的是一条由人之天的"天人合一"道路。道家发天道、明自然,主张从自然之道出发,以自然原则规范人的现实世界,走的是一条由天之人的"天人合一"道路。不过,尽管儒道两家"天人合一"的出发点和路径各不相同,但它们也有共同性:一是它们的"天人合一论"都隐含着一个使其之所以为"天人合一论"的共同理论前提,即确信人类社会与自然界具有内在关联性和本质同构性,这也正是它们建立其社会政治理想的逻辑基础;二是它们的"天人合一"的终极目标指向也是一致的,这就是都以"天人合一论"作为改造现实、构建理想、经世致用的基本工具。有鉴于此,在老子的理论体系中,其由天之人的"天人合一"道路实是"道"的本质的逻辑展开与外化的过程,因而老子以天道推演人道、倡言"惟道是从",最终追求的是以人合天,即以自然之道作为人文之道的基础,使社会机制等人道建设不违背天道自然。由此可见,老子哲学中的人道问题实质上是其自然之道问题的理论原点和逻辑归宿,也是老子哲学的一个内在主题。可以说,老子哲学始终是一种以经世致用为根本目的的社会论哲学。

老子"借自然以明人事"、"发天道以建人文"的逻辑理路,还是一个由真理论到价值论的建构过程。老子思想的深刻性,首先在于其真理论,而老子真理论的真正立足点,是其自然主义的天道观。老子纵览天地宇宙而为言,拈出顺任自然为宇宙大化之本体,并以此天道引领人道,从中昭示出一种自然无为、整体和谐的本体精神,作为确立一切存在的根本依据和评判一切人事的价值标准,因此我们可以肯定地说自然法则就是老子哲学的最高原则。老子以这一新颖鲜明的自然法则取代商周以来的神学法则,不仅是哲学本体观上的一场革命,也是社会历史观上的一种深刻变革。由于老子的价值论是以其自然主义天道观为形上学基础的,所以它的一个突出特点是对社会历史和现实生活持深刻的批判和反思态度。这一点是老子"天人合一"观中最具有思想价值和积极意义的东西,它也使以老子为代表的道家与儒家在"天人合一"观中表现出了迥然不同的价值取向,即前者以否定和超越现实为主旨,后者以肯定和维护现实为目的。老子从天道自然出发看到了人道的社会属性与天道的自然本体之间的矛盾冲突,认为这种矛盾对立和冲突正是背弃自然、天人裂变的结果。因而只有复归于天道,以自然本体为一切价值的根本归依,即复归于依据自然法则建立起来的原始纯朴的"天人合一"状态,才是涤除文明的异化翳障,消弭一切矛盾和冲突的唯一出路。总之,老子倡言天道与人道相统一的观点,以及运用来论证的以天道推演人道的类比法和以天道来否定人道、匡正人道的否定性方法,在真理论上是有着内在局限的,但在价值论上却是有其不可抹杀的独特意义的。因为在他那里,天道是一面镜子,可以从中观照人道的清浊黑白;天道又是一把尺子,可以以此衡量人道的厚薄价值;天道更是一座坚实的基础,人类可以在其上面建筑起幸福的家园。

二、老子定律

在天人关系上,老子是十分看重人在宇宙中的地位的。《周易》中有天、地、人"三才"的说法,老子有道、天、地、人"四大"的说法:"道大,天大,地大,人亦大。域中有四大,而人居其一焉"(第二十五章),可见老子承认人的地位是很崇高的。但老子接着说:"人法地,地法天,天法道,道法自然。"人的行为应取法于天地,天地的运行则取法于天道,而天道又师法于自然。何谓"道法自然"? 王弼说:"法自然者,在方而法方,在圆而法圆,于自然无所违也。"①归根结底,人道应当像天道那样自然无为,学习其生养万物而不为私、顺任本性而不强为的精神:"天之道,利而不害;人之道,为而不争"(第八十一章),"道常无为,而无不为。侯王若能守之,万物将自化"(第三十七章)。达到了这种人道与天道的相合,就达到了"天人合一"的理想状态,这就叫"同于道","同于道者,道亦乐得之"(第二十三章)。人只要认识了这种恒常的大道,使人与道相互包容,"人""道"相得,便可以持久不殆,所以老子说:"知常容,容乃公,公乃全,全乃天,天乃道,道乃久,没身不殆。"(第十六章)可见这种人道与天道的齐同,也就是老子所谓"玄同于道"的最高境界,达到了这种玄同境界,于个人可以没身不殆,于社会可以长治久安,是人类社会的理想状态。

然而,老子发现,在人类社会的现实生活中,天道与人道却是常常不一致的,甚至是完全相反和对立的。老子认为,正是由于天道与人道的这种分裂,或严格地说是人道对于天道自然的背离,才造成了人类社会生活中的一切不幸和灾害。对此,老子从各方面作了很多描述,特别是将天道与人道进行对比分析。通过这种对比分析,老子借助天道对人道中的种种丑恶性与黑暗面进行了深刻的揭露和批判。

第一,天道不争,人道相争。

老子认为,不争是天道的自然德性,老子说:"天之道不争而善胜"(第七十三章),"上善若水,水善利万物而不争"(第八章)。人道若合于天道,就应具有天道的这种不争之德,然而,人世中却有太多的"争"。战争就是人间最大的"争",是人类的贪欲、愚蠢、灾难的大总汇,所以我们以老子对战争的看法为例说明老子对人

---

① 王弼:《老子道德经注》第二十五章。

道之争的批判否定。我们知道,春秋战国时代,诸侯间攻伐不断,战争此起彼伏,社会动荡不安,是一个大分化、大动乱、大变革的时代。据史记年表及其他史料统计,春秋时期各诸侯国之间的战争达四百八十多次,弑君三十六起,灭国上百个。连绵的战争和动乱使天下烽火不绝、民生涂炭、尸横遍野。庄子有一个"蜗角之战"的寓言,说区区蜗角之战,就"伏尸数万",其所影射的正是春秋战国时代的残酷现实。《老子》书中对这种疯狂地战争的现实进行了深刻的揭露:百年来的兼并战争,使各交战国"田甚芜,仓甚虚"(第五十三章);每次战争"师之所处,荆棘生焉;大军过后,必有凶年"(第三十章)。在战争中,蒙受苦难最深重的,自然是广大的劳动人民,而当时的绝大部分战争,都不过是给人民带来苦难的不义之争,因此,老子公开代民立言、愤怒地谴责这种战争不息的社会是"无道"的天下:"夫兵者,不祥之器,物或恶之,故有道者不处"(第三十一章),"以道佐人主者,不以兵强天下"(第三十章)。"天下有道,却走马以粪;天下无道,戎马生于郊"(第四十六章)。

第二,天道平等,人道不均。

老子认为天道是自然和谐、平等均衡的,因而自然而然地具有一种公正合理性。但人类社会却往往相反,普遍存在着森严的等级制度和不均现象。老子说:

> 天之道,其犹张弓与?高者抑之,下者举之,有余者损之,不足者补之。
>
> 天之道,损有余而补不足。人之道则不然,损不足以奉有余。(第七十七章)

这也就是说,自然之道就像拉弓射箭一样,弦位高了就压低一些,低了就调高一点,用力太过了就给予减少,用力不足就加以补充。自然的法则就是要减损有余的,用以补给不足的,使之达到整体平衡。可是在人类社会中,却要减损不足以用来供奉有余,使贫者越贫,富者越富,这种不公正不平等竟成了人类社会的普遍现象。

《圣经·马太福音》中说:"凡有的,还要加给他,叫他有余;凡没有的,连他所有的也要夺过来。"这样,使富者更富,贫者更贫,这种社会优势积累现象,就是著名的"马太效应"。对比老子"损不足以奉有余"的说法,两者的意思何其相似也!老子以其深刻的历史眼光和平民的批判意识,发现了人世间"损不足以奉有余"这一阶级剥削和社会不平等的普遍规律,批判了其违背自然法则的不合理性,这在当时是一种很了不起的思想,也是社会历史观上的一个重要发现。因此,我们不妨把老子的这一发现称之为"老子定律"。

"老子定律"不但揭露了不平等的社会现实,而且揭示了统治者与被统治者之间的严重对立:"民之饥,以其上食税之多","民之轻死,以其上求生之厚"(第七十五章)。一方面,广大的人民生活在贫困和苦难之中,食不果腹、衣不蔽体,挣扎在死亡线上;另一方面,少数的统治者横征暴敛、骄奢淫逸,"服文采,带利剑,厌饮食,财货有余"(第五十三章)。老子痛斥这些统治者为无道的强盗头子,"是谓盗夸,非道也哉!"(第五十三章),警告他们在追求无限的贪欲的同时也为自己埋下了极大的祸根:"祸莫大于不知足,咎莫大于欲得。"(第四十六章)而且被逼到了死亡线上的人民是不怕残暴的杀戮的,"民不畏死,奈何以死惧之?"(第七十四章),严重的贫富不均和残酷剥削会使人们铤而走险,奋起反抗。老子相信:那些统治者虽"金玉满堂",却"莫之能守";虽"富贵而骄","却自遗其咎"(第九章),"不道早已"(第三十章),违背了自然法则的社会是不会长久的。

第三,天道无为,人道有为。

为什么人类社会会产生那些残酷的争战和社会不平等呢?老子认为原因主要就在于人们特别是统治者背离了天道自然无为的根本法则,一味地追求"有为"。世俗之人熙熙攘攘,往往沉迷于用智逞强、追营逐利之中。特别是统治者若"自见"、"自是"、"自伐"、"自矜"(第二十四章)、"其政察察"(第五十八章)、自以为是、为所欲为、朝令夕改,那么这个社会就必定陷入纷争不已、混乱不堪的状况。老子说:"天下多忌讳,而民弥贫;民多利器,国家滋昏;人多伎巧,奇物滋起;法令滋彰,盗贼多有。"(第五十七章)同时,由于社会失去了原有的纯朴性,统治者就制造出了道德、礼制等强迫人民就范,"上礼为之而莫之应,则攘臂而扔之"(第三十八章),其结果是必然引起动乱和祸害:"夫礼者,忠信之薄,而乱之首"、"愚之始"(第三十八章)。因为它们都是"大道"废弃之后的产物:"大道废,有仁义;智慧出,有大伪。"(第十八章)总之,"民之难治,以其上之有为"(第七十五章)。

老子上述否定"有为"、批判道德礼制等言论看似十分惊世骇俗、有悖常理,其实却是针对当时的社会现实而发的。因为在现实中总是充满了违背人的自然本性的过分作为和矫揉造作的道德礼制。譬如在现实政治中,当时各国的统治者相互吞并、竞相争霸,不惜频频地发起兼并战争,企图建立一个个广土众民的诸侯国,以成就一番番大事业。对于这些盲目的作为,老子是十分鄙弃的,他认为统一天下的事业是不能勉强去做的,而且靠强力也很难达到目的,他说:"将欲取天下而为之,吾未见其不得已。天下神器,不可为也。为者败之,执者失之。"(第二十九章)同样,人们通过各种作为去追求声名财富,结果往往反而身受其祸害;人们设立仁义礼制想调整失衡了的社会秩序,其实它们恰恰从根本上破坏了人类的自然秩序、扭曲了人的真实本性。

总之,老子在用天之道作为准则来审视人世间时,实际上是以天道否定了人道,通过这种否定,使老子在对社会现实的理解中充满了鲜明的社会批判色彩。老子在先秦思想史上第一次明确地宣判了"损不足以奉有余"这种剥削及种种社会不平等现象的不合理性,深刻地批判了统治者横征暴敛、骄奢淫逸、穷兵黩武、烦令苛政的胡作非为以及为这种不合理的社会制度及等级秩序粉饰和辩护的仁义道德。虽然老子的这些社会批判还不可能是彻底的、完善的,但作为一种具有开创性的古代思想,还是相当可贵的。它表现了老子是在历史上最早对社会发展引起人与自然、人与人之间的种种异化现实进行深刻系统的反思和批判的古代思想家。

不过,从思维方式上看,老子这种将"天道"与"人道"作简单类比、以"天道"直接推演"人道"的致思模式是存在严重的局限性的,因为"天道"与"人道"、自然界与人类社会固然有其最广泛意义上的统一性、相似性,但毕竟不具备直接的同一性,老子把天道自然论机械地搬用到人类社会后,便抹杀了自然现象与社会现象、人类与自然物之间的本质区别。马克思说:"人不仅仅是自然存在物,而且是人的自然存在物。也就是说,是为自身而存在着的存在物,因而是类存在物。他必须既在自己的存在中也在自己的知识中确证并表现自身。因此,正像人的对象不是直接呈现出来的自然对象一样,直接地客观地存在着的人的感觉,也不是人的感性、人的对象性。自然界,无论是客观的还是主观的,都不是直接地同人的存在物相适应的。"[①]老子这种"借自然以明人事"的"天

---

① 马克思:《1844年经济学哲学手稿》,《马克思恩格斯全集》中文第1版,北京:人民出版社,1979年,第42卷,第169页。

人合一"论在实践上是具有积极作用的,如批判、否定各种社会弊端等,但在理论思维方式上却是有其局限性的。当然,存在这种局限性几乎是中国传统哲学中所有"天人合一"论的普遍现象,它反映了中国传统哲学中"天人合一"论的一个难以克服的内在理论缺陷。

第二节 退化与进步

如果说,前一节通过天道与人道的对比所展示的老子的社会观及社会批判思想是老子对当时的现实社会所作的静态的、横断面的剖析,那么,这一节将论述的是老子对社会演化过程所作的动态的、纵向面的考察,即老子的历史观及其理想社会观。这一动一静、一纵一横的两个方面相互联系、相辅相成,构成老子对社会历史的基本看法。

关于老子的社会历史观,人们大都知道其否定历史进步的主张,但也往往仅限于此,我们至今还难以见到对老子的历史观所作的较深入系统的研究和讨论。这样,人们对老子的历史观就难免充满了肤浅的、片面的理解甚至误解。而实际上,深入正确地理解老子的历史观对于理解其整个社会政治哲学都是至关重要的,因为无为而治的政治理想和小国寡民的理想社会都不过是老子在其历史观基础上的进一步推展。

老子的历史观在内容上可分为"历史退化论"、"历史循环论"和"历史辩证法"这三个基本部分。实际上,这三大部分组成了老子历史观的层层深入的逻辑结构关系。"历史退化论"只是其理论的表层结构,也是老子历史观中最为人所熟知的主要内容,但我们的认识如果仅仅停留在这种表层结构上是远远不够的。"历史循环论"是老子历史观中的深层结构,我们只有深入到这一层,才能真正开始正确地理解老子的历史观。而"历史辩证法"是老子历史观的理论实质和思想精华,是我们需要深刻把握的老子历史观中有价值的主要精神内涵。

一、历史退化论

老子的历史观首先是一种自然史观。老子从"变"的世界观出发推出了"变"的历史观,承认社会历史是变化的。但老子强调,历史变化的过程是应该受到自然法则支配的,因而人类实际上是同其他自然存在一样,其历史不过是一种自然历史过程。也就是说,它是自然而然的、自我化育和自我发展的,不应受任何外在强制力量的干预,体现着"道"的自然无为的品性。

不过,老子认为,人类历史的演变在后来发生了一个根本性的转变,从而使其违背了"道"的自然无为的本性。由于这个根本性的变故,人类历史开始具有了退化的性质,整个历史过程也就成了一个退化过程。这就是老子著名的"退化史观"。老子说:

> 大道废,有仁义;智慧出,有大伪;六亲不和,有孝慈;国家昏乱,有忠臣。(第十八章)
> 失道而后德,失德而后仁,失仁而后义,失义而后礼。(第三十八章)

这两段话是老子"退化史观"的典型表述。说老子的历史观是"退化史观"主要包括二层意思:一是说老子把人类历史看作是一个不断退化的过程;二是说老子主张历史发展应退回、复归于原始古朴的初始状态中去。在老子看来,人类社会的进化实质上是一种退化,即从自然和谐状态退化到了混乱纷争状态。所谓历史发展不过就是在原始的古朴状态结束后每况愈下的道德堕落过程。这种历史过程不仅不能说是前进的,反而应该说是后退的。老子认为,这种社会状况是不合于"道"的,需要否定的。否定后的出路就是退回到和谐的初始状态。

具体说来,老子的"退化史观"将人类社会的演变过程大致区分为三个历史时期,即古始时代,现时代和未来社会。

"古始"时代,是指人类早期较为原始古朴的时代,也是老子所十分赞赏的还不存在异化的、具有原始完美性的社会状态。老子说的"古之善为道者"(第六十五章)就生活在这个历史时期。在这个时期,人与自然、人与人都处于一种自然的和谐状态中,既没有君臣上下之别,也没有调节人际关系的各种礼仪制度的约束,更没有烦令苛政的压迫,却能六亲相和、孝慈充盈,体现了一种天真素朴的道德和秩序。老子认为,这种社会应是我们人类理想的社会模式,后世社会都应以它为效法的准则:"执古之道,以御今之有,能知古始,是谓道纪。"(第十四章)

然而,随着人类物质文明和精神文化的发展,人道与天道发生了背离、原始的自然和谐遭到了破坏,人类社会逐步陷入了人格分裂堕落、社会动乱黑暗的境地。这就是老子认为他所生活于其中的"现时代"的基本面貌。这个历史时代的最大特点就是人人争相"作为",结果反而带来了无穷的祸害。统治者以繁苛的法令、制度和仁义礼智来治国,用横征暴敛的剥夺和残酷频繁的战争来践踏人民,强权和虚伪横行无阻、骄侈和贪欲泛滥成灾。在老子看来,人类文明的各种物质的和精神的成就,特别是各种法礼制度和仁义道德,都是在不断背弃和日益疏离本体之道、破坏了原始和谐的自然状态之后的"道之华",因而也就是"愚之始"、"乱之首"(第三十八章)。这也就是老子说"大道废,有仁义;智慧出,有大伪;六亲不和,有孝慈;国家昏乱,有忠臣"(第十八章)的意思。它就像庄子关于"中央之帝"浑沌的寓言说的,若给浑沌凿上像人一样的七窍,"日凿一窍,七日而浑沌死"[1]在老庄看来,人类的原始状态是一种具有原始完美性的"浑沌"状态,一旦人类社会的"浑沌"状态被破坏之后,就必然带来衰落和死亡。反过来说,人类社会的衰败,正是人们不断地盲目"作为"、胡作非为的结果。因此,老子对这种社会现实,是坚决予以否定和批判的(详见本章上一节)。

在老子看来,这种社会现实是不会也不应该长久地存在下去的。但拯救的希望不在于神助,而在于重新顺应天道自然,返本复初,以原初的朴素无为为理想目标,彻底放弃一切人为提倡的智巧、利欲和道德准则:

> 绝圣弃智,民利百倍;绝仁弃义,民复孝慈;绝巧弃利,盗贼无有。此三者以为文,不足,故令有所属:见素抱朴,少私寡欲,绝学无忧。(第十九章)

经过这样的改造,人类将迎来一个新的未来社会,它应是以无为自化、小国寡民为基本特性的社会形态。不过,这种理想社会,与其说是全新的,不如说是对远古盛世的"古始"时代的一种复归。历史运动经过一个循环,终于回到了最初的出发点,尽管这种复归"只是仿佛向旧的东西的回复",并不可能真的完全重蹈覆辙。总

---

[1] 《庄子·应帝王》。

之,原始古朴的自然状态成了老子所追求复归的未来的理想社会的状态(详见本章第三节)。这样,社会历史过程也就被老子视为具有退化性质的过程,因而老子的历史观也就呈现为一种"退化史观"。

老子这种退化史观,实质上是中国传统文化中具有的浓厚的崇古传统的一种表现。中国传统文化中的崇古思想相信人类的黄金时代是在过去,而不在将来。自从黄金时代过去后,历史运动一直是逐步退化的运动,因此,拯救人类,不在于创新,而在于复古。这种思想观念,影响到中国古代哲学家,就使他们普遍地在历史观上具有退化论的倾向,表现了一种"向后看"的基本历史意识和文化价值观。他们往往诉诸古代权威,作为自己学说的根据;倡言复归于某种古始状态,作为自己所理想的社会状态。如孔子的古代权威是周文王和周公,孟子主张回到尧舜时代,墨子诉诸传说中的禹,老庄崇尚原始古朴的自然状态,以及历代的"托古改制"传统等。

中国文化中的这种崇古传统的产生,首先是自然经济条件下农业生产方式的结果。中国自古以来占压倒多数的是农业人口,农民固定在土地上,极少迁徙,他们耕种土地、从事生产生活,完全是根据季节变化年复一年地重复进行的,因而过去的经验是至关重要的,也是足够他们应用的。这样就给他们造成了一个思维习惯,即无论何时遇到新情况,总是首先回顾过去的经验、从中寻求先例。其次是中国古代农村公社残余的影响。马克思曾以"亚细亚生产方式"来概指东方各国古代以公社所有制为基础的土地公有形式,并认为东方各国历史的一个突出特点就是没有出现过真正彻底的私有制。胡曲圆认为,中国直到西周初年,实行的仍然是农村公社所有制,而不是一般所谓的国有奴隶制,即使在春秋时期古代公社解体以后,私有制也并未得到自由的发展,土地的公有还是私有问题一直处于拉锯状态。[①] 正是由于社会经济生活中的这一特点,使古代农村公社的种种生活及其观念,深深地刻印在人们心中。这种思想观念不断积淀强化,就造成了中国文化中具有保守和复古倾向的崇古传统。可见,崇古传统在意识的深层本质上是对古代公社生活的追忆和幻想。这一点,在老子和庄子的历史思想中表现得尤其突出。

二、历史循环论

许多人都把老子的"退化史观"要么看作是幼稚可笑的,要么看作是完全消极保守的,甚至是反动的历史观,以为老子是在白日做梦、是妄图复辟的没落奴隶主贵族的代言人等等。

其实,对老子的历史观,我们也应以历史主义的态度和方法去进行全面的分析。总的来说,就其对社会历史演变过程的理解来看,确实是一种退化史观,但就其历史观的理论本质和精神内涵来看,则它又不是一种简单的开历史倒车的保守思想,更不是一种反动思想,而是含有省察历史、批判和否定现实、超越现实、探索未来的积极意义。就老子本身来说,他既不是反动没落的奴隶主贵族的代言人,也不是鲁迅笔下只知抱怨"一代不如一代"、顽固不化的"九斤老太",而是始终保持了深切的社会关怀和历史意识的平民知识分子。因此,我们对老子关于社会历史演化的思想,还应作进一步的考察。

实际上,与其说老子关于社会历史演变过程的思想是一种"退化史观",还不如说是一种历史循环论。或者说,老子的历史

---

① 胡曲园:《从〈老子〉说到古代社会》,《复旦学报》(社科版)1987年第1期。

观固然是一种"退化史观"但实质上更是一种历史循环论。因为老子所理解的社会历史过程,从某一、二个阶段上看是退化性的,但从整个过程上看就是循环性的,退化论是其理论表象,循环论才是思想本质。对此,我们可以通过考察老子历史循环论的深厚哲学基础和思想背景予以论证。

老子的"道"论是其历史观的形上学基础。如前所述,老子的本体之道并不是凝固不动的,但"道之动"归根结底是一种通过不断的否定性运动实现其返本复初、"周行而不殆"的圆圈性循环运动。在这种圆圈运动里,运动的起点和终点是同一的。根据同样道理,在老子看来,"人之道"的运动也是这样一种不断地返本复初、将起点和终点合二为一的圆圈性循环运动。老子认为,人类社会的初始状态也就是人类历史演化所要达到的终极状态,因而人类社会的历史演化过程就表现为一个复归("返")过程。既然历史运动是循环性的,历史过程中的开端和终点、前进和后退难以划分明确的界限,那么,老子的历史观是退化论乎?进化论乎?戴上哪顶帽子似都不很恰当。可能还是称之为循环论合适些。

老子的历史循环论除了有其自身的哲学基础之外,还有其耐人寻味的思想文化背景的影响。其中,当首推原始神话对它的影响。萧兵、叶舒宪指出:"从比较神话学或比较宗教学的视野上去观照老子关于回归初始的主题,不难看出这并不是他个人的独特发明或新颖主张,而是对史前信仰中的永恒回归神话的自觉继承与发扬。老子所要回归的总目标'古始'也是以神话时代意识形态的核心范畴'神圣开端'(the Sacred Beginning)为原型的。"[①]永恒回归的思想发生于史前人类朴素的世界观和神话思维方式,是

---

① 萧兵、叶舒宪:《老子的文化解读》,武汉:湖北人民出版社,1993年,第103页。

初民对宇宙自然和人类社会中一切循环变易现象的神话式概括和总结,它的一个基本思维定式是把早已逝去的最古时代当作理想状态,而把历史看成是一种自初始的天堂状态向堕落方向的不断退化,特别是把当世解说为最混乱最黑暗的时代,进而把未来的理想社会看作是向初始的完美状态的复归。据对永恒回归神话做过全面而深入研究的美国宗教史专家艾利亚德的看法,在世界各文明古国中都以这种或那种形式(其中主要是神话和宗教)普遍地出现过这种永恒回归的神话式信仰,这种信仰为一切古代的历史观提供了一个基本的理论框架,即历史循环论。也正是在这一意义上,艾利亚德认为永恒回归的神话信仰是我们理解古代历史哲学的一把钥匙,正如他在其代表作《永恒回归的神话》的序言中一开头就说的:"假如我们不怕别人说我们有过分的野心的话,我们应该给这本书加上一个副标题:'一种历史哲学的导论',因为这毕竟是本书的宗旨。"[1]的确,我们似乎不难通过对永恒回归神话的理性透视,发现它与老子关于"返"、"归"的本体论要求及其历史循环论表现之间的内在思想联系,从而为老子的历史哲学找到原始之根。

这种建立在永恒回归的信仰模式基础上的历史循环论也普遍地反映在许多古代思想家的历史观、宗教学说和一般人的观念意识中,因为在古代,人们很难具有清晰的历史时间观念,所以对历史演变的理解大都是循环性的,而非进化发展性的。保罗·蒂里希指出:被理想为未来的事物同时也被投射为过去的"往昔时光",或者被当成人们从中而来并企图复归到其中去的事物,"这是人类思维中最令人吃惊的现象之一",而且这种现象普遍存在

---

[1] 转引自萧兵、叶舒宪:《老子的文化解读》,第104页。

于一切神话和哲学中。① 例如回到历史开端的某种状态中去(像老子的"古始"时代、孔子的周公时代等)始终是一切历史观的一个基本观念,又如平常人所谓的"三十年河东三十年河西"、"生死轮回"等信念,这些都是历史循环论的朴素体现。即使就欧洲思想界来说,真正进化的、发展的历史观也是在马克思主义和生物进化论产生以后才普及开来、成为历史观中的一个基本信念的。因此可以说,历史循环论是古代历史哲学中一个基本的社会演化模式,像老子这样的古代思想家跳不出历史循环论的局限并不奇怪,我们现代人似不应轻率地予以苛责。

当然,老子这种具有慕古、复古情调的历史循环论作为一种历史观,其引导人们向后看的倾向无疑是应该批判的,它暴露了老子历史观的内在局限性,表明了老子还没有为人类社会的发展进步找到真正的方向。但是,应该肯定的是,从思想动机来说,老子并不是真的要把社会拉向后退,而是把它当作一种批判的武器,希望为批判现实提供可对照的事实或理论根据,藉以矫正现实中的弊病(由于古代社会可供人们选择的批判武器实在有限,所以这个武器便被后人一再捡起使用)。因此,认为历史退化、主张向后看的循环论的历史观并非如许多人所认为的只是消极的、无意义的。历史循环论的创立,就其积极意义而言,可以说首先是出于批判和否定现实的需要。其次,它也适应了一种以达观的态度去看待历史和现实的理论需要。由于当世人永远被解说为生逢最坏的时代,所以它也为现实中的种种苦难、社会的不公正等等找到了一种历史根据,即这是其当世人注定要比先辈人承受更多的黑暗和痛苦的历史必然性的体现。如《诗经·兔爰》里说:"我生之初,尚

---

① 保罗·蒂里希:《政治期望》,成都:四川人民出版社,1989年,第172页。

无为,我生之后,逢此百罹。"虽然这种解释容易导向历史宿命论,但它毕竟也同时留给人们一线希望:既然我们已经接近了循环的终点,那么也就是处在了毁灭与再生的前夜,距离回归美好的初始时代已经为期不远了。这一线希望既为人们身处苦难和不公时带来一些安慰,也表达了一种对历史理性的朴素信念:"不是不报,时候不到",历史是公正的,它必将惩治罪恶、彰显正义。我们看到,这种信念常常成为人们坚持自己的价值选择和事业追求、不屈不挠地抗击邪恶的巨大精神支柱。

三、历史辩证法

前面我们已从社会演变的基本过程角度讨论了老子的历史观。不过事实上,老子历史观的内容和价值远非上述所及的范围,它所提供给我们的还有比这些丰富得多、深刻得多的东西。其中最主要的就是它所体现的历史辩证法思想。

老子在对社会历史的考察和思考中,是充满了辩证法精神的。老子的历史辩证法思想首先就表现在他的辩证法是通过辩证地考察、总结人类社会历史中的祸福存亡、成败兴衰的经验教训和历史规律产生的,因而老子的辩证法在很大程度上也就是一种社会历史的辩证法。这是它区别于那种主要源于对自然的探求和逻辑的思辨的西方辩证法传统的一个基本特征。所以李泽厚也曾指出:"《老子》哲学层的辩证法只是他的政治层社会层的军事政治历史社会思想的提升罢了。"[1]老子辩证法的这一基本特点,是与作为其辩证法思想的独特的文化渊源之一的"史官文化"有着密切联系的。那么,什么是史官呢?《汉书·艺文志》谓:"古之王者,世

---

[1] 李泽厚:《中国古代思想史论》,北京:人民出版社1986年,第93页。

有史官,……左史记言,右史记事,事为《春秋》,言为《尚书》。"其实,史官的职能不单是记事记言,而且负有掌管、解释和传扬历史文物、典章制度,并从历史事变中推演出古今兴亡的经验,以为统治者借鉴的职能。官史合一造成了"学在官府"的局面,使官府成了后代学术的渊薮。梁启超指出:"先秦学术盖源于周与先周时代的巫祝和史官。"①古代巫史本是一家,史官文化无疑也是中国古代辩证法思想的深厚的文化渊源。老子被司马迁、班固等史家公认为是当时周王室的"史官",是他们的先辈,所以老子的史官身份及其与古老的史官文化的渊源关系是没什么疑问的。虽然当时老子正处于"官失其守"、学术下移、"礼崩乐坏"、"道术将为天下裂"的思想文化大变革时代,但他的思想与史官文化的联系还是历历可见。老子正是以一个杰出史家的广博的历史文化知识、敏锐的历史批判眼光和深沉的历史忧患意识去总结和反思历史经验、探寻社会历史运动的普遍规律的,因而可以说,"观往者得失之变"以认识历史发展的普遍规律,是老子辩证法思想产生的一条重要途径,也是老子辩证法思想的一项重要内容。班固说:"道家者流,盖出于史官,历记成败存亡祸福古今之道,然后知秉要执本,清虚以自守,卑弱以自持"②老子自己也强调过其"道论"与古代历史的关系:"执古之道,以御今之有;能知古始,是谓道纪。"(第十四章)也就是说,所谓"道"的辩证法正是通过体察和总结社会历史发展和变革过程中的种种强弱、盛衰、成败、存亡、正反等辩证关系而产生的理论概括,而人们一旦掌握了这种辩证法,就可以鉴古知今、推此及彼,使之成为认识社会历史演变、政治斗争乃至

---

① 梁启超:《论中国学术思想变迁之大势》,《饮冰室合集·文集之七》。
② 班固:《汉书·艺文志》。

个人生活的祸福进退的辩证规律的根本方法。显然,这也未尝不是老子本人用以建构自己独具特色的历史辩证法、政治哲学和生活艺术的根本方法。

其次,老子的历史辩证法思想还表现在他能够在人类思想史上最早敏锐地看到并深刻地揭示了人类历史发展进程中的内在矛盾性,尖锐地批判了社会生活及其历史过程中的负面、消极面因素。作为一位伟大的智者和辩证法家,老子对社会历史的观察研究并没有满足于表面的肤浅理解,而是力图透过事物的表面现象深入到它的本质,通过正面把握其反面。根据老子的退化史观,在他看来,私有财产、不平等制度、仁义道德等等都是人类社会"病态"的产物,是完全违背自然状态的异化现象。老子认为这些社会病症是产生人类其他一切不幸和罪恶的根源,并且深深地痛惜于这些所谓的文明发展所带给人类的种种灾难性的影响。与一般人简单地赞颂日新月异的变化、把历史看作是一个人文"化成"的演进过程的历史观相反,老子认为人类从野蛮到文明、从自然状态向社会状态的过渡,未必就是在追求人类的普遍自由和幸福之路上的进步,因为它同时也伴随着人类由自然的平等到人为的不平等、从自由状态向奴役状态的转变,以及由此进一步引起的精神观念上从天真纯朴向狡诈伪善等的转变,这些转变与其说是人类的进步,不如说是人类的退化;与其说是人类的福祉,不如说是人类的灾难。自然状态下的人虽然是粗野和无知的,但却是纯朴安宁的,而社会发展了,人性却堕落了,社会的文明和进步是以人性的扭曲和沦丧为代价的。安乐和委靡的生活方式,消磨着人们的力量和勇气;社会秩序和道德礼仪使人变成奴隶,成为虚伪、胆小、卑躬屈膝的小人,而财富则使人变得贪婪并陷于无休止的争斗之中。总之,人类的文明发展史就是一部人类的疾病史,人类每前进一步都得付出种种血和泪的惨痛代价。历史绝不是直线发展式的,而是九曲回旋、跌宕起伏的过程。老子比那些只知一味地高歌凯进的乐观者高明的地方就在于,他在人类文明发展的初期就能较早地意识到了人类的历史与文明是一个充满矛盾对抗的发展过程,在这个过程中,善与恶、进步与退步实际上总是相互纠结在一起的,某方面的历史进步往往同时也就蕴涵着另一方面的退步。

应该说,老子在这里已发现了人类社会历史运动中的种种"二律背反"现象,看到了历史进步的矛盾对抗性,并对这种客观矛盾性予以了深刻的揭示。因为历史辩证法的一个基本原理就是认为发展不是简单的生长和增进,不是单纯的直线式的前进,而是通过一系列螺旋式圈层实现的,呈现出反复曲折的特点。老子的这种历史辩证法思想是非常难能可贵的,它也正是老子的社会历史观中最深刻最有价值的内容之一。我认为,在人类思想史上,除了老庄以外,近代法国著名的启蒙思想家卢梭是另一位有着上述历史辩证法思想的突出代表。卢梭的社会历史观也具有难得的深邃而又辩证的品格。卢梭认为,"人是生而自由的,但却无往不在枷锁之中。"[1]近代以来人们总是热情地相信人的理性和自我完善能力,以为完善化就意味着进步和幸福。然而卢梭却开始怀疑这一点了,他认为使人脱离野蛮状态的自我完善化的能力,同时也是人类一切苦难和不幸的根源。就是说,进步总是以同自身相对抗的形式出现,导致向对立面的过渡,人类的社会化和自我完善化既造成了人类的文明化,也造成了人类与自然和自身的疏离和异化,造成了社会成员普遍的不平等和被奴役状态。[2] 卢梭是在近代西

---

[1] 卢梭:《社会契约论》,北京:商务印书馆,1982年,第8页。
[2] 参见卢梭:《论人类不平等的起源和基础》,北京:商务印书馆,1982年。

方社会正在蓬勃向前、人的理性和能力受到高度重视的时候,却能以启蒙理性的精神冷静地回过头去审视和批判人类历史的第一人,他的思想无疑是对时人的当头棒喝,也是充满辩证法精神的历史反思。在这一点上,他与我国古代的伟大哲人老子和庄子竟有着惊人的相似性。

其实,在现代社会,老子、卢梭这些思想先驱们所阐述的历史辩证法思想已引起了越来越多的回响。马克思以其著名的异化理论深刻地剖析了"物的世界的增值同人的世界的贬值成正比"[①]的异化现实,探讨了消除社会发展特别是资本主义发展所带来的不平等、不自由、人为物役等人性束缚,现实人的自由和全面发展、使人道主义和自然主义真正相统一的科学途径。当代西方的法兰克福学派、罗马俱乐部、绿色和平组织等等都在大声疾呼应警惕现代技术和工业经济的发展对人类的生存、生态环境所带来的破坏性影响、重新反思工业文明的利弊和人类所陷入的前所未有的种种危机。总而言之,社会历史的发展过程是辩证的,我们对社会历史发展的认识和态度也应是辩证的,这就是历史辩证法之所以成为人类精神领域中最深邃最有价值的思想成果之一的根本原因。

许多人以为老子等人的这种社会历史观只是其主观的偏见或浪漫的激情所导致的感伤。我认为这是很大的误解,老子等人并不是单纯以感情、激情来批判历史和现实的,而是也以清醒的理智对社会历史作深刻的省察,正如李泽厚说的:老子"把兵家辩证法提扬为哲学学说,加上对历史经验的思索,'观往者得失之变',使这种哲理反思尽管具有某种诗意朦胧,也夹杂着现实愤慨,但其冷

---

① 马克思:《1844年经济学哲学手稿》,《马克思恩格斯全集》中文第1版,北京:人民出版社,1979年,第42卷,第90页。

眼旁观不动声色的理知态度仍然异常突出。"①因此,无论是老庄还是卢梭,当他们以历史辩证法的精神考察人类历史过程中的内在矛盾性,批判和否定历史发展及社会生活中的种种负面、消极面时,虽然难免具有一些悲观和主观的色彩,但却具有更重大的积极意义和思想价值,即考察社会历史运动的辩证方法。恩格斯就曾对卢梭的历史辩证法思想作过这样高度的评价:

> 我们在卢梭那里不仅已经可以看到那种和马克思《资本论》中所遵循的完全相同的思想进程,而且还在他的详细叙述中可以看到马克思所使用的完全相同的整整一系列辩证的说法:按本性说是对抗的、包含着矛盾的过程,一个极端向它的反面的转化,最后,作为整个过程的核心的否定的否定。②

老庄、卢梭的这种历史辩证法一方面是他们对历史过程和现实社会中客观存在的内在辩证性质的概括和反映,另一方面它们又反过来成为他们批判现实、否定传统的价值和权威的有力武器。同时,这种历史辩证法也为我们认识社会历史的发展提供了一个新的视角,为我们评价社会历史找到了一把新的标尺。譬如,老子"祸兮福之所倚,福兮祸之所伏"的辩证原理可以使我们避免简单地相信财富的积累和技术的发展的程度必定同人的幸福指数是同步增长的,认识到真正的社会进步应是在人、社会、自然及经济、政治、文化各个方面的综合、协调的发展等等。无论如何,因为有了

---

① 李泽厚:《中国古代思想史论》,北京:人民出版社,1986年,第97页。
② 《马克思恩格斯选集》,中文第2版,北京:人民出版社,1995年,第3卷,第483页。

这些冷静的反思和检讨，至少它们可以警示我们人类在朝前走时再也不能只知一味地前行、盲目地乱闯了，而必须不时地停下来校正一下前进的方向、调整一下不协调的步伐，以防止走入违背初衷的歧途和深渊。

当然，老子的历史辩证法还不是全面彻底的，这突出地表现在老子对社会历史发展中的"二律背反"现象还不能坚持采取全面彻底的辩证态度，而只想以干脆否弃文明和进步的方式简单地取消矛盾、消灭矛盾，这是十分幼稚的。而实际上，人类历史过程中的矛盾、对抗乃是人类社会发展的必要条件。如果没有这种矛盾对抗以及与之相联系的种种苦难和不幸，那么人类社会就不会有任何进步、发展和完善，人类从愚昧无知的野蛮状态走向文明的第一步就是从这种矛盾对抗开始的；而且由于人类的发展进步是不可逆转的，因而这种矛盾对抗性也是必定会与人类社会的发展进程相始终的。同样，在人类社会中所出现的某些"恶"的东西，其在历史发展过程中的作用也并不会都是消极的，相反，"恶"在一定条件下也可以成为历史发展的重要杠杆，在客观上起着推进历史发展的作用。这在近代以来的伟大思想家康德、黑格尔、马克思那里都有过精辟的论述，此不赘述。[①] 老子在历史中只看到了人欲横流是怎样激起了矛盾和冲突、变革和动乱，却看不到这些恶的情欲杠杆，也可以用怎样巨大的力量，推动了人类历史的进步。老子的历史观未能认识到这一点，主要是受其时代的历史局限。

[①] 可参见恩格斯：《路德维希·费尔巴哈和德国古典哲学的终结》，《马克思恩格斯选集》中文第2版，北京：人民出版社，1995年，第4卷，第237页；侯鸿勋：《论黑格尔的历史哲学》，上海：上海人民出版社，1982年，等。

第三节 社会理想

老子社会历史观的基本立足点是对社会现实的批判。以这种社会批判为理论原点逻辑地辐射出去,从横的方向上就得出了其社会观及社会批判思想,从纵的方向上就得出了其对社会演化动态过程的理解。社会演化的动态过程一头联系着过去,一头指向未来。这样,关于社会演化过程的思想实际上就包括两个虽指向不同却一脉相连的内容,即社会发展的历史观和未来的理想社会观。

由于老子对当时的政治制度专横腐化、社会纷争动乱、精神生活颓废保守的状况进行了坚决的批判否定,表现了对现实社会的极端不满。这种不满情绪促使他憧憬着在现实世界之外有一个美好的世界,希望有一个理想的人类社会。因此,老子所设想的理想社会,是以超越现存社会为基本特征的,具有强烈的社会批判色彩和超时代的理想价值。

一、小国寡民的社会

《老子》第八十章是被人们公认的老子所设想的理想社会的典型描述:

> 小国寡民,使有什伯之器而不用,使民重死而不远徙。虽有舟舆,无所乘之;虽有甲兵,无所陈之;使民复结绳而用之。甘其食,美其服,安其居,乐其俗。邻国相望,鸡犬之声相闻,民至老死不相往来。

在这里,老子描绘了一个小国寡民、生活古朴的理想社会图景。在这样的理想社会里,虽然物质生活较简陋,但由于没有剥削和压迫、没有劳役和战争、没有人为的灾祸,人们都安居乐业、过着自给自足、自由自在的田园生活。这里世风纯朴、道德淳厚,没有丑恶的争斗,没有文明病的污染,精神生活恬淡自适。人们不以追求财富、知识和技术的积累发展为目的,而只以维护自然秩序、实现人与自然的和谐为基本的价值追求。因此,这是一种近乎原始古朴的自然状态。

说老子的理想社会是原始古朴的自然状态,并非就是落后的,完全弃绝文明的,冯友兰说得好:老子所向往的自然状态,"此非只是原始社会之野蛮境界,此乃含有野蛮之文明境界也","可套用《老子》之言曰:'大文明若野蛮。'野蛮的文明,乃最能持久之文明。"[①]这里说的"野蛮之文明",实是剔除了社会之病态以后的文明,是不雕琢不虚饰的自然真朴的文明。所以老子绝不是绝对地反对文明,而主要是反对统治者、特权阶层的淫奢、专横和腐败,以及圣贤的知识诈谲、民众的价值迷误。老子所追求的实际上是一个虽拥有基本的文明(什伯之器、舟舆兵甲等)却又不受文明之累、文明之害("无所乘之"、"无所陈之")的朴素的理想社会。

由此也可以看出,人们普遍地把老子的"小国寡民"的理想社会看作是对原始社会状况的直接描摹可能是不够合适的。因为老子所设想的理想社会虽然朴素自然,但却已有各种基本的文明,而真正的原始社会是没有这么高的文明程度的。我以为,老子所描绘的这幅理想画卷是以周初社会为具体原型加上理想化的建构拼接起来的。

---

① 冯友兰:《中国哲学史》,北京:中华书局,1984年,上册,第238页。

据史料记载,周代商立国后实行分封制,各种小封国林立,难计其数,有史书说达一千八百多国,至周王朝后期,经过大规模的吞并后,有记载的封国还有一百七十余。① 各封国的面积都很小,人口不多,二三十个封国加起来还没有国王所直辖的"王畿"面积大,所以中央政府可以完全控制封国。不过,中央政府与封国、封国与封国之间只不过是一种松散的联盟,最高统治者周天子对封国是放手自治,颇有"无为而治"的味道。在西周时代,特别是其鼎盛期(公元前十一世纪),各封国间彼此平等、相安无事,还没有像后来那样的相互吞并和争霸,整个社会较为安定、繁荣(只是在东周时代,随着周王朝中央政权衰落、其政治权威已不再能控制封国时,才开始了各封国间的相互吞并和争霸,也正是从这开始,国际、国内间连绵不绝的战争、内乱才大量地涌现了)。显然,小国寡民社会的一个巨大好处,就是小国由于自身力量的弱小而不大会侵犯别国,相互之间容易保持和平安宁。小国林立、相安无事、不起兵刃,人民安居乐业、统治者不胡作非为,这大概就是使老子十分怀念、追慕的理想社会状态吧。

从社会形态上说,周初社会显然还留存着许多古代农村社会的组织形式,因而老子对周初社会的怀念和追慕,实际上是对古代公社生活的追忆和幻想。在这一意义上,苏联学者扬兴顺的观点与我们是一致的:"《道德经》所反映的是周代社会的公社农民的思想。"②当然,老子所主张的"小国寡民"的社会状态不会也不可能是周初小国寡民社会的单纯复制,而是必定加进了许多理想化

---

① 参见柏扬:《中国人史纲》,长春:时代文艺出版社,1987年,上册,第115页;许立群:《中国史话》,民众书店,1946年,第22页。
② 杨兴顺:《中国古代哲学家老子及其学说》,北京:科学出版社,1957年,第77页。

成分。而且限于当时的认识条件,老子虽然是一个应该精通历史的史官和博学的智者,但他所理解的人类社会的初始状态大概也只能以具有古代农村公社残余的周初社会为具体的模式,因为中国历史上有丰富的传说和文字记载流传下来的半信史和信史时代只是从那个时期才开始的。[1] 于是老子便依据周初社会的具体建制加上自己所了解和想象的初始社会的生活状况描画出了一个小国寡民、古朴自然的理想社会图景。实际上,它只是老子所理解的初始社会,却不是真正的原始社会,而是一个建立在一定的基本文明基础上的理想化社会。

二、自由的乌托邦

其实,老子推崇小国寡民的社会,最根本的原因就在于它是自由的社会,而不是强权的社会。这也是老子"小国寡民"的理想社会的第一个突出的特征。老子哲学的一个总原则就是"自然主义"。自然主义在行动上就体现为自由、无为。老子坚决反对以政治干预人生,认为一切社会动乱及灾祸都是由于人们丢掉自然主义的原则,追求各种各样的作为(有为政治、仁义礼智等)造成的,因而要消弭社会动乱及灾祸、建构理想的社会,就不能再用其他"有为"的方案,而应走另一条道路,这就是以超越的态度追求向自然状态复归的"无为主义"。老子说:

> 我无为而民自化,我好静而民自正,我无事而民自富,我

---

[1] 现在一般所谓的"原始社会"是由近代美国的人类学家摩尔根等人发现的,连马克思、恩格斯也是在摩尔根等人的发现之后才真正认识到原始社会的基本面貌。参见恩格斯为《共产党宣言》1888年英文版写的注,《马克思恩格斯选集》中文第2版,第1卷,第272页。

无欲而民自朴。(第五十七章)

老子相信,只要为政能做到"无为",给人民以自由,那么人民就能自我化育、自我发展、自我完善。只有采取无为、放任、不干涉的态度,让人民有最大的自主性,允许个人人格的独立和个性的充分发展,社会才能安宁富足。老子说:"天地不仁,以万物为刍狗,圣人不仁,以百姓为刍狗"(第五章),"圣人无常心,以百姓心为心"(第四十九章)。要圣人"无心"、"不仁",就是要其效法和顺应自然,以无为处世、以不言行教,消解政治的强制性、干预性,使社会中充满自由的空气。所以在老子的理想社会里,人人可得充分的自由,无所谓政府和领袖,即有亦等于虚设。这就是老子所谓的"太上,不知有之"(第十七章)、"功成事遂,百姓皆谓我自然"(第十七章)。

有一首相传为帝尧时代流行的民歌《击壤歌》,我们若从思想意义上去解读,则可以发现它更生动质朴地表达了与老子相似的理想。这首迄今所流传下来最古老的民歌全文仅有五句:

日出而作,
日入而息。
凿井而饮,
耕田而食。
帝力于我何有哉![1]

这首古歌把劳动者的作息饮食完全纳入宇宙的自然运行过程之

---

[1] 逯钦立辑校:《先秦汉魏南北朝诗》,北京:中华书局,1983年,上册,第1页。

中,描述了一幅在远古的、也是理想的农耕社会中人们顺应自然、自力自足、自由安定的生活图景。古歌由此种顺应自然的纯朴生活最后推出了"帝力于我何有"的深刻政治见解,实际上是对人为的政治统治的必要性、合理性的根本质疑,从而把社会的安定和谐看作不仅不是帝王统治和道德政治的结果,反而是摆脱了政治统治所获得的自由的结果,是完全遵循自然运行秩序的结果。这与老子反对强权及仁义德治的有为政治,而主张无为自然的纯朴社会理想是一样的。《击壤歌》在后世的广泛流传也表明,在古人心目中相信的确存在一个纯任自然的自由和谐的社会和时代,它与后来依靠"帝力"或"帝德"加以维持、不断地以政治和道德强制干预人生的社会形成相反的对照。显然《击壤歌》也好,老子的小国寡民理想也好,这种把早已逝去的远古时代当作理想状态的思维定式同样都反映了脱胎于永恒回归神话模式的退化历史观。由此也可见,老子的"小国寡民"的理想社会,是具有中国特色的乌托邦,自此以后,"小国寡民"社会始终是中国人所普遍向往的理想状态,后世另一个著名的乌托邦模式——陶渊明的桃花源不能不说就与此一脉相承。但老子不同于一般隐者的思想之处在于,他不是要个人去寻求一个世外桃源以逃避乱世,而是要把世外桃源的模式搬进现实社会,以此改造现实社会,使整个社会从动乱纷争等困境中解脱出来,成为一个恬静、安宁、淳朴、自足、自由的理想社会。

三、平等的自然秩序

老子的理想社会除了是小国寡民的、自由的社会以外,还是一个平等的社会。平等是构成自由社会的基础。

由于老子思想带有古代公社生活的深深烙印,加上其思想立场的浓厚人民性,所以他对原始平等及平均主义思想能有较深入的认识和阐发。

如前所述,老子的平等观首先是基于他对现实社会中严重的不平等现象的深切体察和批判,并由此发现了在思想史上具有重要意义的"老子定律"。老子坚决反对现实社会中的等级秩序和人剥削人的现象,认为这是不合理的、违背"天道"的丑恶现象。老子认为,天道是自然平等的,能够效法天道的理想的人类社会也应是人人平等的。对此,老子还从形上学的高度予以了论证,老子的"道"与以往的"天"和"帝"不同的一个重要地方在于它是终极实在性的存在,是完全非人格化的概念。"道"既不会赐恩于人,也不会偏爱于物,它对任何事物、任何人都是不偏不倚、无亲无私的,因此,一切事物、一切人在"道"那里都是平等的,老子"道"的根本观念中实包含着本体论上平等的观念。这样,根据老子的观念,万事万物虽然表面上千差万别,但从它们的根源上看,都是基于同一个"道",又归于同一个"道",并没有什么根本的差异。这正如庄子所说的:"以道观之,物无贵贱。"庄子的平等观,正是以这种"道"的观念为基础,更进一步地发展了老子关于世间一切事物在本体论上平等的新思想。

除了从本体论上论证了其平等观之外,老子还从辩证法的角度阐述了其平等观。老子说:"贵以贱为本,高以下为基"(第三十九章),高低贵贱具有相对性,它们既互为条件又可以相互转化,并不是绝对的、不可移易的。高、贵只是相对于下、贱而言,没有下、贱作为基本,也就无所谓高、贵,如高台起于累土。同样,高、贵者随着条件的变化可以成为下、贱者,而下、贱者在一定条件下也可以变为高、贵者。总之,老子认为,天然的高低贵贱是不存在的,人类社会中高低贵贱的不平等现象是人为的、非自然的,是对人的本性的扭曲和异化。老子本人曾为王室史官,处于社会等级的较高层次,但他后来却辞官为民,悄然隐去,表现了对身份等级制的超然态度。《老子》书中讲"圣人"、"愚人"、"上德之人"、"下士"等,都是从道德境界上对人所作的区分,均无身份等级上的歧视色彩。老子甚至认为,在价值的意义上,下、贱、愚不仅不低于高、贵、智,反而高于后者。如老子自己就经常以愚人自诩。这样,老子不但坚持了彻底的平等观,而且进一步前无古人地实现了价值转换,在实际上更强调了下、贱者的价值和意义。这种具有强烈叛逆精神的观念对于消解不平等的社会秩序、冲破僵固思想的束缚是有着巨大的激荡作用的。

老子平等观的另一个重要内容是其平均主义思想。老子的平均思想表现为先是对现实中普遍存在并日趋严重的强凌弱、贵侵贱、"损不足以奉有余"的剥削事实进行否定,进而提出了"损有余而补不足"的平均主义思想。本来,自从古代社会出现剥削和不平等现象以来,被剥削被压迫者们就逐渐产生了均贫富的要求,早在《诗经》中就对贫富不均发出了这样的不平之鸣:

不稼不穑,胡取禾三百廛兮?
不狩不猎,胡瞻尔庭有悬貆兮?[①]

不过,平均主义勃兴为一种普遍的社会理想,还是春秋晚期以后的事,老子就是较早从理论上阐述平均主义理想的思想家。老子的平均主义思想既是对现实社会中贫富悬殊的不平等状况的一种反动,也是对古代农村公社生活中的人际平等和财产平均制度的向

---

① 《诗经》:《魏风·伐檀》。

往,因而平均主义能够成为老子所设计的理想社会中的一条重要原则,对后世许多进步的思想家、社会改革家及几千年来中国历次农民起义运动均高举平均主义的大旗,在平均主义基础上勾画理想社会的蓝图是有着深远影响的。尽管老子的平均思想实际上没有摆脱农民小私有者的局限,其实现平均主张的措施也具有空想性,但它所具有的反对剥削、反对社会不平等的立场仍有着积极、进步的意义。

总之,老子把本然的、理想的社会状态看成是一种体现着人人平等的自然状态,要求以自然秩序代替社会的等级秩序、伦理秩序。老子的这种平等观,与主张"爱有差等"、"尊卑有序"、极力维护现存社会的等级秩序的儒家思想形成了鲜明的对照。儒家是从狭隘的世俗观念和统治者的辩护士的立场出发看待现实社会的不平等问题的,而老子等道家则是从辩证超越的态度和普通百姓的利益意愿出发提出自己的平等观的。从这一点说,我们是应该充分肯定老子及道家在这方面的进步性和人民性的。总之,老子对于压迫者充满了炽热的愤恨,对灾难深重的人民寄予了真挚的同情,对压迫掠夺人民的不平等的社会政治制度必然崩溃的结局抱有深刻的信念——这些不能不说是老子社会历史观中的突出特点。

四、无争的和平世界

老子所理想的社会模式还是一个"无争"的和平世界。在这个社会里,人与人之间无论上下左右都能挫平棱角,解脱纠纷,泯灭亲疏、贵贱、利害之别,不存在矛盾和对立。老子所主张的"玄同论"在社会生活中就体现为和同不争。老子说:"挫其锐,解其纷,和其光,同其尘,是谓玄同。故不可得而亲,亦不可得而疏;不可得而利,亦不可得而害;不可得而贵,亦不可得而贱,故为天下贵。"(第五十六章)老子认为,"无争"是天道的自然德性,所以他说天之道就像水一样"善利万物而不争"(第八章)。人若要玄同于"道",就要学习"道"的这种不争之德,使人类社会臻至没有纷争、自然和谐的境界。那么怎样达到这种境界呢? 老子认为,只要人类不标榜贤能技巧、不看重奇珍异宝、不追求奢侈虚华、不讲究亲疏贵贱、不赞许逞强作为,这样也就能从根本上消弭各种纷争。特别是圣人要发挥"不敢为天下先"、谦虚待人的垂范作用,处处不与人争,人们也就不会与之争,从而整个社会也就不再人人相争。当然,讲"不争"并不意味着要人人无所作为、无所事事,社会死气沉沉,而是说要"为而不争"(第八十一章)。老子鼓励人去为、去做、去发挥主观的创造性,只是他同时要求人不必要把自己的成果把持为己有、不要从一种占有欲出发伸展自己的活动,不要作功利性的争夺。这就是他说的"生而不有、为而不恃,功成而不居"(第二章),"功成名遂身退"的不争姿态。可见,不争既是一种理想的社会状态,更是一种崇高的道德境界。

以谦下不争的态度来处理国与国之间的关系,便可以使大国和小国相互尊重、和平共处。老子说:"大国以下小国,则取小国;小国以下大国,则取大国。故或下以取,或下而取。大国不过欲兼畜人,小国不过欲入事人。夫两者各得其所欲,大者宜为下。"(第六十一章)这即是说,大国如能以谦下对待小国,就可以取得小国的归顺;小国如能以谦下对待大国,就可以得到大国的宽容保护,这样,大国和小国都各得其所欲,从而友好相处,建立一种没有国际冲突的和平的国际关系。鉴于这种观点,老子坚决反对以战争手段解决国际争端(当时的战争绝大部分都是国与国之间的战争)。老子把人类社会的战争看作是违背自然本性的可悲行为,他说"夫兵者,不祥之器,物或恶之,故有道者不处"(第三十一章),"以道佐人主者,不以兵强天下"(第三十章)。老子主张以谦下不争的和平手段消除国际冲突,而做到这一点的关键又是要知足知止,能克制一己的扩张欲、占有欲、独霸欲,因为"祸莫大于不知足,咎莫大于欲得"(第四十六章),少数统治者的一己私心和无穷尽的贪欲正是制造出把成千上万的人推入火海的战争及其他各种灾难的主要原因。所以,虽然老子也承认在某些不得已的情况下仍需要战争(如反对强暴的正义战争),但在理想的层面上却对战争保持了深刻的批判和否定态度,提出了一个"虽有甲兵无所陈之"的社会理想。在老子看来,人类社会所应复归的理想状态,完全是一个民风淳厚、生活古朴的和平社会,那里不仅"虽有甲兵无所陈之",而且"邻国相望,鸡犬之声相闻,民至老死不相往来"(第八十一章),甚至不存在任何国际关系,自然也就更没有国际冲突了。老子这种反对战争的和平主义思想,特别是其将人类社会的和平理想建立在与整个自然秩序相协调的基础的思想,是具有重大价值和深刻意义的,即使今天看来,它"对人的现实生活和国际社会的安宁、和平所带来的贡献,是任何人都不能不承认的"[1]。老子的和平思想,构成了东方和平主义传统中一个重要的智慧之源。[2]

总起来说,老子在批判、否定社会现实的基础上,为人类的未来设计了一个小国寡民、生活淳朴、自由平等、和平安宁的理想社会状态。从最广泛的意义上看,老子的小国寡民的理想社会模式表达了人类对和平、幸福的美好生活的一种最基本的愿望和最普

---

[1] 《日本学者论中国哲学史》,北京:中华书局,1986年,第14页。
[2] 有关这方面的进一步专门探讨,可参见刘志光:《东方和平主义:源起、流变及走向》,长沙:湖南出版社,1992年,第一、二章。

遍的向往,因而它与人类历史上曾有过的大同理想、乌托邦思想、原始共产主义学说都并没有根本的区别。当然,老子也有其他古代思想家相同的局限,即未能为其社会理想找到正确的实现途径,特别是没有为实现其理想而在物质基础、社会革命、制度建设方面提出切实可行的设想,反而只着意于以道德手段改造社会,这就注定了其必然具有过于浓厚的理想化色彩和空想性质。不过,虽然老子所主张的解决方案是空想性的、错误的,但却不能因此认为老子的社会理想是没有价值的、错误的,更不能因此认为老子与此有关的对不合理社会现象的批判也是没有价值的、错误的。

第六章　无为而治
——无为主义的政治哲学

老子在其社会历史观中提出了一个小国寡民、自由平等、纯朴安宁的理想社会图景,那么,怎么实现这一社会理想呢?老子所阐发的政治哲学思想正是用以达至理想社会状态的一座主要桥梁。从理论上说,老子的社会历史观与政治哲学之间存在着一种由此达彼的内在逻辑关系:政治哲学思想是由其基本的历史观所决定的,而理想社会的实现途径又是由其政治哲学所提供的。

先秦各派哲学大都是一种社会论的政治哲学,道家哲学亦然。而道家政治哲学的基本传统是由老子所全面开创的。实际上,就老子思想本身来说,政治哲学正是其整个哲学的一个基本理论主题,或者说,老子哲学实质上是一种广义的政治哲学,因为它始终关注的是如何为政、如何治国、如何成为拯世救民的圣人。老子所念兹在兹的"道"论既是一种自然本体论,也是一种社会本体论。而且它终究是为了"借自然以明人事"、发天道以建人文,达到以自然之道引领社会人生之道的目的。老子相信,"道"所显现的种种基本特征足可成为我们人类行为所师法的准则,也必须成为人类行为所师法的准则。这样,形而上的"道"最终须落实于社会人生的实用领域,解决人类生活中的种种实际问题。老子生逢乱世,处于转型期中的社会面临了各种巨大的危机。特别是因社会的急剧变革引起了旧的政治权威和政治制度的解体、原有的法令礼仪也已经失范,从而从根本上动摇了传统的统治秩序。但统治者为了建立和稳固其现有统治,却总要拼命采取各种手段来治国安民。而统治者所采取的各种手段往往是为了自身的私利而作的恣意妄为,因而只会加剧政治的黑暗腐败和社会的混乱。老子痛感于这种社会的失调和时代精神中的疯狂性、盲目性,以深沉的历史反思意识和独特的否定性思维方法,提出了他的解决社会政治危机的新颖方案,这就是希望用一种顺乎自然的新方式去拯世救民于灾难深重的水火之中,达到不强求、不妄为的"无为之治"。这种"无为而治"的崇高政治理想是老子以其巨大的智慧所开启的精神上的新天地,具有无限超拔高远的意义和价值,它的提出如孤峰横空出世、卓尔不群,成为最富有反时代和超时代的革命性和辩证性的政治哲学。因为它没有被自己的时代所框住,而是从时俗的价值观和行为模式中超脱出来,静观更恒久的存在、沉思表象后面的本质。不过,这种反时代、超时代的政治哲学归根结底又是由该时代孕育出来的。因为老子所身处的社会和时代也是他所静思的历史过程和存在本质中的一个部分,它只是以更大的跨度和包容力涵摄了对其当世的社会关怀和政治冲动。从历史上一切大思想家、大哲学家的通例来看,社会关怀及最广义上的政治冲动,实为启发、催化他们的思想运动的基本源泉,中国历史上的大思想家、大哲学家尤其如此。他们的生活和思考都是与广义的政治即社会的治理活动息息相关的,在他们的心灵深处都藏有挥之不去的"政治情结"。因而在中国传统中,"纯思辨哲学家"几乎是没有的。老子作为中国历史上第一位独立的大思想家、大哲学家,尤为典型地体现了这一点。也可以说,老子正是这一传统的开创者。他的"无为而治"的政治理想虽然具有拒斥政治的外观,却包裹着浓重的政治情结,因为他的无为政治思想的出发点正是"社会本位观"

而不是像具有较淡政治情结色彩的庄子的"个人本位观",表现了其强烈的社会责任感和历史使命感。总之,正像陈鼓应指出的,"我们可以说,老子著书立说的最大动机和目的就在于发挥'无为'的思想,甚至于他的形上学也是基因于'无为'思想而创设的。"[①]老子哲学的深意并不是要作纯粹的形上学探求,而是要为社会变革和建立理想的政治秩序提供具有前瞻性的精神方向。

第一节 "无为"三义

老子及整个道家政治哲学的基本思想就是其著名的"无为主义"或者说"无为论"。老子的无为主义政治哲学对中国传统政治思想和政治实践乃至人们的一般的观念及行为均有着深刻的影响。然而,历来人们对老子无为主义的理解是仁者见仁、智者见智,存在着较多的歧见,其中不乏各种误解和曲解。如有的人认为它是一种愚民哲学、"人君南面之术",有的人贬之为一种阴谋权诈之术,有的人斥之为一种消极厌世、反动没落的奴隶主贵族的哀叹,等等。这些见解,其实都是不恰当的、片面的,有的完全是错误的。但要真正辨明是非,我以为关键还是应切实理解老子无为学说的本意,从而弄清老子提倡无为主义的政治目的和意义。

老子的无为学说,具体说来有以下三层主要含义:一是"无为"即"自然",二是"无为"即"无事",三是"无为"即"善为"。下面作分别论述。

[①] 陈鼓应:《老子注译及评介》,北京:中华书局,1984年,第33页。

一、"无为"即"自然"

老子的政治哲学立足于"无为",是有其理论上的内在逻辑依据的。

老子的无为主义首先是植根于其形上学之中的,即从形而上的天道自然原理推演出了社会人事"无违"自然的人道原则,体现了无为主义与自然主义的统一。如前所述,老子的形上学认为,道作为本体,其实质就是"无为",所以"无为"是道之"德"的体现,"无为"是道的一种"上德",老子说:"道常无为","上德无为"(第三十七、三十八章)。又说:

> 道生之,德畜之,长之育之,亭之毒之,养之覆之,生而不有,为而不恃,长而不宰,是谓玄德。(第五十一章)

也就是说,生、养、亭(成)、长、毒(熟)等虽然都是"道"及其功能(德)的体现或者说是其作用的结果,但"道"并不因此张扬其作用,也并不恃能居功、横加主宰,这是一种深邃脱俗的高尚品德。道之所以会具有这种生而不有、为而不恃、长而不宰、功成不居的"玄德",是出于道的自然本性。老子认为道的本性就是以一种不用心、不经意、不强求、自然而然的态度去成就一切的,"天之道,不争而善胜,不言而善应,不召而自来"(第七十三章)。道的这种自然性就是"无为"。"无为"也就是"无违",即无违自然、因任自然而无所作为或不强作为之义。王弼以"顺自然也"一语来诠释老子的"无为",是深得其旨的。在老子看来,不仅"道""无为",而且天地万物在其本性上也都是"无为"的,人当然也不应例外。因此,老子根据其"天人合一"的本体观和"天人同构"的方法论,得出了一个"人法地、地法天、天法道、道法自然"(第二十五章)的著名逻辑推论。

"自然"一词,在《老子》中凡五见,主要是自然而然,自己如此、不知其所以然而然的意思。王弼注老子的"道法自然"曰:"法自然者,在方而法方,在圆而法圆,于自然无所违也。自然者,无称之言,穷极之辞也。"[1]所谓"自然",就道自身来说,就是自己如此之义,而就"道"与万物的关系来说,就是顺应万物之固有本性、使之自然而然地演化之义。可见,"道"的作为就是一种"顺其自然而为",老子说:

> 天地不仁,以万物为刍狗;圣人不仁,以百姓为刍狗。(第五章)

天地无所偏爱,听任万物自生自灭;圣人无所偏爱,听任百姓自然地生活。这种使天地万物"自化"、顺其自然而为的结果就体现了道的"无为而无不为"的性质。这样,我们可以看到"无为"的概念必须在"道"的自然性中去把握其内涵,实际上"无为"就是"自然"的另一种说法,两者是同义词。借用苏辙在《道德真经注》中的说法,"无为"就是"因物之自然,不劳而成之矣"。《淮南子·原道篇》对此也有很好的阐述:"所谓无为者,不先物也;所谓无不为者,因物之所为。"也就是说,老子的"无为而无不为"就是完全听任万物自然发展变化、不施人为的意思。总之,纯任自然就是老子无为思想的本意。

老子认为,"道"正是由于它的这种自然无为的特性而值得尊

---

[1] 王弼:《老子道德经注》第二十五章。

崇:"道之尊,德之贵,夫莫之命而常自然。"(第五十一章)正因为如此,体"道"的圣人也应遵从"道"的这种品性来对待百姓:"以辅万物之自然而不敢为"(第六十四章),这样,人民和万物都可以得到自由、自然的发展,"功成事遂,百姓皆谓我自然"(第十七章)。统治者不干涉人民,任其自然,功成事遂了,老百姓说:我自己本来如此。理想的统治者,正是善于以这种自然无为的态度治理社会的圣人。

二、"无为"即"无事"

"无为"的主要表现形式是"无事"。老子说:

> 为无为,事无事。(第六十三章)
> 以正治国,以奇用兵,以无事取天下。(第五十七章)
> 取天下常以无事,及其有事,不足以取天下。(第四十八章)

老子以"无事"与"无为"并列,表明在治国为政方面的"无为"就是"无事"。老子所说的"无事"是针对"有事"说的。"事"是什么呢?"国之大事,在祀与戎。春秋之世,有事于太庙,祀事也。入陈入郑,戎事也。"[1]老子厌恶礼制与征战这些"事",认为繁文缛礼、仁义说教并不能治国,同样,戎马仓皇、干戈扰攘,也不足以取天下。不过,老子所厌弃的"有事",还应包括统治者设禁忌、制法令之事。老子在提出"以无事取天下"时,就是以"天下多忌讳,而民弥贫,……法令滋彰,而盗贼多有"(第五十七章)进行论证的。

---

[1] 徐梵澄:《老子臆解》,北京:中华书局,1988年,第70页。

在老子看来,统治者以其权力强行制定并推行的各种禁忌、法令越多,人民所获得的自由就越少,生活就越贫困。同时严刑峻法不仅未能禁绝邪恶之事,反而使之泛滥,导致更多的盗贼的产生和天下的混乱。所有这些强作妄为之事都违背了"道"的自然无为之性,故"不足以取天下"。相反,若"无事"即无繁苛之政、无扰攘之事、无兵役之劳,则国家社会就可达到"无为而治"。

"无事"意味着清静无为、无欲不争,因而老子把"无为"、"无事"的政治原则又进一步引申为清静无为、无欲不争的为政之道。老子说:

> 静胜躁,寒胜热,清静为天下正。(第四十五章)①
> 我好静而民自正。(第五十七章)
> 不欲以静,天下将自正。(第三十七章)

"清静"的反面是躁动,躁动在政治上的表现就是各种骚扰繁苛、轻举妄动之事,如老子指出的当时统治者在生活上追逐声色货利、穷奢极欲、无恶不作,在政事上动辄以征战杀戮争权夺位、以苛刑重税压榨盘剥民众,这些都是统治者轻率急躁、搅扰百姓的体现。老子认为,统治者若能清静无为、简政息事、还民众以自由,社会就能平稳安定,百姓就会自然而化。同时"清静"也指为政者应有静定的心境状态,静到极致,便可观物知化,体察无为之道。总之,统治者以清静治国则"民自正",从而会达到"天下正"。在此,老子所倡导的清静治国的原则,实际上就是无为原则,所以后人常把

---

① 此章文字不同于通行本,据马叙伦、蒋锡昌、严灵峰、陈鼓应诸家之说改。参见陈鼓应:《老子注译及评介》,第241–242页。

"清静"与"无为"连说,称老子的"无为之治"为"清静无为之治"。

要做到清静无为,一个重要的条件是在主观心态上应做到"无欲"①,即所谓"不欲以静"(第三十七章)。"无欲"的主体包括两个方面:统治者和普通百姓。可以说,老子所提出的实现无为而治的政治理想的一条主要途径,就是要让这两方面都做到无知无欲。老子认为,贪欲不仅是人生的大敌,也是治国的大敌,是造成社会罪恶和灾害的源头,这就是老子说的"咎莫大于欲得"(第四十六章)。老子强调,要无为而治,统治者首先要"无欲",因为正是统治者常常利用自己的功名地位扩展一己的私欲,其无限的占有欲和权势欲成为国家衰败社会混乱的重要祸根。为此老子主张为政者应当"少私寡欲"、做到"无为"、"无事"、"好静"、"无欲"。只有做到了"无欲"的人,才可以将治国安邦的重任托付与他,因为也只有这样的人才能去推行无为而治的为政之道,达成无为而治的最高理想。同时,只有统治者做到了"无欲",才能不推尚"可欲",引导人民无知无欲。《老子》书中有许多地方反复强调了"使民无知无欲"的必要性。如老子说:

> 不尚贤,使民不争;不贵难得之货,使民不为盗;不见可欲,使民心不乱。是以圣人之治,虚其心,实其腹,弱其志,强其骨,常使民无知无欲,使夫智者不敢为也。为无为,则无不治。(第三章)

在这里,老子全面地描述了一个无为而治的理想蓝图:无欲则能无

---

① 老子所说的"无欲",是指在承认人的基本欲求基础上的"不贪欲"、"少私欲",也就是指"少私寡欲"(第十九章)。详见本书第七章有关论述。

争,无争则能虚静,虚静则能无为,无为则能自然,自然则能大治。所以老子在另一个地方又这样设计了理想的统治者("我")的无为之治:

> 我无为,而民自化;我好静,而民自正;我无事,而民自富;我无欲,而民自朴。(第五十七章)

"自化"、"自正"、"自富"、"自朴"的理想境界是自然无为的结果,好静、无事、无欲都是对无为的申说,也是无为主张的具体化。"好静"是针对统治者蹂躏骚扰百姓而发的,"无事"是针对统治者政事繁苛残暴而发的,"无欲"是针对统治者贪婪糜烂的生活而发的。老子认为,如果统治者能做到"无为"、"好静"、"无事"、"无欲",人民就能自我化育、社会就会自我完善。

老子的无为、无事思想,在西方思想家那里也有过类似的表述。如美国《独立宣言》起草人之一杰弗逊总统说:"世界上最好的政府是管事最少的政府。"[①]这句话已成为西方自由主义政治中的一句名言。美国政治思想家亨利·戴维·梭罗在《不服从论》里干脆进一步说:"世界上最好的政府是根本不管事的政府。"当然,这些说法并不等于主张无政府主义。他们只是用较激烈的语言形式要求政府尽可能不要过分干预民间的具体事务和各级机构应承担的职责,与老子的"无为而治"思想是相似的。

三、"无为"即"善为"

老子的无为主义,常常被简单地误认为是一种鼓吹消极出世

---

① Carl. F. Hovde ed., *The Ritings of Heng David Thoreau*, Princeton, 1900, p. 771.

的虚无主义,其实老子思想的基本格调是积极入世的,无为主义的政治哲学尤其如此。老子说"无为"、"无事"、"无欲",并非真的提倡完全无所作为、无所事事、绝对禁欲。实际上,在老子的无为学说中,老子并不一般地反对"为",而是区分了两种根本对立的"为":一种是一般人特别是统治者和儒家所推崇的"为"即"有为",一种是道家所一贯倡导的"为"即"无为"。前一种"为"主要指各种政事法令、功业道德,以及追求名位福禄、声色货利的行为。一般人、当政者及儒家总以为这些东西多多益善、对它们迷信崇拜、贪恋不已,不懂得节制和收敛,往往走向极端。而这些东西一旦过度和泛滥,就必定成为个人、社会和政治生活的祸害。对于这些"为"即"有为",老子是坚决否定和批判的,他说:"将欲取天下而为之,吾见其不得已。天下神器,不可为也。为者败之,执者失之。"(第二十九章)企图靠"为"来取天下、治天下,非但达不到目的,还会招致失败。如果再加以执持,不知回头,反而更强做妄为,那就会遭到更大的失败。至于儒家所热衷标榜的仁义道德,完全是违逆人的自然本性、丧失真朴自然的道德之后的强做妄为、胡说八道,必须彻底否定。老子曾激愤地谴责说:"夫礼者,忠信之薄而乱之首;前识者,道之华而愚之始"(第三十八章)、"大道废,有仁义。"既然这样,宣扬和推行仁义道德的各种"有为"当然是越少越好。后一种"为"是指以无为的态度、自然的方法去行为处事所得到的结果。老子认为,作为、事功、欲望,虽不可全无,却不能"过度",要任其自然,适可而止。这种纯任自然的态度就是无为的态度,也就是老子所肯定和赞美的无为之"为"。老子说的"圣人处无为之事,行不言之教"(第二章)就是在阐述这种"无为之为"。所以老子的"无为",其真实含义应是"为无为"、"事无事"、"欲无欲"(第六十三、六十四章)。也就是说,老子还是承认要有

"为"、有"事"有"欲"的,只是它们不同于一般的有为、有事、有欲,而是一种无为之为、无事之事、无欲之欲。

由此可见,老子虽然区分了两种"为"——"有为"与"无为",强调"无为"的意义,但他的"无为"并不是"不为",并不是什么都不做,而是一种特殊的"为"——无为之为,即要弃绝外在的、人工的妄为,使之成为无造作、无偏执、无骚扰、无文饰,任其自发、合乎自然的行为和状态。同时,这也是一种"为而不恃"、"功成不居"、"为而不争"的自然平和、无私无欲的状态。这种"无为"从急功近利的社会理性的层面看是无所作为、没有价值的,而从"道法自然"的自然理性的层面上看却是有所为,甚至无不为的。这就是老子的"无为而无不为"的辩证法。

老子的辩证法,认为"弱者道之用"(第四十章),强调"守柔曰强"(第五十二章),"柔弱胜刚强"(第三十六章)、"天下之至柔,驰骋天下之至坚"(第四十三章)。"无为"显然也是一种"柔弱",但它在表面上守弱处静、无所作为,但在实际上却做到了遵循万物的本性而不违逆,顺应自然之道而知进知止,就已经是有所作为,而且是最好的作为。以这种"辅万物之自然"的无为态度去立身行事,就没有不上轨道的,这也就是老子说的"道常无为而无不为"(第三十七章)、"为无为则无不治"(第三章)。通过"无为"而达到"无不为"正是老子倡导"无为"的一个最主要目的。鲁迅说:老子"尚无为而仍欲治天下。其无为者,以欲'无不为'也。"[①]同时,这种通过"无为"而达到"无不为"目的的方法也是老子无为主义政治哲学中最重要、最精彩的辩证法。试想要做到老子无为学说的"为而不争"、"不争而胜"、"不为而成"的结果该有多么高超

[①] 鲁迅:《汉文学史纲要》,北京:人民文学出版社,1976年,第15页。

的艺术！所以老子讲的"无为",岂是在说"不为",而完全是在强调应"善为"——应善于以"无为"的方法去作为,"无为"只是真正善于作为的人用以达到"无不为"这个最终目的的最佳手段。

实际上,老子对于"无为"之"为",经常明确地用"善为"加以表述。老子说:"古之善为道者,非以明民,将以愚之。"(第六十五章)就是说,使民愚朴、无知无欲是"善为道者"的政治原则。能做到"不以智治国"即是"无为",是"国之福"(第六十五章),而这是只有"善为道者"才能如此,所以它正是"善为"。老子又说:"古之善为道者,微妙玄通,深不可识。……保此道者不欲盈,夫唯不盈,故能蔽而新成。"(第十五章)"善为道者"能够"蔽而新成",可见不是毫不作为,只是"为"了又"不盈"(不自满)。做到"不盈"就是"善为"。老子认为,"善为"首先是"道"本身的固有秉性,如老子讲天道的善为:"天之道,不争而善胜,不言而善应,不召而自来,坦然而善谋。天网恢恢,疏而不失"(第七十三章),"道隐无名,夫唯道善始且善成"(第四十一章)。由于"道"的"善为",凡学习"道"、效法"道"的无为也就是要学会效法"道"的这种"善为"之"为",因而老子曾列举了很多"善为"的具体事例,如他说:

善行无辙迹,善言无瑕谪,善数不用筹策,善闭无关键而不可开,善结无绳约而不可解。是以圣人常善救人,故无弃人,常善救物,故无弃物。是谓微明。(第二十七章)

善建者不拔,善抱者不脱。(第五十四章)

上善若水。水善利万物而不争,处众人之所恶,故几于道。居善地,心善渊,与善仁,言善信,正善治,事善能,动善时。(第八章)

这众多的"善",都是以形容词用作动词,为"善于"的意思。总之,在老子看来,无为就是不轻率、不妄为、不做作、不自恃的作为,是善于以顺其自然而然的态度成就的作为。

对于"无为"——"善为",老子还有一个很形象的比喻,即"治大国若烹小鲜"(第六十章)。"治大国若烹小鲜"是老子的一句广为人知的治国格言,但熟知并非真知,这句著名格言所形象地比喻的哲理却一直没有被人们所真正理解。我认为这个比喻包含二层主要意思:第一层是直接呈现出来的意思,就是讲"无为而治"。这也就是历代注家及一般人所理解的主要意思。河上公注曰:"鲜,鱼也。烹小鱼,不去肠,不去鳞,不敢挠,恐其糜也。"[1]治理国家就像烹制小鲜鱼,不能老去乱翻搅,翻搅多了就会搅烂,不乱搅,就是"无为",治国亦然,不能乱干涉,瞎折腾,作为多了反而要坏事。因此治国的最好办法恰恰是不采取任何办法,实行无为、少为而治。显然,这层意思是符合老子的"无为"思想的。但老子这句话似还应有第二层意思,或还可以从另一层没怎么被人提及的意思来理解,这就是:虽治大国,却应像煎一条小鱼一样轻松自如,毫不挂意。这是讲要"举重若轻",所以"大国"正与"小鱼"相对应,这是符合老子一贯所运用的"正言若反"的方法论原则的。老子认为,只有能够将安危、祸福、宠辱、物我、有身无身都置之度外、超脱其上的人,才能将治天下的大任托付与他,因为只有这样的人才能以一种自然的、将治大国看作与煎一条小鱼一样无足轻重、无须作为的"平常心"对待托付与他的天下,因而他也才可能真正做到以无为(无事、无私、无欲)的态度治天下。这种能始终保持一颗"平常心"的自然无为态度,正是老子反复赞赏的治国者的理想人

---

[1] 河上公:《老子章句》第六十章。

格境界,而那种"举重若轻"的高超技巧又正是老子所申述的"无为而无不为"的"善为"之结果。

第二节 无为思想三辨

一、所谓"人君南面之术"

老子崇尚"无为",但其最终目的是为了因此达到"无不为",所以其"无为"实就是"善为"、"无不为"。正如司马谈所说的"道家无为,又曰无不为"。[①] 可见,老子的无为主义并非是简单的消极无为,面对黑暗的现实、"礼崩乐坏"的时代,老子也是想救世的,只是他采取的方式太特别罢了。他的特别方法就是:既反对儒家式的道德理想主义,也反对墨家式的行动主义,即反对任何具体的社会及政治的改革理论和方案,而主张走另一条全新的道路,这就是以超越现实的态度追求向自然状态复归的"无为而治"。

有不少人认为,老子的这种"无为而无不为"的无为学说实质上是一套"人君南面之术"[②]。什么是"南面术"？这首先涉及到中国古代房屋的建筑传统。我国古代房屋建筑是坐北朝南,这样冬天向阳避寒,夏天迎风纳凉。由于房屋都是南向,尊者大半坐在正中,面向南方,卑幼自然面向北方,"南面"为尊,"北面"为卑的观念由此而起。天子朝会群臣,自然南面而坐,群臣北向而拜。《易·说卦》:"对人南面而听天下,向明而治。"后来"南面"就被

---

① 司马谈:《论六家要旨》,见司马迁:《史记·太史公自序》。
② 或称"君人南面之术",此说首见《汉书·艺文志》。"君人"当为"人君"之讹(据王念孙说)。

引申为专指帝王君主的统治。董仲舒说:"当阳者,君父是也,故人主南面,以阳为位也。阳贵而阴贱,天之制也。"①而所谓"南面术",就是君主如何驾驭臣下,控制人民,巩固地位的一套诡诈手段和阴谋权术。最早把老子的无为学说看作是一种"南面术"的,当数曾从学于老子的孔子,他说:"无为而治者,其舜也与?夫可为哉?恭己正南面而已矣。"②后来,司马谈在《论六家要旨》中对此作了理论上的概括和论证。而《汉书·艺文志》则最先明确地把道家学说称之为"人君南面之术"。从此,老子及道家的无为学说是一种"人君南面之术"的看法广为流传,直至现在还有不少人相信,如张舜徽在其《周秦道论发微》一书中就反反复复地强调了这种看法。他说:"'道论'两字,可说是'道家理论'的简称,它的具体内容,便是'人君南面之术'。"③张著的基本内容,就是要把老子学说及整个周秦之际的道家的思想主旨,都归结并论证为一种为政治统治服务的"帝王之道"、"南面之术"。应该指出,这种看法显然是错误的,它从根本上歪曲了老子及道家思想的基本精神,抹杀了它所包含的丰富深邃的自由性、超越性和批判性的积极进步内容,从而看不到老子及整个道家主流与儒法诸家的本质区别。我认为,老子及其他道家主流人物的政治倾向和处世态度,基本上是与现实的政治秩序特别是最高统治者相抗拒的,或是对之采取逃避的、不合作的态度的,他们都是一些不满现实、否定权威、志存高远的"隐君子"。他们完全不同于到处兜售自己,为统治者出谋划策的儒家法家之流,具有独特的价值取向,其中最有代表性者是老子和庄子。不过,这并不意味着道家就没有自己的政治目的、政

---

① 董仲舒:《春秋繁露·天辨人在》。
② 《论语·卫灵公》。
③ 张舜徽:《周秦道论发微》,北京:中华书局,1982年,第2页。

治追求,如老子的思想及其创作,有一个基本的出发点或说目的就是要表达其理想的政治追求(包括理想的政治秩序、政治目标和政治手段),老子思想的归结点还是要"治世"、要"无不为"。当然,《老子》一书微言大义,意蕴丰富,体现了对社会、历史、人生中各种错综复杂的关系的深刻透视和观照,凝结了巨大的东方式智慧。就其政治层来说,它提出的不仅仅是一些政策、策略思想,而且是具有高度抽象性的政治哲学原理,这一特点使它具有相当广泛的适应性。不同的人、不同的时代,都可以从中汲取教益,从而引申出种种南面术、霸术、权诈术、兵术、经营术、处世术等等。正因为如此,老子的无为主义也可以成为一种安邦治国的政治策略和指导原则,即成为针对统治者提供的一种进行政权建设和社会管理的统治术,一种广义上的为君之道。但这种为君之道,其本旨绝不是要给统治者提供一种阴谋权诈之术,相反正是出于对统治者的自以为是、用智耍奸的一种反动,正是要限制和否定统治者的胡作妄为和强制干预行为。实际上,它是以一种"清静无为"的自由主义取代崇智尚为的专制主义和强权政治的政治哲学。显然,它与一般包含着阴谋权诈之术的"人君南面之术"是恰恰相反的。

《老子》第三十六章历来被视为讲阴谋权诈之术的经典,也是为统治者提供"人君南面之术"的法宝。那些认为老子无为主义是"人君南面之术"和阴谋术的人大都以引述此章内容为主要证据。但是,根据我的看法,老子在此章中的意思,不仅不能说是讲所谓的"人君南面之术"或阴谋权诈之术,反而表明了老子是站在人民的立场上反对统治者的残暴统治的。下面对此略作阐述。

《老子》第三十六章说:

将欲歙之,必固张之;将欲弱之,必固强之;将欲废之,必固兴之;将欲夺之,必固予之。是谓微明。

　　柔弱胜刚强。鱼不可脱于渊,国之利器,不可以示人。

把老子"将欲歙之,必固张之"等语,理解为人君临驭臣下的"欲擒先纵"的阴谋术之类,实是严重的误解。正如前面在论述老子辩证法那一章里所说到的,老子在这里阐明的首先是自然和生活现象中物极必反、对立转化的普遍规律,是对事物本然的辩证法的精炼概括。老子认为,事物发展到了一定的极限,必然就会向相反的方向运转变化,如花朵盛开时,就预示着它将闭合萎谢了,月亮圆满时,就表明它将要亏缺了。这种"物壮则老"、"势强必弱"的道理是客观存在的自然之道,由此可证刚强的未必就总是刚强,柔弱的也未必就不能胜过刚强。老子的结论是:既然事物太强壮了反而就要衰败,柔弱的反而可以胜刚强,那么事物就应该避免走向强壮,安守柔弱,从而也就可以避免衰亡的危险。这明明是在说一般意义上的消息盈虚相因之理、静守自然无为之妙的道理,哪是在专讲阴谋权诈之术呢?高亨说:"此诸句言天道也。或据此斥老子为阴谋家,非也。老子戒人勿以张为可久,勿以强为可恃,勿以举为可喜,勿以与为可贪耳。故下文曰:'柔弱胜刚强也。'"[1]此言极是。老子根据这种"物极必反"、"柔弱胜刚强"的一般原理,引申于治国安邦的政治实践,再次强调了他一贯坚持的为政者应清静无为、反对统治者以严刑峻法等恃强逞暴的政治主张。老子说:"鱼不可脱于渊,国之利器,不可以示人。"此处"渊",当为"深渊"之义。韩非《喻老》引此句文中,"渊"前有"深"字,周如砥《道德经解集义》"于"字作"深"字,可见"渊"为水,不是一般的水,而

---

[1] 高亨:《老子正诂》,北京:中国书店,1988年,第81页。

是深水。"利器",韩非最早将其解释为人君用以控制臣下的赏罚之权①,从而给老子的这句话染上了浓重的"南面术"色彩。其实"利器"应直解为严刑峻法、权势禁令,"示人"云者,王弼注曰:"任刑也。"②此意谓不可(轻易)用权势禁令来威吓人民,不可(轻易)用严刑峻法来制裁人民。老子认为,就像鱼是不能离开深渊的,不然就会有被捕食的危险,国家的军队、权力、严刑峻法等"利器"也不能轻易拿出来威吓镇压百姓,而应深藏不露,最好永远备而不用。不靠这些"利器"而能治理国家,应是最高、最理想的境界。而如果靠这些"利器"治国,虽然它们是强硬的统治工具,却也是危险的工具,因为它们不会是真正强壮的,它们反而会被手无寸铁、看似柔弱的人民所战胜,最后玩火自焚。老子在另一个地方也表达过同样的意思,他说:"民不畏死,奈何以死惧之"?(第七十四章)统治者靠残暴是威吓不倒人民的,单凭逞强恃暴(用"利器")也是不可能治理好国家的。——这既是老子对统治者胡作非为的警告,对严刑峻法的反对和抗议,又是从反面阐述了其"无为而治"的基本政治主张。总之,老子此章的目的还是要申述无为而治之意,只有这样理解,才可与文中老子强调的"柔弱胜刚强"的道理相吻合。老子的无为主义就是自然主义,最反对各种"有为"和"智巧",主张"以正治国""以无事取天下"(第五十七章)、主张"以道佐人主者,不以兵强天下"(第三十章),"圣人去甚、去奢、去泰"(第二十九章)、绝圣弃智、绝巧去技,要求代之以纯朴自然、清静无为。老子又反复声言自己的无为学说,简明易懂,质朴无华,不含机心智巧:"吾言甚易知也,甚易行也。"(第七

---

① 《韩非子·喻老》。
② 王弼:《老子道德经注》第三十六章。

十章)我们怎么能相信这样一个老子又会去宣扬一种饱含着阴谋权诈之智巧的"人君南面之术"呢?

二、所谓"愚民哲学"

在老子政治哲学中,最受人们指责的大概就是其所谓"愚民哲学"问题了,而这又是使其被看成为一种"人君南面之术"、阴谋术的重要"证据"。

我们应该承认,老子的确是有"愚民"的主张的。老子说:

> 古之善为道者,非以明民,将以愚之。民之难治,以其智多;故以智治国,国之贼;不以智治国,国之福。(第六十五章)

老子还多次讲道:

> 圣人之治,虚其心,实其腹,弱其志,强其骨,常使民无知无欲,使夫智者不敢为也。(第三章)
> 爱民治国,能无知乎?(第十章)
> 圣人为腹不为目。(第十二章)
> 绝圣弃智,民利百倍……见素抱朴……绝学无忧。(第十九章)

从这些材料看,"愚民"思想的确是老子政治哲学中的一个重要内容。但是,我们是否就可以因此把老子的愚民思想看作是老子为了给统治者出谋划策而提出的"驭民术"、"人君南面之术"之类,是属于落后的、反动的思想呢?这种看法表面上似乎言之成理,其实是片面的、不符合老子思想实际的。在这一问题上,比较正确的做法应该是先抛弃一切先入为主的成见,从老子本身的思想实际出发,根据其思想的内在逻辑和整体观念来理解老子的"愚民"思想。

首先,我们来看看老子为什么要倡导"愚民"的原因。老子说:"民之难治,以其智多"(第六十五章),老子认为,民智一开,奇物滋生,竞争加剧,人人热衷于攻心斗智,竞相伪饰,成为世乱的祸根。因而老子把知识、智巧当作是导致社会混乱、政治腐败的主要原因。当然,老子所说的"智"不同于我们现在通常所说的"智慧",而主要是指"智巧"、"私智",即巧伪之智。范应元说:"不循自然而以私意穿凿为明者,此世俗之所谓智也。"[1]老子生当乱世,痛感于人们特别是统治者推尚巧伪之"智"所带来的不幸和罪恶,所以对"智"的负面意义大加揭露,深表厌弃,疾呼"绝圣弃智,民利百倍",认为只有弃知去智,"无知无欲","见素抱朴",才能使社会安定、人民幸福。可见,老子的"无智"和其"无为"的主张一样,是其用以消除现实社会的种种弊病的手段,是老子从他所谓于民有利的根本原则和重建社会秩序的长远意义上提出的。

从更深层次的意义上来说,老子的去智倡愚的主张,包含了他对人类社会的历史及其文化的反省和批判,是对人的异化现象的深刻揭示。老子在"民之难治,以其智多"一语中,重点突出了"智多"问题。"多"含有"多余"之意,人的多余智巧将构成社会的压力、破坏力,而不是社会结构所必需的张力。这种社会的压力和破坏力会使群体的生活陷入不断的内耗之中,这也是文明民族往往被原始民族击败的重要内因。所以问题不在于有民智,而在于使

---

[1] 范应元:《老子道德经古本集注》第六十五章。

民智变为多余的社会秩序。老子对包括仁、义、礼、智、学在内的社会文明的批判,是传统的价值观念与信仰崩溃的表现,是对传统的和现有的社会秩序的深刻怀疑,是对人类的异化现象的坚决否定,体现了强烈的人性追求和人道主义精神。

其次,老子的去智倡愚的主张所指向的对象并不是单单针对民众百姓,而是包括一切人,它自然也包括统治者。因而老子既讲"愚民",也讲"愚君"、"愚官"和"愚己"。老子说:"圣人之在天下也,歙歙焉,为天下浑心"(第四十九章),"其政闷闷,其民淳淳;其政察察,其民缺缺"(第五十八章),圣人治国的奥秘,就是要使天下复归于浑沌,民愚而君亦不必智,上下一笔糊涂账,政治上糊糊涂涂,人民天真纯朴,整个社会都无知无识、无忧无虑、复归"自然",这就是美好的理想生活!老子要求治国者奉行自然无为之道,从治国者角度来说,正是以其自身的无知无欲作为条件的。统治者如果不能首先做到无知无欲,是个"愚君"、"愚官",就不可能"处无为之事,行不言之教","以无事取天下"。因而"愚"正是老子所十分强调的理想的治者、有"道"者的一个基本素质和高度的人格修养境界。正因为如此,老子不仅不以"愚"为耻,反而以"愚"为荣,他不但主张"愚民"、"愚君",而且主张"愚己"、"自愚",并以"愚人"自许:

> 众人皆有余,而我独若遗。我愚人之心也哉,沌沌兮!众人昭昭,我独昏昏;众人察察,我独闷闷;众人皆有以,而我独顽且鄙。(第二十章)

总之,老子的去智倡愚主张,是要求整个社会的所有成员都恢复到无知无识的赤子婴儿状态,即混沌愚昧状态,返璞归真,从而达到自化而成、无为而治的最高理想境界。既然老子去智倡愚的主张是面向所有人的,那么它就不是那种主张愚化民众而鼓励统治者以智巧诈伪弄权驭民的统治术、阴谋术。毕竟,它与那些主张"唯上智与下愚而不移"、"民可使由之,不可使知之"等以维护君主专制统治秩序为目的而要求愚化人民、奴化人民,把统治当作"牧民"的儒法思想有着本质的区别。

再者,就老子去智倡愚思想的实质来说,是为了倡导真朴自然、无为自化,而不是出于欺骗和伪装的需要。历史上曾不断有人指斥老子为阴谋家,认为老子倡愚是主张装愚装傻,老子哲学不但是愚民哲学,而且是毒辣的阴谋哲学,如朱熹、王夫之、康有为、钱穆等即持此观点。但事实上,他们这些错误观点很大部分是出于学派的偏见,并由此戴上有色眼镜导致对老子思想本身的误读,而另一部分也是出于对老子思想缺乏整体的把握。老子的"倡愚",从根本上看,是从他的"道法自然"、反对"人为"的自然主义体系推演出来的,可以说,自然主义正是老子倡愚思想的深刻思想根源。在老子看来,在原初的社会或者说理想的社会里,人们"日出而作","日入而息",人的"作息饮食"完全是自然而然、自我化育的结果,"帝力于我何有哉"!并不需要智巧及仁义礼德的教化和政治作为的人为干预。这种社会历史观反映到老子的政治哲学中,自然就很容易得出了以去智尚愚为特色的无为主义政治观。老子否认教化人民的必要性,反对统治者以智巧诈伪治国,最终是为了反对人为政治,主张无为而治。所以老子的"愚",只不过是见素抱朴、无知无欲、无为无作的另一种表达,其本意就是要借此返璞归真、回到浑沌、复归自然,实现"道法自然"、"道常无为"的政治思想。正如张松如说的:"老子'非以明民,将以愚之'的主张,不能简单地把它看作是反对教人民聪明,而主张教人民愚昧。

在老子这里,'聪明'常常是'大伪'的同义语,'愚昧'又往往是'自然'的替代词。换句话说,他是因反对'大伪'而反对'聪明',因主张'自然'而主张'愚昧'。我们不能见了'愚之'两字,就认为这一定是给统治者献'愚民术'。"①有人说《老子》一书,一言以蔽之,即一个"装"字,认为老子这"愚"是表面上愚钝无知,骨子里阴险毒辣,装疯卖傻"装"出来的。其实,这种看法,实已把老子从一个深沉博大的哲学家贬低成了一个卑俗琐屑的阴谋家,并不值得多加辩驳,其道理很简单,老子这"愚",既是"真愚",又不是真愚。老子的确认为:"君子盛德,容貌若愚"(见司马迁《史记·老子本传》),这也就是我们所说的"大智若愚"。老子还曾说过:"大直若屈,大辩若讷,大巧若拙"(第四十五章)、"大音希声,大象无形"(第四十一章),说的道理与"大智若愚"是一样的。"若愚"当然不是"真愚",但也绝不同于伪装出来的"假愚"。在老子那里,这种"若愚"是指人以丰富的人生体验和高度的睿智为基础的淳朴自然、谦和不欺,即如圣·奥古斯丁所谓"聪明的愚昧"也。它固然是需以极大的智慧和涵养才能做到的,但也是需有非常自然真朴的人生态度才会达成的。范应元说,老子之愚是指"使淳朴不散,智诈不生也。所谓'愚之'者,非欺也,但因其自然不以穿凿私意导之也。"②这种"愚"实是一种"大智",即能把握道与自然、人生本质的"大知"、"真知",而不是儒家和世人那种狭隘、功利、庸碌的"小知";是参透了历史和人生中的成败、得失、荣辱的辩证法之后所达到的超越和豁达。

当然,老子的去智倡愚的主张和提法,容易产生不良的误导,

---

① 张松如:《老子说解》,济南:齐鲁书社,1987年,第397页。
② 范应元:《老子道德经古本集注》第六十五章。

具有某种消极的影响,因为人们往往只根据一些表面词句,就断定老子哲学是一种愚民哲学,并从消极方面加以利用。另一方面,老子的去智倡愚表明了,虽然老子看到了人类生存的困境和社会发展的矛盾现象,看到了当时的统治者滥用文明的成果如智能、知识等从而导致祸乱的现实,但他却由此得出了极端的看法,从否定滥用智巧和虚伪的仁义道德,进而对"知"、"学"等一切标志人类社会文明进步的因素都加以抨击,没有认识到知识、文化在推动社会发展和文明进步中的巨大作用,因而他所提出的以去智倡愚为主的救世方案就具有理想化的、反历史主义的性质。这是老子政治哲学思想中的一个严重缺陷。

三、老学与黄老之学

很多人之所以错误地把老子的无为主义理解为一种"人君南面之术"、愚民术之类,原因固然是多种多样的,但若只从理论上说,我认为最主要的原因应是他们把老学与黄老之学混为一谈了。在历史上最先犯了这一错误的人至少可以追溯到战国末年的韩非。韩非的《解老》、《喻老》既是现存最早的注释《老子》之作,也是明确地将老学与黄老之学混为一谈、把老子的无为学说解读为人君南面之术的始作俑者。此后,无论是司马谈论道家思想要旨、《汉书·艺文志》梳理道家思想的源流,还是古今那些或赞赏或指斥地称老子学说为"南面术"、"阴谋术"的人都莫不是遵循了这一错误的思路的。

从学术思想史上看,老学与黄老之学的关系是很复杂的,特别是在目前还缺乏更多原始资料的情况下,要搞清这两者关系中的许多细节还是颇为困难的。但总起来说,黄老之学与老学的关系应是既相联系又有区别。黄老之学与老学相联系的方面,一是黄老之学也属于道家思想的范围,黄老之学是在老子之后道家思想分化、发展的一个重要阶段,二是老子是黄老之学的重要思想源头,在老学特别是其政治哲学思想中确实包含了一些可以导向黄老之学的思想因素,黄老之学就是在继承和改造老子学说的基础上形成的一个重要的道家派别,韩非等法家正是借助于黄老之学而将老学引向"人君南面之术"的。正因为如此,郭沫若曾说:"故老聃的理论一转而为申、韩,那真是逻辑的必然,是丝毫不足怪的。"①当然,我们承认由老子到黄老、申韩有一条内在的逻辑路径可以通达,但它们毕竟不是一回事。因而就黄老之学与老学相区别的方面来说,黄老之学与老学确实有着巨大的不同:一是在思想的渊源上看,老学是道家思想的总源头,具有深刻的独立性和原创性,而黄老之学是由老学与黄帝崇拜结合而形成的学说,是借黄帝之名,宗老子之学,兼取儒、法、阴阳各家而建立起来的一种道家政治哲学;二是在思想的性质上看,由于黄老之学"因阴阳之大顺,采儒墨之善,撮名法之要"②,因而它或有"因法重势"的道法家倾向,或兼具名、墨、儒之特色,实为道家思想在新形势下的一个变种,与老学已有很大距离。

老学与黄老之学的歧异表明了它们并非一体,而是道家内部述道各异的两个不同的思想流派。下面,我们专就老学与黄老之学在政治哲学思想上的区别作一番进一步的分析考察,同时也可以借此表明它们与"人君南面之术"各自到底是什么关系。

第一,无为而治问题。无为论是道家政治哲学的核心内容。不过,虽然老学与黄老之学都讲无为论,但它们在具体内容上却有

---

① 郭沫若:《十批判书》,北京:科学出版社,1956年,第181页。
② 司马谈:《论六家要旨》。

重大区别。老子之学的"无为"思想是彻底的无为主义,这种自然无为原则贯彻于一切方面、一切人,认为既然道是自本自根、自化而成,那么万事万物、社会人生也各循其性、自化而成。这自由、自发的"自化"所达到的结果,就叫做"无为而治"、"无为而无不为"了。老子从来没有主张过"无为"是明着"不为"暗里"为"、上面"无为"下"有为",并不认为需要区分上与下、明与暗而分别采取不同态度。而黄老之学的"无为而无不为"思想,是主张做君王的上层统治者应无为,而下属的臣民则要各自有为,即上无为而下有为,以某方面的不为达到别的方面的"无不为"。这是黄老之学的无为论不同于老学的主要之处,也是黄老之学作为一种政治哲学,"其性质是为统治者服务的'人君南面之术'"[1]的一个明证。阐发黄老之学这种"无为"思想最为精辟的是战国时期稷下道家中著名的黄老学家慎到,他在《民杂篇》中说:"君臣之道,臣事事而君无事,君逸乐而臣任劳。臣尽智力以善其事,而君无与焉,仰成而已。故事无不治,治之正道然也。"后来韩非正是继承了慎到这个思想,在《解老》篇里用来解释老子的"无为"思想,创立"人君无为,臣下无不为"的法术之学。这种主张君臣上下各安其分、各尽其责,以达到相安无事、无为而治的目的的"无为论",实质上是在承认和维护现存的统治秩序和等级制度基础上的"无为而无不为",其根本目的是为了让统治者以最小的气力、最少的付出获得最有效、最稳固的统治,而被统治者则被要求应以最大的努力为统治者服好务、当好差。显然,黄老之学的这种无为论是对充满了人民性的老子无为思想的彻底反动,也使老子所开创的道家政治哲学在那里被歪曲、堕落成一种低俗不堪的统治术。

---

[1] 胡家聪:《管子新探》,北京:中国社会科学出版社,1995年,第91页。

第二,刑法之治问题。老子讲道而不讲法。老子所说的道的无为性,就是纯任自然、清静无事、不施人为的意思,因之其无为主义等于完完全全的自然主义,即所谓"道法自然"。正因为如此,在治国为政的具体方法上,老子坚决反对繁政苛令、严刑峻法的法治主义。老子认为:"天下多忌讳,而民弥贫……法令滋彰,盗贼多有。"(第五十七章)统治者若以其权威大肆设禁忌、制法令,使民众动辄得咎、毫无自由,不但不能使民富国强,反而会引起相反的结果,即百姓饥贫、天下混乱。之所以如此,是由于在老子看来,任何法令禁忌都是人为的、违逆自然本性的,因而是不合理的,必然要失败的。所以老子主张"以正治国,以奇用兵,以无事取天下"(第五十七章),也就是要取消一切繁政苛令、严刑峻法,以任其自然、清静无为的态度让人民自化、社会自治。有人认为,老子说的"若使民常畏死,而为奇者,吾得执而杀之,孰敢?"(第七十四章)是主张用严刑峻法杀人,其实这是曲解。老子在此句的前面说:"民不畏死,奈何以死惧之?"这几句话的正确意思是说,人民在繁政苛令的重压下就会铤而走险,奋起反抗,这时人民已不畏惧死亡,再用死来威吓人民是没用的;如果人民真的畏惧死亡,政府对于那些叛逆和异端,只要把他们抓起来杀掉,不就没有人再敢去仿效了吗?但事实上并非如此,可见用严刑峻法这一套来进行强权统治是不灵的。而且,统治者如果真的要代替那些专司杀人者,自己充当直接的刽子手大开杀戮,是难免不自食其恶果的:"夫代司杀者杀,是谓代大匠斫,夫代大匠斫者,希有不伤其手矣。"(第七十四章)这岂是在鼓吹严刑峻法以维护统治者的统治秩序,而分明是在严厉地反对和谴责严刑峻法,对那些恃强逞暴、胡作非为的统治者发出了愤怒的警告!

相反,黄老之学却是以重视法治、融合道、法为其重要的特点的。首先,与老子把法的产生看作是对道的背弃、异化的观点完全不同的是,黄老之学不仅强调法的重要性,而且强调法是从"道"中产生出来的,从而使"法"代替"道"成为衡量人间的是非曲直的最高标准,具有无上的神圣意义:"道生法。法者,引得失以绳,而明曲直者也。"①"事督乎法,法出乎权(案:指君王立法之权),权出乎道"。② 其次,与老子认为法令刑罚带来了社会的混乱和灾难的看法不一样的是,黄老之学认为,既定的统治秩序、社会的安宁都是靠法令刑罚维持的,所以只要制定好了法令条文,"案法而治则不乱"③,统治者就可行无为之治了。黄老之学以法为符、皆断于法的重法思想虽不像法家那样走向极端,却已与正统的道家思想截然相反。胡家聪指出:"稷下黄老学的主要特点是'因道全法'。……何谓'因道全法'?,其涵义应即:以道家哲学论证并充实法家政治。"④实际上,黄老之学对刑罚法术之学的重视,足证了其所具有的为统治者服务的"人君南面之术"的性质。

第三,仁德之治问题。老子既反对用刑法之术推行强权政治,也反对儒家之流以仁义道德为治国之本。老子激烈地抨击仁义道德为"忠信之薄而乱之首",自然不能奉为治国的策略。这样,在具体的政治操作中,老子也就反对"尚贤",反对以智巧贤能治国。老子所设想的无为而治的理想状态,就是在排除了一切仁义道德这一套东西之后才实现的原始淳朴境界。而黄老之学却主张选贤任能,把儒家的仁德之治思想糅合到了道家的无为理论中。《黄帝四经》提出了一种"文武并用、刑德兼行"的思想,这实际上是王

---

① 马王堆汉墓出土古佚书:《黄帝四经·经法》。
② 《管子·心术上解文》。
③ 马王堆汉墓出土古佚书:《黄帝四经·称》。
④ 胡家聪:《管子新探》,北京:中国社会科学出版社,1995年,第89页。

道霸道兼而有之的统治术。①《管子·心术上》还针对老子从"失道而后德,失德而后仁,失仁而后义,失义而后礼"(第三十八章)的推论得出仁义道德不合"道"的本性的看法,反过来论证了"道、德、义、礼、法"之间的内在关系:

> 虚而(原作"无",据《管子集校》改)无形谓之道,化育万物谓之德,君臣父子、人间之理(原作"事",据后之解文改正)谓之义,登降揖让、贵贱有等、亲疏之体谓之礼。简物小大一道,杀戮禁诛谓之法。

这是《心术上》的经文,而其解文说得更清楚:

> ……故礼出乎义,义出乎理,理因乎道(原作"宜",当为"道"之误)者也。

这两段话的要点就是阐明礼、义等都出于"道",与"道"有着内在的必然联系性。表面上看,它仍以道家的"道"为本位,但实际上已把道、儒等思想融为一体。这样,在黄老之学看来,既然礼、义、法等都同出于道,因而也就可以并存,各有各的价值和用处。那么,"无为"、"仁义"、"刑法"等如何做到各自为用呢?黄老之学所反复提倡的"时"就是为了解决这个问题的,即应根据形势的需要适时取用。庄子后学中的黄老派提出的"礼仪法度者,应时而变也"②的主张就是这个意思。

---

① 可参见余明光:《黄帝四经与黄老思想》,哈尔滨:黑龙江人民出版社,1989年,第32-34页。
② 《庄子·天运》。

总之,黄老之学由老子哲学反对"仁义礼法"转变为崇尚"仁义礼法",这不仅是学术思想上的重大转轨,也是政治态度上的重要转向,因为这一转,就在老学与黄老之学之间划下了一条政治上的分水岭,使黄老之学成为在政治上行法治、在教化上用礼义,软硬两手结合兼用,以维护新兴的封建君权和等级制度的"人君南面之术"。

第三节 批判哲学

当代中国的民主政治建设已经成为我们社会经济发展中的迫切任务。而显然,这种民主政治的建设既需要寻找到它的具有普适性的现代性坐标,也需要找到自己独特的民族性基础。传统政治哲学作为一种可资开掘利用的丰厚思想资源无疑是当代民主政治建设所应依赖的重要的民族性基础。那么,我们从传统政治哲学中究竟可以吸取哪些思想资源呢?当代新儒家提出了"从老内圣开出新外王"的主张,即认为能够将儒家传统的道德理想与现代的民主政治结合起来,现代民主政治应建立在儒家的传统道德理想基础上。但我以为,此种民主政治之路是不大行得通的,表现了对于从传统向现代性转换的过于简单化、理想化的看法。实际上,对于中国的当代民主政治建设来说,任何传统思想都只能是一种可供借鉴的思想资源,要实现其向现代性的转换无疑须面临一系列难题。我认为,与儒家思想相比,以老子为代表的道家思想其实蕴涵了更为丰富可贵的思想资源,值得我们重视并挖掘其合理价值,当然,也需要剖析检讨其错误和局限。这里即试图以老子为例对道家政治哲学中的社会批判思想作这种个案性的探究。

老子的社会批判思想是老子著名的无为主义政治哲学的一个重要理论前提。而老子作为一个自然主义者,他所反复阐述的"自然之道"无疑是其犀利的社会批判思想的内在灵魂和价值悬设。老子以"自然之道"深刻地批判和否定了社会现实及其政治的合法性基础,消解了全能主义的政治权威,创立了中国古代第一个独立的社会批判系统,为构建现代的民主政治和自由社会提供了可供启迪利用的丰富思想资源和固有的民族性基础。同时,以此为出发点,我们还可以对包括道家、儒家在内的中国传统政治哲学未能导出真正的民主政治理论和实践的主要原因、"内圣外王"之道的内在缺陷等都作出深入的分析。

一、反权威与不合作

就老子思想本身来说,政治哲学是其整个哲学的一个基本理论主题,而老子政治哲学与诸子之学在政治思想上的一个最重要区别,是对现实政治的不同态度。总起来说,除以老庄为主的主流道家之外,先秦诸子的政治思想尽管各有不同,却有一个基本的共同点,即在总体上对现实政治基本持肯定和维护态度。在这一问题上,儒、法各家是如此,道家的黄老派也是如此。而以老庄为主的主流道家对现实政治的基本态度则是批判和不合作。这种区别构成了老学不同于黄老之学、儒学及其他许多派别的一个突出特点,也是老子政治哲学思想的一个独特价值所在。因此,无论是关于老学与人君南面之术的关系,还是老学与黄老之学以及儒学等其他派别的关系,以及老子政治哲学本身的理论指向、政治功能和理论贡献等,都须在老学与现实政治的关系这一层面上得到更深入和广泛的说明。

1. 否定现实政治统治的合法性基础

先秦诸子对现实政治的肯定和维护态度，首先就表现在他们对现行的统治秩序和等级制度的肯定和维护上。如孔子接受了周代父权部族的礼教中维护家长制宗法政权的基本原理，承认君权是神圣的、至高无上的，承认君君、臣臣、父父、子子的上下尊卑、贵贱有别的统治秩序和等级制度是合理合法的、不可怀疑的。类似思想在黄老之学那里也是屡见不鲜的。黄老之学的"无为而治"有一个重要的前提条件，就是讲要在既定的统治秩序下各自安分守己，从上到下各尽其责，从而实现相安无事、清静无为、无为而无不为这个最终目的。

但是，老子却通过其严厉的政治批判从根本上否定了现实政治的合法性基础。老子以其反复阐释的"自然之道"作为其深刻彻底的社会政治批判的本体论依据和价值悬设。老子认为，天道是一切存在的最终基础，只有合于天道自然无为的本性的政治统治才具有真正的合理性和合法性，因此现实政治统治并不必然地、无条件地具有合理合法性。在老子看来，君王独裁、贵族专政的现实政治统治恰恰是违背天道的，因而是必须予以否定的。老子认为，这种君王独裁、贵族专政的现实政治统治秩序和等级制度正是上古社会的"自然状态"失落后的结果——所谓淳朴散而君臣立，争乱起而盗贼生，礼法制而民虐兴，政府组织的产生并不是必然的、自然而然形成的，而是人为的制度安排，实有害而无益，应该而且可以取消。这表明老子已深刻地洞察了现实政治生活及社会生活中普遍的异化现象，认识到了政治权利、政治共同体（如国家）所必然具有的异化性、虚假性和危害性，并根据其"退化论的历史观"对其作了严厉的批判和否定。老子通过揭露和批判现实政治对社会生活的危害和人性的扭曲，证明了现实的君主制度、贵贱等级制度的合理性、神圣性对一个真正的觉醒者来说是不存在的。所以,老子相信,在自然状态里,人人平等自由,并不分尊卑贵贱愚贤不肖。而且,人类依据其自然本性,是可以像鸟兽自知觅食、逃避伤害一样,完全有能力自己保护自己、治理自己,自由自在地生存而不需要统治者运用政治权力加以规范制约的,这就是老子说的"圣人云:我无为而民自化,我好静而民自正,我无事而民自富,我无欲而民自朴"(第五十七章)。人民通过顺遂自然的发展而达到了"自化""自正""自富""自朴",也就实现了"无为而治"的政治理想,而这种"功成事遂"的成就,又反过来证明了只要自然无为就可以达到"无不为",哪里需要高高在上的统治者来指手画脚、横加干涉呢?"功成事遂,百姓皆谓我自然"(第十七章)!可见在这里,老子已接近于提出"无君论"。"无君论"是在专制政治时代对君王政治权威和统治秩序的最大否定!当然老子并没有明确提出"无君论",但他提出了一种虽有君似无君的观点,认为真正理想的君主应学习天道的品性做到守柔处弱、谦下不争,使自己虽处上位,而人民却毫不感到负担;虽处人民之前,而人民却不感到为害,这样君主虽然存在,却跟没有差不多。也就是说,至治之极是无君,或民不知有君。老子说:"太上,不知有之。"(第十七章)即是说,在最好的时代,人民是不知道有君主的存在的,原因是他们"相忘于无为"。① 老子还说:"圣人无常心,以百姓心为心。"(第四十九章)② 理想的治者(圣人)没有自己的一己私心,而以天下百姓的心愿、利益为自己的心愿、利益,君主若能做到这

---

① 吴澄:《道德真经注》第十七章。
② 在绍兴柯岩有一个大禹赤脚奔走、为民治水的巨大雕像,其心的部位就是空的,大概就是取老子此义吧。

样,不就不再是君王而仅仅是人民的代表和化身了吗?可见,老子的有君似无君的思想应是他站在人民的立场上试图对充满私心妄为的统治者作出的限制和否定,朴素地表达了一种原始民主的精神,在政治上和历史上是有着积极意义的。它无疑成了后来的道家人物纷纷提出"无君论"的一个重要思想源头。

2. 对全能主义政治的批判

老子对现实政治统治的批判和否定,还进一步表现在他对各种全能主义政治的批判上。东方专制主义的一个重要基础就是其假设了这样一个前提,即认为统治者是全知全能的,君王无所不知、无所不能、至善至美。他在道德上是至圣的楷模,知识智慧上是举世无双,能力上是无边无际,因而他在行为上就当然要大加作为、为所欲为、无所不为,小到个人生活和思想观念,大到国家政治,无一不属于统治者的管辖范围。这样,君主的专制集权的统治秩序就此形成,而它的一个基本特点就是力图在圣、能、为各方面都达到极限,可谓无所不至其极。君临一切的君主被当作是民众的最普遍利益和意志的代表,是公正的化身、贤能的化身,而同理,各级官员也都成为其属民的"父母官",是一切可以听由其做主的圣贤。可以说,在中国传统的集权专制社会里,上至君主下至各级官员,无不以全能主义的贤能形象理所当然地成为"为民做主"的统治者。在这种全能主义的统治者面前,作为被统治者的民众自然无须自主,只需像牛羊一样听从驱使即可。但是在老子等道家看来,世上根本不存在全知全能的政治权威,因为任何绝对又是相对的,正的可为反,反可转化为正,全知全能与无知无能并没有绝对不变的界限,那些所谓的全能主义政治都往往包藏着可怕的愚蠢和欺骗,并不能保证广大民众不被利用、愚弄,难以维护他们应有的公平和权益。老子的"无为主义"无疑是针对政治全能主义梦想症所开出的一副解毒剂,它力图消解统治者逞强显能、耍奸用智、为所欲为的全能主义的政治冲动。老子认为,全能主义政治所带来的很可能只是灾难而不是希冀中的幸福,靠圣贤和智能所做的"作为"越多,就可能已在歧路上走得越远了。各种政治"作为",特别是对全能主义政治权威的追求,可能恰恰是造成社会动乱、民生涂炭、道德衰败的重要根源。所以老子无为主义的一个重要涵义就是要统治者首先做到"无为",做一个无知、无欲、无事、好静、不争,乃至不仁不义的"愚君"。老子强调:"天地不仁,以万物为刍狗;圣人不仁,以百姓为刍狗。"(第五章)"刍狗"是用草扎成狗形的祭祀之物,用后即弃,不必顾惜。以万物、百姓为"刍狗",并不是视民如草芥之意,而是要"天地"、"圣人"待之以无为而任自然,甚至连各种所谓的"仁恩"都不要施予,因为谁能保证那不会成为祸害或是借仁义之名行胡作妄为之实呢?这段话清楚地表达了老子对所谓圣贤、仁义、有为的统治者的拒绝。显然,老子对全能主义的批判,实际上也就是对各种过度"有为"政治的批判,老子坚决地要彻底否弃圣、贤、有为、知识等等,大力倡导清静无为之治,正是对刚愎自用、过度作为、强制干预的完全否定和批判,隐含了要求变统治者的"为民做主"为"让民自主"的民主倾向。

3. 对现实政治及其统治者的不合作态度

先秦诸子在思想观念上对现实政治的不同认识,基本决定了他们在行为上对现实政治的不同态度。就儒、法、黄老等大多数派别来说,由于他们大都肯定和维护现存的统治秩序和等级制度,十分迷信、崇拜政治权力的非凡作用,认为政治权威关乎天下存亡、百姓祸福,一日不可或缺,所以他们往往都非常愿意与统治者合作,希望能参政入仕,为统治者出谋划策,奔走效劳,即俗语所谓

"学得文武艺,卖与帝王家"。如儒家就提倡"学而优则仕",孔子本人把入仕当做士人最主要的追求,连经常谈及的避世也只是在天下无道、仕途不利的困境下一种暂时的退避,可见与现实政治的合作是其政治态度的一条基本原则或总的行为取向。

但老子、庄子等主流道家是一个不同凡响的例外。像老子这样对现实的政治统治和政治权威持完全的批判、否定态度的思想家,当然是不会与统治者合作的。老子这种不合作态度的典型形式就是其"无为主义"。老子的无为主义除了讲"上无为"即统治者应"无为"以外,另一头是讲"下亦无为"即被统治者、下层百姓也应"无为"。而这下层百姓的"无为"就应包括在下面的人民对上面的君命的不尊奉、不作为,所谓"不尚贤"、"不使能"、无为自化、自由自在,就隐含着疏离统治者的价值取向,拒绝政治权力的干涉,从而表现出对现实政治及其统治者的不合作态度。老子本人的归隐正是以实际行动表示了他因不愿与统治者同流合污而选择的一种不合作的方式。张立伟说:"历代隐逸的奋斗最终导致了一项逆向行使的人权的确立——可以不臣天子,不事王侯,可以不与统治者合作。"[1]与现实政治权力的不合作态度,为各种具有反叛和异端性质的思想提供了丰厚的土壤,《老子》五千言就是在这一土壤中孕育成长的。同时,更重要的是,不合作在客观上也达到了对统治者权力的限制和批判,成为抗拒专制统治的重要手段。老子之后,庄子、陶渊明等道家代表人物都普遍地以隐居不仕作为反抗社会政治中的恶势力、保持自己的自由独立的人格操守、拒绝与统治者相合作的重要方式,形成了中国历史上源远流长的隐士传统。

---

[1] 张立伟:《归去来兮——隐逸的文化透视》,北京:三联书店,1995年,第92页。

因此,老子的这种与现实政治的不合作态度和道家对人的个体自由和个性解放的热烈追求是密切相关的。与儒墨注重强调人的政治化、道德化、社会化的意义不同,道家对人的个体价值和个人自由予以了更多的关注。老子的归隐既是一种与统治者的不合作,也是一种对个人自由的追求。当然,在这方面,庄子更进了一步。庄子说:"泽雉十步一啄,百步一饮,不蕲蓄于樊中。"① 草泽中的野鸡走十步才找到一点儿吃的,走百步才找到一点儿喝的,但即使如此,它也宁愿生活在野外,而不愿生活在有人提供吃喝的笆笆笼子里,因为保持天然的自由生存状态比免受饥渴之忧更重要。庄子在此高扬动物的自由,目的是为了比拟人的自由,为了给人的自由提供一个理论的支点。在庄子看来,人生的第一要义就是自由,而现实社会的世俗价值、名位利禄、政教礼法等等都不过是束缚人、奴役人的樊篱。为了实现自由,首先就要摆脱这一切奴役,使人的个性从各种樊篱的束缚中解放出来。庄子本人手持钓竿,谢绝楚王的千金之聘、宰相之位,还把国相的尊位比为"腐鼠"、把君王的宠爱视为文服牺牲,宁愿穿破衣、打草鞋,像泥鳅一样自由自在地嬉游于污泥之中,"终身不仕以快吾志",就充分肯定了个体生命的价值在于保持自由。庄子及大多数道家人物之所以都采取"独乐其志"、"汪洋恣肆以适己"的"避世"态度,追求那种"死生无变乎己"、"哀乐荣辱不入于胸次"、"游乎尘垢之外"的超迈洒脱、逍遥自适的精神意境,固然有其对富有浪漫气息的理想人生和艺术境界的向往,但也未尝不是他们面临严酷的现实时,在不得已的情况下力图超越世俗的价值取向和险恶的政治环境而追求个人自由和个性解放的一条重要途径。

---

① 《庄子·养生主》。

二、社会批判系统的创立

由前述可见,老子的政治哲学实是一种比较深刻系统的批判哲学。这种深刻系统的批判哲学是老子的一个前无古人的伟大创造,而后又由庄子等主流道家所继承、发展和彻底化。应该说,以老庄为代表的道家政治哲学的一个重大贡献,就是以其具有超越性的终极关怀和彼岸追求,为中国传统社会及其政治生活建立了一个独立的社会批判系统。

什么是社会批判呢?朱学勤说:"所谓社会批判,并不是政治参与,它是指知识分子以在野之身,监督在朝之政,善则推动之,恶则反抗之,弱则激励之,强则抗衡之。这种参与模式并不排斥在必要范围内某些知识分子个人与政治操作发生横向合作的关系,而是强调知识分子作为一个阶层独立于政治操作之外,不加入政治操作的垂直方向的隶属系列,因而也不接受政治逻辑的强制整合。用苏格拉底的话来说,知识分子阶层并不是一群候补官员,而是一群牛虻,不停顿地叮咬着、刺激着政治国家——这头举止笨重的牲口(见柏拉图《申辩篇》)。"[1]也就是说,传统社会里的政治国家是一个如马克思所说的与社会处于对立状态中的"虚幻的共同体",[2]它往往因此造成了政治权利的异化、人民主权的丧失和社会利益的背弃。而所谓社会批判就是指知识分子将其终极价值定位于社会生活而非政治国家,以其独立的人格、超越于现实功利的追求对社会政治生活进行批判性的审视,揭露和批判一切历史上和现实中的政治国家所具有的"虚幻的共同体"的内在本质,形成

---

[1] 朱学勤:《风声、雨声、读书声》,北京:三联书店,1994年,第21—22页。
[2] 马克思、恩格斯:《德意志意识形态》,《马克思恩格斯选集》中文第2版,第1卷,北京:人民出版社,1995年,第84页。

从国家政权外部监督、制约政治权力的社会自卫机制,维护基本的社会公正和自由权利。一个独立的社会批判系统的存在,至少具有以下两方面的积极意义:一是就个人来说,它可以使知识分子不入君臣之势,摆脱"学得文武艺,卖与帝王家"的由士入仕、把一切思想学术都转化为替统治者出谋划策的"人君南面之术"的价值取向,从而成为可以在根本上避免被政治逻辑整合的可能性的重要手段;二是就社会政治来说,它是限制政治权力的无限扩张,实现民主政治的一个基本条件。

中国历史上的知识分子从来不缺少政治参与热情,真正缺少的往往正是这种社会批判意识。他们大都是一群这样那样的"候补官员",而不是一群能独立地叮咬和进攻的"牛虻"。从子见南子到康梁辅政,几千年来士人们前仆后继,却大都没能走出参与即参政这一古老的模式。因为中国知识分子都普遍缺少形而上的终极关怀和彼岸精神,所以也就无法拉开人生价值与政治权势之间的距离,难以产生对此岸权势的超越性格,无从建立独立的社会批判系统。正如朱学勤指出的:"中国士人失落了终极关怀和彼岸追求,也就失落了一个精神制高点和阿基米得支点——前者用以俯瞰此岸全景,后者用以撬动此岸权势。"[①]不过,我并不认为中国古代知识分子全然没有建立起独立的社会批判系统,至少在先秦道家那里,这种社会批判系统不仅存在过,而且在中国历史上发挥着深远的影响。

在道家和整个中国历史上最早开启这种社会批判系统的杰出思想家就是老子。由于老子的无为主义崇尚自然、追求超越,这使它包含了一种强烈的社会批判精神,其批判指向一是直接针对当

---

① 朱学勤:《风声、雨声、读书声》,北京:三联书店,1994年,第23页。

时黑暗的社会现实和胡作妄为的统治者,二是针对儒家等鼓吹的仁义道德,谴责它们对人性的戕害和对不合理社会的粉饰。

与别的政治哲学相比,老子无为主义所包含的社会批判是十分可贵的,具有鲜明的首创性。老子的这种首创之功主要体现在:一、老子关怀宇宙本源、追寻终极价值的形而上的道论,为其自身和后继者们建立社会批判系统提供了一个坚实可贵的文化资源。因此,从文化发生学意义上看,老子的形而上之"道"实为中国传统政治文化的健康发育埋下了一块重要的基石。有了此基础,中国传统政治文化既可以据此攀升到一个用以俯瞰此岸全景的精神制高点,又可以形成一个用以撬动此岸权势的阿基米德支点。显然,这也是老子借自然以明人事、以天道引领人道的由天之人的逻辑理路在政治哲学领域的应用和延伸。二、老子对人性和人道的真挚关怀、对文明异化的深刻批判、对现实政治及其政治权威的否定和不合作态度,已经在政治哲学的高度上进行了初步系统的社会批判,包含了许多影响深远的批判性思想内涵。同时,它们也表明了老子的政治哲学思想与那些"人君南面之术"是有着本质区别的,其价值取向是直接指向社会参与而不是实际参政,肯定了知识分子不应是一群围着权势者打转的候补官员,而是一群进行独立的社会批判的"牛虻"。三、老子作为否定性的社会批判的对立面而提出的肯定性的"法自然"思想,类似于西方自然法思想,具有深厚的理论原创性意义,孕育在西方自然法中的近代民主观念如人民主权、社会契约、万民平等、个性自由等,都可以从中找到其思想萌芽,或在其中找到发育的基础。总之,老子的政治哲学以其高远超越的政治理想和价值追求,拉开了人生价值与政治权势之间的距离,它反对认同于现实的政治秩序和参与实际的政治操作,主张进行独立的社会参与——社会关怀和政治批判。而老子之所以能够提出这种深刻系统的社会批判思想,与道家所具有的原始人道主义精神中的平等思想和平民意识密切相关。道家大都是在野的思想家、平民知识分子,基本上是普通的士阶层及平民百姓的代言人。这种社会角色使他们有较多的机会体察社会下层人民的疾苦,反对不合理的等级秩序,产生平等思想。这使他们与主张"贵有差等"、"尊卑有序",积极认同并希望融入这种社会秩序、参与政治运作的儒家思想形成了鲜明的对照。所以,尽管老子的社会参与思想还多少具有一些消极的色彩,特别是他最终以清静无为甚至避世退隐为自己具体的行为取向,但他在其中所表达的社会批判思想,却已为中国传统社会及其政治生活开创了一个社会批判的优秀传统。这一传统首先表现为在道家内部老子的社会批判思想已由庄子和魏晋玄学等给予了继承和发展,其次表现为在道家外部老子及道家的社会批判思想始终对中国古代知识分子(包括一部分儒家知识分子)的社会观政治观产生着影响,形成一些富有良知和正义感、责任感的社会批判的思想倾向。例如,嵇康、阮籍"非汤武而薄周孔","以六经为污秽",主张"越名教而任自然";鲍敬言把社会的灾难归罪于有君王,而直接提出"无君论";李白、李贽、黄宗羲、戴震、谭嗣同、陈独秀、胡适、鲁迅等人对封建社会的尖锐抨击、鲜明的叛逆思想和性格等等,无不与道家思想中强烈的批判精神血脉相承。总之,在几千年的中国专制集权社会中,尽管道家思想在绝大多数时间都是作为非正统的民间思想存在发生影响,但它始终保持着可贵的时代忧患意识和社会批判意识,形成为一种着力批判官本位文化和不合理现实的异端思想传统,有着警世醒世的巨大社会功能,它也是道家思想家和受道家思想影响的传统知识分子关注现实社会人生、积极参与社会政治、勇于担当社会责任的重要方式。

三、从内圣开不出外王

公元前6世纪末,雅典确立了民主制。随后,民主制成为整个希腊城邦的基本政治制度。[①] 而有关民主政治的思想学说在同时代及此后一二个世纪的古希腊杰出政治家和思想家那里也得到了不断的丰富发展。古希腊民主政治的理论和实践为人类政治文明的发展作出了重大的贡献,也是西方形成近现代民主政治制度及其学说的重要基础。

然而,在同一时期的中国却是另一种情况。在政治上周王朝的中央权威虽已衰落,贵族政治已遭瓦解,却没有出现民主制这种新型的政治形式,反而通过诸侯争霸一步步走向专制集权制,最后产生了大一统的专制集权帝国——秦汉帝国。在思想上,虽然"官失其守"、"学术下移"带来了"私学"即民间学术思想的兴起和繁盛,并最终出现了百家争鸣的黄金时代,但诸子百家之学(包括老子等道家之学)却并没有为我们提供真正类似于希腊民主制的思想学说。也就是说,在古希腊民主制及其学说达到高度发达的同时,在中国这块土地上却连相同的幼苗都没有培育出来。

这是中西古代政治史上一个最引人瞩目的差别。因此,研究中国古代政治哲学就无法回避也不应回避这样一个尖锐的问题,即为什么古代中国会与古希腊产生如此重大的差别?

这个问题之所以重要,首先是由于民主制本身在人类政治文明中所拥有的重大价值。因为尽管民主制作为一种政治形式并不是最理想的,但毕竟是实际政治中所出现过的最好的。其次,我们正可以借助于这个问题来深入思考一下中国传统政治哲学(包括

---

① 参见顾准:《希腊城邦制度》,北京:中国社会科学出版社,1986年,第133页。

老子道家在内)的内在局限性,挖掘出造成这种内在局限性的深刻根源。不过,这里对这一问题的探讨,暂限于与老子和道家政治哲学有关的范围。

前面说过,在老子、道家那里,已具有了作为实现民主政治的一个基本条件的初步独立的社会批判系统。那么,我们不禁要问:从老子、道家如此可贵的社会批判理论中,为什么也没有能够进一步发展出真正的民主政治理论及其实践呢?这是一个很大、也很难回答的问题,要说清楚需作深入全面的探讨。这里限于篇幅,只能略举几个主要原因以作说解。

第一,由于除道家之外,中国古代知识分子普遍缺乏具有超越性的终极关怀和彼岸追求,所以中国古代社会的社会批判传统始终未得到发展壮大,反而在出现之后就很快夭折了,没能发挥其建构民主政治的应有作用。虽然老子已经初步建立了独立的社会批判系统,特别是经过庄子,道家的社会批判达到了极大的深化、彻底化,但它毕竟只是局限在道家主流派内部,在其道家的支脉黄老学派那里就行不通,更没能被整个知识界普遍和长久地接受,形成为一个真正独立强大的社会批判系统。因此,以老庄为代表的道家所建立的社会批判系统还是非常有限的、单薄脆弱的。这种独木支撑的社会批判系统自然难以长期维持,魏晋以后只能在封建专制权力及其意识形态的扩张挤压和合围剿杀中一步步坍塌毁灭,使中国古代社会丧失了一个构建民主政治的基本条件。

第二,社会批判是构建民主政治的必要的基本条件,却不是唯一的基本条件。从西方民主政治发展的历史来看,构建民主政治,光有设置在国家政权外部作为社会自卫和监督机制的社会批判是不够的,还需要在国家政权内部设置制衡机制。社会批判与权力制衡是民主政治的一体之两翼,缺一不可。只有权力制衡和社会批判内外结合,政治权力的天然倾向——侵犯、吞食、兼并公民社会的权利——才能受到有力的制约,从而可以导向民主政治。老子及整个道家的政治哲学都只有社会批判思想,而缺乏权力制衡学说,自然就难以开出民主政治之路了。的确,遍览老子五千言及其他道家著作,均不见论及有关政体选择、分权制衡等民主政治的具体设计和操作问题。这不能不说是道家政治哲学中最大和最致命的缺憾。其实,岂止是道家如此,它同时也是二千多年来整个中国古代政治哲学之最大和最致命的缺憾。

在另一个意义上说,社会批判、权力制衡与民主政治的关系,也可以转换为一个如何从一般的民主、自由理念及社会批判思想落实到具体的政治体制、政治运作中去的途径、方法的问题。本来,就老子及道家的自然无为、自由放任、万物平等、社会关怀等内容来说,它们是包含着走向自由、民主的政治秩序的可能性的。但是,由于老子标举无为主义的政治纲领,这就决定了他必定要反对任何具体的政治措施和政治方案,即反对种种"有为"政治。而老子的社会批判失去了关于设计、制定权力制衡机制的理性思考和可操作的具体制度的支撑、配合,没有认识到应从制度层面上去努力达成政治理想,也就失去了如何把理想付诸现实的正确、可行的方法,从而导致它与民主政治失之交臂。

第三,通向民主政治的死胡同:内圣外王之道。如果说老子的政治哲学完全没有设计过一条由理想通向现实的道路,那也是不符合实际的。老子没有从政治制度层面上去找这条路,却找到了"内圣外王"这条老路。

本来"内圣外王"之道是一条典型的儒家套路,"内圣"就是指用仁、义、礼、智修养心性,臻至圣贤之境,"外王"就是指用"内圣"之学服务于安邦治国之道,使个体心性修养的人格境界外化为治国平天下的实践事功。老子反对尚贤用智,主张无为主义,显然不会赞同儒家这一套内圣外王之道。但是,老子的政治哲学中其实也暗含着"内圣"与"外王"这两个层面,只是具体内容与表现方式与儒家的不同。老子的内圣外王之道不是像儒家那样建立在人与社会的血缘纽结的道德主义基础上的,而是建立在人与自然的朴素和谐的自然主义基础上的:从自然之道出发顺应自然规律并用以修身的部分,就是老子的"内圣"之学;从自然之道出发,利用自然规律并用以治国的部分,就是老子的"外王"之术。① 具体地讲,一方面,就老子的"内圣"之学来说,虽然它反对用仁、义、礼、智、道德等去修养心性,反而主张心性愚朴、懵懂不开、去智尚愚的反智主义,要求人人如赤子婴儿。但是正常的成年人毕竟已不是婴儿,要他复归于婴儿的返璞归真之路,何尝不是另一条虽不同于用一般的仁德知识去修养却需要用一种更深刻巨大的智慧和道德去磨砺心性的修炼之路呢!因此,老子这种注重个体心性修养的思想,也可看作是一种"内圣之学"。另一方面,尽管老子的内圣之学以"无为"为最高境界,但他的最终目的还是要使个体心性修养的人格境界转变外化为治国平天下的实践事功,即"无不为"的外王之术。老子区分了"侯王之治"和"圣人之治",认为理想的政治状态是"圣人之治"(即无为而治),而要实现"圣人之治",是以现实中"侯王"转化为具有"处无为之事,行不言之教"(第二章)的理想人格的"圣人"为基本前提的。可见,老子政治哲学中由理想通向现实的具体途径,还是最终落实为心性修养、精神境界、人格建设这一途,即由"内圣"达至"外王"的传统道路。

---

① 在道家后来的发展中,老子的"内圣之学"和"外王之术",分别在庄子和黄老之学那里得到了深化和开展,具有更鲜明突出的体现。

在这一点上,道家和儒家竟走到一起去了。正如司马谈在总结诸子百家时曾说的:"天下一致而百虑,同归而殊途。夫阴阳、儒、墨、名、法、道德,此务为治者也。"[①]中国古代诸子百家、千年学术都不约而同地毫无例外地陷入"内圣外王"之道这一泥潭中而百世纠结、不可自拔,这不能不说是中国传统政治文化中一个令人深思的内在缺陷。

当然,政治和道德不能截然分离,民主政治更需要有一定的道德基础,如民主政治的制度设计及其制度本身的运作,都不可能是一个纯粹的非人格的形式化结构和程序化的过程,而作为参与主体的人自身的品格、德性及身处的道德环境总是处处影响着参与的过程,因而也离不开一定的主体和环境的道德担保和制衡。但是,即使是良好的道德也不能成为民主政治的真正基础。内圣外王之道的最大错谬就在于将政治哲学与道德哲学混为一谈,以价值判断取消事实认知,以道德话语讨论政治命题,以伦理规范代替政治设计。由于建立民主政治的两项基本条件——社会批判和权力制衡——往往因此不能被纳入视野,反而只着意于以道德手段改造社会、变革政治,民主政治的建立也就无从谈起。即使像有深厚的社会批判资源的道家政治哲学,也因缺乏权力制衡等政体学说的有力配合而最终孤掌难鸣,不能够从已初步具有自由、民主之理念的"内圣"开出民主政治之实践的"外王"来,造成了中国古代政治文化史上一次可悲可痛的思想流产。

不过,尽管老子的无为主义政治哲学并没有为社会的政治运行特别是统治者的权力制约提供可操作的规范,从而未能为传统中国构建起一个民主政治的格局,而且,它还包含了一些消极因

---

① 司马迁:《史记·太史公自序》。

素,如它容易被人利用而演为一种权诈之术,又如其反文化倾向是不足取的,它在中国传统知识分子的性格和行为中所产生的一些消极影响也是不容讳言的。但是,这并不意味着老子的政治哲学已经没有价值,相反,它所包含的许多思想内涵,始终是人类政治文化领域的宝贵资源,如深刻的无为主义的基本原理、强烈的社会关怀、权利平等观念、自由意识和社会批判精神等。特别是我们应该认识到,真正的"无为而治"是一种难以企及的极高的理想境界,它饱含着东方古老文明中深沉的政治智慧。如果能合理地利用这种智慧,无疑是会取得良好的政治效果的。汉初统治者利用无为学说,推行为政简朴、与民休息、无为而治的政治实践所取得的成功,便是某种形式的证明。现代社会所倡导和实行的政治民主、经济自由,以及"小政府"、"大社会"、与民自治的社会管理模式,也无不与老子及道家的"无为主义"理想有着内在的相通之处。因此,开掘这古老的智慧之源,为当代社会的政治民主化和现代化服务,当是非常具有现实意义的,至少,它可以为构建现代的民主政治和自由社会提供某种可供启迪利用的丰富思想资源和固有的民族性基础。

第七章 返璞归真
——人生的睿智

在先秦思想中,乃至整个中国古代思想中,对社会政治伦理的探讨,始终是一个优长的方面。但在老子思想中,除此之外,构成其理论主体的内容还有对自然和人生的思索。于是,我们在考察了老子的形上学思想和其社会政治思想之后,还应进入他的人生哲学领域。因为这也是老子思想的一个核心部分。

老子人生哲学的内容是十分丰富深刻的,也是颇具特色的。一种深刻的人生哲学总是哲学家们对自己时代的一种特殊体验,是特定社会、特定时代的普遍情感、愿望、倾向、利益、理想的折射和哲学概括,是人对有关人与自然、人与社会等相互关系的一种态度,是人对自身存在的价值和意义的探究。老子的人生哲学就是如此。在人类社会开始踏入文明社会之际,老子就敏锐地意识到了伴随着文明发展而出现的种种罪恶和苦难,怀着深沉的忧患意识,从哲学反思的高度对不合理的人生和社会现实进行了无情的揭露和批判,提出了一系列新的人生价值观,建构了理想的人格和人生境界,表达了独特的人生追求和人生理想。老子对人生问题的这些哲学沉思,从根本上说,是对人类生存和发展所面临的内在矛盾和两难困境及其解脱途径所作的深刻独特的探索。虽然老子的探索仍有其不可避免的局限性,但其所具有的重大价值和意义也是毋庸置疑的。老子人生观的基本思想和精神内涵,不仅被庄子等道家后继者们所继承和发展,成为一种系统独特的道家人生哲学,而且在中国传统文化乃至整个人类思想史上,也是一种影响深广、具有划时代意义的古老智慧。

第一节 老子道论的人学意蕴

我们说人生哲学是老子哲学思想中的一个主体部分,这一方面是说人生哲学构成了老子思想中的一个重心,是老子所经常关注的一个理论主题,另一方面是说作为老子思想基本内核的道论和他的整个哲学都与他对人的问题的关注紧紧地扣在了一起。

一、作为一种人学本体论的道论

老子道论的主旨是什么?是出于一种自然哲学的旨趣,还是出于一种人学的关怀?这是关系到对老子道论的根本性质乃至整个老子学说的根本性质的认识和评价的首要问题,也是学术界颇有争议的一个问题。有一种观念认为,老子的道论属于自然哲学,仿佛老子学说的兴趣旨在探讨宇宙自然的奥秘。而所谓"蔽于天而不知人"(荀子语)这种来自儒家道德本位主义立场上对道家的批评就更是长远地影响了人们对老子学说的评价。其实,这种对老子道论的认识是不符合老子学说的基本精神的。诚然,老子道论的确具有一些宇宙论的成分,它所包含的一些思想价值甚至对于现代的宇宙学仍极富于启发意义。但正如本书第二章曾指出的,老子的道论主要是一种形上学的本体论而不是宇宙论。而且,老子这种形上学本体论的一个突出特点,就是它是一种有无统一、本末一体的本体论。老子正是借助于这种有无统一、本末一体的本体论,在天与人、自然与社会之间建立起了内在的关联性和统一性。实际上,老子虽然建构了初步系统的形上学本体论,但其本体论是与人生论紧密地结合在一起的,形而上的本体不仅是外在的自然世界的"本体",同时也是一切社会和人生的意义与价值的最原始最终极的根据。可以说,老子的形上学尽管是以自然之道为逻辑出发点的,却不是以自然的本体论和纯粹的科学知识,而是以对人的生命价值的开发和人与自然的整体和谐为最终的形上学追求的。老子的形上学既是一种对外在的宇宙自然的存在本质的追思,更是指出了一种终极性的人生本体价值,体现出了一种对人类命运的终极关怀、一种从本源性的形上高度为人生寻求安身立命之所的努力和执著。这无疑是老子之"道"的一个最深层的意蕴。

总之,在老子哲学中,老子所真正注重的,不是他的自然哲学,甚至不是单纯的本体论,更不是所谓治世之术、养生之道等等,而是那种出于改变人类生存状态和为人生寻求福祉的终极性关怀。质而言之,老子道论的真正立足点和归宿点都是人,是对人生现实问题的深切关怀和忧虑,以及对人生理想境界的渴慕和追求,而不是单纯出于对宇宙自然的科学兴趣和对绝对实体的本体玄思。在这个意义上,老子哲学的本体论既是一种自然本体论,同时也是一种人学本体论,或者说,它兼具两者的性质。

老子本体论的这一特点,具有其特有的作用和局限。一方面,它导致了老子哲学将本体论和人生论完全混同在一起,尤其是往往从本体论中直接推演出其人生论主张,简单地在其本体论中为人寻找价值尺度和生存方法,体现了中国传统哲学中普遍存在的"天人合一"的致思模式,有其内在局限性。但另一方面,由于老子的人生哲学具有深厚的本体论基础,就使它因此具有了儒墨等派的人生观思想所不具有的深度和广度——这就是,老子不像儒墨主要从社会的、伦理的角度,而是着重从更加广阔的宇宙的、自然的角度来观察人生。中国传统哲学经常被认为是一种富有人学色彩的哲学。但是,不同的哲学派别所包含的人学内含和意义是有很大差别的。目前,学界对孔子及儒家的人学性质、价值和意义肯定得较多,而对老子及道家哲学的人学性质、价值和意义却很少论及。其实,由于孔子人学缺乏真正的本体论基础,其具有形而上色彩的天道不过是被提升为普遍原则的伦理道德规范,而且,它对人的理解也很狭隘,把人仅仅看作是道德的存在,因而儒家的形上学可称为是一种"道德的形上学",其人学实是一种道德人学,其人学视界仅局限于宗法人伦的领域。相反,老子人学扎根于深厚的本体论基础上,对人的存在和本质作追根溯源性的探究,以一切存在的根源推求人的存在的根源,以一切存在根源的处所作为人生的安顿之地。因而老子人学是从形上学高度上对超越于伦理道德意义上的人类本体的回归,其人学视界是关于人的本原真性的原初世界。与孔子的人学相比,老子的人学在对本体世界的思辨和对生命价值的开发、主体自由的追求等方面,都表现得更为深沉、丰满和开放,蕴涵了更为广阔的意义空间。

二、"道"的境界是一种人生境界

"境界"是中国传统哲学中的一个重要主题。所谓"境界",在本义上是指"疆界",即指某种具有空间性位置性的客观存在,如《经籍纂诂》说:"境同竟,界也","界,犹限也"。[①] 但是,中国传统哲学中关于"境界"的含义却具有特指的内容。简略地说,我认为所谓"境界"包含三个主要的特点:一是其主观性与客观性、精神

---

① 《经籍纂诂》,北京:中华书局,1982年,第1274、1560页。

性与实在性相统一的特点。境界既是某种具有客观内涵的存在状态,同时又是人的主观精神所指向的意义世界。当然,它更侧重于指称后者。因而境界主要是一种主观的精神境界。二是其自觉性、超越性的特点。由于境界主要是一种主观的精神境界,实际上,它更多地是依靠人的高度的体验和自觉意识所达成的超越境界,亦即人以其"觉解"所追求达到的人生的理想状态、理想人格,所以境界主要又是一种自觉地追求超越的人生境界,正如冯友兰认为的,由高度的"觉解"所产生的意义,构成了最高的人生境界[①]。三是其整体性、总体性的特点。境界不是指人生的某一方面意义,而是指全部意义的整体,是人所创造设计的可能世界的总和。就个人来说,理想的人生境界就意味着个人自身的精神旨趣在整体上所达到的完善程度,亦即在人格上所呈现出的总体形态。

以此种境界说来观照老子的道论,我认为老子所描述的"道"也具有人生境界的意味。

首先,老子哲学以"道"为最高的本体,但这个"道"不仅仅是西方哲学意义上的绝对的实体或纯粹的客观存在,而且同时是人的生命存在的价值本体、是人的精神和生活实践所应依从和趋同的最高原则。因而,在老子那里,具有客观意义的"道",同时也是一种从主体透升上去的宇宙精神,一种人生所达到的最高境界。人生所臻至的最高境界便称为"道"的境界。不少当代学者曾从"境界"来说明老子和庄子道论的不同:由老子具有较浓厚的客观意味的形而上之本体论和宇宙论,到了庄子则内化而为具有较浓厚的主观色彩的心灵的境界,因而庄子哲学是一种境界

[①] 参见冯友兰:《中国哲学简史》,北京:北京大学出版社,1985年,第392页。

的哲学。[①] 我认为老庄道论在主客观方面的侧重点的确有所区别,但这并不妨碍老子哲学在从本体论延伸到人生论的过程中,其道论本身也有一个由具有较浓厚的客观意味的本体之道转化而为具有较浓厚的主观色彩的人生境界的变化。所以,我们也可以把老子哲学看作是一种境界哲学。

其次,老子的"道"是"有"与"无"的统一体,它既无形无象、无边无际,没有具体的规定性,又是确实存在的"有物",因此,"道"不能作为一般的对象去感觉、去认识、去名言,而只能去体验、去直觉感悟。老子对"道"的种种描述和解说,都不是概念分析式的认识,而是对本体显现的直观把握或"透视",是主体的自我省察和反观,这也就是"体道"。当然,这种"体道"的功夫,须建立在一种深厚的自我修养的实践活动的基础上。显然,在老子那里,"道"不是一种简单的认识对象,而是一种自我体验、自我修养所达到的心灵境界,也是主体的自觉追求和实践所达到的超越境界。

再次,老子之"道"具有整体性的特点。老子之"道"不能言说,也不必言说,一有言说,就会破坏其整体性及无限性。老子经常以"朴"来指称"道",就是要说明其整体性的特点,其他如原始、本根、浑沌等说法,也都是这个意思。老子说:"道常无名,朴"(第三十二章)、"常德乃足,复归于朴"(第二十八章)。"朴"本指未加人工雕琢的木头,在老子哲学中意指原始本真的存在状态,代表完整无缺的自然的存在本体,亦即真正"道"的境界。老子认为:"朴散则为器"(第二十八章),破坏掉原始本真的存在状态后,就

[①] 参见陈鼓应:《老庄新论·庄子论"道"》,上海:上海古籍出版社,1992年,第199页;徐复观《中国人性论史》第十二章《庄子的心》,台湾东海大学出版社,1963年,第389页等。

有了各种具体事物的分化,有物便有"名",有"名"之后,所谓"智慧"也就产生了;有了"智慧"便进一步有"大伪",如各种虚伪的仁义道德,而人的"常德"即素朴纯真的品性也就缺失了。"复归于朴"就是要求复归于未分化的整体状态。但是,老子也认识到,"含德之厚,比于赤子"(第五十五章)、"敦兮,其若朴"(第十五章),这种复归并不是也不可能退回到完全的原始状态,而只能是一种向前的超越,即实现一种"若朴"、若婴儿一般浑沌不分、整体和谐的境界。这种境界,就是老子所向往的最高的人生境界,也是老子所赞许的适合人类自由生存和发展的理想家园。

三、"玄同于道"的人生智慧

在汉语中,"哲"是聪明的意思,在古希腊语中,"哲学"一词是表示"爱智",所以,不论在东方文化还是西方文化的语境中,哲学的本真意义都是使人聪明、给人智慧的"智慧之学"。这种"智能"与一般的"知识"是不同的。知识主要是指人们对客观存在的事物的某种经验和认知,而智慧主要指人运用对客观事物的某种经验和认知正确地对待和解决问题的方法与态度。同时,知识还是具有某种特定对象的具体知识,而智能则是主体自身一种圆融贯通、灵活巧妙的能力。

哲学作为这样一种智慧,首先就是一种关于人生的智慧。也就是说,哲学应为人的存在和生活实践提供正确地对待和解决问题的方法与态度。在我看来,老子哲学就是这样一种人生智慧。老子哲学所要解决的基本问题是人类生存和发展的困境以及从这一困境中的解救之途:在当时严重的异化现实中,一个人应当怎样真正地生活而不会被各种虚妄的价值所迷误?一个社会应当怎样才能为人的自由生存发展提供一个理想的家园和一条可以通达这自由的理想境界的道路？无论是作为老子思想基本内核的道论还是其整个哲学都围绕这一基本问题而展开，都与他对人的问题的这种关注紧紧地扣在了一起。而老子哲学也正是在探索和解决这一问题过程中表现出了其可贵的深邃智慧。

老子所提出的这种人生智慧，可以概括为是一种"玄同于道"的智慧。所谓"玄同于道"，就是指要遵"道"、行"道"，与"道"浑然一体。在老子看来，能够这样做的，就是人生所能达到的最高境界，也是人的最高智慧的表现。老子提出，应"惟道是从"（第二十一章）。他认为："上士闻道，勤而行之"（第四十一章），"从事于道者，同于道，……同于道者，道亦乐得之"（第二十三章）。也就是说，老子以"道"的本质为人的本质，以"道"的种种特性作为人及其社会政治生活所应遵从的最高准则。显然，这里值得注意的问题在于，尽管老子所说的"道"从表面上看是自然之道、是"天道"，而从实际上看它只是发轫于对人道的经验体悟和理性熔铸，但是这种将人道自然化、普遍化和绝对化之后提升而成的"天道"，老子又使它反过来成为指导人道的最高准则和根本智慧，赋予了其突出的方法论和工具性的特点。

老子之"道"的这种方法论和工具性特点，首先就体现在"道"这一名称上。老子哲学的最高本体是"道"。但"道"只是本体之"名"（"强字之曰道"），而"无"才是本体之"实"。可是，老子为什么不直呼本体为"无"，却以"道"称之呢？这大概主要是因为老子想利用"道"这个名称所固有的特点及优越性，即"道"原本所具有的道路、方法、途径、原则之类的意义。在老子那里，"道"尽管早已被改造成了一个本体概念，但它作为本体不仅仅是客观自然的存在本体，同时也是社会、人生的价值本体，所以老子要选用"道"这个概念来标志其本体，就是为了更好地宣示其作为最高的存在本体对社会人生所具有的原则、方法、道路的终极根据和方法论的意义。

老子之"道"的这种方法论和工具性特点,还体现在"玄同于道"的内容上。老子要求我们要"玄同于道",即遵从、师法"道"的本质特性。那么遵从和师法"道"的什么本质特性呢？那就是"无为"。但是,把"无为"作为"道"的本质特性,严格说来不是一个事实陈述,而是一个价值判断。客观世界因其没有主观意识和能动性,所以本无所谓"有为"与"无为"的区别。大到沧海桑田的巨变、生命进化的跃迁,小到草木的滋长、动物的生存,自然界的一切都无不是自然万物自身的有为而不是不为的结果,但它们的确又是在一定的自然规律支配下自然而然、"不由自主"的结果,因而它们不存在选择一个"善为"的作为方式问题。老子赋予"道"的存在和运作以"无为"的规定,无疑已掺进了人的价值判断和选择,把它纳入了人类生活的意义世界。这也从一个侧面可以证明老子的形上学在说明、描绘宇宙自然的同时,已在其中贯注了多层面的人的生命活动的意义及丰富的人文价值。我们甚至可以说,在老子看来,自然的真相、宇宙的全体,并不在宇宙自然本身,而在于人与它们的关系,在于人在这种关系中为自己所寻求的终极性存在根据,以及人的这种从本源性的形上高度去发现生活的意义、建立新的价值体系、体验崇高的精神境界的人文关怀。老子的自然本体论实又是一种人生价值论,它对本体之道的阐发以人为理论原点,最终又都落实在人的存在价值和人生方法上。老子有意区分了"为道"与"为学",明确表示了重"为道"轻"为学"的态度,这实际上就是一种价值判断和价值选择。

第二节 自然人性论

在哲学中将自然问题与人生问题、宇宙论与人生论浑然一体、不重区分,并不独老子哲学如此,而是整个中国传统哲学的一个基本特色。正如张岱年先生曾指出的,中国古代人生论的立论步骤常是:由宇宙论而讲天人关系,由天人关系进而于人性论,再由人性论而讲人生的最高准则;人生最高准则确立后,便推衍其原理以讨论人生各问题①。老子的人生哲学就是十分典型地依照了这一内在逻辑展开的,所以,我们也不妨就照这个逻辑来展开考察老子人生哲学的各部分内容。本节就先考察老子对天人关系及人性问题的看法。

天人关系是老子人生哲学中的首要问题。所谓天,是指广义的自然,所谓人,是指人及其一切文化创造。天人关系,也就是人怎样看待自然以及自然与人及其一切文化创造的关系问题。老子的人生哲学正是从其天人关系的看法中引出了其人性论。

一、从自然中发现人的存在

古代哲学家们在宣示其人生思想之前,总不免要先论究一下人在宇宙自然中的地位问题,可见人在宇宙自然中的地位问题,乃属于天人关系论的开端问题。不过,在看待自然与人的关系问题上,老子人生哲学的特异处就在于,自然不仅是其人生论的起点,

---

① 参见张岱年:《中国哲学大纲》,北京:中国社会科学出版社,1982年,第166页。

而且还是其终点,因为老子不单要在宇宙自然中为人寻找到其存在的位置,还要以自然原则作为人的存在的终极依据和终极价值。由此看来,老子的人生哲学实是一种自然主义的人生哲学。如前所述,老子将关于宇宙自然的本体论与人生论结合在一起,从而就从形上学的高度上在一切存在的根源处为人的存在找到了终极性的基础"道"——既作为自然本体也作为人的生命本体和价值本体。在老子那里,"道"虽然是不可言说、不可感知的虚无缥缈、神秘难知的本原,但绝不是"神"或"上帝",它与后来道教利用老子之"道"的神秘性而使之成为宗教化的神道是有着本质区别的。因而,尽管人和天地万物都是由这个本体之道产生的,但这个产生过程却不同于神创万物的过程,而是一个完全自然而然的过程,即自然演化的过程。也可以说,人是自然的产物,人的存在根据就在自然本身之中。这种观点显示了老子已经懂得自觉地用客观的物质世界本身的原因来说明人的存在,把人首先看作是一种自然的存在。明白了这一点,对于理解老子关于人的思想是极其关键的,因为它表明了老子已经在自然那里而不是神或上帝那里重新发现了人的存在。

正是在这一意义上,老子高度肯定了人在宇宙自然中的地位:

> 故道大,天大,地大,人亦大。域中有四大,而人居其一焉。(第二十五章)

老子把"人"与"道"、"天"、"地"并列为宇宙自然中的"四大"之一,与天、地、道同为一大。老子的本体论本来具有重"道"轻"物"的倾向,没有把万物放在与"道"完全同质、平等的地位上。老子的"四大"说却把"道"与人同视为一大,就意味着承认人具有与"道"同质、同值的意义,而非与物同等,实高出于物之上。显然,这是从价值意义上看待人的卓越地位的:"人的形体在度量上固微小,然而人在性质上却甚优异。人之地位,不得只就度量来说。如巨海大山,或荒无生类之星球,非不庞然巨大,然而未必足贵;人身虽小,却无伤于其卓越。"[1]老子把人看作是与道、天、地相同的四大之一,无疑在一定程度上肯定了人的本体价值,而这实是从形上学的高度上对人的崇高地位的充分肯定。要知道在春秋时代,虽然天、帝、神的至高无上的权威已被逐渐破除,但"人"还被笼罩在天人感应、神秘天命等神学迷信思想的束缚之中,还没有成为一个独立的存在。老子首先从自然中重新发现了"人",即与道、天地并列的、去除了神性的光环的存在主体,实为中国古代思想史上第一个把"人"提到如此突出的重要地位的思想家。这不仅使老子为道家人学思想奠定了深刻的基础,而且也开创了中国哲学重视人的传统。

二、人的自然化与人文化

老子的人生哲学是一种自然主义的人生哲学。老子不仅在自然中发现了人的存在,而且在自然中发现了人的价值归宿,把人归结为一种自然的存在。因而在老子那里,所谓人,首先是作为自然存在的人,人归根结底是整个自然界的一部分,人的存在和归宿、人的本质和价值,都在自然之中,而所谓人性也就是人的自然性——这是根据老子的自然主义观点必然逻辑地得出的结论。

把人看作自然的人,那么,人与自然是否还有区别、而且应有区别呢?换句话说,人是否应该超越自然的状态?

---

[1] 张岱年:《中国哲学大纲》,北京:中国社会科学出版社,1982年,第168页。

在这一问题上,中国古代思想家们给予了两种截然不同的回答。一种是以儒家为代表的主张超越自然的观点。按照儒家的看法,自然是一种前文明的状态,人应当通过自然的人文化,以达到文明的境界。孔子说:"鸟兽不可与同群,吾非斯人之徒与而谁与?"[1]鸟兽是自然的存在,"斯人之徒"则是超越了自然状态而文明化了的人。作为文化的创造者,人是不能倒退到自然状态里去的。区别人与动物(自然存在),就包含着对人的人文价值的肯定和维护。

超越自然不仅表现在形成文明的群体,而且以个体的人文化为目标。就个体而言,自然首先以天性的形式存在,而自然的人化则意味着化天性为德性(形成道德品格)。因而,儒家一方面注重群体的文明化,另一方面也强调个体应由自然的天性提升为人化的德性。在儒家看来,就天性而言,人与一般禽兽并没有多大区别,如果停留在这种自然的本性上,那么也就意味着把人降低为禽兽。人正是因其人文化的内在价值(仁、义、礼、德)而实现了对自然的超越。[2]

显然,在儒家那里,人超越自然之后所形成的主要是其道德品格,人之所以区别于自然是因为他是一个道德之人。

与儒家这种强调自然的人化观念相反的另一种回答是以老庄为代表的道家观点。老子认为,自然本身就是一种完美的状态,自然过程和谐而有规律,它可以"自化"、"自均"、自我运动、自我平衡,蕴涵着一种内在的美,正如庄子说的:"天地有大美而不言,四

---

[1] 《论语·微子》。
[2] 参见张岱年、方克立主编:《中国文化概论》,北京:北京师范大学出版社,1994年,第401-402页。

时有成法而不议,万物有成理而不说。"①这种完美的自然状态对于人类来说亦是其理想的家园,无论个体还是人类社会,能够和天地万物一样生活在这种完美的自然状态里,与之融为一体,就是最理想的境界。老子所向往的"小国寡民"、"见素抱朴"社会,它所依据的生存环境就是这种完美的自然状态。

老子所赞赏的这种自然状态,本质上是一种前文明状态。在老子看来,人在根本上是应与自然完全同一的,人不仅不能脱离开这种前文明的自然状态,而且即使离开了也应该回归于它。自然的人化和人的文明化只会破坏"原始的完美性",破坏人与自然的和谐统一。因此,老子坚决反对人文化的进程,要求"守静"、"抱一",即固守着本体的"一"不要改变,不要离开原始纯朴的自然状态。这样,人不仅不应该以人化的过程及其结果(文明)超越于自然,反而应该作为一种自然存在溶化于前文明的自然状态中。

三、批判现实人生的异化

老子高度赞赏前文明的自然状态,主张人的自然化,反对人文化,从这一基本前提出发,老子必然要对人化的过程及其结果(文明)持批判和否定的态度。在老子看来,自然状态作为一种完美的状态具有最高的价值,人化的过程不仅不能使其增益,反而对其是一种损害和破坏:"朴散,则为器;圣人用之,则为官长"(第二十八章),自然本初的质朴解体之后就变成了诸般器具;圣人正是利用了它们才建立起了领导和管制,因而所谓政治不过是初始完美的自然状态被破坏之后的产物。"牛马四足,是谓天;落(络)马

---

① 《庄子·知北游》。

首,穿牛鼻,是谓人。故无以人灭天"。① 牛马有四条腿,是本来如此,属自然(天);给牛马套上缰绳,则是一种后天的人为。络马首、穿牛鼻是后天的人为对牛马天性的戕害,所以不应该那样做,因为它不符合自然的本性。同样,一切人化的过程和结果都是对原本完美的自然状态的破坏,也是对作为本体之道的自然状态的一种异化。在老子眼里,人化也就是异化。

既然人化就是异化,那么这种异化就必须予以否定。老子以建立在对宇宙自然的宏观整体把握和由衷赞美基础上的"道"作为基本原则、以自然状态为参照系,对由人化引起的异化现实作了深刻的揭露和批判。老子的人生哲学就是建立在对现实社会的真相与人的异化的揭露和批判基础上的。可以说,老子及庄子等道家是人类思想史上最早认识到异化现象并发出了反异化呼声的杰出思想家。

对社会现实采取激烈的批判和否定态度,是老子思想的一个突出特点,因而,老子的人生观首先就表现在他把现实世界看作是违反自然、桎梏人生的污浊世界。老子指出,人类社会充满了不平等:"天之道损有余而补不足,人之道则不然,损不足以奉有余。"(第七十七章)所以,人类社会在踏进文明的门槛的同时,也被分裂成了对立的两极世界:一方面,"朝甚除,……服文采、带利剑,厌饮食,财货有余"(第五十三章)、"金玉满堂……富贵而骄"(第九章),统治者朝政废弛、穷奢极欲,霸占着大量的财富;另一方面,"田甚芜,仓甚虚"(第五十三章)、百姓赋税沉重、横遭盘剥、饥寒贫困,连生存都朝不保夕,"民之饥,以其上食税之多,是以饥;……民之轻死,以其上求生之厚,是以轻死"(第七十五章),"天下

---

① 《庄子·秋水》。

多忌讳,而民弥贫;……法令滋彰,盗贼多有"(第五十七章)。老子认为,这种国家昏乱,民生如草芥的不合理社会现实的出现,主要是由于大道被废弃了,人类生存的自然状态被破坏了。社会的文明进步带来了暴虐的政治统治、残酷的经济剥削以及由于争权夺利而频繁发生的战争和杀戮。人类这些文明化的后果不仅残害了无数的生命,而且严重地扭曲了人性,人性中的罪恶因素如自私、贪婪、狡诈等也日益膨胀了,人们终身忙忙碌碌疲于追名逐利,自觉不自觉地陷入"人为物役"的状态,迷失了人生的真正归宿所在。老子感叹地说:"人之迷也,其日固久矣。"(第五十八章)

除了荆棘丛生的险恶社会环境违逆人的自然本性、桎梏人的自由之外,还有维护社会的等级秩序和宗法制度的仁义道德,也是钳制人性的枷锁。老子认为,仁义之道在远古的时候(即在自然状态下),是自然而然的东西,人与人相处,虽不知仁义之名,却无时不行仁义之实。然而人化的历史进程不断破坏了人们原有的纯真德性。而正是在失却了浑然未分的自然道德、背离了人的自然生存状态之后,人们才又为自己制造出种种人为的礼法制度和仁义道德,这就是老子说的"大道废,有仁义;智慧出,有大伪;六亲不和,有孝慈;国家昏乱,有忠臣"(第三十八章)的异化现实。这些人为的礼法制度和仁义道德不仅在根本上与人的自然本性相违背,而且严重侵害了人的心灵和自由。

那么,是什么原因造成了这种人性和人类生活的异化呢?老子把它归结为人的欲望和知识。欲望和知识导致了与道玄同的人的自然生存状态的极大破坏,从而造成了背离大道的现实人生。老子说:"祸莫大于不知足,咎莫大于欲得。"(第四十六章)在现实生活中,人往往要受到各种感官欲望的驱使和摆布,如贪恋五色、五香、五味、难得之货……有欲望就会有相争,相争会产生机智巧诈,而机智巧诈又助长了彼此争斗,这样恶性循环也就一步步毁掉了人的纯朴淡泊、宁静淳和的生存状态。人们之所以身心迷乱、无情争斗、寡廉鲜耻、做贼为盗、疯狂地攫取权力和财富,正是私欲和智巧驱动的结果。在感官欲望和心机智巧的双重束缚下,人们彼此斗智逞强、追名逐利,永远不得安宁和满足。

第三节　自然无为的人生理想

老子揭露和批判现实社会和人生的异化,目的在于以理想社会和人生来代替它。对于老子来说,理想的社会状态应是以自然秩序取代人文秩序,使社会自然化,建立一个小国寡民、无为而治的自然社会。至于作为人类个体的人生理想,老子则通过其所塑造的自然真朴的理想人格及其所达到的无为不争的人生境界作了深入的描述。

一、自然真朴的理想人格

在老子那里,既然自然的人化只有负面的意义,那么,其逻辑的结论便是从文明退回到自然。因此,老子的人生理想首先就表现在他对自然真朴的理想人格的塑造上。

理想人格是人生哲学中能体现人的最高价值、完成人生最终目标的一种人物形象,是人生理想的人格化,即将其人生理想寄寓于一特定人格形态中的表现形式。

人们几乎都公认,老子所着力塑造的理想人格形态是"圣人"。但是,先秦各家各派差不多都把自己的理想人格形态称之为"圣人",而其内涵和基本特征却大相径庭。如儒家推崇"博施于民而能济众"①、"人伦之至"②者为"圣人";墨家服膺"劳形天下"、"以自苦为极"③者为"大圣";而道家的老子则将自然真朴之人奉为"圣人"。由于儒墨所推崇的"圣人"主要是一种具有完美德性的道德圣贤形象,而老子所刻画的"圣人"主要是一种具有自然品格的超道德圣贤形象,所以老子的"圣人"的内涵并不是指真正的圣贤之人,而是指自然之人,"圣人"只是老子所塑造的理想人格形态的一个名称、一种符号。实际上,在老子看来,所谓"圣人"首先是一些"有道者",是能够体"道"、守"道"、同"道"的人。老子说:

> 圣人抱一为天下式。(第二十二章)
> 孰能有余以奉天下?唯有道者。是以圣人为而不恃,功成而不处,其不欲见贤。(第七十七章)
> 从事于道者,同于道。(第二十三章)

那么,"有道者"所体、所守、所同的"道"又是什么呢?那便是"自然",即所谓"道法自然"。"自然"是老子之"道"的最高原则和根本内涵,当然也是有"道"之人的最高原则和根本内涵。老子认为,具有理想人格形态的人并不是自然的对立物,相反,他总是顺应和遵从于自然之道,取法于自然,并融入天地之中,与宇宙自然为一体,这也就是"抱一"、"同道"的理想人生状态。在这种状态中,人不但不把自然视为异己的对象,反而不断地化解与自然的紧张关系,追求与自然的契合圆融。显然,老子所强调的理想人格的

---

① 《论语·雍也》。
② 《孟子·离娄》。
③ 《庄子·天下》。

自然性内涵,是完全不同于儒墨等所强调的道德化、人文化的理想人格的。老子崇尚自然主义,表现在个人生活上,体现出了与儒家等截然不同的生活旨趣和价值取向。儒家等所追求的最高人生目标是成为圣贤。然而,尽管他们要求人人"学作圣人",并似乎相信"人人皆可为尧舜",但实际上其圣贤人格完全是一个超拔于世俗社会和现实生活的理想人物,并非普通人能自然地成就。而老子等道家却明确、坚决地反对这一点,否定"学作圣人"的价值和意义,以纯任自然的生活为人生追求的最高目标。可见,老子和庄子等虽然也讲"圣人",但他们所讲的"圣人",恰恰是最自然、最素朴、最平凡的人,因为道家的自然主义决定了他们不会去追求理想化的"超人"或"神人"。

冯友兰认为,道家思想是中国古代农业社会中"农"的观念的体现[①],其理想人生实是传统农业社会中小农的理想人生。小农因时时跟自然打交道,所以他们赞美自然、热爱自然,这种赞美和热爱都被道家的人发挥到了极致。小农因靠自然生活,所以他们的生活往往是最自然、最简朴的,这种自然简朴的生活也被道家的人赞许为是最有价值的生活。老子主张"圣人为腹不为目"(第十二章)、"虚其心,实其腹,弱其志,强其骨"(第三章)、"少私寡欲"(第十九章),充分反映了老子重自然生活轻人文生活的人生理想及其价值取向。从这个方面来说,老子的人生观确是一种自然经济条件下小农的人生观。

与理想人格中的这种自然性内涵相应的是老子还赋予其理想人格以"真"的基本特征,其人格典范也可以被称之为"真人"。当

---

① 参见冯友兰:《中国哲学简史》,北京:北京大学出版社,1985年版,第25-26页。

然,"真人"这个概念最早是由庄子明确提出并加以大力阐扬的,庄子说:

> 不以心捐道,不以人助天,是之谓真人。①

也就是说,能够遵循自然之道、其自然本性没有受人文化的扩张侵害的人,就是"真人"。由此可见,老子本人虽然并没有特别提出"真人"这个概念,但庄子所说的"真人"与老子所强调的理想人格上的"真"的特性是一致的。在老子看来,最自然的也就是最真实的。正像客观的自然存在会毫不掩饰地袒露其真实的面貌一样,人的自然生活也会展示和葆有人的最本真的品格。而在老子的价值标尺上,"真"比"善"、"美"、"知"等更有价值,居于最高的价值层次。真实的生活、真朴的道德、真诚的情感就存在于自然无华的过程中,就通过自然而然的方式流露出来。老子说:

> 信言不美,美言不信;善者不辩,辩者不善;知者不博,博者不知。(第八十一章)

老子在这里完全是以"真"作为衡量一切的最高标准了:言词"美"的标准在于平实,行为"善"的标准在于诚实,智慧"知"的标准在于真实。可以说,老子的价值判断模式就是:真正的美、善、知、德……都是最自然而然、最本真的。最理想、最有价值的人生便是因自然而真实或因真实而自然的人生,最完美的人格便是应当像明镜一样显示其本真的品格:"涤除玄鉴"、尘埃不染,始终以

---

① 《庄子·大宗师》。

本然的、真实的姿态生活着,正如庄子所说:"至人之用心若镜,不将不迎,应而不藏。"①在老子看来,一个人只有具备了这种本真的品格,才能进一步具有其他的理想人格特征,如宠辱不惊、功成不居、"方而不割,廉而不刿,直而不肆,光而不耀"(第五十八章)等等。

作为理想人格的"真"是与人格上的"伪"相对立的。老子的理想人格是自然真朴,而把虚伪矫饰看作是最令人厌弃的人格特征。在老子看来,造成这种虚伪矫饰的人格特征的原因是仁义道德,以仁义道德而不是自然真朴去规定人格必然会导致外在的矫饰,使人格背逆于自然之道而趋于虚伪化。老子说:

　　失道而后德,失德而后仁,失仁而后义,失义而后礼。夫礼者,忠信之薄而乱之首也;前识者,道之华而愚之始也。(第三十八章)

老子对仁义道德的这种抨击,从人格理想的角度看,这种批评同时也表现了对德性虚伪化的不满。"一般来说,德性一旦虚伪化,便会导致内在之'我'(内在的人格)与外在之'我'(人格在社会中的展现)的分裂,亦即形成二重人格。人格的这种二重化,实质上也就是人格的异化"。② 老子反对以仁义道德规定人格,固然忽视了人格应有的德性内涵,但其"贵真"的价值取向,对于人格的异化,无疑具有深刻的抑制和消解作用。

---

① 《庄子·应帝王》。
② 张岱年、方克立主编:《中国文化概论》,北京:北京师范大学出版社,1994年版,第429页。

二、无为不争的理想境界

就一个人的理想人生来说,光看他是否具有理想的人格还是不够的,还须看他实际要达到一种什么样的理想的人生状态,这就是人生境界问题。如前所述,所谓人生境界,是中国古代哲学家追求的理想人生之极致的一种精神状态、精神天地。它不仅指人的创造所包含的可能世界,更侧重指理想化的精神意境。关注人生境界问题是中国传统人生哲学的一大特色,然而各家各派所追求的精神意境又各不相同,儒家追求道德"至圣"的境界,佛家追求宗教"涅槃"的意境,道家则追求自然无为、自由超越的境界。

道家的自然无为的境界,就是一种"道"的境界。在老子看来,既然"道"是一切的根本,人掌握了"道"也就是掌握了"真理",这就是"体道"。而"体道"的最终目的是为了与"道"合一,"玄同"于道,因此,老子把"玄同于道"作为人生的最高追求,也是人生所能达到的最高的人生境界,一种超越世俗的"得道"境界。

那么,"玄同于道"的境界到底是一种什么样的人生境界呢?在老子那里,它至少具有以下一些基本内涵:

第一,无为。老子认为,道的根本特性就是自然无为,既然人要"同于道",因而也就要自然无为。就理想的人生来说,自然真朴是其内在的人格特征,而"无为"才是其外在的表现形态。正因此,"无为"作为一种理想的人生境界,曾被老子作过反复的阐述。老子说:

> 圣人无为。(第六十四章)
>
> 圣人处无为之事,行不言之教,万物作焉而不辞,生而有,为而不恃,功成而不居。(第二章)

第三节 自然无为的人生理想

> 圣人云:我无为而民自化,我好静而民自正,我无事而民自富,我无欲而民自朴。(第五十七章)

"无为"就是要摒弃外在的、人工的作为,使人的一切都处于无造作、无偏执、无烦扰、任其自发、合乎本性的状态。这种"无为",与其说是绝对静止不动、完全不加作为,不如说是在否定一切不正常、不自然、不合理的作为之后完全顺其自然而然的作为:天地无为,万物自然生长;圣人无为,百姓自然运作;人生无为,而能无不为。这就是老子说的"功成事遂,百姓皆曰:'我自然'"(第十七章)。可见,自然是"无为"的内涵,无为是"自然"的投影,无为与自然实是同一事物的两个方面。

第二,不争。理想的人生由于并不需要着意去作为和成就什么,因而可以少私寡欲,少私寡欲也就不会存在争斗了。老子认为,圣人就具有这种"不争之德"(第六十八章)。所谓"不争",就是要排除各种功名利禄的诱惑,拒绝各种身外之物的牵累,以保持一种本然的生命存在。老子说:

> 圣人不积。(第八十一章)
> 圣人去甚、去奢、去泰。(第二十九章)
> 圣人欲不欲,不贵难得之货。(第六十四章)

只有"不争"、"少私寡欲",才可以达到"见素抱朴"(第十九章),即保持生命的本真状态,这种"见素抱朴"的生命本真状态也就是人生的最高境界了。

第三,虚静。少私寡欲、无为不争能使人保持淡泊虚静的心态,并在这种恬静的心态中悟"道"、体"道",达到玄同于"道"的境界。老子说：

> 不欲以静。（第三十七章）
>
> 致虚极，守静笃。万物并作，吾以观复。夫物芸芸，各复归其根。归根曰静，静曰复命。复命曰常，知常曰明。不知常，妄作凶。（第十六章）

老子认为"道"的本性就是清静无为，因而"静"是根本，"清静为天下正"（第四十五章），"重为轻根，静为躁君，是以圣人终日行不离辎重"（第二十六章）。这样，有道之人必须守静弃躁，才能归于存在的根本。怎样守静呢？这就是要抛弃各种欲望，涤除各种杂念，使内心变得无限空虚，达到空明的状态，就实现了心灵的极度清静。这种极度的清静是人由观察万物的循环往复而进入体悟虚静的自然之道的前提条件。的确，人若多私欲，心必然外骛；外骛则必躁动不安；躁动不安，自然不能入静；不能入静，也就不能体悟自然之道。相反，人无欲则不会向外驰求，这样就可以使心灵进入虚静状态，以这种恬静无欲的心态来体认自然之道，便能使人与"道"融为一体。人与自然融为一体、虚静的我与虚无的"道"浑然如一的境界，正是老子所追求的最高境界。

由无为、不争、虚静等所体现的人生境界，实质上是一样的，都是"玄同于道"的人生境界的不同内涵或不同表现。也可以说，由于"道"是无分别的整体性的本然存在，因此，与"道"同一的境界亦是浑然一体的整体境界。对于这样的境界，老子除了用前面曾说过的"朴"来比喻外，还曾用"婴儿"以作象征。老子说：

> 常德不离，复归于婴儿。（第二十八章）

专气致柔,能婴儿乎?(第十章)

含德之厚,比于赤子。……骨弱筋柔而握固;未知牝牡之合而朘作,精之至也;终日号而不嗄,和之至也。(第五十五章)

老子认为,作为人之初的婴儿具有纯朴自然的天性,他元气淳和,自然天真、朴实无华、无知无识、没有多余的欲望,一切都任性自发、率性而为。只是日后人为因素的干扰才使人逐渐失去了自然的生存方式和淳朴的德性。同时,婴儿虽然柔弱幼小,却是生命的象征,具有无限的发展潜力与可能。我们正可以从婴儿身上看到生命的源泉和力量,体会到生命的宝贵和原始的完美性,以及认识什么应是人类的真正美德。老子用婴儿赤子来比喻具有深厚修养境界的人,说他们的品格和境界就与婴儿具有的天然的淳朴的德性和自然的生命力相合。因此,人生的理想境界,就是要"复归于婴儿",即回归于像婴儿那样无知无欲、纯任自然、真实无伪的状态。也就是说,在老子看来,随着文明的发展,人性不是提高了,而是堕落了,失却了本真而多诈伪,故要返回到原初状态去,像成人返回婴儿、赤子。当然,老子也应清楚人不可能真正回到婴儿时期,所以他只是借婴儿之喻,说明人生所应回归和固守的本真状态。"含德之厚,比于赤子",含"德"深厚的人,才可与赤子相比,这是强调德性之自然真朴。"复归于婴儿"作为人生的极致,意味着人生回复到了本然的境界之中,从而达到了最高的理想境界。

总的来说,由于老子所追求的理想人生是"小国寡民"社会中的原始质朴之人,所以他所理想的人生境界是绝圣弃知、贵柔处弱、顺应自然的自然境界。相比而言,庄子的理想人生更富于超越的意蕴。庄子的理想人格是"至人无己,神人无功、圣人无名"①,所谓理想的"至人"、"真人"不仅是纯自然的、抛弃了任何私欲俗识、虚假道德的,而且是自由的、浪漫的、逍遥飘逸的。可见,庄子更注重以是否实现无任何负累的自由("逍遥")来划分人生的境界。只有"乘天地之正,而御六气之辩,以游无穷"②的"恶乎待"(无待)者是真正自由的,因而也是最高的人生境界。不过,无论是老子所理想的纯朴恬淡的自然境界,还是庄子所追求的"死生无变乎己"、"哀乐荣辱不入于胸次"、"游乎尘垢之外"的那种超迈洒脱、逍遥自适的自由超越境界,它们所体现的道家的人生态度和精神意境,千百年来一直成为道家独特的风骨神韵,滋养着中国人形成平和宽广的精神境界和抗拒逆境的精神力量。同时,道家所追求的这种自然、自由的人生境界,也未尝不是富有浪漫气息的审美境界,它实际上要求人们不计功利、忘乎物我,对整体人生采取审美观照的态度,使自我在与整个宇宙合为一体、与万物融洽无间的过程中获得无限的提升和欢悦,体现了生命的自由和审美的超越的内在统一。

三、自然无为思想的价值和局限

"自然无为"是老子哲学中一个最重要、最基本的思想,具有多方面的意义和价值。仅就老子人生哲学中的自然无为思想来说,就具有以下突出的意义和价值:

首先,老子的自然无为思想倡导了一种独立的人格和个性。中国传统的思想学说多以平治天下为主题,强调社会的群体利益,

---

① 《庄子·逍遥游》。
② 同上。

要求个人无条件地服从社会,对人的独立人格和个性发展则很少注意。因此,在漫长的中央集权的专制社会中,制度规范及其意识形态的主调始终是压抑个性的。老子提出要维护人的自然本性、回归人类的本真状态,就意味着确认人格的独立和个体品性。因为摆脱了一切思虑、情感、欲望的束缚,去除了仁义道德的矫饰之后所呈现的本真的人格,必然是具有个性特征的。老子反对以人的内在情欲和外在规范扭曲人的自然之性、妨碍人性的自然发展,就将"贵真"与尊重个性联系了起来,显然有助于人格的独立和个性的多样化发展,开创了道家关注独立人格和个性解放的思想传统。老子及道家的这一思想传统,是对整个传统文化的深刻反叛,无异于暗夜中的一道亮光、寂静中的一声呐喊,具有突破传统的重大意义。

其次,自然无为的人生境界表现了老子为人类寻找理想家园的努力。老子是一位对整个人类有着浓重的责任感、使命感的思想家,他深切地认识到人类生活的异化特别是虚伪的仁义礼智和异化了的政治权力对人类的威胁以及由此造成的人类生存的困境。这是老子在人生问题上最深刻最有价值的认识之一。老子通过对人类存在命运的忧虑和反思,试图为人类找到一种新的合理的生存方式、一个适合于人类的自然本性的理想家园,他所极力倡导的自然无为思想就是他为人类指出的这样一条返回故乡达到理想家园之"道"。老子曾对自己这种上下求索为人类寻找理想家园的情景作过生动的描述:

> 众人熙熙,如享太牢,如登春台。我独泊兮,其未兆;如婴儿之未孩;儽儽兮,若无所归……我独异于人,而贵食母。

(第二十章)

有人说过,哲学的本性就是怀着乡愁的冲动到处寻找精神家园的。老子这种独自漂泊、疲倦困乏(沌沌),而又无所归依的样子("若无所归"),正是一个怀着强烈的孤独感,因不被社会群体和世俗价值所理解而孤寂无援,但又坚定地四处追根寻源、探索理想归宿("贵食母","复守其母")的情景。正是在这种寻找中,老子似乎体验到了生命的真实、找到了人类的故乡、家园,这就是自然。在老子看来,自然真朴、无为不争就是人类生存的最高境界,也是最理想的家园。老子提出"复归于朴"、"复归于婴儿",就是要求克服各种异化、走出人类困境,回到人的本真状态的理想境界和理想家园。从这个角度说,老子哲学实是寻找理想家园的哲学。不管老子为人类未来所建构的理想家园具有多大的合理性,老子这种对人类命运的深切关怀、对人类更为合理的生存方式和生存环境的努力探索本身在人类思想史上就是具有首创性的,是非常可贵的,可以成为后来者特别是面临了更多社会危机和生存困境的现代人建构合理的理想社会可资借鉴的重要思想资源。

最后,自然无为作为一种人生的基本原则,具有丰富的智慧内涵。老子看到了人类的文明化过程所具有的内在矛盾性,要求批判和否定其所带来的消极因素和负面意义,认为造成这一切的主要原因是人与自然的分裂。老子崇尚自然无为、要求返璞归真的自然主义思想,就是为了弥合由人文化进程所带来的人与自然的分离现象,寻找一种人与自然重新契合的生存方式。在老子看来,人与自然不应呈现为一种对立、紧张的关系,人的文化创造不应无视自然之理,而是应当尊重自然、遵循客观规律;人类特别是现代人应该通过热爱自然、尊重自然秩序、保护生态环境,来消除人类的自我中心主义,回归到人与自然融合无间的和谐状态。同时,就人自身来说,维护自然之性、弘扬真朴道德、顺其自然而然、戒除贪欲浮华的自然主义的生活态度和价值取向,的确是人们正确地面对事业和人生的智慧策略。它对于消除社会生活所造成的紧张感、人与人及社会之间的异化关系、人与自然之间的疏离状态,以及道德观念等方面的精神危机等,都具有巨大的启迪作用。

当然,老子的自然无为思想作为其人生哲学的基本理论主张,也有其不可避免的局限性。这种局限性,因其对老子和道家乃至整个中国传统的人生哲学都产生了深刻的负面作用,所以具有不可忽视的影响。这种局限性,择其要者述之,主要表现在两个方面:

一方面,老子的自然无为思想是以将自然状态理想化为其逻辑前提的,而这显然是其理论中一个严重的内在缺陷。按照老子的观点,自然本身有其天然的完美性,而无需经过人化的过程;无论个人还是社会,其最理想的境界就是与宇宙自然融为一体,和天地万物一样生存在完全的自然状态里。这种把自然状态理想化的观念,正如前面曾指出过的,实是一种"原始完美性"的迷信和崇拜。事实上,自然本身远不是完美的,而是充满了矛盾的过程;同样,处于完全原始的自然状态中的人也还不是真正的人,人之为人正在于他实现了对自然的超越。因此,就人与自然的关系来说,人固然首先是自然的人、是自然的产物、具有自然的本性,但人又绝不仅仅是自然的人,他同时是超越了自然的人、是具有社会性、实践性的人——尽管他的社会性、实践性并不等于道德的、功利的属性。

另一方面,老子赞美自然、主张无为,经常不加区别地把自然与人为完全对立了起来,从而导致了在一定程度上否定人的主体性的错误倾向。老子从把自然状态理想化的逻辑前提出发,在自然和人为之间,作出了鲜明的区分和对立:属于天者(自然)是人类幸福的源泉,属于人者(人为)是人类痛苦的根子。这种观点的错误虽然不像荀子所批评的"蔽于天而不知人"①那样简单,但的确包含了深刻的矛盾。人类的文明化一方面使人超越了自然,但另一方面也带来了各种人为的祸害,如政治权力和战争对人的生命的摧残、仁义道德的标榜常常使人变得虚伪化、智巧和财富的增加反而加剧了人的异化,等等。老子正确地看到了人类文明的发展往往是以二律背反的形式展开的,它在推动社会进步的同时,也常常带来某些负面的后果。老子主张把人还给自然,把人看作是自然的一种存在形式,反对人的人文创造及一切主动的作为,在主观上就含有反对以各种人文化的、社会性的规范来戕害本真的人性的积极意义,但由强调文明进步的负面意义进而否定文明,在客观上又走向了另一极端。这正如张岱年所说:"无为的思想,是包含一种矛盾的。人的有思虑、有知识、有情欲、有作为,实都是自然而然。有为本是人类生活之自然趋势。而故意去思虑、去知识、去情欲、去作为,以返于原始的自然,实乃违反人类生活之自然趋势。所以人为是自然,而去人为以返于自然,却正是反自然。欲返于过去之自然状态,正是不自然。"②这种把有为看作就是人的自然的观点,是很正确的,的确击中了老子的要害。不过,我们也可以从另一个思路即老子本人的有为即为不自然的逻辑来进一步分析其错误。按照这一逻辑,人的主体性活动及其人文化成果在本质上就是逆反自然本性的活动,而不是符合人的自然本性的活动。对此,老子的认识是对的。但问题在于,难道"不自然的"就等于"不

---

① 《荀子·解蔽》。
② 张岱年:《中国哲学大纲》,北京:中国社会科学出版社,1982年,第303页。

应该的"或"不合理的"吗？其实，人之作为人就是一个人为的创造而不是一个纯自然的适应。人的主体性及其人文化成果乃是通过人与自然、人与自我本能及自我局限等等的抗争和奋斗得到的，而不是自然成就的。一部人类文明史正是人通过反抗外在的自然与内在的自然（人的自然本性）而不断自我提升和超越、也就是不断"人化"的过程。自然是美好的，但人的创造更美好！自然只有洒上了人性的光辉才会变得生动起来。纯粹的自然将会因失去了人这一观照主体而变得毫无意义，黯然无光。

不过，对自然无为思想的这种局限性，老子本人及后来的道家是有觉察的，于是提出一种修正的学说，认为一般的人为，也可算是无为，只有违反自然规律而作可怪或不可能的事情，才是有为。老子的"无为"即"善为"的思想，就是着意阐述这一点的，但这已不能完全掩盖自然无为思想所具有的否定人的主体性的错误倾向，反而正从一个侧面暴露了其自然无为思想所包含的内在矛盾性。

第四节 人生的价值取向

人生价值是人生哲学中的一个基本问题。一般来说，关于人生价值的观点总是与人生观中的其他基本问题紧密相联系的，因为它既涉及现实人生的意义，也指向理想人生的境界。具体而言，关于人生价值的观点反映着对人的基本认识，体现着人生的理想，蕴涵着人生的一系列价值原则，形成为一定的价值取向，外化为具体的行为规范。在这个意义上讲，人生价值观能够最深刻、最集中地映现着一种人生观的基本内涵和总体倾向。

老子的人生哲学包含了丰富而独特的人生价值思想,前述老子的理想人格和人生境界思想就是人生价值观的集中体现。但其人生价值观作为一种评价系统,还具有自己的一些基本内涵,而这正是我们在这里需要进一步展开考察的。

一、肯定生命的本体价值

人活着首先是一个生命的存在体,因而老子的人生价值观首先是建立在其生命观基础上的。那么,人这种生命存在的本质是什么呢?对于这个问题,几千年前的老子当然不可能在现代生命科学意义上去解答,而只能从其特有的哲学立场上去认识。根据老子"道"的哲学,"道"是一切存在的本质,当然也是生命的本质。但是,说生命的本质是"道",实等于说生命的本质就是"自然",即人不过是宇宙自然森罗万象的事物中的一种自然的存在。正因此,老子的生命观的一个重要价值在于它把人的生命存在与自然的无形而化联系起来,而否认有某种神秘的、超自然的力量可以主宰人的生命。也就是说,老子是将个体生命置于宇宙自然中去阐明其存在及其意义的。由于生命的本质就是一个自然的存在,所以生命活动的最高准则就是"法自然",生命存在的最高境界和最终归宿就是回归于自然。

老子这种自然的生命观,还在其生死观中得到了集中体现。在老子看来,人的生死过程是一个自然而然的过程,与其他生命差不多:"人之生也柔弱,其死也坚强;草木之生也柔脆,其死也枯槁。"(第七十六章)人的生命不过是一个"出生入死"(第五十章)的过程:既有生,必有死;生是自然的化育,不必喜;死是向自然的回归("归其根"),亦不必悲,一切只需任其自然。庄子正是在老子的这一思想基础上,明确提出了气之聚散的生死观——"人之生,气之聚也;聚则为生,散则为死"①;并且进一步得出了十分超脱旷达地对待生死的人生态度。

有人以为,老子由这种超脱旷达的人生态度,很可以导致一种恶生悦死否定生命的倾向。譬如,老子曾说:

> 何谓贵大患若身?吾所以有大患者,为吾有身,及吾无身,吾有何患?(第十三章)

这段话表面上似乎强调了"无身",因而是对生命及现实人生价值的否定,其实则不然。老子的人生哲学,乃至整个道家的思想,都有一种强烈的贵己重生的倾向,这段话更是老子主张重生论、肯定生命和现实人生的价值的一个重要例证。老子认为,人之所以有祸患的一个重要原因是由于自身有过分的贪欲,一般人因这种贪欲而对身外的宠辱毁誉,莫不过分的重视,就像如临大患一样,甚至许多人重视身外的宠辱毁誉远超过了对自己的生命的关注。因此老子说这段话的意思是想唤醒人们要像防大患一样贵身,而要防大患,也要先贵身。司马光说:"有身斯有患也,然则,既有此身,则当贵之、爱之,循自然之理,以应事物,不纵情欲,俾之无患可也。"②陈鼓应也指出:"老子说这话是含有警惕的意思,并不是要人弃身或忘身。老子从来没有轻身、弃身或忘身的思想;相反地,他却要人贵身。"③老子所谓"贵身",是要求人们为"腹"不为"目",但求建立恬静安足的生活,而不求声色货利的纵欲生活,不

---

① 《庄子·知北游》。
② 司马光:《道德真经论》。
③ 陈鼓应:《老子注译及评介》,北京:中华书局,1984年,第110页。

"危身弃生以殉物"(庄子语)、"不以宠辱荣患损其身"(王弼语)。实际上,老子讲"贵身",归根结底是要肯定不受过分情欲的驱使、不受外在之物如声色货利宠辱等的束缚,而以自然真朴的本然形态存在的生命本身的根本性、终极性价值,即本体价值。正因为如此,老子才感慨地发问:

> 名与身孰亲?身与货孰多?(第四十四章)

答案当然是应重身轻物。重生贵身的反面是"轻身",老子曾这样责问轻身(作践自己的性命)的君主:"奈何万乘之主而以身轻天下"(第二十六章),认为这种轻身的君主不是理想的治者。理想的治者恰恰是首先要"贵身"重生,因为老子相信,只有真正能够珍重一己之身、爱惜一己生命的人,才能珍重他人的生命,爱惜别人的人生,并且,也只有这样的人,才可以放心地将天下的政治交付于他、让他担当大任。

> 贵以身为天下,若可寄天下,爱以身为天下,若可托天下。(第十三章)

从这里也可以看出,老子重生论的最终目的,还在于要建立一个以人为中心的理想社会。在这个理想社会里,人人都自重自爱也互重互爱,以生命的自然真朴的本然状态为最高的价值,防止以外在的名利荣辱来损害这一价值。无疑这是老子所理想的没有"人的物役"的异化的真正人的社会。可见,老子的重生论并非一味地主张保全自然生命、延长生命的寿数,以苟且偷生、保啬自全为务。像冯友兰认为的"道家哲学的出发点就是全生避害"①的看法是不够确切的。老子超脱于生死的困惑是因为他对生死现象的认识有一种比较接近于科学的理性认识;老子之所以提出了贵人轻物、贵己保身的重生论思想,是因为他看到了人类社会的历史进程违背了"天道无为而无不为"的自然法则,从而破坏了人的"自然"的原则。老子的重生论既针对了一般人的贪物丧性,也针对了统治者的贵物轻人,具有比较广泛而深刻的批判意义。老子面对"五色"、"五音"、"五味"、"驰骋田猎"、"难得之货"等外物对人性的扰乱,而提出了"名与身孰亲,身与货孰多"的疑问,表明他已明确地把生命本身存在的意义和价值摆到了"名"与"货"等之上。总之,老子(及整个道家)较注重人的自然生命,要求重生贵己,反对人贪求外在的名利、财富、权势等,最终目的是为了反对让外物否定掉人自身的价值,寻求一个更适合人类生存的合理社会,这是很正确很深刻的。至于道家后学中杨朱的"拔一毛而利天下,不为焉"②的主张只是老子这一"轻物重生"思想的极端表现,本意上似并非为了宣扬苟且偷生、保啬自全。不过,需要注意的是,老子的重生论与道教的单纯追求自然生命的长生不死、延年益寿是有着根本区别的,我们不能混淆这两者,更不能以后者来指认前者。

二、对传统价值观的全面反叛

由于对人的本质、生死等问题的理解不同,不同的哲学和宗教以及普通人对人生价值的看法是各不相同的。一般人都是恋生乐生的,以追求和满足锦衣玉食、荣华富贵为人生的最大价值。儒家

---

① 冯友兰:《中国哲学简史》,北京:北京大学出版社,1985年,第80页。
② 《孟子·尽心上》。

把生死看作是每个人所无法逃避的必然之途,所以认为人生的价值在于立功、立言、立德,追求精神上的永恒。佛教主张肉体有生有灭而灵魂不灭,所以它认为人生的价值在于对主观心性的修炼,在于把普通的人心修炼成佛性,以达永恒。道教把人体内的道、把肉体和精神的永恒的结合状态看作是生命的本质,所以它很自然地把追求长生不死、得道成仙看作是人生的最高价值追求。老子的人生价值观与这一切看法都不同,由于老子注重人的自然生命,肯定生命的本体价值,就必然要把人们追求声色货利、功名权势以及肉身长久等看作是在人生价值取向上的迷误。老子通过揭露和批判人生价值观上的种种迷误,用以反求正的否定性方法,建构起了一套独特的人生价值观,从而实现了对传统价值观的根本翻转和全面反叛,具有深刻的思想解放意义。

第一,人生与功利。

功利问题是人生观中一个永恒的主题,不管过去还是现在,正确理解和处理人生与功利的关系问题既是人生的一大难题,又最能显示人生的真义所在和人生价值的取向。

在一般人的印象里,由于老子主张无为无欲、"绝巧弃利"(第十九章)、"不贵难得之货"(第六十四章),因而他是不讲功利或完全超越功利的。其实,这是一种误解。如果老子真的从根本上泯灭功利、摒弃功利,那就不可能有他的"无为而治"的政治追求、"实腹""强骨"的社会理想、"无私成私"的人生艺术。只不过,老子的特异处在于他所讲的功利完全不同于世俗的功利,它是以自然无为为价值取向的功利。就老子所讲的"功"来说,一方面,它是以"无为"为手段所达至的最高功业、是无为之为、不为而成的"功";另一方面,它又是老子反复强调需要以自然无为、平淡超脱的态度去对待的"功"。老子说:"功成而弗居"(第二章)、"功成而不有"(第三十四章)、"功成而不处"(第七十七章),就是要人们对待功业不据为己有、不居功自傲、不巧取争夺。只有这样,才能真正"成其大(业)"(第六十三章)、功绩永存,"夫唯不居,是以不去"(第二章)。同样,就老子所讲的"利"来说,它也与世俗之利不同。世俗之利多指私利,而老子之利则为公利。所谓公利,乃指坦然大公("容乃公,公乃全")、"利而不害"(第八十一章),亦即"利万物"(第八章)、利万民、"民利百倍"(第十九章)之"利"。而对个人私利,老子则主张采取谦让不争、知足知止的超脱态度。这种利人、利物、利万民而不自私、不占有的精神,可说达到了极高的功利境界。这种境界不是泯灭功利、不承认功利和不要功利,而是在承认功利、达到理想功利的基础上实现对狭隘的、低层次的功利的超越。

历史上曾不断地有人指责老子的人生观是极端自私的、以阴谋权诈谋私利己的处世之术,如元代学者刘因就认为老子完全是"以术欺世"、"以术自免"、以个人利害为中心的自私自利的典型[①]。明代王夫之称老学是"苟善其全躯保妻子之术"[②]。近人冯友兰也认为老子及道家的中心思想就是"为我"[③]。嵇文甫更是断言:老子思想充满了小农式的功利主义色彩,"《道德经》五千言,几乎字字都是在祸福利害上打算盘"[④]。然而我们从前面对老子功利观的分析可以看出,那些看法不是误解就是污蔑。试想,世上哪会有主张超越一般功利的自私自利者呢? 老子的人生观实非那

---

① 参见商聚德:《刘因评传》,南京:南京大学出版社,1996年,第206-207页。
② 王夫之:《周易外传·睽》,北京:中华书局,1977年,第91页。
③ 冯友兰:《中国哲学史论文二集》,上海:上海人民出版社,1962年,第87页。
④ 嵇文甫:《先秦诸子政治社会思想述要》,《嵇文甫文集》,郑州:河南人民出版社,1985年,上册,第170页。

些责难者所想象的那般浅薄和狭隘。这里问题的关键是要理解老子对待功利的辩证态度：它既不像儒家那样"义以为上"、"以义制利"，以崇高的道德律令和普遍的伦理规范来过分地抑制甚至完全排斥功利，也不像墨法一样认为"义即利也"、以功利原则为唯一的价值原则和一切的终极依据，使人趋于工具化，变成为外在功利的附庸。实际上，老子运用其否定辩证法的原则，力图建立一种能够超越现实功利的，具有无限的涵盖力的价值标准和价值导向，而这种价值标准和价值导向的中心点就是要凸现作为自然存在的人这一价值主体。

第二，人生与权势。

亚里士多德说：人是政治的动物。这话如果作为对人的定义，显然是不全面的，但它至少揭示了人不能脱离于政治生活这一人类独有的突出特点。的确，如何对待政治和权势是任何一种人生观都不能不涉及的一个重大问题。中国人特别是知识分子的心灵深处，更是历来都有一种难解的"政治情结"，这种"政治情结"主要就表现为十分迷信、崇拜和贪恋政治权势。这一点影响到人生观上，那就使人们往往都把人生价值定位于仕途和政治权势上，所谓"学而优则仕"，"官本位"等就是这种观念的集中体现。例如，孔子一生所孜孜以求的一个基本目标就是出仕参政，把入仕看作是士人最基本的生存方式，是实现其政治理想和人生价值的唯一途径。

老子的观点与态度与此大不相同。首先，老子在思想史上第一次明确系统地肯定了人生具有超越于现实政治的独立价值、真正拉开了人生价值与政治权势之间的距离。这一点集中体现为老子提出的一系列关于社会政治、人生的全新理想以及对现实政治和权势采取的批判和不合作态度。对此，前面章节已作专门论述，这里不再赘述。需要补充说明的是,老子的这方面思想,还通过其隐逸倾向表现了出来。应该说,老子是具有一定的隐逸思想的,而在中国传统中,"隐"从来是(主要是)针对"仕"而言的,也就是说,"隐"的问题,实际上是个体人生与政治权势的关系问题:即面对现实中的政治权势,个体是与之合作呢,还是不合作?是趋附权势、屈从甚至是主动投身、追逐于仕途、信奉官本位的价值观呢,还是拒绝"低眉折腰事权贵",反对官本位的文化和价值观?老子主张无为,对现实政治持激烈的批判否定态度,这实际上是拒绝与现实政治权势的妥协和合作,认同于"隐"而不是"入仕"、"求仕"的价值取向和人生态度。张立伟把中国传统上的隐逸分为二大类:"忤世之隐"与"避世之隐",认为忤世之隐的关键就体现为不合作的抗议。① 我看老子可算这种忤世之隐的典型。

其次,退一步讲,老子认为在不得已的情况下去参政从政,也须奉行"无为而治"的态度:"处无为之事,行不言之教"(第二章);靠无为之为、不为而成的"无为"手段成就的政治功业才是所能达致的最高功业。这实际上从一个角度表明了老子相信较理想的治者应与现实政治及其权势利害始终保持一定的距离。对此,我们还可以从老子所区分的"侯王之治"和"圣人之治"这两种政治形态中得到说明。老子所说的"侯王"指的是现实中的治者,"圣人"则是老子认为能体道的理想的治者。在老子看来,现实中的侯王行"有为之治"已经暴露出诸多弊端,并给社会、人生造成了巨大的危害,因而对它持彻底的批判、否定态度。但老子又希望现实中的"侯王之治"能提升、转变为理想的"圣人之治",所以老

---

① 参见张立伟:《归去来兮——隐逸的文化透视》,北京:三联书店,1995年,第52页。

子对现实中的"侯王之治",除了批判、否定之外,又苦口婆心地提出了许多要求、设想和希望。尽管如此,我们还是不难从中看出老子对现实政治及其权势的疏离态度的。

再者,老子特别反复地强调应在"功成事遂"之后"功成身退"(第九章),这实在是从另一个角度再次警告人们对现实政治及其权势利害要始终保持清醒和警惕,即使在成就了政治功业之后,也应以"生而不有"、"为而不恃"的天道为法,做到"功成而弗居"、"功成身退",不然就会招灾惹祸。因为在老子看来,政治权势就像一种毒药,虽然在一定的范围内适度使用可以疗疾去痛,但浸染长久就会毒化、戕害生命,所以明智的人应以不恃强、不居功自傲、不占有、不贪恋的自然超然态度对待权势。事实的确如此,在中国历史上,参政之途从来都是充满了危险的陷阱的,老子提出的"功成身退"思想,应该说就是对知识分子参政的危险处境和悲剧命运的客观事实作充满感慨的经验总结。显然,在维护生命的本体价值的老子看来,那种受政治命运主宰的人生必然是违反自然、扭曲人性的异化人生,也是没有真正价值的人生。

第三,个人与社会。

道家的人生观与儒墨两家的一个显著区别,就体现在如何看待个体价值问题上。儒墨两家都十分强调个体对群体、社会的责任,以社会的伦理道德规范或群体利益作为衡量个体价值的尺度,如儒家主张"杀身成仁"、"舍生取义"的道德化人生价值,墨家推崇"兼爱天下"而不讲"为己"的人生追求。而道家则要求无条件地肯定个体生命的意义和价值,反对用群体来淹没个体,反对用仁义道德、纲常名教来扼杀个体生命,主张把个体的自然存在和精神自由置于一切外在的附加物之上,走出人生的困境、挣脱"物役"的束缚,追求蓬勃超迈的个性解放和自由人生。

但是,在个人与社会的关系问题上,道家在肯定个体有独立于社会的价值的前提下,其内部又有所不同,这集中表现为老庄之别。老子把自己看成是人类的一员,他以个体的自我来承担属于全部人类的一切,特别是人类的苦难,大有"我不下地狱谁下地狱"的担当精神。因此,老子所理解的个人是虽是自然纯朴之人,但归根结底还是社会中的个人,即马克思所说的"类存在物"[1];而老子所关注的根本还是救世,并以超出常态的智能提出了一套完整的救世方略。老子认为:"圣人常善救人,而无弃人;常善救物,而无弃物"(第二十七章)、"圣人无常心,以百姓心为心"(第四十九章),强调利万物利万民而不自恃不自私的道之德,这种不弃人、不弃物、不自私的思想,既表现了博爱的人道主义和平等精神,也表达了其深切的社会关怀。到了庄子那里,个体自我的存在不再强调人类的属性,而突出其独立自由的意义。在主观上,庄子并无老子般的救世之心,而只求救人——汪洋自恣以适己、游戏污渎以自快,"而游无何有之乡,以处圹埌之野"[2]。庄子所理解的个人是纯粹的个体,而他所关注的根本则是完全独立的个体的价值和自由。总的来说,老子所追求的人生价值是农夫式的闲适朴野、纯任自然的自然和自发的生活,而庄子则除了要过一种自然和自发的生活之外,还要使人的生活目的变得自由和富于创造性。换言之,庄子要求在自然的生活中开掘出生命的无限价值和意义,追求一种超越于自然之上的自由和审美的境界。鲁迅说:"自史迁以来,均谓周之要本,归于老子之言。然老子尚欲言有无,别修短,知白黑,而措意于天下;周则欲并有无修短白黑而一之,以大归于

---

[1] 马克思:《1844 年经济学哲学手稿》,《马克思恩格斯全集》第 42 卷,北京:人民出版社,1979 年,第 95 页。

[2] 《庄子·应帝王》。

'混沌',其'不谴是非'、'外死生'、'无终始',胥此意也。中国出世之说,至此乃始圆备。"①鲁迅所说的老庄之别,从他们的人生哲学上看也是很恰当的。只是与其说庄子是"出世"的,不如说他是"超世"的,即他既不能拘守其"柔静"的自然生存状态,又超越世俗的价值观念和生存方式,而要冲决一切束缚、卸去一切责任,达到与道同一、逍遥自由的理想境界。

第五节 人生的艺术

中国传统文人往往能巧妙地将人生转化成为一种艺术、以艺术化的态度去对待人生,因而他们一向所追求的一个理想就是生活的艺术化,成为一个生活艺术家。正如韦政通说的:"在中国,人生就是广义的艺术,生命史就是自己艺术的作品。"②老子就是这样一位杰出的生活艺术家。他努力将自己的哲学生活化,以其哲学指导人生,并由此引申出了一系列人生的艺术。老子的人生艺术对于我们中国人学会蓄养生命的深度和厚度、拓展人生的长度和广度,实有着非常深远的影响。

具体地说,由于老子之"道"既是客观自然的存在本体,也是社会人生的存在本体,所以它自然被老子当作了人之道所应遵循和师法的最高准则和根本智慧。陈鼓应说,在老子看来,"当'道'作用于各事各物时,可以显现出它的许多特性。'道'所显现的基本特征足可为我们人类行为的准则。这样,形而上的'道'渐渐向

---

① 鲁迅:《汉文学史纲要》,北京:人民出版社,1976年,第19页。
② 韦政通:《中国的智慧》,长春:吉林文史出版社,1988年,第240页。

下落,落实到生活的层面,作为人间行为的指标,而成为人类的生活方式与处世的方法了。"[1]可见老子哲学的形上学色彩固然浓厚,但老子所真正关心的还是社会人生问题。在老子那里,形而上的"道"如果不与人生发生关联,那么它还不具有实际的意义。只有当它向下落到经验世界里时,才对人产生了重大的价值。

老子之道落实到人生层面,主要具有两方面的意义:一是作为人类生活的最高准则,它集中体现为自然无为原则,这在前面已作较多论述。二是作为人类生活的智慧和艺术,这在本章第一节已有论及,但还尚未展开考察其具体内容。所以这里所要论述的问题是,这个作为人类行为所依循的"道"究竟具体蕴涵了哪些可以被人类所师法而转化为人生的智慧和艺术的基本特性和精神呢?根据老子的观点,我们可以把它们概括为这样几点,即少私寡欲、知足知止;谦下不争、以退为进;贵柔处弱、致虚守静。实际上,它们可以说都是自然无为这一总原则的具体化,使之更具有了可操作的实践意义。当然,应该指出的是,它们作为一种世界观和人生观,其弊端和局限是很多的,但作为个人的修养方法、生活艺术和处世之道,则具有其许多独特的价值和意义,至今仍值得我们借鉴。

一、少私寡欲、知足知止

有"欲"(主要指物质欲望)是人的自然本性。但如何对待"欲",则是由各人的人生追求和价值取向所决定的。老子既反对禁欲,又反对纵欲,而是倡行"少私寡欲"。具体来说,老子实际上

---

[1] 陈鼓应:《老子哲学系统的形成》,《老庄新论》,上海:上海古籍出版社,1992年,第13页。

区分了两种"欲":自然之欲与人为之欲。自然之欲是指根据人的自然本性所具有的生存欲求,如基本的食色之欲。对于这种自然之欲,老子不但不主张禁绝,反而认为应予尊重和满足,所以他提倡"甘其食,美其服,安其居,乐其俗"(第八十章),以老百姓都过上一种没有饥寒、没有压迫、没有祸乱、没有战争、安居乐业、自然淳朴的生活为理想的社会状态,要求统治者不要干涉老百姓过自然平静的生活:"无狎其所居,无厌其所生。"(第七十二章)老子这种极力维护普通民众的自然淳朴的平静生活的观点,从一个侧面体现了他对人的自然之欲的肯定。但是,老子认为,追求过多的物质享受和欲望满足,就是人为之欲。人为之欲是超出人的自然之欲之上的,因而是违反人的自然本性的、人为的、不合理的,对人的身心都有害,老子说:

> 五色令人目盲,五音令人耳聋,五味令人口爽,驰骋田猎令人心发狂,难得之货令人行妨。(第十二章)

老子认为人们所追求享受的声色犬马之欲、财货奢侈之欲、权势名位之欲都是人为之欲。放纵嗜好于这些人为之欲,不仅会使人迷失本性,而且会导致人轻身弃生,甚至身败名裂。所以老子主张对这些人为之欲要加以弃绝,把生命存在的价值超拔于"名"、"货"的位置之上:"名与身孰亲?身与货孰多?得与亡孰病?是故甚爱必大费,多藏必厚亡。"(第四十四章)他反对轻身以殉名货,贪得而不顾危亡的嗜欲行为。"祸莫大于不知足,咎莫大于欲得"(第四十六章),欲壑难平、贪得无厌、放纵不拘,其结果是祸患无穷。庄子曾说过"其嗜欲深者,其天机浅"的话,表明欲望(主要是人为之欲)的大小与一个人的精神乃至整个生命成反比。既然贪欲必然招致祸患，那么理想的圣人就要"欲不欲，不贵难得之货"（第六十四章）。"不欲"就是"无欲"。当然，"无欲"所要弃绝的是那些人为之欲，而不是自然之欲，因此严格说来，老子所谓的"不欲"、"无欲"，就是指"寡欲"，即《老子》第十九章说的"少私寡欲"。"寡欲"就是要把人的欲求保持在最基本的合理范围内，不过分"贪欲"、不"过欲"，不肆意地伸张一己的私欲。

"寡欲"对于人生的意义是十分重大的、也是多方面的。首先，如上所述，"寡欲"可以避免贪欲、纵欲带给人身的直接危害，从而有益于保身、养身，所以老子说："何谓贵大患若身？吾所以有大患者，为吾有身，及吾无身，吾有何患？"（第十三章）人之所以有祸患的一个重要原因是由于有包含着过分贪欲的一己之身，如果能"后其身"、"外其身"即限制以至弃绝这种过分贪欲、多欲之身，保持清心寡欲、自然真朴之身，那还能有什么祸患呢？其次，寡欲可以使人保持淡泊宁静的心境，从而以这种淡泊宁静的心态来体认自然之道。老子认为人生的最终目的不在于满足一切欲望，而是要观"道"体"道"，达到与"道"同一的境界。要达到这种玄同于"道"的境界，心灵的虚静是一个基本条件。而人若多私欲，心必然向外驰求，驰求得越多，人的身心越易躁动不安、难于入静；不能入静，自然就不能体悟大道了。再者，"寡欲"还是实现理想的社会政治状态的基本途径。老子认为，贪欲不仅危害个体的生命和身心的健康，而且还会败坏社会风气、使国家难于治理，是造成社会及政治罪恶和灾祸的源头。"祸莫大于不知足，咎莫大于欲得"，一个你争我夺、贪欲横流的社会，必定不是正常合理的社会。因此，老子主张要治理天下就必须先淡化各种欲念、消除人为之欲的困扰：

> 不尚贤，使民不争。不贵难得之货，使民不为盗。不见可欲，使民心不乱。是以圣人之治，虚其心，实其腹，弱其志、强其骨。常使民无知无欲，使夫智者不敢为也。（第三章）
>
> 不欲以静，天下将自正。（第三十七章）
>
> 圣人云：我无为而民自化，我好静而民自正，我无事而民自富，我无欲而民自朴。（第五十七章）

统治者如果能不贪图享乐、不肆意扩张无限的占有欲和权势欲，就能引导民众也淡化欲求，并通过对民众实行不干涉主义，让民众自我化育、自我发展，自然而然地达到淳朴安宁、富足和谐的理想社会状态。应该说，老子的这种治世之道是空想性的，因为统治者的"寡欲"一般不会自动出现，而只能借助于制度机制的有效约束，但他的有关认识和批判与现代所谓"贪欲和腐败是政治之癌"的说法一样，还是具有深刻的警醒意义的。

那么，人如何做到"寡欲"呢？老子认为，人之所以有"欲"，是因为有"私"，正由于有一己之私、一家之私、团体之私等等，才会有各种欲求和争斗。所以老子提倡"少私"。说"少私"而不是"无私"，是因为老子认识到人不可能完全无私无欲，但却可以减少私欲，限制不合理私欲的膨胀和肆虐。在老子看来，要做到"少私"、"寡欲"，关键是要"知足"、"知止"。

《老子》中关于知足知止的论述是很多的，如：

> 知足者富。（第三十三章）
>
> 知足之足，常足矣。（第四十六章）
>
> 知止可以不殆。（第三十二章）
>
> 知足不辱，知止不殆，可以长久。（第四十四章）

知足就是懂得满足于一定的状况,知止即知道适可而止。老子讲知足知止,就是要人懂得凡事都有一个限度,不可做得过头,不能忘乎所以。老子认为,世间的财富、权势、名位是无限的,任何人都无法穷尽。一个人如果贪得无厌、试图以其有限之身去追逐那些无穷无限之物,就必然不可能成功,反而会因此感到永不满足、永不快乐,甚至会因此为害身心、身败名裂。贪求的名利越多、付出的代价越昂贵;蓄积的财富越多,失去的也会越多。况且,多与少、富与贫等都是相对的,一个人只有珍重自己的本然生命,对待名利适可而止、淡然处之,才可以获得真正的安宁和幸福。

老子的知足知止思想凝结了深刻的人生经验。他看到了人们往往由于欲望的膨胀而带来的种种危害和烦恼,站在哲学的高度上给世人敲响了节制欲求的警钟,具有很深刻的认识价值和实践意义。特别是老子的少私寡欲、知足知止思想,对当时的权贵们无餍欲求、贪婪无耻是一个强烈的抗议和批判。尽管对于一般人来说,老子倡导的这种清心寡欲、知足常乐思想有可能被引向消极保守、不思进取的道路上去,但它更多的是一种属于具有辩证法、方法论意义的思想,如能正确理解、恰当运用,还是极富智慧的人生艺术。

二、谦下不争、以退为进

在现实生活中,人们都知道"不甘人后"的道理,认为只有不断进取、争先抢后才是应有的积极的人生态度。然而,老子的观点却不是这样,他说:"我有三宝,持而保之:一曰慈、二曰俭、三曰不敢为天下先。"(第六十七章)其中的"不敢为天下先",就是指不敢居于天下人的前面、不敢争先,这就是老子的"谦下"、"不争"的思想。

老子的"谦下"、"不争"思想,是他"师法自然"得出的结论。老子认为,作为本体的"道"及自然本身就具有谦下不争的品性。老子常以"溪"、"谷"、"雌"、"牝"来形容"道",就是说明道的谦谦勿伐、居下涵容的。同样,老子相信,"道"的本性就是无为而不争:"天之道,利而不害;人之道、为而不争"(第八十一章),"不争之德",乃是天道的自然德性,人要效法天道,就要学习其为而不争、利万物而不争这种至高的德性。老子非常喜欢用水的利物、不争、处下的特性,来比喻道的谦下不争的特性,并以此证明法"道"之人应以此种谦下不争作为自己处世的法宝。老子说:

> 上善若水,水善利万物而不争,处众人之所恶,故几于道。
> (第八章)
> 江海之所以能为百谷王者,以其善下之,故能为百谷王。
> (第六十六章)

水能滋养万物,不仅默然无声、不夸耀不争胜(可谓"润物细无声"),而且甘居下游,自处大家都厌弃的卑下之地。更特别的是,虽然水趋下就低、身处卑下之地,却正因此能够涵容广大、汇百川以成汪洋。在老子看来,水的这种品格就是"道"的象征,也是有"道"之人应遵循的人生的艺术。老子有感于世人都想站在高处、抢在亮处,没有一处不为高位厚利争夺不止、没有一时不为显势荣光逞强好胜。所以他提出谦下不争的观念,就是要人们认识到"贵必以贱为本,高必以下为基"(第三十九章),高贵须以低贱为基本,一味地追求高贵的很可能因失去低贱的基础作支撑而无法成功,坚守于低下的往往因其不离根本而立于不败之地。而且,因"处下"所具有的深涵广大,有益于消弭争端、培养容人的心量。

老子提倡为人处世要以谦下、不争为本,并不意味着谦下不争总带来不利的结果。实际上,由于事物的对立面总是相互转化的,谦下的并不会永远处下,而是通过处下可以达到后来居上的结果;不争也不是消极退守,而是通过不争可以达到争胜的目的,总之,谦下不争之人及其行为总会因其美德而得到好报和尊敬。所以老子相信:

> 不敢为天下先,故能成器长。(第六十七章)
> 圣人后其身而身先,外其身而身存。非以其无私焉,故能成其私。(第七章)
> 欲上民,必以言下之;欲先民,必以身后之。是以圣人处上而民不重,处前而民不害。是以天下乐推而不厌。以其不争,故天下莫能与之争。(第六十六章)

有道之人把自己放在人后,反而会达到先于人的实际效果;把自己置之度外,反而可以使自身得以保存:"天长地久。天地所以能长且久者,以其不自生,故能长生。"(第七章)这是一个包含着深刻的辩证法原理的思想,这个思想就是被老子概括为"进道若退"(第四十一章)的立身处世原则:从表面上看,谦下不争是处于劣势、甘于居下,即"若退",但本质上却是以退为进,因其"不争",而达到"天下莫能与之争"的客观结果。从人生观的角度说,这也体现了"有我"与"无我"的辩证关系:一般人总是用各种方法直奔"有我"的目标,拼命地追求一己之私利,满眼都是"我"的存在和价值,结果往往欲速则不达,甚至完全走向了"以身殉物"、"人为物役"这种"丧我"的反面结局。而老子则主张通过"无我"来达到最终的"有我"。圣人无己、无功、不争先、处人下,反而有己、成功、众人"乐推之","无私而成其私",无为而无不为,无我而成大我。这似乎是一条迂回的曲线,但曲径可以通幽处,柳暗自有花明时。这就是人生的辩证法。这种进与退、争与不争,有我与无我的辩证法,绝不是老子主观上所刻意设计和宣传的保嗇自利之术、阴谋狡诈之道,而是客观的人生经验的总结和概括。在古今中外的历史上,一些自恃强大、居功自傲、过分地争名夺利,往往招致失败的结果。老子的谦下不争思想对于化解这些人生的迷误,无疑具有深远的启迪作用。可以说,在功名、财富和生命的天平上,老子发现了生命本身的价值,认为人的生命远贵重于功名利禄,为追名逐利而舍弃生命,实在是舍本逐末了。因而他告诫人们要从名利的束缚中解脱出来,做一个淡泊名利、珍视生命、道德高尚的人。自古以来,许许多多有成就的人都以"为而不争"为人生的指导思想,以"功遂身退"为人生的法宝,通过实践证明了老子思想的正确性和深刻性。不可否认,老子谦下不争的处世哲学有明哲保身的消极色彩,特别是把这种人生经验泛化为人生的普遍信条和普遍态度,则不免偏颇。但他在当时人的生命价值被忽视、遭践踏的动乱年代,在名利、财富、人自身的生命价值的对比中,明确肯定了人自身的价值,唤起了人类主体意识的觉醒、维护了人类生命的尊严,力图消除人类社会不平的争端,其意义是不言而喻的。

三、贵柔处弱、致虚守静

老子哲学的一个重要观点是主张"贵柔处弱"。《吕氏春秋·不二》中说:"老聃贵柔。"现在有些学者也认为,《老子》是彻头彻尾的女性哲学,原因就在于它推崇的是以女德为主的阴柔之性[①]。

---

① 参见吴怡:《中国哲学的生命和方法》,台北:东大图书公司,1981年;牟钟鉴等主编:《道教通论》,济南:齐鲁书社,1991年,第161页。

可见,"贵柔处弱"至少是老子思想中的一个重要内容,而且,它也是老子人生观中一个基本的修养方法和处世之道,体现了一种人生的大智慧。

在老子人生哲学中,所谓贵柔处弱,是指为人处世当以柔弱为贵,提倡弱者守弱、强者退强,以柔弱的态度对待一切人和事。老子的这种观点实与其前述的知足寡欲、谦下不争等思想都是相通的。

老子的贵柔处弱思想,是依据其"柔弱胜刚强"的原理提出来的。常人总认为强胜弱、刚克柔,所以爱争强持刚。老子却一反常人之说,认为"柔弱胜刚强"(第三十六章)。他说:

  人之生也柔弱,其死也坚强。万物草木之生也柔脆,其死也枯槁。故坚强者死之徒,柔弱者生之徒。是以兵强则灭,木强则折。强大处下,柔弱处上。(第七十六章)
  物壮则老,是谓不道,不道早已。(第三十章)
  强梁者不得其死。(第四十三章)
  天下莫柔弱于水,而攻坚强者莫之能胜。(第七十八章)

为什么柔弱可以胜刚强呢?老子认为,这其中的奥秘就在于柔弱不争合乎"道"的本性。老子说:"弱者道之用。"(第四十章)"道"对万事万物的作用是无穷尽的("绵绵若存,用之不勤"),但这种作用却是属于柔弱无为的作用。正是由于'道'所表现的这种柔弱作用,使万物并不感到是被外在的强力造成的,而是自生自长的。这就是所谓"无为自化"。既然万事万物都能无为自化,则意味着任何事物哪怕在新生柔弱状态,都是充满了自我发展的生机和活力的。在这一意义上讲,新生的、柔弱的事物是不可战胜的。至于"坚强"的东西之所以是"死之徒",是因为:一、从其自身的发展状态来说,其潜力已被用尽,没有余地,濒临死亡;二、从其外部表现来说,则由于它们显露突出,当有外力逼近时,便首当其冲、易招祸害:"揣而锐之,不可长保。"(第九章)这正如高大的树木,容易招人砍伐,即使没有这种人为的祸患,自然的灾难也难以避免,例如狂风吹袭,高大强硬的树木往往被摧折,甚至被连根拔起,而小草却由于它的柔弱反倒能迎风招展,不会被吹折。这正如俗语说的:"狂风吹不断柳丝,齿落而舌长存。"由此,老子从自然、人事和历史的直观体悟中得出了"柔弱胜刚强"这一闪耀着朴素的辩证法光辉的结论,并把它看成是一个普遍规律。或者也可以说,由于刚强是衰老、死亡的征兆,而柔弱是生命力的象征,因而"守柔曰强"(第五十二章),能够持柔守弱本身就是通向强大的途径。

老子"柔弱"的主张,首先主要是针对于"逞强"的作为提出的。逞强者必然刚愎自用、自以为是,从而导致胡作妄为,这也就是老子所说的自矜、自伐、自是、自见、自彰。世间的纷争和祸害往往是在这种心态和行为下产生的。然而,那些自恃刚强的好胜者、滥施暴政的统治者,并不能真正长久地强大,而往往是"其兴也勃,其亡也速",虽能得逞于一时,却难免最终只如昙花一现。

其次,老子柔弱的思想,也是对处于被压迫地位的弱小者和身处逆境的人的一种精神上的鼓舞与支持。老子深信物极必反的辩证法,从一切事物发展由弱到强、由新生到死亡的矛盾转化过程中,看到了柔弱的东西往往内含着一种上升的生命力,因而弱小总是暂时的,柔弱者最终能战胜那些所谓坚强者。虽然老子也知道:"弱之胜强,柔之胜刚,天下莫不知,莫能行"(第七十八章),要让世人皆知的"柔弱胜刚强"的道理真正付诸实施,还是很难的,但老子对它还是作了反复阐述,为地位低下的人们呐喊,使身处逆境的人看到奋起的希望,从而在精神上得到慰藉。因此,后人常常把老子的处世哲学看成是柔弱者的处世法宝、身处逆境的有志之士的精神支柱。不过,显而易见的是,通过上述分析可知,如果像有些人那样把老子贵柔处弱的人生艺术简单地斥之为阿Q精神的原型、失败者的精神安慰剂,实是似是而非的看法,不符合老子的本意。

与"贵柔处弱"紧密相关的是,老子把"致虚"、"守静"作为其人生艺术的又一个重要内容。所谓"致虚"、"守静",就是要求人们在心理上乃至行动上,都要保持虚静的状态,学会以虚胜实、以静制动。

老子认为作为万物的根源处的"道"就是一种虚静的状态。因此,老子说:"致虚极、守静笃"(第十六章),即把达到极致的虚静当作其根本追求。司马谈《论六家要旨》也说道家思想是"以虚无为本",可见"虚"的观念在老学中的重要性。老子说:

道冲,而用之或不盈,渊兮似万物之宗,湛兮似或存。(第四章)

"冲"应为"盅",盅训虚,与盈正相对,器虚也。"道冲"即是形容"道"状是"虚"体的。这个虚体之道,又曾被老子进一步比喻为风箱,"虚而不屈,动而愈出"(第五章),含藏着不竭的能量和创造性。这正如山谷一样,虽然是虚空状的,却为大量水源的汇聚之处,可以蕴涵深厚的、多种多样的物质。可见,"虚"具有"深藏"的意思。据载老子曾说:"良贾深藏若虚,君子盛德,容貌若愚。"[①]

---

① 司马迁:《史记·老子传》。

"深藏若虚"与那种"浅实而盈"是正相反的。正因此,老子又喜欢用"谷"来比喻"道"之虚体:"上德若谷"(第四十一章)、"为天下谷,常德乃足,复归于朴"(第二十八章)。这里的"谷"正是象征道的谦下涵容、虚以纳物的特点的。就像我们常用"虚怀若谷"这个成语来形容那种宽大深广的胸怀。在老子看来,能具备这种胸怀的人可称之为"上德"之人。由此也可见,老子所说的"虚"并不是绝对的空无所有,而是一种大有之中的"无"、如器具中的"中空"。"中空"是为了虚以纳物,因而"虚"体现了"有"与"无"的统一。把这种"虚"的观念应用到人生方面,老子的真正意思是要人们"去盈"即不要自满,还要"去甚、去奢、去泰"(第二十九章),即去除一切极端的、过分的,凡事都要留下一定的余地、更要给自己留一片广阔的心灵空间,使自己始终保持虚怀若谷的胸怀和心态,这样才能够以淡泊超脱的态度正确地对待一切人和事。

"虚"状的东西,必然也呈现着"静"定的状态。所以老子重视"虚",也就必然重视"静"。他说:

夫物芸芸,各复归其根。归根曰静,静曰复命。(第十六章)

依老子看来,万物纷纭万态,但最后总要返回到自己的本根,而本根之处,乃是呈虚静的状态。万物复归于这种虚静的本根状态,就叫"复命"、即回复了其本性。这是万物变化的常规,"复命曰常,知常曰明"(第十六章),认识了这种事物变化的常规可称为明智,不认识这一点而轻举妄动,那就要招致祸害。所以老子把这个观点运用到人生和政治方面以后,就认为人事的纷嚣,仍以返回到清静状态为宜,并以"致虚极,守静笃"为其理想的目标。

老子的"致虚"、"守静"的观念，首先是并且主要是在政治层面上立论的，他针对统治者急躁多欲、烦政扰民的纷乱局面，提出"不欲以静，天下将自定"（第三十七章）、"清静为天下正"（第四十五章），以清静为为政的基本原则。不过，"静"的观念对于人生的活动也是极有意义的。首先，虚静是人维护其素朴本性的重要条件。老子认为，本来人人都如"婴儿"、"赤子"一般具有未受利欲熏染的素朴本性，只因为受到种种"可欲"之事的干扰，才引起了争斗的冲动。茫茫人海中，随处可见因急功近利而被浮躁不安的烦扰和力不从心的疲惫而围困着的人们。五色乱目、五音乱耳。在纷纷杂杂、沸沸扬扬的大千世界中，要摆脱世俗偏见的迷惑和困扰，维护住自己的真朴之性，就必须紧守住自己那份冷静。此谓"心静自然凉"，即老子说的"重为轻根、静为躁君"（第二十六章），静可胜躁，"以静制动"。

其次，虚静是保持个人独立性的基本手段。老子极力反对仁、义、礼、智及有为、有欲等等，实含有反对它们限制个性的思想，因为仁、义、礼、智及各种有为、有欲从政治上、社会生活上、家庭关系上、个体生存上无所不至地束缚了个性的独立，造成了君权、父权、神权及道德规范的无上权威。老子的虚静思想，就是要求破除这些外在的和内在主观上的一切干扰，在主观精神上致虚、守静，以达到"极"、"笃"的程度，从而站在纯净客观的立场上看待一切事物，发明本心、再现本性，重塑一个独立存在的自我。

再者，老子以虚静思想为基点，还进一步引申出了"知雄守雌"、"宠辱不惊"等处世之道。他说：

知其雄，守其雌，为天下溪。为天下溪，常德不离，复归于婴儿。知其白，守其辱，为天下谷。为天下谷，常德乃足，复归

于朴。(第二十八章)①

"雄"喻刚劲、躁进,"雌"喻柔静、谦下。"知雄守雌"就是说在深知雄壮、强健的作用的情况下,仍能安守于冷静、谦下,犹如山谷溪涧,因其谦下深沉、不争不显,反而能使天下之水尽注于己。治者若能具有这种高远的品德,自然可得天下;个人若能具有这种高远的品德,就能保持赤子之心,达到纯真返朴的境界,而"虚静"正是这种纯真返朴的理想人格的基本特征。由于有"虚静"的人格特征,外化到人生的得失荣辱问题上,就可以做到"宠辱不惊"。世俗之人由于名利得失之心太重,都以"宠为上,辱为下,得之若惊,失之若惊,是谓宠辱若惊"(第十三章),得宠就喜不自胜,受辱就惶惶不安,总是想得宠远辱,任凭宠辱得失惊扰自己,受其左右。老子认为,应该"宠辱不惊"、"燕处超然"(第二十六章)。怎样"宠辱不惊"?关键是为人处世应该虚怀若谷、沉静自重,这样就可以做到宠辱不惊、超然物外,消除患得患失的不平衡心态,不受一时的荣辱得失的影响。只有这样,才能使人超越自我与环境的种种束缚,做出清醒的选择,追求高远的目标,成就伟大的事业。一切成大业者,莫不具备这种品质,正可谓"淡泊以明志,宁静以致远"。

总的来说,老子所提出的"虚静"等观念,对人生具有深刻的批评性和启示性意义。"虚静"的生活,要求人的心灵保持凝聚含藏的状态,而只有这种心灵状态,才能培养出高远的心志、真朴的气质和自我的充实,也唯有这种心灵,才能引导出深厚的创造能

---

① 此处所引《老子》文句,与各通行本不同,系据易顺鼎、马叙伦、高亨、张松如、陈鼓应诸人考证改写。

量,以及进取时坚定的勇气和自信。反观现代人总生活在匆促浮华之中,自然难以培养出深沉的思想;繁忙躁进的生活,实足以扼杀一切伟大的创造心灵。老子恳切地呼吁人们重视一己内在生命的蓄养,对于治疗现代这种浮光掠影式的生活方式和心理病态,未尝不具有借鉴作用。当然,老子的"虚静"、"处弱"等观念,也不可避免地具有一些值得警惕的消极倾向,正如陈鼓应所说的:"老子一再强调'清静无为、柔弱处下',一个人如果长期浸染于这种思想的气氛中,久而久之,将会侵蚀人的奋发精神,也会消解人向观念探索以及向思想禁地推进的勇气。"[1]也可以说,在老子所建构的世界中,人们可能会沉静有余,而创造开拓不足。但我们似也不必苛责老子没有给我们提供所有的人生武器,我们只需吸取老子所能提供的其特有的人生大智慧,再去开拓创造自己生活的路。

---

[1] 陈鼓应:《老庄新论》,上海:上海古籍出版社,1992年版,第41页。

第八章　道法自然
——自然主义的审美观

在中国传统哲学中，道家哲学与中国古典美学有着最为深厚的关系，这不仅表现为道家的思想家们往往是最善于以诗一样的语言、浪漫主义的手法和审美的人生态度来写作他们的作品、表达他们的独特思想，如《老子》被许多人认为是最早的哲理诗，以优美的诗律表达着深邃的思想，而庄子更是一位艺术大师、"最真实的诗人"，[1]故鲁迅认为，在先秦诸子中，"文辞之美富者，实惟道家"；[2]而且还由于道家思想本身是最富于美学意味的，中国古典美学的一系列独特的理论和范畴，很大一部分就发源于老子和庄子的美学，道家哲学和美学对中国古典美学形成自己的体系和特点，影响极为巨大。

老子是道家学派的创始人，也是道家美学的奠基者。老子哲学和美学对中国古典美学的形成和发展，是有着重大贡献的。这种重大贡献，简略地说，就具体表现在这么两个方面：

首先，老子美学是中国美学史的开端。不少人都错误地把孔子美学看作是中国美学史的开端，这主要是因为他们把孔子看作是中国历史上第一个哲学家、思想家。其实，正像叶朗所指出的：

---

[1] 闻一多：《古典新义·庄子》，《闻一多全集》第二册，北京：三联书店，1982年，第281页。

[2] 鲁迅：《汉文学史纲要》，北京：人民文学出版社，1976年，第17页。

"中国美学史(以至中国哲学史)不应该从孔子开始,而应该从老子开始。"①为什么？理由有二：一是从历史的顺序来看,孔子并不是最早的哲学家,老子要早于孔子,中国哲学史、中国美学史应该从老子开始。二是从思想的逻辑来看,老子思想的哲学意味要比孔子思想浓得多,正如范文澜所说："古代哲学家中老子确是杰出的无与伦比的伟大哲学家。"②老子哲学提出了中国哲学史上第一个本体论学说,并且因此建构了中国哲学史上第一个较系统的哲学体系,成为古代哲学的一个真正起点、东方智慧领域的一次灿烂的日出。特别是老子哲学的本体之道,既是客观自然存在的本体,也是社会政治、人生乃至审美的本体,是一切人文创造的意义和价值的终极根据,当然也是人类美的创造及各种审美活动的终极根据,这样也就使老子美学从其哲学本体论的理论建构中获得了坚实的形上学基础,为中国美学提供了一个良好的开端。

其次,从美学理论的角度看,老子提出的一系列范畴,如"道"、"自然"、"有"、"无"、"虚"、"实"、"气"、"象"、"味"、"妙"、"虚静"、"玄鉴"等等,有的本身就是美学范畴,具有重要的审美意蕴,有的在后来的历史发展中逐渐被赋予了美学意义,转化成为重要的美学范畴,它们在中国古典美学的逻辑体系中都占有十分重要的地位。可以说,"老子哲学和老子美学对于中国古典美学形成自己的体系和特点,影响极大。中国古典美学的一系列独特的理论,都发源于老子哲学和老子美学"。③ 老子哲学和美学全面地开创了中国古代的审美之路。无疑,它对于今后中国美学的发展也不可能不具有重大意义。

---

① 叶朗：《中国美学史大纲》,上海：上海人民出版社,1985年,第19-20页。
② 范文澜：《中国通史简编》第一编,北京：人民出版社,1955年,第276页。
③ 叶朗：《中国美学史大纲》,上海：上海人民出版社,1985年,第23页。

第一节 自然主义的审美理想

中国古典美学在表现形式上有一个明显不同于西方美学之处在于:历史上的各家各派虽有丰富的美学思想,却往往缺乏专门系统的美学理论和著述。中国古典美学的这一特点在其历史的起点处老子美学那里就已表现得十分典型。因此,如果不从总体上、本质上去把握老子美学的一些基本特征和基本精神,就很难对它作出深入正确的分析。而要做到这一点,又不能不首先借助于对老子思想的整体把握和采用某些特有方式的深度透析。

一、反世俗、反传统的审美追求

老子直接论述"美"的文字并不很多,相反,老子倒是有不少否定"美"的言论,如他说:"五色令人目盲,五音令人耳聋,五味令人口爽,驰骋畋猎令人心发狂,难得之货令人行妨。"(第十二章)这里的"五色"、"五音"等,本来都被人们认为是"美"的东西,但老子却认为它们对人的耳目乃至身心是有害的,因此他主张"为腹不为目,故去彼取此"(第十二章),即为了保护人的身心健康,就应排斥这类"五色"、"五音"。实际上,老子不仅有像庄子说的"擢乱六律、铄绝竽瑟"、"灭文章、散五彩"之类取消美和艺术的观点,而且还有弃圣绝智、守愚不学,否定人类一般的精神文化的非文化观。正因为如此,许多人都相信,老子对审美和艺术采取了一种完全否定和排斥的态度。

然而,老子作为一位对宇宙人生极力作深入思索的哲人,其思想不会如此简单轻率。倒是我们自己的研读,不应停留在这种浅尝辄止、顾此失彼的水平上,而应联系老子的基本思想,对它作整体性的解读。其实,老子对美和艺术的激烈批评以至否定,并没有使他对美和艺术采取简单的完全否定和排斥的态度,相反却表现了他具有反世俗、反传统的审美追求,也就是说,老子所反对的是世俗的、传统的美,提倡的却是独特的、深层次的、真正的美。老子的美学正是在对世俗的、传统的审美观进行批判的基础上形成的,这种由否定到肯定的理论建构途径体现了老子哲学所一贯运用的否定性思维方法。

老子对世俗的、传统的审美观的批判主要表现为:

1. 快感不等于美感——对世俗之美的否定。

世俗所谓"美"往往仅局限于"五色"、"五音"、"五味"等一些愉悦耳目的感性美,在老子看来,对这种声色的感官愉快的不顾一切的追求,不仅会使"五色"、"五音"等失去其本身具有的美感,而且还会使人达到失去正常理智和健康的程度。而且我们可以说,"老子那些看来是否定审美和艺术的言论,(其实质)是对人类进入文明社会之后早期那种把审美和艺术活动同放肆疯狂的感官享乐的追求混而为一的错误做法的批判"。[1] 审美本来是同感官的愉悦分不开的,但它又不是单纯的感官享乐。把感官享乐混同于审美而大肆追求,实是放纵于感官欲望的满足。老子看到,人们对各种欲望的满足的追求,其结果往往使自己成了欲望的奴隶,为欲望的满足而受苦受辱,甚至完全牺牲了自己。这种感官欲望的满足,并不是人的自我肯定,而恰好是人的自我否定,无助于人的生命的发展而正是对人的生命的残害。自然,这种"囿于粗鄙的实

---

[1] 李泽厚、刘纲纪主编:《中国美学史》,第一卷,北京:中国社会科学出版社,1984年,第206页。

际需要的感觉只具有有限的意义"①,而的确不具有审美的意义。老子从这一意义上否定声色感性之美是有道理的,马克思在其名著《1844年经济学哲学手稿》中对这一点也作过远比老子深刻系统的批判和阐述。

进一步说,由于在老子的时代,美和艺术是专供奴隶主贵族和特权阶层享受的,所以老子对它们的否定显然指示着特定的对象。试想能够尽情地欣赏缤纷的音色、饱餐精美的饮食、在田野上纵马射猎的人,只能是被老子斥为"盗夸"(强盗头子)的权贵们,生活在社会底层的劳苦民众常常衣不蔽体、食不果腹,挣扎在朝不保夕的死亡线上,谈得上去享受声色之娱、佳肴之乐吗? 典雅华美的青铜器、淫糜纵乐的酒池肉林、豪华奢靡的繁文缛礼,这些世俗之美和享乐,哪一样不是专属于王侯豪族的特权呢? 正是这种不平等不合理的基本社会现实使老子把思考的出发点定位在贫苦民众的立场上,对上层社会的华美文化发出了激烈的谴责和批判。可见,老子并不是一般地反对美和艺术之类,而是厌恶那种过分的、奢侈的、令人昏乱、令人迷狂的纵欲式审美享乐,反对把声色之娱作为纯粹的感官享受的工具,主张"去奢"、"去泰"而朴实无华的美、"见素抱朴"的美。在老子所理想的社会里,人们可以"甘其食、美其服、安其居、乐其俗"(第八十章),呈现着一片自然纯朴之美、恬静安乐之美。我们在这些关于未来理想社会的描述中,又何尝见得到丝毫一味地否定美、否定艺术的极端言论呢?

2. 善的不等于美的——对传统审美观的批判。

在中国传统的审美观中,审美观总是与伦理道德观紧密结合

---

① 马克思:《1844年经济学哲学手稿》,《马克思恩格斯全集》中文第1版,第42卷,北京:人民出版社,1979年,第126页。

在一起的,它要求的是美与善的合一、道德境界与审美境界的合一。这种审美观认为,只有美和善进行完满的结合,才是真正的美,即所谓"尽善尽美"。实际上它主张,只有符合善的标准的才是美的,善比美具有更高的价值、居于对美的支配地位。这种以"善"统"美"、追求审美境界与道德境界融合为一的美学思想的实质,是要求审美活动和一切文学艺术都必须符合封建宗法制度的政治道德原则,使之成为封建专制统治的工具。由于这种审美观体现了中国古代社会受原始时代残留下来的血缘氏族宗法关系和后来的阶级关系的影响,注重人与人、人与社会之间的关系而不是人与物、人与自然之间的关系的思想文化特点,所以它成了中国历史上占有重大地位和影响的传统审美观。它的具体理论形态就集中地体现在儒家的美学思想中。儒家学派的最高理想可以概括为就是"内圣外王"之道,所谓"内圣"就是通过自我修养达到人格的"至善"境界,其中就呈现出儒家所理想的人格美,它也是儒家心目中最高的"美"的理想。可见,儒家对人格修养和人生境界的"善"的追求,实际上内在地制约和规定了他们对审美理想的追求。汤一介认为:"孔子的人生境界(或圣人的境界)是由'知真'、'得美'而进于'安而行之,不勉而中'的圆满至善的境界。即由'真'而达于'美'再达于'善'。"[1]也就是说,在孔子的真、善、美的价值体系中,善是居于统御美和真的最高层次的。孔子所提出的"兴于诗,立于礼,成于乐"[2]的说法就典型地体现了这种审美观,它渗透着儒家要以礼乐精神调整整个社会的人际和谐、以伦理道德的实现为最大的人生乐趣和审美享受的精神追求。有人因此称

---

[1] 汤一介:《再论中国传统哲学的真善美问题》,《中国社会科学》,1990年第3期。
[2] 《论语·泰伯》。

儒家美学为伦理学美学,是有道理的。不过,如果以为这种传统审美观是纯粹理想主义的,则错了,它实际上是非常功利化的,因为它要求审美活动和审美趣味必须符合经世致用、言志载道、道德教化的功利化标准。可以说,它是理想主义和功利主义杂糅在一起的审美观。

老子的美学不仅不赞同这种传统审美观,反而正是在对这种传统审美观进行批判的基础上形成的。老子的这种批判,首先表现在他从历史哲学的高度上无情地揭露和批判了人类社会的文明进步所带来的种种罪恶和虚伪。老子把儒家奉为圭臬而津津乐道的那套礼乐制度、伦理道德统统看作是疏离大道、丧失原始完美性之后的产物,是对人的自然本性的桎梏,是人类道德的虚伪化表现,因而它们是必须予以彻底否定的。老子对它们的否定,实际上是对西周以来传统宗法思想文化和道德观的批判。其次,在此基础上,老子对传统的以善为美的审美观提出了非难:

> 天下皆知美之为美,斯恶已;天下皆知善之为善,斯不善已。(第二章)

这是说,普天之下都知道美之所以美,那么丑便跟着产生了;普天之下都知道善之所以为善,那么恶便跟着产生了。这段话有两个值得注意的主要意思,其一是这段话表明了老子已把"美"与"善"区别为两个不同的范畴,反对"美"、"善"混同甚至简单地以"善"为"美",以"善"取代"美",指出了"美"与"丑"、"恶"的对立、矛盾关系。这样"美"这个早已存在的概念在老子那里第一次成了一个独立的美学范畴。其二是老子认识到了"美"与"善"、"美"与"丑"的区别和对立虽然存在,但又不是绝对不变的,因为在老子看来,一般作为人的情感观照的"美"和作为人的道德标准的"善",都是由有"知"而得"名"、因有分别而存在,因而它们都是人为的而不是自然的结果。有"名"的"美"和"善"是以其人为性而与"丑"、"恶"相对而存在的,所以它们只具有相对性的意义。老子说:

> 美之与恶,相去若何?(第二十章)
> 信言不美。美言不信;善者不辩,辩者不善。(第八十一章)

在传统的、世俗的价值世界里,美就是美,丑就是丑,美与丑似乎具有不可逾越的鸿沟。但在老子看来,它们不仅不是绝对的,反而是相对的、可以相互转化的。老子的这种观点体现了他一贯辩证地看问题的态度,"这同孔子认为美丑的区分泾渭分明、绝对不能相容的观点恰恰相反。这是老子美学较之于孔子美学更为深刻、更富于辩证观念的地方"。[①]

不过,老子的运思并没有到此为止。老子在区分了美、善,认识到了美与善以及美与丑的相对性之后,又进一步否定了传统的、世俗的美、善的意义和价值,因为老子认为,这些美、善的规定之所以是相对的,就是由于其价值判断的标准是人为的。根据老子所遵循的自然主义的基本原则,人为即伪,一切脱离了自然之道的"善"都是"伪善",一切破坏了自然真朴之性的"有名"之"美"也都是"假美"。既然一般所谓的"美"、"善"是人为的、相对的、虚

[①] 李泽厚、刘纲纪主编:《中国美学史》第一卷,北京:中国社会科学出版社,1984年,第212页。

假的,那么它们也就是有局限的、没有实际意义和价值的,应在破除摒弃之列。老子相信,世俗所追求的相对的虚假的从而无意义的"美",只是不懂得"道"的奥秘的人们所追求的美。至于懂得"道"的奥秘的人所追求的"美"是那种不把人牺牲于声色货利、仁义礼教等外物,不使人为那些外物所奴役的美,即自然真朴的美。老子认为只有这才是绝对的、唯一真正的美。老子主张回归自然、返璞归真——这种自然主义的目标,既是老子的社会、政治及人生的最高理想,也是其最高的审美理想。

二、以自然真朴为美——真与美的统一

老子以"道"为本体,以这个本体作为一切存在的意义和价值的终极根据,因此,"道"也是一切艺术和审美的本体,是异于各种世俗之美和传统之美的真正"大美"、"至美"之所在。具体来讲,说"道"是一切艺术和审美的本体,主要包括两层意思,或者说主要回答了两个问题:一是"什么是美"的问题。依照老子的看法,由于"道"是自本自根、至高至极的存在本体,因而它本身就是至高至极的"大美"、"至美"——真正的美不是别的,就是"道"本身;真正的美不在别的地方,就在"道"的存在之中。老子反复描述和称颂了"道"所具有的"原始完美性",并认为"道"所具有的这种原始完美性就是最高的美——这种观念就是老子以"道"为美的审美观的典型体现。二是"为什么有美"的问题。老子认为,美的根源在于"道":既然"道"是万事万物存在的终极根源,自然也是一切美的存在的终极根源;既然"道"可以"刻雕众形"[1],自然也塑造着一切美的形式、制约着人类的审美活动,一切可以成为

---

[1] 《庄子·天道》。

美的感受对象的文化所在都是"道"的体现和外化,真正的美之所以为美就在于它合乎"道"、表现"道"、实现"道"。譬如,老子曾称颂"古之善为道者"说:"敦兮其若朴。"(第十五章)也就是说,在老子看来,"善为道者"能够拒绝人间华伪的腐蚀、保全自己的纯真天性,显得十分敦厚质朴,这就是最美的,因为这体现了他是一个能够遵循"道"、实现"道",使自己与道合一的人。显然,老子所理解和推崇的"美"是不同于世俗的、传统的美的。

可是,它到底有哪些具体的特征呢?我认为既然老子以"道"为美、以"道"的呈现为一切美的根本形态,那么其"道"所具有的特性也就是美的特性了。

如前所述,老子之"道"的基本特性就是"自然",因而"自然"也应是"美"的基本特性。关于老子的"自然"概念,前面曾从各个不同的角度多次讨论过,总的来说,其含义与我们一般所理解的自然概念是有很大不同的。"自然"一直是中国古代思想中一个非常重要的概念,中国古代在哲学和文学意义上的自然观是较发达的,据西方一位汉学家的意见,"在早于西方一千多年的中国文学中,便已有了自然观的完美表露"。[①] 而这无疑应首推老子和道家崇尚自然之功。我认为,在中国古代思想中,"自然"这个概念可以区分为三层基本含义:首先是指大自然本身存在和变动的天然状态,它既可以是外在世界中的整个自然界,也可以是这个外在世界中的某些自然物;其次是指本体论意义上的那种未被理性化亦即未被人化的,作为"事实"存在的本然状态;再者是指由前两者引申出的一切出于物之自性、自己如此、顺其自然、自然而然的境

[①] (德)顾彬:《中国文人的自然观》,马树德译,上海:上海人民出版社,1990年,第2页。

界或状态。在老子那里,"自然"的这三层基本含义都有,但以后二者为主,因而在老子看来,所谓"自然"首先是与"人为"相对的,自然在本质上是非人为的,亦即老子所说的"无为"的,这样,"自然"和"无为"实是同义语。老子主张自然、无为,反对人为、有为的看法表现于审美观上,所谓遵循自然之道的主张实际上就是反对人为,主张不施作为、顺其自然、纯真素朴、淡然若无的意思,就是要把自然无为、真朴淡然作为艺术的最高生命、审美的最高标准。老子说:

> 人法地,地法天,天法道,道法自然。(第二十五章)

就是说,"道"是最高的本体,人、地、天都要效法"道"。但由于"道"的根本特性就是"自然",所以人、地、天效法"道"最终又等于是效法"自然","自然"是"道"及一切万物的根本精神所在,故老子又说:

> 道之尊,德之贵,夫莫之命而常自然。(第五十一章)

"道"之所以受到尊崇,"德"之所以被珍贵,就在于它不加干涉,而纯任自然、顺其本性。惟其如此,自然之道才能臻至理想的境界,具有最大的完善性。可以说,"道法自然"是老子哲学的一个总纲领,也是老子美学所提出的一个基本命题。这是一个自然主义审美观的基本命题,它表明了,在老子看来,最自然的即是最美的,最高的审美标准和审美境界就是要合乎自然之道,体现自然无为。正像庄子说的:"朴素而天下莫能与之争美"、"淡然无极而众美从之"。[①] 老

---

① 《庄子·天道》及《庄子·刻意》。

子自己声言:

> 大音希声,大象无形。(第四十一章)

老子的这句话,是对其自然主义审美观的典型表述。"大音希声"的真实含义是强调最高的美往往是最单纯、最自然、最本真的,并不需要、不依附于外在地呈现的现象和形式,因而能够超越具体的、外在的、繁复的、人为的美才是真正的"大美"、"至美",反之则是"小美"、"假美"。譬如音乐的真正美只存在于它自身,并不在五音六律的乐曲、繁复的钟鼓之音。"此时无声胜有声",自然的"无声之乐"[①]往往比人为的"有声之乐"更富有表现力,更能传达出有限的音响节律所不能表现的美。萧统《陶渊明传》说:"渊明不解音律,而蓄无弦琴一张。每酒适,辄抚弄以寄其意。"这段话实可做老子"大音希声"的极好注脚。既然老子以自然素朴、本真无为为美,那么就必定反对各种人为的雕饰做作,特别憎恶那些破坏了自然素朴本性的一切声色礼乐,要求能够透过外在的形式美去把握往往深藏不显的内在美。老子相信,那种事斧凿、重雕镂、以铺排辞藻为博、以雕章琢句为美,追求"文饰"、丧失"质朴"的"有为",只能给人以感官刺激和外在的迷惑,并不具有更高层次的审美价值。

由以上所述我们不难看出,老子"道法自然"的审美观,具有贵真疾伪的鲜明倾向,也可以说,"自然"的具体内涵就是"真","真"是老子自然主义审美观的重要内容和基本原则。显然,正是从这里传达出了老子美学的一个最基本思想和本质特点,那就是

---

① 《礼记·孔子闲居》。

真与美的统一观。有些人认为,老子将真与美对立起来了,如他曾说:"信言不美,美言不信"(第八十一章)。其实,老子将真与美对立起来,只是表面现象,在实质上,这正是老子以真为美的体现:他认为外在的、形式的美往往是不可靠不可信的,是与真相对立的,并不是真正的美;真正的美往往不拘形式、淡于表现,体现了真与美的内在统一性。可见,老子这句话只是从反面证明了:天地间凡是美的事物,都应该是自然纯真、未经任何外在力量戕害的事物。再进一步说,如果联系整个老子思想来看,老子关于"信言不美,美言不信"的说法,是站在对文明社会的批判这个根本立场上提出来的,实包含了对文明社会里普遍存在的真与美相对立现象的深刻揭露和否定。因为在老子那里,所谓"真"就是天然如此,正如庄子说的"真者,所以受于天也"。[①] 既然天然即真,那么人为即伪,凡得于天者为真、出于人为者为伪。所以老子把一切人文化的作为、特别是儒家所极力维护的一整套宗法礼乐制度和道德规范都看作是违反自然之道的"大伪",是外加于人身上的人为的束缚和矫饰。老子认为,自从人类进入文明社会以后,随着私欲和不平等的扩张,就产生了他所说的"智慧出,有大伪"的现象,在最美丽动听、满嘴仁义道德的言词后面往往隐藏着最虚伪丑恶的思想,在那些冠冕堂皇的外表之下常常包裹着最阴险可怖的行为,这样,真与美不仅是无法统一的,而且是矛盾的,甚至是完全相背离的。这正是文明的一大弊端。老子相信,在他所理想的那个没有"滥竽"之徒、实行无为而治的自然状态的社会里,真与美是完全统一的、没有分化的,如未割之"朴",如天真之"赤子"、如未凿之"浑沌",具有高度内聚的原始完美性。总之,老子认为,真正的美是出于自

[①] 《庄子·渔父》。

然、据于真实、来自无为。同时,以此真与美相统一的理想状态为参照系,老子对一切不合于自然真朴这一基本原则的各种所谓"美"都予以了彻底的批判否定,特别是对积极地主张和维护美与所谓礼乐制度、伦理道德的"善"相统一的孔儒思想展开了深入的批判,无情地揭露了现实生活中美与真互不兼容地相对立的异化现象,大力宣传了他的疾伪贵真的自然主义审美观。后人的所谓"老子疾伪"①,正指出了老子这一"贵真"美学思想的基本特点。

老子以"贵真"为特色的自然主义审美观,开创了中国美学史上注重真与美相统一的道家美学传统。庄子提出的"法天贵真"②的美学思想就继承并深入发展了老子的真与美相统一的自然主义审美观;《淮南子》说的"白玉不琢、美珠不文"③,魏晋玄学主张的"以恬淡为味"④、"越名教而任自然",陶渊明的"尽见真淳"⑤的田园诗等,都体现了道家美学是建立在自然之道基础上,以真与美的一致为最高的审美理想和艺术追求的。同时,老子及道家美学注重真与美相统一的美学传统,对中国古代艺术和审美观产生了重大的影响,使尚自然纯朴、贵真美实情、主写真去伪成为了中国古代文学艺术和审美活动中所普遍竭力追求的最高审美理想。现在有些研究比较美学的人,对于中西古典美学的特点提出了这样的看法:西方美学偏重于以哲学认识论为基础,强调美与真的统一;东方美学特别是中国美学偏重于以伦理学为基础,强调美与善的结合。其实,这种看法是不够妥当的,尤其是把整个中国古典美学

---

① 刘勰:《文心雕龙·情采》。
② 《庄子·渔父》。
③ 《淮南子·说林训》。
④ 王弼:《老子注》第六十三章。
⑤ 元好问:《论诗三十首》。

的特点仅仅简单地归结为美与善的结合,更是以偏概全。因为中国古典美学实际上包含了对立共处的两大传统,即主要受儒家影响造成的偏重于美善结合的审美传统和主要受道家影响造成的偏重于美真统一的审美传统,所以中国古典美学既具有偏重于美善结合的一面,又具有侧重于美真统一的一面的双重特征。而且,在实际的艺术和审美活动中,道家所倡导的美真统一的审美传统是居于更主要的支配地位的。

由于这一美学传统是针对儒家的所谓美必须从属和依附于仁义道德的善,即绝不允许任何个人在这种仁义道德之外去追求自身的自由发展的有为美学理论提出来的,这就使得它把保全包括人在内的一切自然生命的真性放到了最高的位置,把一切自然生命的自由发展看成了最高的美。正因为如此,老子在创立这一美学传统的同时也就是第一次真正地使"美"摆脱了对外在于它的社会政治伦理道德之善的依附性,从而在对美的本质的把握上,作出了超越儒家美学的重大贡献,使道家美学得以成为唯一足以与儒家美学相对抗的美学思想。

综上所述可知,老子虽然很少直接论述"美",表面上似乎还排斥"美",但他已用其自然之道的形上学原理,深刻地探讨了美的本质,向人们揭示了应怎样去认识和把握真正的"美"的根本原则和方法:这就是"道法自然"。也就是说,真美既不能凭借经验和现象(如"美言"、"美饰"、"巧智"等)去认识,也不能根据"善"等理性标准去把握。真正的美是超功利、超世俗、超传统、超形式的,它就在自然之道中,即在自然无为、真纯质朴之中。可以说,正是由于老子揭示了"道法自然"这一认识和把握真正"美"的根本原则和方法,才使老子美学开创了道家美学乃至整个中国美学中注重法自然、尚素朴以及重质轻文、求真贵淡的优秀审美传统。

第二节 审美与自由

道家美学的一个突出特点是把审美和自由统一了起来,把自由看作是美的本质,把审美看作是一条超越社会苦难和自我局限的自由之路。因此,通过审美的超越来探求生命的自由,是道家美学中一个极重要、极有价值的基本精神,是道家美学对中国美学的一大贡献。

在道家美学中,老子美学最先把审美与自由统一了起来,而后由庄子美学在此基础上进一步进行了十分深入系统的发展,使之成为道家美学在这一领域上所能达到的一座最高峰。在这一点上,虽然老子美学比不上庄子美学,但它毕竟为后者提供了直接的基础,对后来的发展发生了深远的影响,具有开创性的意义。

一、自由与审美心境

在老子那里,审美与自由的关系首先表现为人的自由特别是作为审美主体的心灵自由是进行审美和美的创造的基本条件。

有些人以为,老子及道家提倡自然素朴无为,并以此作为最高的审美理想,施之于艺术领域,那就是什么也不要做,弹琴必是无弦的、作画必是无形的、写诗必是无言的,这种理解是很浅薄的。其实,老子自然无为的审美观并非如此空洞,主张一概取消艺术实践及一切美的创造活动,而是承认审美活动包含着明确的实践内涵,也可以进一步说,老子自然无为的审美观不仅不排斥其实践指归,反而是以丰厚确凿的实践指归为理论依据的,那就是:自然素朴无为的审美原则意味着要求主体的行为须顺任自然的规律,不可违反自然规律,一切作为须完全出于自然,在人为中把自然的东西还给自然,以人之"天"合自然之"天",此即实现天人合一的境界,这是达到"真"的最近之路,也是达到"美"的唯一途径。所以,老子自然无为的审美观,其实质在于"超越"两字,即超越主客二分式,达到更高一级的天人合一境界。谁多一分这样的境界,谁就多一分审美意识。《老子》教人复归于婴儿,教人做愚人,其实不是要人真的退回去成为真正的婴儿和愚人,而是超越了一般的知识、利害之心之后复归于真朴的高一级的"婴儿"或"愚人",也就是超越了主客二分模式的天人合一境界。那些富有审美意识者如真正的诗人艺术家就是这样一些高级的"婴儿"或"愚人"。可见,依据老子的观点,真正进入审美之境的就是要进入忘我之境,那也可以说是一种物我两忘之境。而物我两忘者,超越主客,天人合一之谓也。正如张世英说的:"《老子》的这套理论,我以为不仅是一般的哲学观点,而且可以看作是一种美学理论。这个理论很可以说明审美意识之产生的根源。"[1]

那么,审美主体如何能实现超越主客的天人合一,达到物我两忘的审美之境呢?老子认为,实现这种超越的关键就是审美主体应有虚静心态,虚静心态即是一种审美心境。老子的虚静思想直接导源于其道论。老子认为道性为虚,所以老子思想乃"以虚无为本"[2],老子所确立的哲学基本原则也就是要"致虚守静"、回复到作为一切存在的最深层根源处的空明宁静状态。老子说:

  致虚极,守静笃。万物并作,吾以观复。(第十六章)

---

 [1] 张世英:《审美—超越—自由》,见汤一介编:《国故新知:中国传统文化的再诠释》(论文集),北京:北京大学出版社,1993年,第424页。
 [2] 司马谈:《论六家要旨》,见司马迁:《史记·太史公自序》。

为什么呢？因为据老子的观察，由于道的本性是虚无、虚静，万物存在和运动的最终归宿也就是向这个虚静本体的回归："夫物芸芸，各复归其根。归根曰静，静曰复命。复命曰常，知常曰明。"（第十六章）为此，老子在认识论上提出了一个"涤除玄鉴"的理论，要求人们摈弃耳目感官对实际事物的感受、排除一切干扰心性的东西，使内心光明如镜，照彻万象、虚以纳物，直接与那无形无象的虚静本体相契合。换句话说，"涤除玄鉴"就是要人们排除各种主观的欲念、成见以及外在的规范、束缚，保持内心的自然虚静，实现对"道"的观照。把这个原理应用到审美活动中，就意味着为了实现审美观照，观照者必须有一个虚静空明的心境。这种虚静空明的心境也就是心灵自由的状态。因为在审美活动中，虚静空明的心境使审美主体超越了一切有限性，在万物一体、天人合一、物我两忘的境界中，人不再意识到在自己之外尚有外物限制自己，也不再有自我的局限束缚自己，而是感受到一种无限的超越感，以及由这种无限的超越所带来的自由和欢悦。庄子进一步把老子的"涤除玄鉴"理论发展成为"心斋"、"坐忘"的理论，认为一个人只要达到了"心斋"、"坐忘"的精神状态，也就达到了"无己"、"丧我"、"外生"、"外物"、"外天下"的虚静境界。这种虚静的境界，由于是超越了各种欲念和束缚之后的高度自由的境界，因而不但能实现对"道"的观照，而且也是"至美至乐"的境界。庄子说："以虚静推于天地，通于万物，此之谓天乐。"① 因为庄子认为："夫虚静恬淡寂寞无为者，万物之本也"②，当然也是"众美从之"之本，所以得虚静者也就得"美"之根本，"而天下莫能与之争美"③。这里，

---

① 《庄子·天道》。
② 同上。
③ 同上。

庄子和老子一样把具有自由超越特点的虚静心态看作是实现"至美"、"大美"的审美追求的基本条件,我们可以称之为一种审美心境。徐复观说:"庄子本无意于今日之所谓艺术,但顺应庄子之心所流露而出者,自然是艺术精神,自然成就其艺术地人生,由此而可以成就最高的艺术。"[1]尽管老庄的"绝圣弃智"、"离形去知",彻底摆脱世俗生活欲望的极端主张在人的现实生活中是很难做到的,也是不乏偏颇的。但从人的审美活动的层面上来看,老庄的审美心境学说要求在审美中努力排除主体的非审美观念,而应造就一种与审美对象和审美过程相一致的审美主体,则显然含有相当的合理性。因为人在进行审美活动和审美创造时,主体只有与对象高度统一、融化物我之间的界限、摆脱实用功利的考虑,使心灵处于"澹兮其若海,飂兮若无止"(第二十章)的虚静广博、自由超越的境界,才能进入审美观照的层次。无疑,处于这种审美心境中的人具有最佳的精神状态,他的精神负担最少、心灵最开放,从而可以使诸种心理功能特别是想象的心理功能被最大程度地启动,得到最充分、最自由的发挥。相反,如果是像老子所批评的那种"昭昭察察"之俗人,囿于过分的精明计较、沉溺于知识和欲望的驰求,那就不可能使心灵处于自由状态,从而也就不可能参悟审美对象、让自我升华到新的审美境界。《庄子》中曾以"庖丁解牛"、"宋元君的画师"等众多故事证明了高度自由的境界正是审美创造的必要条件或者说是基本的审美心境。文学史、艺术史上众多大师的创作实践也都表明了这一点。总之,老庄强调在对各种有限性、相对性的超越中摆脱现实的及一切的束缚、追求一种虚静的意境所获得的主体人格的绝对自由,对于审美观照和审美创造的

---

[1] 徐复观:《中国艺术精神》,沈阳:春风文艺出版社,1987年,第118页。

极端重要性的观点,对中国古典美学思想及古代的文学艺术实践是有着巨大影响和深远意义的。正如冯友兰所评论的:"道家虽然没有论艺术的专著,但是他们对精神自由运动的赞美,对于自然的理想化,使中国的艺术大师们受到深刻的启示。"[1]

二、审美人生与自由

在老子美学中,审美与自由相统一关系的另一方面,实际上是关于审美与人生的统一,即审美的人生与自由的人生的统一。可以说,在老子及整个道家那里,自由、美、人生三者是密不可分的。老子所追求的人生是一种自由的人生,而这种自由的人生境界又突出地体现在审美的超越中。因而作为老子所理想的人生境界,自由就是美,美也就是自由,自由的人生和审美的人生应是浑然一体、和谐统一的。

老子思想从哲学推进入美学,由人生而至艺术,往往在简要的,甚至只是片言只语的哲思中既描画了自由的人生境界,又传达出了丰沛的审美理想和独特的艺术精神,体现了审美与自由的普遍而内在的统一。老子思想中这种审美与自由的统一性之所以是内在性的、普遍存在的,就在于它植根于一个深刻的基础,即老子的自然主义的审美观。根据老子的看法,人只有在其行为符合自然之道、处处顺应自然的规律时才能取得真正的自由,显然,这表明老子已在一种朴素的形式下深刻地意识到了自由与必然的统一、合目的性与合规律性的统一。将这种原理应用于看待审美与自由的关系,则一方面,真正的美固然是同一切外物对人的奴役不能相容的、是以个体的生命获得独立和自由为基本条件的,但另一

---

[1] 冯友兰:《中国哲学简史》,北京:北京大学出版社,1985年,第29页。

方面,这种体现着生命的自由精神的美又恰恰是建立在顺应必然规律、符合自然原则的基础之上的。"这样,高扬个体生命自由的老子哲学就紧紧地把握住了和美与艺术的本质密切相关的根本问题,作出了超越孔子美学的重大贡献。因为美的领域正是个体生命获得高度自由发展的领域,也正是个体的自由和客观的必然性、合目的与合规律达到了内在的高度统一的领域。在中国古代美学中,只有老子美学才第一次真正进入了这个领域。在老子看来,个体生命的合规律而又合目的的自由发展的实现,这本身就是最高的美"。① 具体来说,在老子那里,上述审美与自由相统一的关系就突出体现在:美是自由的象征,人可以借助于最富于自由创造性的审美活动,实现对人自身的有限性、分裂性以及对外在的功利价值、伦理道德、社会压力、等级秩序等等的消解和超越,使之成为通达人的高度自由境界的重要桥梁。

老子哲学的一个基本精神是确认人的自由为最高的价值追求,而其之所以如此,乃是基于现实社会中人的种种不自由。现实社会中的人由于其受自身的有限性、分裂性,以及外在的功利价值、伦理道德、社会压力、等级秩序等等的制约和束缚,难以获得真正的自由。老子认为,这样的人生是完全违背人的天然本性的,是不自然的、虚伪的,也是没有价值、没有意义的。老子由此深刻地充分体察到了现实的苦难,得出了对现实人生的批判、否定态度。正因为如此,可以说老子已在一定程度上发现了人的现实存在的荒谬性和悲剧性。然而老子在充分地体察现实的苦难,发现人的现实存在的荒谬性、悲剧性之后,并没有走向消极和沉沦,并没有

---

① 李泽厚、刘纲纪主编:《中国美学史》,第一卷,北京:中国社会科学出版社,1984年,第225页。

放弃人生,而是通过对现实持极为清醒、理性的批判态度,坚决地反对人为外物所役的异化,执著地追求人的存在的真正意义和根本归宿,肯定生命本体的自由与快乐的绝对价值。在老子看来,既然人的各种有限性及仁义道德、等级秩序、功利价值等是阻碍和否定人的本然存在和自由发展的,那就必须用"损"的、否定的方法予以摒弃,破除这些外物的牵累,或者用相对化的辩证方法将尊卑、贵贱、高低、祸福、荣辱、得失都参透悟破,这样才能使人获得彻底的解脱,实现完全的自由。当然,老子所主张的人的自由解放,并没有从纯粹的个体生命的立场出发,并没有认为个体可以不受任何客观规律的束缚而随心所欲,相反,他认为人只有处处顺应自然的规律、体现自然之道才能取得自由。同样,老子也没有为人设定一个超越人间的终极价值源头来安顿人生,如基督教在现实人生之上设立了一个上帝作为超验的价值本体,以此造成了此岸人生与彼岸天国之间难以弥合和沟通的巨大落差;又如儒家力图在既定的永不可变更的伦理道德规范中去寻求个体的自由,并以之来限制其他一切有关个体的自由发展的观念和行为。老子是将个体生命置于宇宙大生命意识的"道"之中,以宇宙自然的生存之道来庇护和替代人的生存之道,从回归天地自然的本根来确立人生的依托。也就是说,面对现实的苦难,老子既没有诉诸世俗化的感性原则,也没有诉诸永恒的天国和道德的律令,而是诉诸无为自化的自然原则来解决人生的困境,将人的自由解放之路指向对天地自然本性——虚静恬淡之道的回归。只有彻底顺遂自然、虚静无为,沉入自然界的广阔天地之中,重归于朴素天然的本真状态,达到与"道""玄同"的"得道"、"体道"境界,人才可成为自由的神人、至人、真人,臻至人生的极致境界。这种极致的境界最富于审美化的意味,那摆脱了物役、拆除了外累,以自然而然、真纯朴实无拘无束的形态表现出来的生命的安然适意、萧然超拔,正是一种诗意化、审美化的人生境界,也可以说是一种"无天怨,无人非,无物累,无鬼责"的"天乐"境界。主体的虚怀与客体的自然虚无之间的契合造成了人生的诗意化、审美化境界。而这种"美"的境界正可以用来化解人生的痛苦、提升人的价值、实现人的自由。黑格尔曾说:"审美带有令人解放的性质,它让对象保持它的自由和无限。"①尼采也主张:"艺术是苦难者的救星",②审美是实现自由的一条重要途径,或者说美是自由的象征。

那么,为什么审美活动能够成为自由的象征、成为一条自由的通途呢?从根本上说,这是由审美活动本身所具有的特点所决定的。老子所认为的真正的美就是"道"之美,而"道"作为老子哲学的本体范畴,因其具有无限性和超越性的特征,所以老子以"道"为美,就意味着美的本质乃在于通过有限去体验无限、以不断的超越实现"观道"。这种以对"道"的观照为美的审美观要求于审美主体,就是要使其具有超越的品格。而这种审美的超越品格,无疑充满了自由的意蕴。因为在老子和后来的庄子等道家那里,正是这种审美意识的超越品格使他们在现实生活中能蔑视世俗和传统,大胆地破除各种偶像和权威,在污浊和严酷的尘世中保持自身人格的独立和自由,追求不受物役、自然适意的理想人生。这正如黑格尔认为的:美本身就是无限的、自由的③。也正是这种审美的超越品格,使他们能以重自然轻人事、"相看两不厌,唯有敬亭山"(李白诗)的审美态度去看待生活中的进退荣辱,以冲淡典雅、浪漫洒脱的审美情趣去发现自然之美、人间真乐。总之,他们以审美

---

① 黑格尔:《美学》第一卷,朱光潜译,北京:商务印书馆,1982年,第147页。
② 尼采:《悲剧的诞生》,北京:三联书店,1988年,第285页。
③ 黑格尔:《美学》,第一卷,朱光潜译,北京:商务印书馆,1982年,第143页。

的超越开拓着人生的自由之路,通过创造美和欣赏美,使人的生命得到全面解放和高度充实,使人的创造力得到充分的迸发,人的价值得到最高的肯定。正是在审美活动中,人仿佛真的融入了那种与自然万物浑然一体的和谐境界,感到忘乎物我、超凡脱俗、无所负累的真正自由,使自我在与整个宇宙合为一体、与万物融洽无间的过程中获得无限的提升和欢悦。著名的庄周梦蝶的寓言和陶渊明的"采菊东篱下,悠然见南山"的意趣,就是道家这种审美的人生境界和自由的人生境界相统一的生动写照。

平实而论,老子及道家所追求的审美与自由相统一的人生境界只能是一种理想的人生,因为从更大的角度来说,真、善、美三者真正统一的绝对理想之境无论在过去、现在还是未来都只能是一个美好的梦。但是,正像人类从未因其理想的不可实现乃至破灭而停止过对理想的追求一样,我们也不必因老子及道家的人生及审美理想的高远而看不到其对人生及审美的启迪作用。更何况理想的圆满实触发于现实中的不圆满,正是现实中充满了不合理、不平等、不自由而造成了人生的种种缺憾,才使人们需不断地以审美的超越去追求生命的自由!卢梭说:"人是生而自由的,但却无往不在枷锁之中。"[1]这些使人变成不自由的有限存在物的枷锁,既有来自人自身的种种局限,也包括来自外在的束缚,人们虽然曾以各种方式如权力、财富、知识、道德等去抗争,终未能获得明显的、彻底的成效——或者说彻底的解放、完全的自由本就是没有的,卢梭的这句名言正道出了人类作为有限存在物在现实世界中难以摆脱的悲剧性命运。相比之下,人们借助于审美的方式来超越人的现实苦难和悲剧性命运,是一种较为有效的方法,因为审美既可以

---

[1] 卢梭:《社会契约论》,何兆武译,北京:商务印书馆,1982年,第8页。

深入于现实人生,给人以亲切感和现实感,又超越现实,于刹那间使人进入物我两忘的境界。尽管在终极的意义上,审美的超越更多的只是精神上的、暂时的,它无法真正地对抗和消除现实人生的钳制,但它毕竟能在瞬间中使人进入物我两忘、荣辱不惊、飘逸自适的沉醉境界中去。使人的生命得到升华和再生,犹如浴火的凤凰。事实上,人类的进步也的确已经将越来越多的时空交给了审美活动,对美的追求正逐渐地渗透到人类生活的一切领域中去,而且,只有当人类的一切活动都带有了审美的性质,人类才能最终愈益接近自由的王国——虽然它永远只能是"接近"而不会是"到达"。

第三节 直觉主义的审美方法

老子思想中本没有独立的美学体系,老子的哲学和美学是完全融为一体的,或者说其审美观只是其哲学理论的延伸。正因此,老子哲学的特点也就直接规定和影响了老子美学的基本特质。譬如说,老子哲学的否定性方法显然也是其美学的基本方法。由于使用这种否定性的方法,所以老子美学并不着重于直接对"美是什么"的形上学追问和逻辑思辨,而是侧重于通过对世俗的或传统的"小美"、"假美"的批判否定而映衬和浮现出真正的"大美"、"至美"——实际上,通过这种方式呈现出来的主要是关于"美的存在形式"。侧重于对"美的存在形式"的探讨而不是"美是什么"的追思,构成了老子美学思想的一大特色,具有其深刻而辩证的理论内涵,体现了与儒家美学及西方美学迥然不同的审美旨趣,对于形成道家美学及整个中国古典美学和艺术中独特的意境说有着重大的影响。我认为,在人类的审美领域,"美是什么"严格说来并不是一个证实的问题,因为美不是纯客观地存在着的自在之物,相比而言,"美的存在形式"问题是一个真实问题,因为我们固然不能直接追思"美是什么",却可以说明"美不是什么",而"美不是什么"的否定性描述正从反面揭示了"美是以什么形式存在的"或者说"美的存在方式是什么",从中又必然引申出另一个重要问题,即我们能以什么方式去认识和把握美的问题。老子的哲学和美学以其特有的深刻性和视角涉及了上述两个问题,从而成为一种能够触及美的真正奥秘的独一无二的古代美学思想。

一、恍惚之象与曲涵之美

前述第一节曾说明老子的审美观认为美本于"道",或直以"道"为美。但要请注意,我以为这并不是或者说主要不是老子对"美是什么"的形上学追问,而是为了展示"美的存在形式"。

为什么这么说呢?我们先从审美对象的角度来考察一下老子所展示的"美的存在形式"。

在老子那里,"道"作为一切存在的本体,当然是一种确实的存在,然而这个本体却又不是一种具有具体的确定的形态和性质的实体,而是看不见、摸不着、说不清的似无实有、若有若无的实在。老子曾分别以"无"、"玄"、"大"、"恍惚"等来形容"道",就是为了说明"道"的这种独特的存在形式。显然,"道"的这种存在形式也就是从于"道"、同于"道"的"美"所具有的存在形式。老子是这样描绘这种存在形式的:

> 道之为物,惟恍惟惚。惚兮恍兮,其中有象;恍兮惚兮,其中有物。窈兮冥兮,其中有精;其精甚真,其中有信。(第二

十一章)

视之不见,名曰夷;听之不闻,名曰希;搏之不得,名曰微。此三者不可致诘,故混而为一。

其上不皦,其下不昧。绳绳兮不可名,复归于无物。是谓无状之状,无物之象,是谓惚恍。迎之不见其首,随之不见其后。(第十四章)

我们在日常经验中可以接触到的都是具体的、实在的事物,由于它们都具有一定的物质形式和外在形象、受到具体时空的限制,所以它们是可以被感官所把握的、确定的。但老子认为,"道"作为本体却不同于这种确定的、可以感知的经验性实在,而是一种"无状之状"、"无象之象"的"恍惚",这种"恍惚"具有难以感知的、超时空的不确定性,不过它毕竟是客观存在的,所谓"其中有物"、"其中有精"、"其中有信"。因而它实是有与无、实在与非实在的统一。前面(第二章)曾指出,"恍"、"惚"两字在《老子》中分别具有"有"、"无"之义,老子以"惚恍"形容"道"的"无形"、"无状"、"无物"的存在状态,以"恍惚"形容"道"的"有形"、"有状"、"有物"的存在状态。不过,无论是"惚恍"还是"恍惚",老子的主要意思还是为了借此描述一种"道"的存在的有无统一之境。联系到审美问题,在老子看来,真正的美其实也是一种有与无、实在与非实在的统一。也就是说,真正的美固然是存在的,却不是直接显现出自身的,而是以看不见或看不清的、不确定的形式存在着的。老子所说的"大音希声、大象无形"(第四十一章),其真义就是强调真正的美往往是不能直接诉诸视听感官的,它"淡乎其无味,视之不足见,听之不足闻,用之不足既"(第三十五章),这样它只有以"无味"显味,以"希声"显声,以"无形"显形,以"无象"显象,这种美的存在形式自然是难以用感官经验直接捕捉到的。老子还讲了"信言不美,美言不信"(第八十一章)、"知者不言,言者不知"(第五十六章)等,也是为了说明美往往不是以本身的形式直接存在的。

在论述老子本体论的那一章中,我们曾说到作为"道"之本体的"无",本作"無",而从文字学上考证,"無"通"巫"和"舞",这一事实对于我们了解老子的美学思想是富有启发意义的。首先,它可以表明老子的道论本身也就是美论,老子以具有审美意味的巫之舞蹈——"無"来象征"道"本体,已有意无意地肯定了"道"本体也可以作为审美对象而存在的性质,透露了其道论必然蕴涵着丰沛的艺术精神的本体论依据。其次,它还进一步表明了"道"本体"无"作为根本的审美对象所具有的有与无、实在与非实在相统一的存在形式,舞蹈具有圆转流动似有似无的不确定性,巫之舞蹈更多一层迷离飘忽的神秘性特点,用这种舞蹈来象征美的存在形式,的确能显示老子所推崇的真正的美是超出具体的、直接的形式而存在这一基本特征。

由于老子之道的超越性、不确定性,老子不得不从多个角度、采用多种方式对它作勉强的描述,所以老子除了以"无"、"恍惚"等来描述"道"之外,还常以"大"来解说"道"。老子以"道"为美,所以也以"大"为美。

在先秦著述中,以"大"为美,以"大"为最佳状貌之形容语,本不鲜见,如《诗经》、《楚辞》及诸子散文。汉字"美"字的起源和演变,就是与"大"义相联系的:据一些学者考证,"美"字最初是指以"羊人为美",后演变为以"羊大为美"[1],大概是取其羊肥大甘美

---

[1] 参见李泽厚、刘纲纪主编:《中国美学史》第一卷,北京:中国社会科学出版社,1984年,第79–81页。

之义。孟子曾有名言谓"充实之谓美,充实而有光辉之谓大"[1],认为"大"是一个内涵丰富充实而又散发着光辉的范畴,是一个比一般的美更高层次的至极之美。不过,这些作为美的象征的"大",虽然其基本含义是"巨大"、"硕大"、"伟大"的意思,但再大毕竟都是具有确定的形态和实在的形象的。然而,老子以"大"为美的审美观,其"大"的审美意义却不同于上述这些一般的见解。老子说:

> 有物混成,先天地生。寂兮寥兮,独立而不改,周行而不殆,可以为天地母。吾不知其名,强字之曰"道",强为之容曰"大"。大曰逝,逝曰远,远曰反。(第二十五章)

把本体之道形容为"大",首先是取其深厚博大、无边无际的无限性、超越性之义,故"有容乃大","不同同之之谓大"[2]能够容纳一切,涵盖万物,融合一切不同,就是真正的"大",这样的"大道",自然具有无限的包容性;其次,在老子那里,"大"还是活动、运动的概念,它实际上是一个流行不止、渐行渐远,不断地返本复初的过程,因而它又是一个生生不息、充满了生机、可以无限扩展开放的过程。

由于老子之"大"在本体论上是一个展开的、不断实现而又无止境的、无限的过程,具有无限性、超越性、运动性、开放性的特点,所以它作为一个审美对象实际上是超越具体有限的形象和形式,具有若有若无的不确定性的。这就是老子所说的:"大方无隅"、"大音希声"、"大象无形"、"大直若屈"、"大巧若拙"(分别见第四

---

[1] 《孟子·尽心下》。
[2] 《庄子·天地》。

十一章、四十五章)的道理。在无限延伸的超验世界和多维时空系统中,对立转化的现象是普遍存在的,直线可以演化为曲线,方形最终会转化为圆形,真正浩大的形象是无边无际、无形无象,因而一切真正的大美恰恰是以自然而然、素朴无华甚至表面相反的形式存在和表现的。这样,老子所谓的"大"并不见得真正是形式上的大,反而可能是形式上的"小"或"无",老子说:"大者益为下"、"以其终不自为大,故能成其大。"(第三十四章)最高形式的美是没有任何形式,"大美"的存在形式是"无美",这就是老子以"大"为美的审美观。再进一步说,以"大"为美是一种什么样的美呢？那是一种在矛盾的对立统一运动中经历着转化、流动的美,是在内在的生命力驱动之下,遵循"道法自然"的原则,以不断的否定性运动超越有限、寻求无限、在追溯和复归于宇宙生命的本源过程中展开和实现自己的"大美"。这也许可称之为一种"曲涵之美"、"曲涵的基本特征就是要求突破有限,追求无限;突破两端,追求整一。……曲涵之美,实质正在于它是包孕丰富而又无私无畏的自由创造、自由生成的境界"。① 老子这种由恍惚之象所蕴涵着的曲涵之美,虽然并没有涉及具体的审美问题,但恰恰传达了艺术之美的真谛、触到了美和艺术最深邃的奥秘,这就是:最高的美的存在形式莫过于没有形式或者说超越了形式——那也可以说是完全突破了形式束缚之后纯任自然、物我两忘的状态、是表现自然生命运动本身具有的自在自为的整体性的"大美"境界。

二、语言困境与直觉体验

在老子看来,既然作为审美对象的美具有那些独特的存在形

---

① 钱竞:《老子学说与中国美学精神》,《河北学刊》1992年第2期。

式,那么我们对美的认识和把握也就不能依靠对其外在形式的直接感知和观照。因为老子看到,那些形式美的或外观鲜明强烈的东西,往往并不是真美,反而是会导致不美的结果的东西,如令人目盲之色、耳聋之音、口爽之味,它们实是背道而失美的东西,是必须去除的。我们如果仅仅根据其外在形式直接感知和观照美,必然会被引入歧途。而那种真正的"大美"、"至美"往往是以自然的、素朴的、平淡的甚至是相反的形式出现的。因而这种美并不是其外在形式所能直接呈现和传达的。老子的这种观点虽然有过于重质轻文、完全否定了形式美的意义和价值的极端化倾向,但的确还是很有辩证法意味的,可以说它实际上提出了审美观照必须超越于一般的感性经验和外在形式的局限,善于深入到对象的内在本质中去,在实在与非实在、具体与非具体、确定与不确定的辩证统一关系中把握审美对象这样一个重大的审美方法问题。

在审美方法问题上,语言问题是老子所特别关注的一个重要问题。《老子》开篇第一句就说:"道可道,非常道;名可名,非常名"(第一章),对语言与本体存在之间有无同一性、主体的理解方式与对象的显现形式之间的距离能否克服等问题提出了否定性的看法。老子相信,"知者不言,言者不知"(第五十六章),日常语言及逻辑思辨具有其局限性,它只能用以认识和把握具体的、有限的事物,却不能用以认识和把握无限的、超越性的存在本体,正如庄子所说:"可以言论者,物之粗也;可以意致者,物之精也;言之所不能论,意之所不能致者,不期精粗焉。"[1]老子认为那种言之所不能论、意之所不能致的"不期精粗"之物就是"道"。因为"道"所指向的无限性超越性是无法以语言(言论)穷尽也无法用感性认

---

[1] 《庄子·秋水》。

知(意致)传达的。① 同样道理,在老子看来,"道"之美也是难以言状不可表达的。那种物我两忘、自然适意、与"道"冥合的美的极致状态,便是不涉语、不可言之境。不然,一落言筌,便有局限,便会破坏了其至高至极的原始完美性。正因此,老子主张要"无为"、"不言"、"希言",反对"巧言"、"美言"。显然,老子把语言当作是通向审美之途中的最大障碍。老子反对"美言"、"巧言",主要是由于它们会因此"不信",认为语言特别是美妙动听的语言往往会遮蔽了美的存在真相,扭曲了审美对象的本质。老子否认美的存在形式可以用语言等去凸现,但他并不是要由此否定美本身的存在,正如刘勰指出的:"老子疾伪,故称'美言不信',五千精妙,则非弃美矣。"②老子的这种观点对于中国古代审美观的影响是十分重大的。《易传》里"书不尽言,言不尽意"③的说法就与老子的观点颇相符合。庄子也像老子一样强调言与意、形与情关系上的矛盾对立,认为意难言、情难形。以后陶渊明讲的"此中有真意,欲辩已忘言",司空图提出的"不著一字,尽得风流",严羽倡导的"不涉理路,不落言筌",等等,这些看法都自觉不自觉地继承了老子的语言观及审美观,总结了审美实践中"含不尽之意见于言外"的规律特点,具有很高的实践价值。还值得一提的是,老子的这种语言观与现代西方的新语言观还具有相似之处,柏格森在其《理智与教育》中说:"在危害精神自由的最可怕的各种障碍中,应首推语言文字预制的、并授予我们的现成概念。"维特根斯坦更有这样一句名言:"语言的休假日就是哲学产生之时。"他们认为,并不像传统上以为的人类是语言的主宰,相反,语言现已成为人类的

---

① 此处内容,可详见本书第三章对老子认识论思想的阐述。
② 刘勰:《文心雕龙·情采》。
③ 《易传·系辞上》。

主宰和囚牢,是导致人类生活特别是精神生活异化的根源,因此应以批判的态度清除语言的暴政、摆脱语言的控制。尽管老子及现代西方思想家的语言批判观有其偏颇之处(如过分夸大了语言的异化性质),但他们提出的不死于言下、警惕语言异化、注重事物的内在本质和活的精神的思想倾向,还是很有意义的。

老子不但认为语言会使人类在描述审美对象时陷入困境,而且由此推知人类的理智、知识、情感及一切人文化产物都对表现真正的美无能为力。正因此,老子提出"绝圣弃智,……绝学无忧"(第十九章)等非文化主张,认为真正美的存在应是一种超越日常语言和经验、排除了理性思辨和道德意识等等之后的去智忘言之境。显然,这种境界正是老子的自然主义审美理想的体现。

既然美的存在形式是一种"无状之状,无物之象",是不可见、不可闻、不可言,不能用形象、语言、知识、概念、逻辑等感性的或理性的方法去把握它,那么,用什么样的方法才可以呢?

简单地说,老子的审美方法就是以"静观"为基本特征的直觉体验。"观"是认识论中的一个重要概念,"观"的方法是老子认识论的基本方法,自然,它也是老子以"道"为审美对象所需采用的审美方法。"观"的审美方法所具有的理论内涵及其特点可以归纳为以下几点:

第一,它是以审美主体自由的审美心境为基础的。老子既否定了从外在的形式去感知"美",又否定了从内在的思维、语言及道德意识等去认识美,这实际上是要求审美主体能通过扫除那一切已有的知识和方法,弃俗无欲、去智忘言,达到绝对虚静的精神状态。老子说的"致虚极,守静笃,万物并作,吾以观复"(第十六章),就是强调要以排除各种外在因素和自身的陈知杂念的干扰性影响之后主体的虚寂空无作为"观"的前提条件。打个比喻说,这就像要把杯子里的陈旧杂物掏空洗净了才能装新鲜饮料,把房间腾出来打扫干净了才可迎接新的主人一样。心灵的虚寂空无状态也正可以是心灵处于最自由开放的状态,因为只有在无拘无束、自由自在、物我两忘的审美心境中才可以达到最佳的审美创造和审美欣赏。

第二,它所追求的是一种"以天合天"、"以物观物"的物化境界。老子虚静以观的审美方法,具体来说,实际上包含两个依次推进的基本层次:一是"忘物",审美主体通过摆脱理智功利欲望等的束缚和审美对象的形式、现象的误导,达到初步的虚静心态,但这主要是忘却了外在之物的羁绊,却还没有忘记自身的审美主体地位,因而与审美对象仍保持了一定的距离;二是"忘我",审美主体完全融入到审美对象之中去,彻底忘却了强烈的主体意识,抹掉了审美主客体之间的距离,从而使审美主体成为一种物态化了的审美主体,审美对象成为一种物我同一的物化之境,达到了以天合天、以物观物的最高境界。可见,老子的"观"并不是身在物外的经验观察,而是把自身置于"万物"之中或说审美对象之中的心灵感悟,因为只有这样审美主体才能在其中随之运行随之化育感受其自然生命的律动与壮美,才能产生内涵丰沛意象无穷的审美体验。老子说的"万物并作,吾以观复",以及"以身观身,以家观家,以乡观乡,以邦观邦,以天下观天下。吾何以知天下然哉?以此"(第五十四章),就是说明主体应以虚静无为的无意识状态,处身于审美对象之中,身与物化,以亲身的感受从里面进行直接的观照。正因为静观具有能深入到事物内部去进行直接观照的特点,所以是一种典型的直觉体验。

第三,它所达到的是对美的存在的整体性、根源性和本质性的把握。老子用"观"的方法,要具体"观"什么呢?且看老子自己

所说:

> 常无,欲以观其妙,常有,欲以观其徼。此两者,同出而异名,同谓之玄。玄之又玄,众妙之门。(第一章)

在老子看来,"道"是"无"与"有"的统一体,从作为"天地之始"来说,"道"是"无",即无规定性、无限性;从作为"万物之母"来说,道又转化为"有",即有了规定性、差别和界限。老子认为,把握"道"的"无"的一面,是为了观照"道"的"妙"的属性;把握"道"的"有"的一面,是为了观照"道"的"徼"的属性。什么是"妙"和"徼"呢?"妙"与道之"无"相联系,是体现"道"的无规定性、无限性一面的,而"徼"则与"有"相联系,是体现"道"的有规定性、有限性一面的。老子认为"妙"和"徼"都属于"道",故"同谓之玄"。但"玄"终究更偏重于说明"道"的无限性,与"妙"的属性更为接近,所以老子对"道"、玄的观照更主要是观"妙",也就是观"道"的无规定性、无限性。由于"妙"与"道"、"无"等范畴有着紧密的联系,"妙"实际上是作为无限的整体和内在的本源性的本体之道的象征,是"通向整个宇宙的本体与生命"[1]的,其特点是出于自然,归于自然,在顺遂物性人情,毫不经意,不施雕琢之中,意趣天成,这就是所谓"自然高妙"。老子讲的"大巧若拙",就是赞颂那种"虽出人工,宛若天成"的天成自然之美、巧夺天工之妙。正像陆游诗云:"文章本天成,妙手偶得之。"所以观"妙"所要观的主要不是形而下之物,而是形而上之神;不是具体有限的物象而是要达到对美的存在的整体性、根源性和本质性的把握(所谓"象外之

---

[1] 叶朗:《中国美学史大纲》上海:上海人民出版社,1985年,第37页。

妙")。自然,这种"观妙"的形而上观照不能用"目"即感官经验,也不能用"名言"(概念)等理性工具去把握(所谓"妙不可言"),而主要靠心灵去意会、体验,这种心理体验往往是在一瞬间根据直觉和顿悟获得对审美对象的整体性、根源性和本质性的直接把握的。而实际上,这种心理体验方法正是一种最典型的审美方法。

顺便应该说明的是,老子以"妙"作为审美对象,也再一次表明了他的这样一个基本审美观,即认为真正的美应该突破有限而走向无限,美的本质就在于它能使人体验到那种由有限走向无限的自由意识和自我满足。正因此,朱自清、叶朗等学者都曾对由老子第一次提出的"妙"的范畴在审美观上的重要意义作了高度评价。[1] 的确,"妙"这一范畴不但在后来演变成了美学史上的一个重要范畴,在某种意义上甚至比"美"字更重要,而且在审美鉴赏和艺术实践中有着广泛而深刻的影响,如说"妙笔"、"妙手"、"妙境"、"妙语"等等,"妙"成了审美活动中的一个理想标准和至高境界。

第四节 有无、虚实之境

老子哲学为其审美观提供了肥厚的土壤,特别是老子哲学中丰富的辩证法思想,对形成其审美观及其理论特质,乃至整个中国古典美学和艺术创作实践都有着重要的影响。例如,老子的有无、虚实的辩证思想就是如此,它对中国古典美学形成独具特色的意

---

[1] 参见朱自清:《朱自清古典文学论文集》上册,上海:上海古籍出版社,1981年,第131页;叶朗:《中国美学史大纲》,上海:上海人民出版社,1985年,第34-37页。

境说有着极大的贡献。

一、有无统一:"虚实结合"的美学原则

依据老子的本体论观点,其"道"就是"无"。但"无"作为本体,毕竟又并不是绝对的虚空,而是包含着"象"、"物"、"精"等实有的"无",即是"有"与"无"的统一,或者说是"虚"与"实"的统一。这也就是老子在描述"道"时所说的:

> 道之为物,惟恍惟惚。惚兮恍兮,其中有象;恍兮惚兮,其中有物;窈兮冥兮,其中有精。(第二十一章)

老子把"无"和"有"、虚与实看作是道所具有的两种基本属性,"道"就是"无"和"有"、虚与实这两种基本属性的矛盾统一体。在老子看来,就"道"的不可视、听、言的无限性超越性诸特性来说,它是恍惚不定的虚无,即"无";就道作为能混成为物、创生天地万物的特点来看,它又是确实存在着的实有,即"有"。正是这种无与有、虚与实的统一,才使"道"成为一切生命的总根源、一切存在的终极基础。

本体之道是如此,作为本根之枝末的天地万物也同样是无与有、虚和实的统一,老子举例说:

> 三十辐共一毂,当其无,有车之用。埏埴以为器,当其无,有器之用。凿户牖以为室,当其无,有室之用。故有之以为利,无之以为用。(第十一章)

不论车轮、陶器,还是房舍窗牖,无一不是"无"(虚)与"有"(实)

的统一。一个事物如果只有"有"而没有"无",只有"实"而没有"虚",这个事物就会失去它的作用,也就是失去它的本质规定及其内在生命(车之所以为车,器之所以为器,室之所以为室)。

老子的上述思想对中国古典美学有着重大的影响。庄子首先继承和发展了老子哲学的上述思想,他除了在本体论和辩证法上深化了对无与有、虚与实的理论思辨外,还进一步以"象罔"之喻来形象地发挥这一思想。①"象罔"象征着有形与无形、虚与实的结合,宇宙人生的真相就显露在非无非有、不皦不昧、虚实化合的境地中,同样,通过艺术把握宇宙人生真相的奥秘也在于此,正如宗白华所说:"'象'是境相,'罔'是虚幻,艺术家创造虚幻的境相以象征宇宙人生的真际。"②正因为"道"及天地万物都是无与有、虚与实的统一,所以表现"道"的本质及天地万物生机活力的艺术也应是无与有、虚与实的统一,这样,注重体现有无统一的"虚实结合"就成了中国古典美学中一条重要的原则,它概括了中国古典艺术中一个重要的美学特点。这条原则强调的是艺术形象必须虚实结合,才能真实有效地反映出审美对象的内在本质和内在生命。用清丁皋《写真秘诀》的话说:"凡天下之事事物物,总不外乎阴阳,……惟其有阴有阳,故必有虚有实。"艺术创造不仅需要注意表现实有之物,还应看到虚无之处的作用,使虚与实相互映讨、互为观照,结合成为一个艺术的整体。例如刘熙载《艺概》中说:"杜诗只有'有'、'无'两字足以评之:'有'者,但见性情气骨也;'无'者,不见语言文字也。"王夫之也提出,作诗应"寄意在有

---

① 《庄子·天地》。
② 宗白华:《中国艺术意境之诞生》,《美学散步》,上海:上海人民出版社,1981年,第68页。

无之间"。① 又如中国绘画就非常形象地体现了中国古典美学重视有无统一、虚实结合的特点。中国画讲究"空白"。中国画以黑白二色为主彩,有画处是黑,为实,无画处是白,为虚。但画中的空白并不是真的虚无,更不是无用的空间,而是和实景、实物一起构成为艺术整体的一部分,可见空白处正是"无象"中的"有象"、"无形"中的"有形",体现着老子所说的有无的统一。宗白华对中国古典美学的这一特点曾有很好的总结,他说:"中国画很重视空白,如马远就因常常只画一个角落而得名'马一角',剩下的空白并不填实,是海,是天空,却并不感到空。空白处更有意味。中国书家也讲布白,要求'计白当黑'。中国戏曲舞台上也利用虚空,如'刁窗',不用真窗,而用手势配合音乐的节奏来表演,既真实又优美。中国园林建筑更是注重布置空间,处理空间。这些都说明,以虚带实,以实带虚,虚中有实,实中有虚,虚实结合,这是中国美学思想中的一个重要问题。"②

此外,"虚实结合"的原则还是理解中国古典美学及艺术实践中所注重的形神论、言意论的关键。中国艺术家们都善于用或以实为虚、以虚化实,或以实带虚,以虚明实等方法,着力追求和表现形神兼备、情景交融、言意统一、象与"象外"相合,从而使虚与实、有限与无限融于一体的审美意境。这种审美意境也可以说是审美主体的主观思想情感和客观事物相融合而产生的一种艺术境界。

二、"有无相生":"气韵生动"的审美取向

更值得注意的是,老子讲"无"与"有"、虚与实的统一,不但讲

---

① 北京大学哲学美学系教研室编:《中国美学史资料选编》下册,北京:中华书局,1981年,第282页。
② 宗白华:《美学散步》上海:上海人民出版社,1981年,第33页。

了为什么要统一(如上述),而且进一步讲清了怎样统一。在老子看来,"无"与"有"、虚与实的统一并不是在绝对静止的、凝固不动的状态中统一的,而是在"虚而不屈,动而愈出"(第五章)、"周行而不殆"(第二十五章)的否定性运动中实现统一的。也就是说,本体世界或宇宙自然就像一个巨大的风箱一样,既是一个虚空之体,又贯注着生命之气,"无"中有"有",似"有"似"无",虚中有实、实里含虚,虚无、实有在像拉风箱一样生生不息的运动中相互生成、相互转化,组成了一个流动化育、绵绵无尽的生命过程。用老子的话说,这就是:

有无相生。(第二章)

"有无相生"表现的就是事物在不断的运动变化中实现有无的相互转化、相互生成,通过有无的这种相互转化、相互生成,本体世界或宇宙自然就获得了一种"气化流行、生生不息"的无限生命力,因而可以说"有无相生"正体现了一切存在的内在生命。宇宙天地之间,就是由这"道"的"有无相生"、一虚一实的运动变化,造成了自然万物的生化和流转。

事实上,老子对本体之道在这种"有无相生"的运动变化过程中的存在形态作过很多具体的描述和形象的比喻,如老子用"惚兮恍兮"、"恍兮惚兮"这种极富动态感的描述来说明本体之道的"有无统一、有无相生"的运动变化,特别是其"从无到有"和"从有到无"的有无相生的双向运动。这种运动变化展示了"道"所存在的"有无之境",乃是一个充满了生机的整体,是一个富有活力的无限空间,而不是僵硬凝固的、零散的、死气沉沉的有限的世界。显然,这种"有无相生"的运动变化极易引起人们去进一步追寻宇宙深处蕴涵着的生命本质和生命意义,把"究竟何物存在以及如何存在"的形上学"纯思"问题转化成为一种对宇宙及万物内在生命的体验和观照、一种诗意的思。

这样,老子的"有无相生"思想也就比其"有无统一"思想蕴涵了更深刻的审美意义。如果说,前述老子的有无统一思想主要是从静态的角度表现"虚实结合"的美学原则的话,那么老子的"有无相生"主要是从动态的角度展示宇宙自然"虚实相生"的生命过程及其流动之美。正因此,审美观照的对象不再是孤立的、凝固不动的、有限的物象、实有,而是处于"有无相生"、一虚一实、亦虚亦实的运动变化中的存在本体。换言之,审美观照的实质并不在于把握具体物象的形式美,而是要去把握那"气化流行,生生不息"的存在本体的内在生命。魏晋南北朝美学家提出的"气韵生动"的命题就突出地体现了上述审美观。在这种审美观影响下,古代艺术家们强调借助于笔墨线条等一定的物质形式或艺术手段,来着重表现天地万物或人物形象的生机盎然的内在活力,着重表现生气灌注、葱茏氤氲、个体精神浑化于物、天道自然大化流行的宇宙生命,亦即着重表现天地万物或人物形象无论在具体的物象之中还是在超物象的虚空中所蕴涵的"神"、"韵"、"势"。因此,中国古代艺术(诗、书、画等)并不看重以主体反映客体,而是体现为审美主客体的相融合一;并不看重捕捉瞬间、截取片断的典型塑造,而是看重于以"精骛八极,心游万仞"(陆机)、"相看两不厌,唯有敬亭山"(李白)的审美心胸,去表现艺术家内心真切感受到的客体对象与宇宙本体无限的生机活力的内在联系及其双向交流,去创作情景交融、心物统一、虚实相生、有形与无形、人与自然都融合一体的审美意境。正如王维《汉江临眺》诗云:

> 江流天地外,山色有无中。

这优美的诗句所表达的正是一幅天地氤氲、虚实相生的生动图景,它不是一种简单的客体图式,也不是那种超绝尘寰的玄思,而是一种融汇物我而又似有似无、幽远空濛而又生气灌注的宇宙生命之流。在这生命之流中,有山有水,有花有木,有我们生命所及的一切;然而它们又不是山不是水,不是花不是木,不是自然的一切有形之象,而是一个体现有限与无限轮回消长、个体生命与宇宙巨流融合混生的无边世界,是一个舒卷自如、无限开展的生命画卷。

三、"有生于无":崇尚"空灵"的审美意境

老子认为,作为存在本体和生命之源的"道"是"有"(实)与"无"(虚)的统一,但归根结底,"无"(虚)处于矛盾的主导地位,即以"无"为本,以虚为主。司马谈说道家思想是"以虚无为本",颇合老子本体论的主旨。在老子看来,作为万物的根源处的"道"就是一种虚无的状态。因此老子常把"道"看作就是"无"。以"无"来说明道本体,其首要之义就是表示道本体的存在是"虚"状的,老子说:

> 道冲,而用之又不盈,渊兮似万物之宗,湛兮似或存。(第四章)

"冲"应为"盅",盅训虚,与盈相对,表示器虚之义。"道冲"即是形容道体的"虚"状。老子曾把"道"分别比喻为深渊、溪谷、风箱等,目的都是为了说明"道"的虚无性质。因为只有以虚无为本体,才能"虚以纳物"、以其无限的包容性成为宇宙万物的母体、一

切存在的终极性基础。所以,正是在以无为本的这一意义上,老子又说:

> 天下万物生于有,有生于无。(第四十章)

许多人不理解为什么老子既讲有无统一、有无相生,又讲有生于无、以无为本?不少研究者也确没有讲清这一点,或他们自己首先就没有弄清这一点。我认为,从表面上看,老子这两种说法似乎是矛盾的,但实际深入理解,就可知老子讲有无统一、有无相生,主要是就道本体的存在形态而言的,而讲有生于无、以无为本,则是就本体是一切存在的终极性基础这一意义上说的。也就是说,在老子看来,在终极性的意义上说,"无(虚)"与"有"(实)这对矛盾以什么为主要方面呢?是"无"(虚);"无"(虚)与"有"(实)的"对立统一"统一于什么呢?是统一于"无"(虚)。因为正由于作为终极性存在的本体是一种无边无际、无始无终,而又虚涵若谷的无限,才能"刻雕众形"、生成万物、容纳一切。所以严遵解老子"有生于无"之义,即谓"万物之生也,皆元于虚,始于无",[①]王弼注老也说:"寂然至无,是其本矣。"[②]因为老子认为有生于无、以无为本,"有无统一"最终统一于"无"(虚),所以老子的本体之道就是"无"(虚),老子哲学就是以体验和获得这种虚无的本体之道为最高的境界。换句话说,超越有限、体验虚无、追求无限,这就是老子哲学的根本目的和最高境界。

老子的上述思想对于其审美观及整个中国古典美学和艺术的

---

① 严遵:《老子指归》。
② 王弼:《老子注》。

意义是十分巨大的。其中最有意义的至少有以下两点：

首先，它确立了"虚"、"无"在老子审美本体论中的本体地位，并直接影响了老子产生以无形无迹、没有任何形式的美为最高的美的审美趣味。按照老子的本体论逻辑，真正的"至美"、"大美"是"无美"，或者说最高的"美的存在形式"是以"无"为形式，即没有任何形式。艺术家应以创造无形之象、无巧之拙为上品，审美鉴赏应以达到体味审美对象的"无味之味"、"不言之教"为最高意境。因为以虚无为体的"道"只可意会不可言传，意得于心而不能付诸言表，如"此中有真意，欲辨已忘言"；或付诸言表，也绝少匠心雕琢，而是"清水出芙蓉，天然去雕饰"。这种自然素朴、无为不言的审美趣味是老子追求自然主义的审美理想的典型体现。老子说："道之出口，淡乎其无味"（第三十五章），"道"是一种淡乎至极的无味之味，所以老子提出要"味无味"（第六十三章）。体味"无味"之味，并不是真的不要味，而是要以"无味"为味；同样，要创造和观照"无形"之象，并不是真的不要象，而是要以"无形"显象。

老子追求无形、无味、淡然至极之美，实际上就是对超形迹的存在本体的追求。受老子这种思想的影响，中国古典美学强调，不论是艺术创造还是审美欣赏，总要以表现或体悟那种超形迹的存在本体以及使人的主体精神融入于自然之道的宇宙生命，作为艺术和审美的终极追求。魏晋隋唐时期的画家们都普遍地将把握"太虚之体"、体悟虚无造化之道作为孜孜以求的艺术"至境"之所在。西晋陆机《文赋》中主张的"课虚无以责有，叩寂寞以求音"，南朝宋宗炳提出的"澄怀味象"（《宗炳传》作"澄怀观道"），东晋王微在《叙画》中说的"以一管之笔，拟太虚之体"等说法[1]，其要

---

[1] 分别引自《中国美学史数据选编》上册，北京大学哲学系美学教研室编，北京：中华书局，1980年，第156、177、179页。

义就是认为文学艺术本源于"寂寞"、"虚无"的存在本体,而文学艺术创作就是要将审美主体对这种存在本体及其所体现的生命精神的体悟感受通过一定的艺术手段(如语言文字、笔墨线条等)表现出来。中国古典美学和艺术所表现的这种对超形迹的存在本体及其生命精神孜孜以求的艺术精神,实为西方传统美学和艺术所不具。

其次,老子有生于无、以无为本的思想的另一个更为重大的意义在于,它在很大程度上影响了中国古典美学和艺术产生了注重追求无限、崇尚"空灵"的审美意境这一基本特征。中国古典美学和艺术历来重视审美活动中的言外之意、象外之境、弦外之音等的意义,强调在具体的实有的言、象、声之外,还应显现出无形的虚态的滋味、神韵、意境等,这实际上是强调审美活动应主要去把握那些超越于具体形迹、声象等实有形态而蕴涵于无限的虚空之中的深邃内涵。这也就是老子所说的"大音希声、大象无形"的命题所要表达的基本意思。可以说,中国古典美学和艺术推崇超声色形貌的神韵、追慕玄远空灵的意境,正是源于老子的有无、虚实思想所产生的必然走向。

我们知道,意境说在中国古典美学和艺术中具有十分重要的地位。如果说西方传统美学是以形象为美的话,那么中国古典美学就是以境界为美,而意境正是构成审美境界的基本内涵。[①] 中国古代美学家们认为,美虽然不离形象,却不在形象,而在形象之

[①] 严格地说,"意境"和"境界"这两个概念的含义是不尽相同的,但学术界不乏把这两者混同互用的现象。我认为,"意境"主要指诗画等艺术中情景交融、主客一体、虚实相生、意味深长的艺术化境。而"境界"的概念外延大于"意境",它除了包含了意境的基本含义外,还指较完美的自然景致(自然美)以及个体在审美创造和审美鉴赏、在道德学问的自我完善过程中所达到的高层次的精神世界,这种高层次的精神世界往往具有强烈的审美意蕴。

外意味深长的虚空。也就是说,审美和艺术创造并不是对具体事物的刻意写实,而是体察和创造一种虚无空灵的意境。而这种虚无空灵的意境,正是人们所普遍追求和极力赞许的最高审美境界。因此,人们也常以有没有意境来作为衡量艺术品的美丑或成败的基本标准。这样,受意境说影响的中国古典美学的一个基本特征就是认为,若要进行审美观照和审美创造,那么就必须坚持以下原则:虚实相生,以虚为主;形神兼备,贵在得神;情景交融,重在抒情;言意统一,贵在言外之意;象与象外统一,务求"超以象外,得其环中"。概言之,审美观照和审美创造就是要超越名言、物象,而把握名言、物象背后的宇宙本体、人生真谛,亦即超越有限而全力追求其背后的无限。这种审美观在唐朝刘禹锡提出的"境生于象外"这一著名的美学命题中得到了典型的表述。在刘禹锡看来,"境"与"象"是不同的,因为"境"不仅包括"象",而且包括"象"外的虚空。"境生于象外"的命题实际上是强调艺术品的生命和意蕴,不仅表现于具体的言辞和物象中,而且更表现于言辞和物象之外的虚空,审美观照的实质并不是把握具体物象的形式美,而且要在"言外之意"、"象外之境"中把握事物的本体的精神生命。

中国古代这种追求无限、崇尚"空灵"的审美观,对于中国古代的艺术实践产生了很大的影响。在中国古代诗画的意境结构中,无言无形的虚空、空白恰恰能传达丰沛的"言外之意"、"象外之境",表现出中国人心灵里葱茏氤氲、蓬勃生发的生命情调和艺术意蕴。中国书画重视"空白"的作用,讲究"计白当黑",认为"实处之妙,皆因虚处而生"。中国戏曲以"太虚"为背景,以"空灵"为舞台,"空故纳万境",表现了与西方戏剧不同的艺术特征。中国古代诗文推崇"灵气"往来,注重写作之外的功夫和意蕴,认为"功夫在诗外"、"诗境贵虚"、"文章妙处俱在虚空"、"不著一字,尽得风流"等等。总之,中国古代艺术几乎全方位深层次地实践着中国古代美学的意境说,而如果不了解老子及道家关于有无、虚实、言意等的辩证思想,就不可能真正懂得中国古代这种意境说的秘密。

第九章 天人合一
——自然无为的生态伦理意蕴

与以伦理道德为主要关注对象的儒家不同的是,道家是以不关注伦理理道德甚至反伦理道德著称的。但实际上,道家虽然对一般的伦理道德观持批判否定态度,却有自己独特而丰富的、深邃的伦理道德观。而且,在道家的伦理道德观及其整个哲学思想中还包含了许多与现代社会的环境哲学、生态伦理学相通的基本理念和价值取向,具有非常重要的现代生态伦理学意义,可以成为现代人探索和解决日益严重的生态环境危机和社会的可持续发展问题的重要思想资源。因为尽管生态伦理学诞生在 20 世纪,是 20 世纪的人们对人与生态环境关系思考和认识,特别是对日益严重的生态危机的反思的科学结晶,但是那并不等于说以往的人们就没有对人与环境关系的类似认识和思考。实际上,生态伦理思想是源远流长的。在中国,老庄道家及道教学者早就致力于对人与自然关系的深刻思考,强调人与自然须臾不可分离的联系,赋予自然以至真至善至美的涵义,力倡依循自然的规律来安排人类的生产和生活,肯定自然与人具有同等的价值,主张道法自然、无以人灭天,以及一系列热爱自然、尊重自然和保护自然的思想,倡导与自然为友,欣赏和珍爱大自然,讴歌自然景色、抒发田园情感,体现了把开发与保护自然有机地结合起来,使自然环境真正成为人的"无机的身体"、"人化的自然",使人与自然实现真正的统一的基本思想。这些思想显然与西方现代生态伦理学的基本思想是十分一致的。由于道家思想与现代生态伦理学特别是其中的深层生态学观点有着这种深刻的内在一致性,所以它深得深层生态学家们的赞赏。如卡莱考特将道家思想称为"传统的东亚深层生态学",希尔万(Richard Syivan)和贝内特(David Bennett)在详细比较道家思想与深层生态学后得出结论说:"道家思想表现了一种生态学的取向,其中蕴涵着深刻的生态意识,它为'顺应自然'的生活方式提供了实践基础。"[①]著名学者卡普拉(F. Capra)则对道家思想与生态伦理之间的关系作了这样高度的评价:"在各种伟大传统中,据我看来,只有道家提供了最深刻而且最完善的生态智慧,它强调在自然的循环过程中,个人和社会的一切现象和潜在本质两者的基本一致。"[②]正因此,现代西方的许多生态学家、生态伦理学家都纷纷把目光投入了东方古老的道家思想,发现在道家思想中蕴涵了一系列十分丰富深刻的生态伦理思想,很值得吸取和发展,由此促使产生了现代生态伦理学的所谓"东方转向"现象。可见,老子等道家的生态伦理思想是道家哲学精神展开的一个重要的价值境域,具有重要的现代价值及意义,值得我们进行深入的研究。以下就从几个主要的方面对此略加阐述。

第一节 自然主义

在中国传统的生态伦理思想中,道家的生态伦理思想是最丰

[①] J. Baird Callicott, *Earth's Insights*. Berkeley: University of California Press, 1994, pp. 67 – 86. Sylvan R., Bennett D., "Taoism and Deep Ecology", in *The Ecologist*, 1998, 18:148.

[②] Fritjof Capra, *Uncommon Wisdom*. Simon Schuster Inc., 1988, p. 36.

富、最与现代生态伦理学特别是现代西方的深层生态伦理观相契合的东方古老智慧。因为相比而言,道家思想不仅仅提供了许多有价值的生态伦理观念,而且已能够深入到生态伦理学的基本理论层次进行思考,就有关生态伦理的哲学基础、基本原则等一系列元理论提出了许多重要思想,充分显示了中国传统生态伦理智慧的独特价值。

一、道即自然

在老子的生态伦理思想中,其最重要的贡献之一就是道即自然、崇尚自然主义的思想。我们知道,老子提出以"道"为一切存在的最高本体。不过,说"道"是一切存在的最高本体,体现于实际存在层面中,并不是指有一个"道"直接产生出万物,而是指"道"是万物产生和存在的根本依据和终极原因,万物都是由于凭借了这个"道"才得以产生和存在。那么,这个"道"又是什么呢?简单地说,那就是"自然"。老子说:"人法地,地法天,天法道,道法自然。"(第二十五章)又说:"道之尊,德之贵,夫莫之命而常自然。"(第五十一章)至高无上的"道"最终还是要师法"自然",以"自然"为自己的准则,"道法自然"成为老子千古不易的密语,为老子思想的精华所在,懂得"道法自然"的道理,也就打开了通往道家伦理思想的大门。由此可见"自然"在老子思想中的中心地位和根本意义。

"自然"一词,在《老子》中凡五见,主要是指事物的本然状态,即自然而然、自己如此、不知其所以然而然的意思。王弼注老子的"道法自然"曰:"法自然者,在方而法方,在圆而法圆,于自然无所违也。自然者,无称之言,穷极之辞也。"[1]所谓"自然",就"道"自

---

[1] 王弼:《老子注》第二十五章。

身来说,就是自己如此之义,而就"道"与万物的关系来说,就是顺应万物之固有本性、使之自然而然地演化之义。可见,"道"的作为就是一种"顺其自然而为"。既然"自然"是道的本性,也是人及万物效法的行为准则,那么,老子根据其"天人合一"的本体观和"天人同构"的方法论,就得出了"人法天,地法人,天法道,道法自然"这样一个著名的逻辑推论。因为,在道家看来,道、天、地、人都是自然存在的,人效法大地,大地则效法天,天则效法道,以道为其运行的归依,而道本身则又以自然为最终的归依。也就是说,"道法自然"并不意谓在"道"之上或之外还另有一个"自然",而是说道本身即是自然的,自然便是道。道是"自然而然",本来如是,原来如此。这样,"道法自然"即是说道本身就是自然,就是万事万物本身,所谓道就是万事万物本身所固有的、内在的原因、根据,除此之外,再也找不到一个东西可以另为之主,它既没有为什么,也不是为什么,本来就是这样,无始无终,无前无后,生生不息。道虽然具有至高无上的本体地位,并非有什么封赐的爵位使然,而是道的本性如此。道生养万物却不占有万物,成就万物并不自恃有功,使万物成长并不主宰它们,一切听其自然。老子的"道法自然"思想正是古代朴素的自然主义思想的典型体现。

二、师法自然

老子从道即自然、崇尚自然主义的思想出发,进一步提出了"道法自然",以自然为人类的一起思想和行为所学习和效仿的基本原则。老子的自然主义在本体论上坚持了用自然本身的原因来解释自然,认为整个可知的宇宙是由自然对象构成的,这些对象的产生和消亡都是自然原因作用的结果,并不存在超自然的原因,因而能够引起自然对象变化的自然原因本身也是一种自然对象;自然的存在并不只是所有自然对象的简单集合,而是由一种自然过程所组成的有机系统,并遵循着其自身的逻辑自然运动变化。道家自然主义强调用自然本身来说明自然,推崇自然方法。因此,在道家看来,道的原则或者说自然主义的原则具有普遍性和绝对性,自然万物和人类社会都要以这种具有普遍性和绝对性的自然之道为其法则,受其支配和作用,表现为一种自然的存在和自然的过程。正是基于这种自然主义的观点,老子的生态伦理思想将人视为自然界的一部分,并认为"人是一个小天地",因此人应当效法天地自然,遵循自然界的规律,依凭自然的天性行动,反对破坏自然的矫饰和人为。老子认为,普遍绝对与永恒无限的道以自身为本源创造了整个世界,在包括整个宇宙、自然万物、人类在内的整个现实世界中,不仅道是普遍绝对与永恒无限的存在物,而且整个宇宙、自然万物、人类也是普遍绝对与永恒无限的存在物。或者也可以说,道作为普遍绝对与永恒无限的存在物实际上就体现在整个宇宙、自然万物、人类的普遍绝对与永恒无限的存在之中。因此,天、地、人的存在与发展都应以贯注其中的道为根本。可见,"道"作为道家形上学的本体,不仅是外在的自然世界的本体,同时也被当作了一切社会和人类活动的意义和价值的最原始最终极的根据,也是人类社会处理人与自然、人与人等一切关系的最高准则。可以说,道家的自然主义既确立了自然本身的独立意义和价值,肯定了其至高无上的本源性地位,又从广阔的宇宙的、自然的视域来观察人类社会,对人及人类社会的存在和本质作追根溯源性的探究,确认了人的存在和活动所依据的价值原则要在自然的本质之中去寻找,就体现为自然主义的原则。显然,明确道家自然主义这一根本思想在道家思想中的中心地位是十分重要的,因为道家的生态伦理思想就是以"道法自然"的自然主义思想为起点和基本精神并贯穿于其整个理论体系的,道家伦理思想的其他各种思想观念及一系列基本概念和命题比如无为、无欲、无私、见素抱朴、少私寡欲、柔弱谦恭、知足不争、致虚守静等,都是围绕"道法自然"的自然主义思想这一关键和枢纽而展开的。可以说"道法自然"的自然主义思想是道家区别于儒、墨、名、法诸家思想的基本内在特质,也使道家的生态伦理思想成为了一种具有鲜明中国特色的自然主义生态伦理观。

道家自然主义的生态伦理观不仅在中国传统思想中独树一帜,具有特有的重要价值,而且与西方传统主流思想中强调"人为自然立法",把自然当作纯粹的客体加以改造、征服的自然观相比,无疑更具有现代意义。现代西方生态伦理学的一个基本理念是反对西方文化传统中强调人与自然、科学与价值相分离和对立的人类中心主义观念,十分重视自然的价值,甚至高举自然中心主义的旗帜。而像道家思想中正有许多与现代生态伦理学中的自然价值观、自然中心主义、返璞归真的简单生活方式等颇相契合的思想,显示了东方传统文化中蕴涵了许多有助于现代西方文化实现范式转型、推进当代生态运动由浅层向深层发展的重要思想文化资源。

第二节 "道通为一"

现代生态伦理学的一个基本观念就是肯定包括人在内的自然万物的统一性,把它们看作是一个有机地相互联系的整体性存在。而道家早在两千多年前就已率先将天地人视为一个有机的统一整体,认为不仅自然万物之间,而且人与自然万物之间都存在着共同的本质,遵循着共同的法则,表现为一个共生共荣、同源同体的有机整体。这种天地人为一的整体观念是道家生态伦理思想中的一个重大成果。道家生态伦理思想正是以这种天地人为一、万物一体的整体观为基础构成了其展开的内在逻辑和话语体系。

一、世界的整体性存在

在道家那里,世界之所以是一个统一的整体性存在,主要是由于"道"是它们的统一的基础和内在根源。老子说:"道生一,一生二,二生三,三生万物"(第四十二章),又说:"道生之,德畜之,物形之,势成之"(第五十一章),自然万物之所以虽有区别却仍然是一个统一的整体,就在于它们都以道为共同的基础和本质,是道的不同形态、不同方式的体现,与"道"具有内在的同质性和同构性。所以老子又说:"道大、天大、地大、人亦大,域中有四大,而人居其一焉。"(第二十五章)在老子眼里,天、地、人和道一起成为宇宙间的四样伟大事物,共同组成一个共生共荣的有机整体。

具体来看,老子所说的这种世界的有机整体性存在可以分为两个层次来理解。

一是就道与万物的关系而言,老子形上学虽然认为"道"与万物有精粗本末之别,却并没有像西方传统形上学那样否定万物(现象)的实在性,从而把"道"与万物、本体与现象完全对立起来,反而认为它们在本体论层次上就包含着内在的统一性。在老子看来,万物、现象之所以不是虚幻的,最根本的原因就在于作为本体的"道"是万物产生和存在的"本根",天地万物的一切都是以此为基础的。老子经常以"根"来喻"道"。如他说:

> 谷神不死,是谓玄牝。玄牝之门,是谓天地根。(第六章)

本体之"道"就像具有永恒的生殖能力的伟大母性,可以成为天地万物的总根源。不过,虽然"道"是本根,天地万物是枝末,但作为枝末的天地万物与作为本根的"道"毕竟是一体的,因而具有同质性,这种本末一体的同质性正是"道"与万物具有内在统一性的本体论依据。可见,"道"虽是天地万物存在的基础,却并不在天地万物之外独立存在,而是就存在于天地万物之中;而天地万物皆以"道"为其本体,由天地万物的生长、变化显示"道"的本体存在。因此,老子又常以溪谷、风箱、玄牝等喻"道",说明"道"就像虚怀若谷的巨大空间,可以含蕴万有、统摄一切,使天地万物("有")就容纳于"道"这个虚体("无")之中。这样,本体之"无"并不是脱离万物之"有"的纯粹的"无",而是包含着"有"的"无"。本体之"道"的存在形式就表现为这种以无为本、"有"、"无"统一的整体性存在。所以老子说:

  天下万物生于有,有生于无。(第四十章)
  无,名天地之始,有,名万物之母。……此两者,同出而异名,同谓之玄。玄之又玄,众妙之门。(第一章)

二是就人与自然万物的关系而言,在道家看来,既然人与天地道同源,那么人类虽然伟大,也只是宇宙中的"四大"之一,与自然万物一起构成为一个统一的有机整体。正因此,人也应与自然万物一样遵循着自然规律。老子说:"人法地、地法天、天法道,道法自然。"(第二十五章)人是自然界的一部分,他的存在首先是一种自然的存在,因为人类的生存和发展的需要的满足均离不开天地万物的馈赠,离不开以一定的自然环境作基础。人不可能超越自然并使自己游离于自然界之外,因此人也没有不遵循自然规律的权利。如果人将自己同自然界对立开来,那么最终人将会因此伤害自己,并最终会毁灭自己。所以,老子认为人既然作为整个自然界的一部分,人的活动就应该受自然规律和自然过程的支配和控制。人类只有遵循自然的法则而行动,才能够使自己合乎道的要求,与自然万物和谐相处。老子由此表达了一种天人合一的思想。老子这种天人合一思想被庄子作了进一步的阐述和发挥。庄子强调"道通为一"、"天地一指也",明确地把天地人万物看作是一个有机的整体存在。他说:"无受天损易,无受人益难。无始而非卒也,人与天一也。"①"天地与我并生,万物与我为一。"②庄子相信,人的产生和存在都是一个自然的过程,人本身也是自然的一部分。人和万物一样都以一定的自然环境为生存的基础,人和万物既在一定的自然环境中自然而然地产生,又最终会自然而然地复归于自然环境。庄子说:"万物皆出于机,皆入于机"③(此"机"指自然的生机。),所以他认为人的生死不过是自然之"气"的聚散分合,不必过于悦生厌死、忧惧逃避。而他所理想的人与自然的关系正是一种"天人合一"的和谐境界:"夫至德之世,同于禽兽居,族与万物并。""当是时也,……万物群生,连属其乡;禽兽成群,草木遂长。是故禽兽可系羁而游,鸟鹊之巢可攀援而窥"④。在这样的世界里,人并不是自然万物的主宰者和支配者,而是与自然万物浑然一体,和谐相处的平等一员。人类在无限广大的宇宙自然之中,应充分认识到自己的渺小和局限,万万不可自高自大、胡作妄为。所以庄子反对用人力去破坏人与自然之间的和谐,用技术和文明

---

① 《庄子·山木》。
② 《庄子·齐物论》。
③ 《庄子·至乐》。
④ 《庄子·马蹄》。

改造自然,更反对虐待和掠夺自然,而是要尊重自然,维护自然万物本身的固有价值,使人类重新回到与自然万物为友的时代。道家这种物我为一的生态整体观是与现代生态伦理学的观点不谋而合的。美国生态学家B.德沃尔说:"人既不在自然界之上,也不在自然界之外,人是不断创造的一部分。人关心自然,尊重自然,热爱并生活于自然之中,是地球家庭中的一员,要听任自然的发展,让非人的自然沿着与人不同的进化过程发展吧!"[①]可见道家思想中实蕴涵了非常深刻的现代生态伦理观念。

二、自然的权利

当然,道家的生态伦理观虽然强调了物我一体、人与自然万物的整体性,但并非如一些人误解的会把人完全等同于自然物,甚至降低到一般的动物层次,并因此取消人的主体性、否定人的价值。实际上,道家是十分重视人的主体性、肯定和高扬人的价值的。道家在天人关系上所主张的天人合一、物我一体的观念,是在肯定人与自然万物的各自价值,允许各自保持其差异性基础上的自然融合,其目的恰恰是为了保护自然万物和人类各自的生存权利和生存方式。所谓有道之人正是以懂得这种道理为最高的智慧,从而能够以因任自然、崇尚无为的态度对待人与自然万物的关系的人。像庄子所强调的西施和麋鹿各美其美,"以鸟养养鸟"等就是强调人与万物各有其特性,我们不能把他物都化为与己同一之物,而是要既能看到自然统一体的整体性,又能充分尊重差异性,让每一个事物都发挥出其独特的作用,正像老子说的:"圣人常善救物,故

[①] (美)R.T.诺兰:《伦理学与现实生活》,北京:华夏出版社,1988年,第454页。

无弃物。"(第二十七章)所以道家强调人与自然万物的统一性,是为了反省把自然看作是任人宰割和征服改造的对象的所谓文明社会的做法,提醒人们不要过分夸大自身的权利和价值,而是应把自己放在恰当的位置上,认识到自己在世界中的限度和范围,放弃人类的自我中心主义观念。《庄子·人间世》说:"与天为徒者,知天子之与己皆天所子。"人应当"与物为春","独与天地精神往来而不傲倪于万物。"因此,在道家看来,"以道观之,物无贵贱;以物观之,自贵而相贱;以俗观之,贵贱不在己"。① 也就是说,万物本来都是平等的,并没有贵贱之分;之所以有贵贱之分,完全是由人的因素造成的。道家一再地通过揭示本末、大小、高下、贵贱、正反、远近等的辩证关系及转化原理,阐明了人们应当认识到在人与自然之间没有不可逾越的界限,人们应当尊重自然万物的内在价值和固有权利,让他们在一种真正平等、自由的生态环境中,各尽其情、各遂其性。

应该说道家的这种世界观、伦理观,极大地突破了传统伦理学的范围。因为在一般的传统伦理观念中,人类是唯一具有道德意识并值得在道德上予以尊重的物种,他以自身的利益和道德判断作为唯一的尺度去对待其他事物,表现了一种人类中心主义的伦理观。即使到了近代以来,以西方为代表的科学、哲学和伦理学,也都没有考虑人类主体之外的事物的价值,把道德关怀仅限于人类自身,因而它仍然是以人类中心主义为基本的指导原则的。在这里,人与自然之间不仅是对立的,而且有着不可逾越的鸿沟,改造自然、统治自然是人类活动主要的指导思想。在科学与伦理学、事实与价值之间,即在是什么与应当怎样之间有着不可逾越的界

---

① 《庄子·秋水》。

限。但是，东方传统思想却没有这样鲜明的界限。道家的"天人合一"观就是这样一种典型的传统思想，它视天人为一体，强调天道与人道、自然界与人类是紧密相连不可分离的，追求天地人整体的和谐。道家的这些生态伦理思想明确主张应增强对生命的尊重，要求把道德关怀的领域扩大到天地万物中去。显然，这种生态伦理观不仅扩大了伦理学的领域，改变了许多我们曾长期珍视的传统伦理观念，而且这些思想有助于形成现代的生态伦理学。因为现代的生态伦理学有两个决定性的观念和原则：(1)应将传统伦理学的正当行为的概念扩大到包括对自然界本身的关心，尊重所有生命和自然界。它的基本原则是：当一种行为趋向于保护生物群落的完整、稳定和美丽时，它是正确的。否则，它就是错误的。(2)道德权利的观念应当扩大到自然界的生命和生态系统，确认它们在自然状态中持续存在的权利。对照来看，这些现代生态伦理学的基本观念和原则，在两千多年前的道家那里已经基本具备了。

当然，在中国历史上，儒家等各家也和道家一样都有推崇"天人合一"的思想倾向。但比较而言，儒家讲天人合一，常常是用自然来比拟人事，借以更好地倡导人事。因而儒家主张"制天命而用之"和"人定胜天"，其对"天人合一"思想的强调，带有人是自然的主人和支配者的倾向，强调的是以天合人。而道家讲天人合一，强调的是"道法自然"，高度重视自然的作用和力量，反对以人役天，无疑带有人是自然整体中的一部分，应以尊重自然、保护自然为最高原则，从而要求彻底消除人为、舍弃人事来与自然合一的思想取向。如果说儒家讲的是"自然的人化"，认为人是归根结底是宇宙的中心和支配者，天人合一只能是天跟人合一，表现了一种人类中心主义的倾向（尽管这种人类中心主义倾向与西方传统文化中的人类中心主义是有所区别的),那么道家讲的便是"人的自然化","天人合一"的思想强调了以人合天,认为世界是一个统一的整体,人只是这个整体中的一部分,天人合一只能是人跟天合一,表现了一种非人类中心主义的鲜明倾向。从上述比较可以看出,道家在生态伦理思想方面的建树和贡献远比儒家要大得多,且更符合现代生态伦理学的基本精神和价值取向。同时它"对于那些想扩大西方科学范围的哲学家和科学家来说,始终是个启迪的源泉"①。

第三节 自然无为

一、自然即无为

"天道"和"人道",即"自然"和"人为"的关系问题,既是中国古代哲学特别是道家所关注的一个中心问题,也是现代生态伦理学的一个首要问题。在中国古代哲人看来,自然界是一个生生不息的生命过程,这种自然界的"生"与人的生命及其意义具有相通相似性,因此人应当像对等待自己的生命一样对待自然万物。而另一方面,自然界由于其所具有的"生生之德"而不仅仅具有了自然的意义,而且具有了生命和伦理的意义,人们可以从中引出人道、引出社会道德观念,把它作为处理人与人之间关系的行为准则,并返回到自然界,作为处理人与万物关系的道德准则。像《周

---

① 普里高津、斯唐热:《从混沌到有序——人与自然的新对话》,上海:上海译文出版社,1987年,第1页。

易》中"天行健,君子以自强不息"和"地势坤,君子以厚德载物"的说法,就认为君子自强不息和厚德载物的道德性精神来自天地自然。庄子也认为:"夫明白于天地之德者,此之谓大本大宗,与天和者也。所以均调天下,与人和者也。"①这正体现了道家追求天人相通、天人合一,以天道引领人道的价值取向。可见,在中国古代哲人那里,自然不仅是宇宙万物的生命本体,而且也是人伦道德的价值之源或终极依托。

就此而言,道家在人与自然关系上所持的天人合一的整体观决定了它在处理人与自然的关系上必然要采取自然无为的基本原则。由于道家哲学以"道"为一切存在的最高本体,它既是宇宙万物的本源,又是宇宙的最高法则,大自然就是按照此"道"去运作的,因而人也不能例外,老子所谓"人法地、地法天、天法道","孔德之容,唯道是从"(第二十一章)就是对这种以天道引领人道,"推天道以明人事",把遵从道的本性当成人的最高道德准则的自然主义方法的肯定。那么,人类需要效法的"道"的本性是什么呢?那就是"自然"、"无为"。如前所述,在老子看来,作为最高本体的"道"并不是一种玄虚的存在,而就是自然本身,老子说的"道法自然",并不是指在"道"之上还有一个"自然",而是说"道"的本质就是"自然",人要师法天地,天地师法道,而道最终又师法于自然,所以也可以说天、地、人最终所要师法的是"自然"之道。然而,自然之道又是什么呢?那就是"无为"。道家所大力标举的"自然",主要是指事物的实际本然状态,是事物本来如此、自然而然、自己运化的意思。老子认为"道"的本性就是以一种不用心、不经意、不强求、自然而然的态度去成就一切。"天之道,不争

---

① 《庄子·天道》。

而善胜,不言而善应,不召而自来"(第七十三章)。"道"的这种自然性就是"无为"。"无为"也就是"无违",即无违自然、因任自然而无所作为或不强作为之义。王弼以"顺自然也"一语来诠释老子的"无为",是深得其旨的。在老子看来,不仅道"无为",而且天地万物在其本性上也都是"无为"的,人当然也不应例外。老子说:

> 天地不仁,以万物为刍狗;圣人不仁,以百姓为刍狗。(第五章)

天地无所偏爱,听任万物自生自灭;圣人无所偏爱,听任百姓自然地生活。这种使天地万物"自化"、顺其自然而为的结果就体现了"道"的"无为而不为"的性质。这样,我们可以看到"无为"的概念必须在"道"的自然性中去把握其内涵。实际上"无为"就是"自然"的另一种说法,两者是同义词。借用苏辙在《道德真经注》中的说法,"无为"就是"因物之自然,不劳而成之矣"。《淮南子·原道篇》对此也有很好的阐述:"所谓无为者,不先物也;所谓无不为者,因物之所为。"也就是说,道家的"自然无为"就是完全听任万物自然发展变化、不施人为的意思。总之,纯任自然就是道家无为思想的本意。自然是无为的根据,无为是自然的表现,二者具有内在贯通性。

老子认为,"上德无为"(第三十八章)。自然无为是道的最高德性。"道"正是由于它的这种自然无为的德性而值得尊崇。"道之尊,德之贵,夫莫之命而常自然"(第五十一章)。正因为如此,体道的圣人也应遵从道的这种品性来对待万事万物。"以辅万物之自然而不敢为"(第六十四章)。"生而不有,为而不恃,长而不宰,是谓玄德"(第五十一章)。人应当以自然为师,一切顺其自然,成长万物而不据为己有,化育万物而不恃其能,成就万物而不自居其功。人不应当把自己看作是自然的主人,对自然妄加作为,做自然的主宰:"辅万物之自然而不敢为。"(第六十四章)庄子也说:"圣人者原天地之美而达万物之理。是故圣人无为,大圣不作,观于天地之谓也。"①既然天道自然无为,那么要效法自然、遵从天地的人就应当因任自然,不施妄为,"与天为一"。因此自然无为就成为道家生态伦理思想中的一个基本原则。

但是道家的"无为"不是无所作为,而是不刻意妄为,不恣意强行。老子说:"知常曰明。不知常,妄作,凶。"(第十六章)通过认识客观的自然规律并予以遵循而不妄为强行,这是真正的智慧。李约瑟说:"就早期原始科学的道家哲学而言,'无为'的意思就是'不做违反自然的活动'(refraining from activity contrary to nature),亦即不固执地要违反事物的本性,不强使物质材料完成它们所不适合的功能……"②福永光司也说:"老子的无为,乃是不恣意行事,不孜孜营私,以舍弃一己的一切心思计虑,一依天地自然的理法而行的意思。在天地自然的世界里,万物以各种形体而出生,而成长变化为各样的形态,各自有其一份充实的生命之开展;河边的柳树抽发绿色的芽,山中的茶花开放粉红的蕊,鸟儿在高空上飞翔,鱼儿从深水中跃起。在这个世界,无任何作为性的意志,亦无任何价值意识,一切皆是自尔如是,自然而然,绝无任何造作。"③所以,道家强调要"为无为",不仅不可妄加作为,还要用自

---

① 《庄子·知北游》。
② 李约瑟:《中国科学技术史》第二卷,北京:科学出版社,1990年,第76页。
③ 福永光司:《老子》,转引自陈鼓应《老子注译及评介》,北京:中华书局,1984年,第67页。

己的"一依天地自然的理法而行"的作为去维护自然的和谐与生态的平衡。

二、"以鸟养养鸟"

正是从这种自然无为的基本原则出发,道家明确地把自然和人为对立起来,崇尚自然,反对人为。老子反复申言自然无为,反对"以智治国",主张"我无为而民自化"(第五十七章),正是以这种自然无为的基本原则来处理人类的社会生活。《庄子·在宥》说:"有天道,有人道。无为而尊者,天道也;有为而累者,人道也。"这里的天道,即自然之道,人道,即人为或有为之道。庄子以人类对待牛马的不同态度,阐明了自然与人为的鲜明区别。"曰:'何为天?何为人?'北海若曰'牛马四足,是谓天;络马首,穿牛鼻,是谓人'。"[1] 这即是说,出于万物之天然本性而非关人事的就叫做自然;出于人意之所为的则叫人为。由于天是内在于万物的本性,人为是外在地强加于事物的东西,所以用符合万物天然本性的方式去对待万物,是有利于万物的自然生存和自由发展的,因为万物在天然状态下本来就圆满自足,只要各葆其常态和天然本性,就能达到平衡和谐,这就是老子说的"天之道,损有余而补不足"(第七十七章)或庄子所说的"天和"、"天均"。相反,如果人类强作妄为,以自己的主观意志和好恶——哪怕是出于好意——去改变万物的自然状态,违背自然的本性,就会给万物造成损伤和破坏,甚至毁灭。所以庄子反对鲁君养鸟的方式——"以己养养鸟",而主张应"以鸟养养鸟",即用符合鸟的自然本性的方式去养

---

[1] 《庄子·秋水》。

鸟,①呼吁"无以人灭天"②,"不以心捐道,不以人助天"③,总之,道家极力倡导的"自然无为"思想作为一种生态伦理的最基本原则,其主要精神就是要求人类不能出于自己的主观的意愿、有限的认识与贪婪的私欲而去随意地违逆万物的本性、破坏自然的秩序,要求人们要尊重自然万物的固有价值,维护它们的平等权利,"不开人之天,而开天之天"④,真正以自然的方式对待自然。显然,道家这种"自然无为"的生态伦理原则是其自然主义的生态伦理观的直接体现,也是道家其他一切生态伦理思想的基础和核心。

道家的"自然无为"思想是有着巨大的生态伦理学意义的。人类数千年来的文明发展很大程度上正是人类利用自然、改造自然、超越自然的结果。但是,人类对自然的这种利用,改造和超越不应该是无限度的,而是应该把它们限定在一个适当的程度上。人类不能肆意妄为地对待自然,不能自以为是自然万物的统治者、征服者,似乎自然的存在意义仅仅在于它可以任由人去选用、改造、驾驭,从而无限地满足人类日益增长膨胀的需要。的确,人类自从自然界分离出来后,便经常凌驾于整个世界之上,逐渐淡化了对自己行为的责任感,忘记了对自然应采取的谨慎态度,反而是不计后果,过度作为,盲目地投入以征服、改造大自然为中心的活动中去,向大自然进行无限制的索取,结果导致了一系列严重的后果。如古代农业文明往往衰落于严重的生态破坏,近现代工业极大地破坏了自然资源和环境,人们疯狂地逐利和贪图享受造成了严重物质浪费、环境污染、生态失衡。罗马俱乐部主席奥尔多欧·

---

① 《庄子·至乐》。
② 《庄子·秋水》。
③ 《庄子·大宗师》。
④ 《庄子·达生》。

佩奇认为,人类盲目的自大和过分地追求经济速度造成了人与自然的关系紧张和生态失衡,"失去了平衡就意味着大难临头!"罗马俱乐部在《世界的未来——关于未来问题一百页》的报告中指出:"人之初,步子小,以后逐渐加快,最后向权力奔跑,建立了自己的统治,但往往是建立在'大自然的灰烬'上的。而且不顾自己是否已经超越极限,是否正在自掘坟墓。"在该俱乐部科学家看来,经济和自然资源的增长都有一定的极限,因此不能够盲目追求经济指数,为发展而发展,应当树立适度增长的观念,不能够对自然资源实行掠夺式的开发开采。美国著名的生态学家巴巴拉·沃德和雷内·杜博斯在其合著的《只有一个地球》一书中严厉谴责了在开发自然资源中竭泽而渔、杀鸡取卵的掠夺性行为,指出人类必须自觉地控制自己活动的范围,达到既有利于人类的共同生活,又有利于促进自然环境正常发展。现代社会首先应恢复的是人和自然和谐的观念,人们必须时刻记住尊重自然规律、维持生态平衡、防止过度作为。美国学者威廉·福格特在《生存之路》一书中强调,"必须使全人类都认识到目前整个世界所陷入的困境",必须认识到保护资源、维持生态平衡,否弃对物质利益和经济增长的片面追求的紧迫性和重要性。他说:"最大的危险是来不及悬崖勒马"[①],最大的祸害是肆意妄为,违背自然规律。同时,人们的过度作为,对自然的过多干预和破坏也反过来使人类自身遭到了各种报复,如沙漠化、沙尘暴、海啸、水土流失、特大洪水和干旱等各种看似自然实与人为有关的自然灾害的频繁发生和严重危害、各种癌症、艾滋病、Sars 等人类疾病的日益复杂化高危化等等。这一切说明了维护自然界的生态系统的平衡完整的重要性,也促使人

---

① 福格特:《生存之路》,北京:商务印书馆,1981年,第145页。

们不得不重新认识自然生态系统与人类的关系,反省以往人类对自然的态度。就此而论,道家的自然无为思想无疑显示了其所蕴涵的生态伦理的伟大智慧,可以给我们巨大的启迪。

第四节 知止知足

道家之所以主张用自然无为的原则对待自然,其一个重要原因就是由于自然万物本身有一个客观的承受极限和人类开发的适度原则问题,这也就是道家所提出的另一个重要的生态伦理思想:知止知足,合理利用自然资源,节制人类的需求欲望。

一、知止不殆

老子认为,自然本身有一种内在的和谐均衡,它既不会让亏损的状况长期延续,也不会让完满的状况过于持久,而是会在这些极端的情况出现时自动予以调整,实现新旧循环。老子说:

> 天之道,其犹张弓与?高者抑之,下者举之,有余者损之,不足者补之。天之道,损有余而补不足。(第七十七章)

又说,万事万物只要遵循此道理,就能历久长新、"保此道者不欲盈,夫唯不盈,故能敝而新成"(第十五章)。万事万物只要能保持自身存在的限度,控制过极超限,懂得适可而止,就可以避免任意妄为带来的危险:"夫亦将知止,知止可以不殆。"(第三十二章)不过,人要做到"知止",首先是要知道事物本身的限度,而要了解这种限度就要了解事物本身发展变化、消长盛衰的内在规律,这也就是老子所说的"知常"。老子说:"夫物芸芸,各复归其根。归根曰静,静曰复命。复命曰常,知常曰明。不知常,妄作凶。"(第十六章)老子这里提出的"知常曰明"的命题,其意旨就是要通过认识和了解决定和制约万事万物消长盛衰的内在规律而达到通明的根本智慧。有了这种根本智慧,就可以避免胡作非为、过度妄为而做到适可而止。其次是要知道人自己行为的限度,因为"甚爱必大费,多藏必厚亡"(第四十四章),要得到过于丰厚的爱和宝藏必定要有巨大的付出甚至损失。所以老子说要"见素抱朴,少私寡欲"(第十九章),即要做到适可而止,不要贪得无厌,更不要杀鸡取卵,因为自己无尽的贪婪而招致自然和他人的毁灭或报复。如老子就敏锐地看到君王的争霸战争给百姓和自然生态系统所带来的巨大灾害:"师之所处,荆棘生焉","大军之后,必有凶年。"

"知止不殆"也是道家的一个普遍观点。庄子也确认宇宙间的万事万物都有自己的常规,人类的智慧正是要认识到事物的常规。他说:"天地固有常矣,日月固有明矣,星辰固有列矣,禽兽固有群矣,树木固有立矣。"[1] 所以庄子进一步发挥了老子的"知止"思想,说:"知止其所不知,至矣。"[2] 庄子把能够认识到自己的行为应该止步于自己所不知道的地方当作人的最高智慧,这与老子说的:"知不知,上矣"是一致的,可惜实际上人们往往不知其所止,却还盲目地去追求他们所不知道的,乱做超出他们所能控制的,从而搞乱了整个自然秩序:

> 天下皆知求其所不知而莫知求其所知者,皆知非其所不

---

[1] 《庄子·天道》。
[2] 《庄子·齐物论》。

善而莫知非其所已善者,是以大乱。上悖日月之明,下烁山川之精,中堕四时之施;惴耎之虫,肖翘之物,莫不失其性。①

人类在由于自己不适当行为而破坏了自然秩序、超过了自然的极限之后,自然就会降下灾祸,对人进行惩罚和报复。所以人类在自然面前,应该谨慎地了解自然、遵从自然,顺应自然的法则行事,不应好大喜功、贪得无厌、不知所止。《黄老帛书》中指出:"过极失当,天将降央(殃)。人强胜天,慎辟(避)勿当。天反胜人,因与俱行。先屈后信(伸),必尽天极,而勿擅天功。"②这是道家对人类"过极失当"、"不知所止"的危险行径发出的严重警告!正因此,老子要求"圣人去甚,去奢,去泰"(第二十九章),努力去除一切超出合理限度的消费和发展,让万事万物维持在各自的合理限度内而避免走向极端。因为走向极端往往就会导致"物极必反",即走向事物的反面、出现不良的后果:"持而盈之,不如其已;揣而锐之,不可长保。"(第九章)

二、知足不辱

老子认为,造成人与自然关系紧张的根本原因就是人类的"不知足"。老子说:"祸莫大于不知足,咎莫大于欲得。故知足之足,常足矣。"(第四十六章)所以,在自然面前,人们不仅要"知止",即认识和把握事物的极限或限度,而且还要"知足",即懂得克制自己的欲望,满足于适度的求利和消费。人们只有真正"知足",才能"知止"。

---

① 《庄子·胠箧》。
② 《黄老帛书·国次》。

人为什么要"知足"呢？按道家的看法，主要是由于：第一，人本身的基本需要是有限的。一般的动物的基本需要仅限于自然的生理需要，而且并不会去贪求维持基本生存之外的物质需要。"鹪鹩巢于深林，不过一枝；偃鼠饮河，不过满腹。"①人满足自己正常而自然的生存和发展的需要也是有限的，食不过一饱，衣不过一体，睡不过一床。因此，人也应该像一般的动物一样按照自己的生命过程的自然需要来利用万物，"量腹而食，度形而衣","食足以接气，衣足以盖形，适情不求余"。②道家主张在满足人的正常而自然的生理需要的基础上，不能贪图过多的物质占有和物质享受，必须对物质财富的占有和享受有所节制，有所知足。老子所说的"见素抱朴，少私寡欲"就是从正面对人在物质财富的占有和享受上应该怎样节制和知足提出的具体要求。

第二，"知足"可以避免对个人身心以及自然、社会的破坏。道家之所以认为人们只要能够满足自己健康生存的基本物质需要，就不该去贪恋过多的物质财富和欲望的满足，是因为那些过多的物质财富和欲望的满足不仅不是人的生命过程所必需的、有积极意义和价值的，反而会损害人的身心："五色令人目盲，五音令人耳聋，五味令人口爽，驰骋田猎令人心发狂，难得之货令人行妨。"（第十二章）"出则以车，入则以辇，务以自佚，命之曰'招蹶之机'；肥肉厚酒，务以自强，命之曰'烂肠之食'；靡曼皓齿，郑卫之音，务以自乐，命之曰'伐性之斧'。"③正因此，老子说："祸莫大于不知足，咎莫大于欲得。"（第四十六章）又说："名与身孰亲？身与货孰多？得与亡孰病？甚爱必大费，多藏必厚亡。知足不辱，知止

---

① 《庄子·逍遥游》。
② 《淮南子·精神训》。
③ 《吕氏春秋·本生》。

不殆,可以长久。"(第四十四章)"不知足",不仅会使人得不到真正的快乐和满足,反而会遭受不必要的烦恼、侮辱甚至危险,而且还会破坏大自然的完整性、丰富多样性,损害自然万物与人的和谐关系:"乱天之经,逆物之情,玄天弗成,解兽之群而鸟皆夜鸣,灾及草木,祸及止虫。意!治人之过也。"① 如果人类只为了自身需要的满足而无限制地向自然索取,必然会打破自然本身的和谐秩序,使大量的生物种群濒临灭绝,有限的资源趋于枯竭,生态环境日益恶化,最终也将危及人与自然的和谐关系,甚至人类赖以生存和发展的环境将不复存在。所以庄子告诫世人:"圣人处物而不伤物,不伤物者,物亦不能伤,"认为"丧己于物,失性于俗",必然丧失人之为人的本性,而成为物的奴隶:"一受其成形,不亡以待尽。与物相刃相靡,其行尽如驰而莫之能止,不亦悲乎!终身役役而不见其成功,茶然疲役而不知其所归,可不哀邪!"② 所以庄子的理想世界是:"阴阳和静,鬼神不扰,四时得节,万物不伤,群生不夭,"即一个环境不遭破坏,物种不被灭绝,万物各得其宜的生机盎然世界。"若然者,藏金于山,藏珠于渊;不利货财,不近贵富;不乐寿,不哀夭;不荣通,不愧穷。不拘一世之利以为己私分,不以王天下为己处显。显则明。万物一府,死生同状。"③

道家的上述"知止知足"思想具有深刻的生态伦理学意义。

首先,它是一种自然主义道德观的体现。它要求人类要根据自然界的承受能力进行适度的开发利用、有限度的索取,使人类的需求和欲望与自然界的承受能力之间保持合理的张力。当代社会深重的环境危机的产生,在很大程度上与人们只顾眼前的利益,只

---

① 《庄子·在宥》。
② 《庄子·齐物论》。
③ 《庄子·天地》。

顾满足当前物欲的膨胀密切关联,正是在这种眼前利益和私欲的驱使下,人们不懂得在自然面前"知止知足",反而去无节制地乱伐林木,过度地使用地力、开采矿藏,甚至对各种资源采取竭泽而渔、杀鸡取卵的掠夺性行为和肆无忌惮的浪费,等等。这些错误的观念和行为,只承认人是自然的主人、自然的主宰和自然的征服者、索取者,而不承认人也是自然的呵护者,实际上,大自然不可能有什么主人,人也不可能永远和完全主宰自然,如果说人有优胜于自然之处,那就是他所做的有关自然的行为应是在合规律、合自然的过程中,施展其能动的主体性力量,最终实现其自己的目的,使自然为人类服务,只有这样,才能保持人与自然的统一,实现人、社会、自然三位一体的持续发展。因此,即使从人类自身利益的角度来说,我们也必须把眼光放长远一些,明白善待自然,也就是善待人类自己的道理。何况自然本身还有它自身的价值。

其次,它是一种可以让人类可持续发展的生活态度和价值取向。道家讲"知止知足",要求人们对自己的需求和消费限制在必要的合理范围内,不贪得无厌、不为物欲所累。所以老子提出了"俭"、"啬"、"不争"、"不敢为天下先"等具体的道德规范,也就是提倡节俭、爱物、谦让、不争,反对毫不节制的消费观和铺张浪费,反对以世俗的价值观念、虚荣的攀比方式争强斗富、奢侈纵欲。然而,人类自从进入文明社会以后,人们往往把追求物质财富作为人生的最高目标,由此产生的追逐争斗往往又导致了各种各样的灾难。特别是现代社会已普遍把增加消费作为国家的重要经济政策,希望促进消费来推动经济增长,并且把个人的消费量看作为是否成功的主要标志。如美国人甚至有个信条:"消费即美德。"而现在的市场及其文化观也正不断地刺激人们去提前消费掉更多的东西,以满足经济增长的需要和生产经营者的利润追求。但是,自然的资源是有限的,而人类的消费欲望是无止境的;而且,随着科技的进步,单个人的物质消耗量正在迅速增加,如果不加节制,则无法用有限的资源满足无限的欲望。据最近来自世界95个国家1360名科学家联合发布的一份报告宣布,到目前为止,由于人类的过度消费,世界三分之二的自然资源已被破坏殆尽。① 所以,人类要继续生存,就必须节制自己的欲望,特别是要限制少数人的穷奢极欲、挥霍浪费和盲目攀比、炫耀性消费和高消费。要改变人们的价值取向,使他们懂得当基本的物质生活满足后,应该去追求更高层次的精神生活,因为精神追求是无止境的,也是可以给人满足的。

第五节　尊重生命

现代生态伦理学所表现出的一个基本精神是十分尊重生命的权利,热爱生命的价值。现代生态伦理学把道德对象的范围从人类共同体扩大到了人—自然共同体,以自然主义的生态道德原则作为对人与自然关系进行价值评判的尺度,以对自然价值的全面阐述和对自然万物的生态权利的认可为基础,确立以应当尊重和促进自然的完整与稳定为准则的人类行为规范。而这一点在道家思想中也有着非常突出的体现。如物无贵贱、慈爱万物的价值观,万物平等、生态多样的生命观、自爱贵生、摄养身心的养生观等。就此而言,古代道家思想家们实可称为大大地超越于时代的思想先驱。

---

① 《都市快报》2005年3月31日报道。

一、物无贵贱、慈爱万物

道家根据其道论,提出了一种独特的"物无贵贱"的价值观。道家的这种价值观认为,道作为一切存在的本体,也是宇宙中一切事物普遍的最终的价值源泉。由于天地万物都是道自然运作、无为自化的产物,因而它们也就自然地具有了道的本性,并因之被赋予了"玄同于道"的内在价值。从这个意义上说,万事万物在道这个价值本源上的平等决定了其各自的内在价值的平等,而不存在大小贵贱之分。所谓大小贵贱,只不过是人们囿于物的差异和世俗的价值取向得出的孤陋之见。老子把平等观扩展到人与万物之间。儒家学者总是力图凸现人的高贵,荀子在谈到人的时候,也特别强调:"水火有气而无生;草木有生而无知;禽兽有知而无义;人有生有气有知亦且有义,故最为天下贵也。"[①] 老子则认为人与物是平等的。老子说:"道生一,一生二,二生三,三生万物。"(第四十二章)既然人和其他万物一样都是由道而生,那么道对万物是无所偏爱的,平等相待的。老子说:"天地不仁,以万物为刍狗;圣人不仁,以百姓为刍狗。"(第五章)道作为万物运行的法则是客观、无私、公平的。道以天地来承载万物,其运行是无私又公正的,视万物为刍狗,顺任其存在、变化、消失,而不给予偏爱。人们尤其是统治者也应该效仿自然,对人和万物无所偏私,而不该"亲亲尚恩"。因此他提出:"不可得而亲,不可得而疏;不可得而利,不可得而害;不可得而贵,不可得而贱。"(第五十六章)在一个应不分亲疏、不分利害、不分贵贱。

在庄子那里,他已明确提出"物无贵贱"说。在茫茫宇宙中,

[①] 《荀子·王制》。

人与天与地与万物一样,都是物而已,岂有它哉! 他说:"号物之数谓之万,人处一焉;人萃九州,谷食之所生,舟车之所通,人处一焉;此其比万物也,不似毫末之在于马体乎?"① 在《庄子·人世间》中,大栎树对匠石说:"若与予也皆物也。"大栎树提醒木匠,别看你是人,我是树,其实咱俩都是天地间一物。庄子还提出了万物之间"孰短孰长"的看法。庄子说:

> 万物一齐,孰短孰长?②
>
> 以道观之,物无贵贱;以物观之,自贵而相贱;以俗观之,贵贱不在己。以差观之,因其所大而大之,则万物莫不大;因其所小而小之,则万物莫不小。知天地之为稊米也,知毫末之为丘山也,则差数睹矣。以功观之,因其所有而有之,则万物莫不有,因其所无而无之,则万物莫不无。知东西之相反而不可以相无,则功分定矣。③

正是道家充分肯定人与万物的平等性,才有人与自然的真正统一,所以,道家是在强调人类应当尊重自然、热爱自然的基础上进而要求保护自然的,这样才能进入"静而与阴同德,动而与阳同波"④、"天地与我并生,万物与我为一"⑤ 的天人合一之境。庄子的"万物齐一"思想告诫人们应走出自我的樊篱,人不高贵于自然,天上飞鸟、水中游鱼、陆上麋鹿、泽中野鸡都有属于自己的快乐。人类

---

① 《庄子·秋水》。
② 同上。
③ 同上。
④ 《庄子·刻意》。
⑤ 《庄子·齐物论》。

不仅应承认并尊重所有物种的平等的、等价的生存权利、反对破坏自然秩序，而且人应该"回归自然"，回到"同与禽兽居、族与万物并"①的人与自然万物共生共荣的和谐状态。平等对待万物，人与自然生机勃勃地栖息于和谐的自然状态之中，这显然需要人具有一种博大的生态伦理胸襟。这样，老子就特别注重人的内在性情和谐，强调个人的自身修养问题，主张通过个人内在的修炼，实现身心和谐，然后以此为基础逐步实现人与自然以及人与人、人与社会的和谐。"载营魄抱一，能无离乎？"（第十章）"挫其锐，解其纷，和其光，同其尘"（第五十六章），具有和谐的人格，就能消除个我的固蔽，化除一切的封闭隔阂，超越于世俗价值的局限，以开放豁达的心胸与无所偏见的心境去感受世界的完满。

二、生命价值的多样性

道家的一个重要生态伦理思想是强调生态的多样性，肯定丰富多彩的自然万物的存在不仅是合理的，而且是必要的。不同的生命主体的特性不同，其需求好恶及对环境的反应也必定有所不同，但这种差别不仅不能说明事物之间的大小贵贱之别，反而恰恰表明了不存在定于一尊的价值标准，所以人们不能以人类中心主义的观念出于自身的利益和价值判断贵已贱物，厚此薄彼，看不到万物的平等权利和价值，更不能否定自然万物存在的生态多样性的意义。老子说的"道大、天大、地大、人亦大。域中有四大，而人居其一焉"（第二十五章）、"万物并作"等，就是承认自然万物的多样性存在。同样，庄子也一再地用其相对主义的视角描述自然万物存在的生态多样性的意义。譬如他说，"鱼处水而生，人处水而

---

① 《庄子·马蹄》。

死,彼必相与异,其好恶故异也。"①又如,"民湿寝则腰疾偏死,鳅然乎哉?木处则惴慄恂惧,猿猴然乎哉?三者孰知正处?民食刍豢,麋鹿食荐,蝍蛆甘带,鸱鸦耆鼠,四者孰知正味?猨猵狙以为雌,麋与鹿交,鳅与鱼游。"②显然,如果没有一种倡导各美其美、天然平等的价值观,是写不出这样的文字的。

道家的这种观点"可以合理地诠释为符合当代生态伦理学的看法:道的整体价值体现于它所产生的万物自身的内在价值之中,万物按照道的法则和自身性质去实现自己的价值,同时也就实现了道的整体价值……。这里,如果我们把道当作生态系统和生态过程的整体,而把万物当成各种生命物种和生命个体,那么我们就可以把上述观点转换成非人类中心主义的生态伦理学的观点:生态系统的整体价值是由众多不同的动物、植物、微生物等生命物种在生态演化的过程中来实现的……,各种生命物种的内在价值就成了实现生态系统整体价值的工具价值,它们的价值对于整体价值来说,是没有大小高低之分的"。③

正因为如此,道家强调要一视同仁地慈爱万物,尊重万物的内在价值,肯定生态多样性的意义。老子认为"天地不仁,以万物为刍狗"(第五章),意谓天地自然并不偏爱于某一物,而是对万物一视同仁:"圣人常善救物,故无弃物。"(第二十七章)老子把"慈"当作其"三宝"之一,也是说明慈爱万物的重要性。老子希望人们学习水的慈善品德,做到像水一样施利万物、衣养万物而不求宰割、不与争胜,"水利万物而不争"(第八章),表现了一种博大深

---

① 《庄子·至乐》。
② 《庄子·齐物论》。
③ 佘正荣:《中国生态伦理传统的诠释与重建》,人民出版社,2002年,第60－61页。

沉、包容万物的慈爱胸怀。庄子也认为:"爱人利物之谓仁。"① 庄子还通过分析"有用"与"无用"的辩证关系,表达了物无贵贱、"有用"、"无用"只是相对而言,可以相互转化,人们应该树立对万物不偏不弃的价值观。道家的这种价值观深受现代深层生态学者的青睐,他们所提出的"敬畏生命"的思想就与道家的这种价值观一脉相承。利奥波德(A. Leopold)在其《大地伦理学》中说:"权利并非人类的专用品,必须把它延伸到自然的一切实体和过程。花草树木、飞禽走兽都有生存和繁殖的权利,不容任意践踏。"慈爱万物、敬畏生命成了现代生态伦理中最基本的理念。

道家不仅充分肯定自然万物的存在价值,而且高度赞赏大自然的审美价值,认为其不单是真的善的,更是美的,大自然就是美的源泉,是真正的"大美"。庄子说:"天地有大美而不言"②,自然万物之美是一种至高至大而又不自我炫耀的美,道家以这种自然美为最高的审美追求,认为只有投身于大自然的怀抱,热爱和钟情于自然万物,与自然万物融为一体,才能够真正体会到自然的美妙,获得"天乐"。所谓"天乐",就是指人与天地万物融合一体之后一种快乐自在的状态,是自然万物给人带来的审美满足和自由超越,因而也是人的"至乐"。在自然中发现美的根源和本质,找到人生的意义和乐趣,这是一种由道家所率先追求和倡导的通达精神自由的审美境界,从老庄、魏晋玄学到历代的文人学者,都喜爱自然之美,通过追求审美的超越实现生命的自由和升华。

道家不仅讲爱万物,更讲爱身。道家讲的"爱身",既指贵己重身,即珍视一己之身,也包括尊重整个人类的生命。老子讲"贵

---

① 《庄子·天地》。
② 《庄子·知北游》。

身"、"摄生"、"救人",反对为了满足一己之欲求去侵害别人,反对为追逐名利而危害生命,反对纵情于口腹声色之乐而毁坏万物,尤其是反对会对人与自然都造成严重损害的战争。庄子强调"以养其身,终其天年"①,认为"能尊生者,虽富贵不以养伤身,虽贫贱不以利累形"②,"故曰,道之真以治身,其绪余以为国家,其土苴以治天下。由此观之,帝王之功,圣人之余事也,非所以完身养生也。今世俗之君子,多危身弃生以殉物,岂不悲哉!"③为了保持个体的自由和安生,不以物欲名利累其身心,庄子一再地拒绝出仕为相,不愿做庙堂之上的文服牺牲,而宁愿做"弋尾于泥涂之中"但却自由自在的龟、"孤犊"。庄子坚定地开拓了一条属于自由的生命之路,用自己真切的抗争肯定了生命价值的多样性。可以说,庄子是一个虽身处乱世而仍能清醒正确地对待生命和自由的伟大的平民知识分子,其思想行为闪烁着深刻的生命智慧。

总的来说,在老子等道家哲学中所包含的丰富深刻的生态伦理思想对于重新认识道家哲学及整个中国传统哲学的内涵和意义,拓展其价值境域,克服当代的生态环境危机和各种社会危机,发展和重构现代生态伦理学乃至整个现代文明,都具有不可忽视的重要作用。当然,我们也应该看到,就道家等东方生态智慧来说,"天人合一"、对自然的敬畏等生态伦理思想固然十分深刻、富有睿智,的确是一种可贵的思想资源,但它们也确实更像是埋藏已久的珍宝,往往停留在少数思想家的观念层面,甚至审美层面,它并没有更好地外化于实际的生活层面以真正保护中国古代社会和现代社会的自然环境、生态平衡系统免遭类似西方近代工业文明

---

① 《庄子·人世间》。
② 《庄子·让王》。
③ 同上。

以来的破坏。因此,这种在思想理论与实际生活之间存在的阻隔和落差是我们不能不正视的一个事实。从这里也就不难看出,对于当代西方乃至中国的自身生态伦理建设来说,任何传统思想都只能是一种可供借鉴的思想资源,要实现其由传统向现代性的转换无疑尚须面临一系列难题。也可以说,老子等道家的有关生态伦理思想,毕竟是在科学和技术未高度发展前的产物,对人类社会及其行为作为一个超巨大型的复杂系统时处理其与自然关系的困难性,人类技术、理性及整个文明发展、演进所具有的"双刃剑效应"的复杂性等还缺乏足够充分的认识和有效的对策,但这些局限性和不足并不应成为我们苛求和否定古人的理由,相反,道家生态伦理思想中的成就和局限都将成为我们发展和重构当代生态伦理学和生态文明可资借鉴的重要思想资源、问题意识和进一步前行的动力,从而以求在东西方思想的互补、各种文化的融合中形成具有普适性价值的现代新文明。因此,道家思想作为一座伟大思想的宝库,将以其深邃广大、悠远玄奥的品格和内涵,不断地提供给人类有关生命价值、人文意蕴和自然存在的丰富睿智,就像经过无数平静生活的岁月而形成的贝壳纹理一样,它们那种神奇的美在某种新的形式下出现,并激励着理智去探索她那无法达到的底蕴。

结　语

　　根据司马迁在《史记》中老子传的记载,老子在孔子来向他请教时告诉他说:一个真正的商人会深藏财货,而表面上看起来好像是一无所有;一个有大德的君子,内藏道德,而外表看起来好像愚蠢迟钝。这也就是《老子》中说的:"大巧若拙","是以圣人被褐而怀玉"。正因此,老子一派的道家素以"自隐无名"为务,不事张扬,自然无为。而他们的思想学说自然也就难以被人所知。孔子称老子像龙一样只见其首,难见其尾,确实是老子的真实人生和思想的生动写照。所以,历来人们对老子其人和《老子》其书也是仁者见仁,智者见智,众说纷纭,注解无数,难有定论。然而,这是否意味着我们对于老子真的不能说什么,也不应该说什么呢?就像庄子曾经讲的一个浑沌的故事,说"七窍凿而浑沌死",本来一窍不通的浑沌七窍凿开后反而连命都难保了。不过,对于本无一窍的浑沌硬要凿开窍来固然难免一死,但如果本有七窍的人硬要闭其耳目,塞其聪明,岂不也是强其所难?这样看来,人们对老子其人其书的见仁见智,也就可以理解了。可以说,这种见仁见智的理解不仅是必然的,也是各有其意义的。正如前面导论中说过的,纯粹客观的理解是不可能的,任何理解都是相对的,因为任何理解的发生都难以避免遮盖在主客体双方之上的各种蔽障,如因原有思想家的语言表现所产生的表面矛盾或模糊多义,阐释者固有的立场、成见和功利态度等心性的禁锢等等,从而影响到索解原有的思想文本所包含的丰富意蕴。这也应该是老子在认识论上一再地声称本体之道的不可知、不可说："道可道,非常道"(第一章),"大音希声、大象无形"(第四十一章),"知者不言,言者不知",(第五十六章)要求人们认清语言、知识的有限性,不为文字所累,不死于言下,认识到文明的发展也造成了知与言、言与意、真与美之间的普遍分裂、对立甚至异化的性质的主要原因吧。但是老子由此进一步要求干脆放弃人的经验、理性这类一般的认识工具,取消一切认识活动的倾向,则确实具有一定的消极性质。人类认识和整个文明发展的历程也表明了这是难以普遍认同的价值取向。所以,无论先贤及其经典多么伟大,令人景仰,后人还总是会一再地去说三道四,试图予以自己的理解和阐释。这种"自己的理解和阐释"只要足够努力和真诚,就会是有其意义和价值的,因为它们不仅构成了人类思想多样性的生态图景,而且构成了人类思想发展和积累的历史进程。思想中的"史"与"思"正是如此实现了交互的作用和演进。

本书前面各章已对老子哲学进行了较全面系统的考察和阐述,尽管它们更多的仍然是作者"自己的理解和阐释",但是它们已经尽可能地"复原"或"再现"《老子》一书写作时的现实"语境",重建该作品所处的历史上的思想生态环境,以求与古代思想家进行超时空的交流、沟通和"对话",从而达到较客观准确的理解和阐释。从《老子》一书本身来看,老子的思想学说已经很成系统,具有博大精深、玄妙幽远的特点,体现了很高的理论思维水平。老学之所以能达到这样的思想成就,大概首先是由于它继承了前代的思想文化成果,特别是吸取了原始巫史文化中具有批判精神和隐逸倾向的思想因素的结果。但是,老子思想又不是对前代文化的简单吸取拼凑,而是在融摄内化之后的空前创造,是古代理论思维的一次巨大飞跃。可以说,老学几乎全面奠定了道家哲学的基础,蕴涵了尔后道家思想发展及其各派的思想因子,使道家思想在中国文化史上真正独树一帜,蔚为大观,并产生了历久不衰的深远影响。首先,老子哲学建构了中国哲学史上的第一个本体论。从对"道"的观念的发展过程的考察可以看出,"道"作为《老子》及老子哲学中的一个最主要的概念、一个核心性的观念,老子哲学的整个道论首先是一种形上学的本体论。老子道论的一个杰出贡献就是它不仅进一步使"道"由一个具体对象的名称向一个哲学范畴转化和提升,而且在此基础上把"道"由一个一般的哲学概念明确地上升和抽象为一个统摄宇宙和人生的最高本体概念。经过了老子的巨大改造和提升,"道"这一概念才最终完成了其哲学的抽象化历程,成为中国古代哲学中最基本、最重要的范畴之一,在中国哲学思想发展史上产生深远的影响,也带来了中国哲学发展进程上的一个根本突破(也就是所谓"哲学的突破"),即促使老子哲学开创了中国古代本体论思想的先河,提出并建构了中国哲学史上的第一个本体论模式,从而也为道家哲学及整个中国哲学以后进行系统的形上学建构打下了深厚的基础。其次,老子哲学的本体论还是一种"以无为本"的独特的否定性形上学。因为在老子看来,"道"作为最高的存在本体,是一种绝对性的存在——"有",但这绝对肯定性的"有"不是一般的存在本体,其最高的规定性就是必须否定掉一切具体的有限的规定性,即是"无",而"无"就意味着"道"是没有任何具体规定性的,也是超验的、不可言说的,"道"本体就是最大的"无",也是最大的"有",这两种作为"绝对的否定"的最大的"无"与作为"绝对的肯定"的最大的"有",在实质上是一样的,因为有所肯定就是有所否定,绝对的肯定等于绝对的否定,反之亦然。"无"和"有"、"绝对的否定"和

"绝对的肯定"是一个统一体。可见,"道"与"无"、"有"存在着一种内在统一的"玄妙"关系:"道"既是无形的、超感觉的、超具象的,又是客观存在的,是包含了"有"的"无",是"有"、"无"的统一体。这样,老子的形上学是以一般的经验知识和具体科学终结的地方为自己的出发点的,即以否定性的"无"为形上学的出发点的。老子的"以无为本"的否定性形上学在中国哲学史上的影响是十分深远的,意义也是十分重大的。它首先进一步形成了老子的"正言若反"的否定性的思维方式和否定性的形上学方法。老子这种否定性思想和否定性方法,对老子具有十分重大的影响,它决定了老子哲学思想和方法的一个突出特征就是注重从相反的方面、否定的方面、负的方面来表达他所要肯定的和建立的,即冯友兰所称的"负的方法"。老子的否定性方法在中国哲学史上的影响也是十分深远的。这一方法不仅为庄子等先秦道家所继承,使其产生了一系列深刻独特的思想并建构了其整个道家哲学体系,而且直接影响了魏晋玄学提出"以无为本"、"得意忘言"、"言不尽意"等否定性思辨方法,也影响了中国禅宗普遍推崇"负的方法"……此外,老子思想中还具有丰富的返璞归真的人生睿智、无为主义的政治理想、道法自然的自然主义的审美观、自然无为的生态伦理意蕴等。就老子哲学的这些丰富内涵来说,老学的基本特征,就在于它是以道本体的自然主义哲学为基本构架,以"道法自然"为根本宗旨,主张取法于"道"的自然性和自发性,使人性返璞归真,使社会无为而治,实现和谐、纯朴、安宁的美好社会和人生的哲学。因此,老子的思想并不如一般人所谓的消极厌世,而是对社会人生取积极的辩证的态度。他主张贵柔守雌、谦下居后、无为不争,只是为了教人更好地遵循事物的本性和发展规律,做到顺应自然而不妄为,从容自得以养生,绝圣弃智以治国。老学在玄思宇宙之本源、探讨生命之真谛时,表现了冷静的理性态度和犀利的批判锋芒,以诗化的简练语言表达了深刻的宇宙哲思,给后学以无限广阔的发挥余地,成为先秦道家思想的总源头。同时,由于它上承远古文化,下启百代后学,集古代哲思之精华,开中国学术思想之先源,是一座取之不尽用之不竭的智慧宝库,成为对中国传统文化和世界文化的发展及人类的和平进步都具有重要的、多方面意义的基本文化原典。从这一意义上说,通过系统深入地研究老子等道家思想能够帮助我们今人更好地理解本民族的传统文化的类型和理论思维的特点,理解其中的各种核心价值和基本概念对于本民族悠久的文明发展所起的规范和导向作用,理解作为一个文明的整体和特有的文化传统所具有的内在特质,重新认识和评价以老庄哲学为代表的道家思想作为中国文化史上最辉煌灿烂的"轴心时代"的思想范本,是如何真实地体现出了民族文化的原型精神的文化符号,因而是中国传统文化中一个极为重要的组成部分,成为以后的思想者可以反复从中汲取思想养料、获得思想启迪的重要精神资源。

就老子哲学研究本身来说,学术界对老子思想的研究一直较侧重于对原著和史料包括出土文献的考证、整理和诠释。特别是随着国学热的兴起和一些新发现的地下古代文献的出土,如马王堆汉墓帛书《老子》、郭店楚墓竹简《老子》等的发现,对老子思想的文本考证、深度解读和重新受到关注及研究起到了积极的推动作用。显然,作为一种思想史的研究,对原著和史料包括出土文献的考证、整理和诠释当然重要,这种对文本的具体的、深度的研究是任何一种思想史的研究都需要的最基础的研究。因为如果没有对于文本的深度解读研究,不能切入到对文本的具体诠释,其思想史的研究终究难免会浮光掠影或游谈无根,也谈不上真正的学术性和思想创新,更无法对学术的积累作出贡献。但由于任何原著和史料都不可能是一种僵死了的抽象理智的陈列,是一系列毫无生气、也毫无联系的史料的堆积,而是一些体现了前代人对自然、社会、人生、价值、理想等的理解和追求,以及表达、阐述这些思想、理论和信念的建构方式和概念系统,因而我们今人对以往思想的研究,不能仅仅满足于对原著和史料包括出土文献的考证、整理和诠释,而是应对古人通过那些具体的文本所体现出的思想和认识作深刻系统的理解和阐释,并且学习研究这些思想和认识生长发展的特有方法和途径,即学会"如何思想"。为此,就老子思想的具体研究而言,我们除了应努力对《老子》这一开中国哲学和文化之先河的原创性"原典"作全面的、富有新意的解读,甚至注重微观上的具体分析,如对一些重要的概念命题的考证辨析之外,还应着重从学理上对老子的哲学思想展开多层次多角度的探析,在宏观和微观相统一、内在逻辑和历史发展相一致的基础上对老子哲学的产生演变,老子哲学的文本结构和逻辑结构,老子哲学丰富独特的思想内涵如老子哲学的形上学、认识论、辩证法、社会历史观、政治哲学、人生哲学、审美观、自然观等,以及鲜明的理论特质、多方面的思想贡献和特有的现代意义作深入系统的研究阐释。同时应注意阐明老子思想作为一个活的思想整体的不可分割性,揭示其各部分思想之间的内在逻辑联系及贯通始终的基本精神。特别是在研究方法上应力图有所突破并形成自己的特色,应从宏观上、从思想文化的整体"原生态"上去理解、把握老子思想,以学理的而不是考据的、从活生生的思想有机体而不是僵死的本本主义方法为研究的基本范式。实际上,在老子研究中,我们尤其应该注意努力以老子哲学本身的思想方法来阐述老子哲学,如要以老子道论的基本思想来贯穿和统览整个老子思想的理解和阐释,以其独特的否定性方法来分析诠释老子的各种思想主张等,以此尽可能构建、复原一个真实的老子思想形象。此外,老子研究的一个重要方法论是必须以现代意识和批判精神去审视老子哲学思想,以较广阔的视野、较大的包容性和必要的前瞻性深入地分析其所具有的现代意义及其局限性,努力做到在现代人的视野中分析把握古典思想,以现代批判意识去重新评判传统精神,努力从各个不同的角度拓展研究探讨老子思想的固有价值和现代意义。

思想史研究的一个重要意义还在于它能够为当代的思想文化的研究和创新提供可以借鉴的宝贵资源。道家哲学虽然是一种传统哲学,但直至今天,道家思想仍具有许多"活的精神",仍具有多方面、多层次的重要的现代价值和现代意义,值得现代人去深入挖掘、阐发和借鉴。因而当代对老子及道家哲学的研究,除了应该从各个不同的角度研究,继续深入系统地探讨道家思想文化的种种固有内涵和价值之外,还应就老子及道家哲学的现代意义和现代转型问题,开拓出道家研究的更多更广的新领域。如随着现代经济技术的不断发展和生活方式的巨变,全球范围生态危机加剧,使得人们不得不重新认识自然生态系统对人类自身的意义和价值,反思人类与大自然的关系这一古老的哲学命题。西方现代生态伦理学和生态运动正蓬勃兴起。如今又出现了西方现代生态伦理学的"东方转向"。因为道家最主要的精神如"自然无为、简单纯朴"等的思想正是一种典型的自然主义哲学,蕴涵有丰富深刻的生态智慧,对于消除人与自然的异化问题,摆脱西方消费主义文化和物质至上主义生存方式的支配,建立一种可持续发展的制度维度,从根本上解决生态危机问题具有重要的理论和现实意义。特别是随着当代中国经济、社会的快速发展和向现代化的日益推进,已不能直接适应时代需要的传统中国文化、中国哲学的当代重建已成为一个迫切的时代课题,特别是作为传统文化的重要组成部分的道家哲学思想如何实现进一步的现代转换？显然,在当今现代化和全球化的历史潮流中,这种中国文化、中国哲学的重建既需要有其具有普适性的现代性坐标,也需要找到自己独特的民族性基础。而以老庄为代表的道家思想无疑显示了其所具有的恒久生命力和普遍的价值,蕴涵了可以成为回应现时代问题及重建当代哲学的丰富可贵的思想资源,成为从传统向现代性转换过程中应予以借鉴依凭的特有的民族性基础,以便我们以开放的心态、兼容并包的气度、综合创新的精神,通过中西方多种不同文化哲学思想的融合会通,为传统思想文化的现代性转换和重建探索出新的境域,也为在实践上构建一种人类社会的新的生活方式和更合理的文明形态而提供自己特有的精神导向作用。当然,本书在这些方面的研究远未完成,还有待于今后的继续研究和大家的共同努力。

主要参考文献

[1]《老子》。
[2]《庄子》。
[3]郭店楚墓竹简《老子》。
[4]马王堆汉墓帛书《老子》甲、乙本。
[5]《黄老帛书》。
[6]《吕氏春秋》。
[7]《淮南子》。
[8]司马迁:《史记·老子韩非列传》。
[9]司马迁:《史记·庄子传》。
[10]司马谈:"论六家要旨",见《史记·太史公自序》。
[11]班固:《汉书·艺文志》。
[12]河上公:《老子章句》。
[13]王弼:《老子注》。
[14]郭象:《庄子注》。
[15]《论语》。
[16]《孟子》。
[17]《礼记》。
[18]《易经》,《易传》。
[19]《诸子集成》。
[20]范应元:《老子道德经古本集注》。
[21]张湛:《列子注》。
[22]A. N. 怀特海:《科学与近代世界》,何钦译,北京:商务印书馆,1959年。
[23]R. F. 纳什:《大自然的权利》,杨通进译,青岛:青岛出版社,1999年。
[24]R. T. 诺兰:《伦理学与现实生活》,北京:华夏出版社,1988年,第454页。

[25] R. W. 爱默生:《自然深思录》,上海:上海社会科学院出版社,1993年。
[26] W. 顾彬:《中国文人的自然观》,马树德译,上海:上海人民出版社,1990年。
[27] 阿部正雄:《禅与西方思想》,王雷泉等译,上海:上海译文出版社,1989年。
[28] 艾恺:《世界范围内的反现代化思潮》,贵阳:贵州人民出版社,1991年。
[29] 北京大学哲学美学系教研室编:《中国美学史资料选编》上、下册,北京:中华书局,1981年。
[30] 陈伯君:《阮籍集校注》,北京:中华书局,1987年。
[31] 陈鼓应:《老庄新论》,上海:上海古籍出版社,1992年。
[32] 陈鼓应:《老子注译及评介》,北京:中华书局,1984年。
[33] 陈鼓应:《庄子今注今译》,北京:中华书局,1984年。
[34] 陈鼓应主编:《道家文化研究》辑刊,上海:上海古籍出版社出版。
[35] 崔宜明:《生存与智慧——庄子哲学的现代阐释》,上海:上海人民出版社,1996年版。
[36] 戴明扬:《嵇康集校注》,北京:人民出版社,1962年。
[37] 狄特富尔等编:《哲人小语——人与自然》,北京:三联书店,1993年。
[38] 丁山:《中国古代宗教与神话考》,上海:上海文艺出版社,1988年。
[39] 冯契:《中国古代哲学的逻辑发展》,上海:上海人民出版社,1985年。
[40] 冯友兰:《三松堂学术文集》,北京:北京大学出版社,1985年。
[41] 冯友兰:《中国哲学简史》,北京:北京大学出版社,1985年。
[42] 高亨:《老子正诂》上、下卷,北京:中国书店,1988年。
[43] 顾准:《希腊城邦制度》,北京:中国社会科学出版社,1986年。
[44] 灌耕编译:《现代物理学与东方神秘主义》,成都:四川人民出版社,1984年。
[45] 郭沫若:《郭沫若全集》历史编第一卷,北京:人民出版社,1982年。
[46] 郭沫若:《十批判书》,北京:人民出版社,1954年。
[47] 郭沫若:《中国古代社会研究》,《郭沫若全集》历史编第一卷,北京:人民出版社,1982年。
[48] 郭庆藩辑:《庄子集释》,北京:中华书局,1961年。
[49] 海德格尔:《存在与时间》,陈嘉映等译,北京:三联书店,1987年。
[50] 贺麟:《现代西方哲学讲演集》,上海:上海人民出版社,1984年。
[51] 黑格尔:《逻辑学》,上、下卷,杨一之译,北京:商务印书馆,1981年。

[52] 黑格尔:《美学》第一卷,朱光潜译,北京:商务印书馆,1982年。
[53] 黑格尔:《哲学史讲演录》第一卷,北京:三联书店,1956年。
[54] 侯鸿勋:《论黑格尔的历史哲学》,上海:上海人民出版社,1982年。
[55] 黄钊主编:《道家思想史纲》,长沙:湖南师范大学出版社,1991年。
[56] 霍尔姆斯·罗尔斯顿:《哲学走向荒野》,吉林:吉林人民出版社,1999年。
[57] 姜广辉主编:《郭店楚简研究》(《中国哲学》第二十辑),沈阳:辽宁教育出版社,1999年。
[58] 蒋星煜:《中国隐士与中国文化》,上海三联书店,1988年。
[59] 金克木:《印度文化论集》,北京:中国社会科学出版社,1983年。
[60] 拉卡托斯等编:《批判与知识的增长》,北京:华夏出版社,1987年。
[61] 雷毅:《深层生态学思想研究》,北京:清华大学出版社,2001年。
[62] 李水海:《老子(道德经)楚语考论》,西安:陕西人民教育出版社,1990年。
[63] 李约瑟:《中国科学技术史》第二卷《科学思想史》,北京:科学出版社,1990年。
[64] 李泽厚:《中国古代思想史论》,北京:人民出版社,1986年。
[65] 李泽厚、刘纲纪主编:《中国美学史》第一卷,北京:中国社会科学出版社,1984年。
[66] 刘熙载:《艺概》。
[67] 刘勰:《文心雕龙》。
[68] 刘泽华:《中国传统政治思想反思》,北京:三联书店,1987年。
[69] 柳诒徵:《中国文化史》上、下册,北京:中国大百科全书出版社,1988年。
[70] 楼宇烈:《王弼集校释》,北京:中华书局,1980年。
[71] 卢梭:《论人类不平等的起源和基础》,北京:商务印书馆,1982年。
[72] 卢梭:《社会契约论》,何兆武译,北京:商务印书馆,1982年。
[73] 鲁迅:《汉文学史纲要》,北京:人民文学出版社,1976年。
[74] 鲁迅:《鲁迅书信集》上卷,北京:人民文学出版社,1976年。
[75] 鲁迅:《鲁迅小说诗歌散文选》,上海:上海人民出版社,1973年。
[76] 马克思:《1844年经济学哲学手稿》,《马克思恩格斯全集》中文第1版,第42卷,北京:人民出版社,1979年。
[77] 马克思、恩格斯:《马克思恩格斯选集》中文第2版,第1-4卷,北京:人民出版社,1995年。

[78] 牟钟鉴等主编:《道教通论——兼论道家学说》,济南:齐鲁书社,1991年。

[79] 尼采:《悲剧的诞生》,北京:三联书店,1988年。

[80] 庞朴:《稂莠集——中国文化与哲学论集》,上海:上海人民出版社,1988年。

[81] 阮元:《经籍籑诂》,北京:中华书局,1982年。

[82] 佘正荣:《中国生态伦理传统的诠释与重建》,北京:人民出版社,2002年。

[83] 汤川秀树:《创造力和直觉——一个物理学家对于东西方的考察》,上海:复旦大学出版社,1989年。

[84] 汤用彤:《魏晋玄学论稿》,《汤用彤学术论文集》,北京:中华书局,1983年。

[85] 万以诚等:《新文明的路标——人类绿色运动史上的经典文献》,吉林:吉林人民出版社,2000年。

[86] 王国维:《人间词话》。

[87] 王先谦:《庄子集解》。

[88] 闻一多:《道教的精神》,《闻一多全集》第一册,上海:开明书店,1948年。

[89] 闻一多:《古典新义·庄子》,《闻一多全集》第2册,北京:三联书店,1982年。

[90] 萧兵、叶舒宪:《老子的文化解读》,武汉:湖北人民出版社,1994年。

[91] 徐梵澄:《老子臆解》,北京:中华书局,1988年。

[92] 徐复观:《中国人性论史》,台北:东海大学出版社,1963年。

[93] 徐复观:《中国艺术精神》,沈阳:春风文艺出版社,1987年。

[94] 许良英编译:《爱因斯坦文集》第1-3卷,北京:商务印书馆,1983年。

[95] 亚里士多德:《形而上学》,吴寿彭译,北京:商务印书馆,1982年。

[96] 杨国荣:《存在的澄明——历史中的哲学沉思》,沈阳:辽宁人民出版社,1998年。

[97] 叶朗:《中国美学史大纲》,上海:上海人民出版社,1985年。

[98] 余明光:《黄帝四经与黄老思想》,哈尔滨:黑龙江人民出版社,1989年。

[99] 约翰·缪尔:《我们的国家公园》,吉林:吉林人民出版社,1999年。

[100] 约瑟夫·雅理:《二十世纪法国思潮》,北京:商务印书馆,1987年。

[101] 张岱年:《中国哲学大纲》,北京:中国社会科学出版社,1982年。

[102] 张岱年、方克立主编:《中国文化概论》,北京:北京师范大学出版社,1994 年。
[103] 张光直:《考古学专题六讲》,北京:文物出版社,1986 年。
[104] 张光直:《美术、神话与祭祀》,沈阳:辽宁教育出版社,1988 年。
[105] 张立伟:《归去来兮——隐逸的文化透视》,北京:三联书店,1995 年。
[106] 张松如:《老子说解》,济南:齐鲁书社,1987 年。
[107] 张松如、陈鼓应等:《老庄论集》,济南:齐鲁书社,1987 年。
[108] 张正明主编:《楚文化志》,武汉:湖北人民出版社,1988 年。
[109] 中国社会科学院哲学研究所中国哲学史研究室编:《中国哲学史资料选辑》(先秦之部、两汉之部、魏晋隋唐之部),北京:中华书局,1982 年(第 2 版)。
[110] 周立升主编:《春秋哲学》,济南:山东大学出版社,1989 年。
[111] 朱谦之:《老子校释》,北京:中华书局,1984 年。
[112] 朱学勤:《风声、雨声、读书声》,北京:三联书店,1994 年。
[113] 朱自清:《朱自清古典文学论文集》上册,上海:上海古籍出版社,1981 年。
[114] 宗白华:《美学散步》,上海:上海人民出版社,1981 年。
[115] J. Baird Callicott, *Earth's Insights*. Berkeley：University of California Press, 1994.
[116] Bill Devall, George Sessions, *Deep Ecology: Living as if Nature Mattered*. Salt Lake City：Peregrine Smith Books, 1985.
[117] Fritjof Capra, *Uncommon Wisdom*. Simon Schuster Inc., 1988.